湖北金融发展报告（2017）

湖北省普通高校人文社会科学重点研究基地

湖北绿色金融创新发展问题研究

许传华　陈　玥　戴　静　罗　鹏　等著

中国金融出版社

责任编辑：石　坚
责任校对：孙　蕊
责任印制：陈晓川

图书在版编目（CIP）数据

湖北绿色金融创新发展问题研究（Hubei Lüse Jinrong Chuangxin Fazhan Wenti Yanjiu）许传华等著．—北京：中国金融出版社，2018.9
　ISBN 978 – 7 – 5049 – 9689 – 3

Ⅰ.①湖…　Ⅱ.①许…　Ⅲ.①地方金融事业—经济发展—研究—湖北
Ⅳ.①F832.763

中国版本图书馆 CIP 数据核字（2018）第 180882 号

出版
发行　中国金融出版社

社址　北京市丰台区益泽路 2 号
市场开发部　（010）63266347，63805472，63439533（传真）
网上书店　http：//www.chinafph.com
　　　　　　（010）63286832，63365686（传真）
读者服务部　（010）66070833，62568380
邮编　100071
经销　新华书店
印刷　保利达印务有限公司
尺寸　169 毫米 ×239 毫米
印张　20.25
字数　363 千
版次　2018 年 9 月第 1 版
印次　2018 年 9 月第 1 次印刷
定价　58.00 元
ISBN 978 – 7 – 5049 – 9689 – 3
如出现印装错误本社负责调换　联系电话(010)63263947

前　言

　　改革开放以来，湖北省经济实现了30多年的高速增长，但长期粗放式的增长方式带来的环境污染问题日益严峻。节能降耗、保护环境已经成为湖北省经济可持续发展的重大问题，金融作为经济活动的助推剂，金融业必须为经济的可持续发展服务，发展绿色金融并以此推动绿色产业的发展已经成为全社会的共识。绿色金融代表了湖北省金融发展的新趋势和新方向，是金融领域的一场创新与变革。但另一方面，绿色金融的前沿性和交叉性使国内外对其的深入研究较为匮乏，专注于湖北省绿色金融创新与发展的研究更是屈指可数。因此，如何推动湖北省绿色金融创新发展，通过绿色金融推动湖北省产业结构升级与绿色转型，成为一个值得关注并深入思考的时代命题。

　　本书上篇为专题研究报告，集中研究湖北省绿色金融创新与发展问题。第一章是湖北省绿色金融创新发展的探索与实践。本章阐述了湖北省绿色金融创新发展的重大意义，从理论高度分析了绿色金融对湖北省可持续发展的推动机制，系统梳理了湖北省绿色金融创新发展的总体态势，总结了近年来湖北省绿色金融发展取得的成就和存在的不足，并对黄石和宜昌这两个经济结构迥异、绿色金融特色鲜明的地级市进行深入调研。第二章是试点省份绿色金融发展水平评价。以浙江、广东、江西、贵州和新疆5个试点省份绿色金融发展水平为研究目标，以绿色金融发展的主要工具——绿色信贷、绿色证券、绿色投资、绿色保险和碳金融五项作为研究指标，通过量化打分实证评价了试点省份的绿色金融发展整体水平和区域差异。第三章是绿色金融政策对省级工业污染强度的影响。基于2007—2016年的省级动态面板数据，运用系统广义矩估计（SYS－GMM）方法，通过政策文本分析法建立了绿色金融政策指数，探讨了绿色金融政策与工业污染强度的关系。第四章是湖北省绿色金融发展对其产业结构调整的影响。在论述湖北省绿色金融的发展现状的基础上，采用量化分析构建绿色金融发展指数的指标体系，对湖北省绿色金融的发展水平进行测算。第五章是商业银行视域下的绿色金融发展。基于湖北省襄阳、黄石、宜昌三地绿色金融发展的实践和相关案例，分析湖北省农业银行绿色金融发展及其实践，总结出湖北省农业银行在发展绿色金融过程中存在的问题，并提出针对性的对策建议。

本书下篇为湖北省金融行业分析，根据湖北省金融行业的权威数据，全面分析了 2017 年湖北省金融业发展情况、湖北省货币政策执行情况、湖北省银行业发展情况、湖北省资本市场发展情况、湖北省保险业发展情况、湖北省金融服务实体经济情况、湖北省科技金融发展情况、湖北省农村金融发展情况、湖北省小微企业金融服务情况等。

在本书编撰过程中，由湖北经济学院金融学院院长许传华教授和中国人民银行宜昌市中心支行行长陈玥悉心指导。行业分析得到了湖北省人民政府金融办、中国人民银行武汉分行、中国人民银行宜昌市中心支行、中国人民银行黄石市中心支行、中国人民银行襄阳市中心支行、湖北银保监局、湖北证监局等单位的大力支持，在此深表感谢。

本书是湖北省高校人文社会科学重点研究基地——湖北金融发展与金融安全研究中心的 2017 年金融发展报告。本研究同时得到了"产业升级与区域金融"湖北省协同创新中心重点项目（编号：HX1728）的大力支持。

由于时间仓促和研究能力所限，很多问题还有待进一步深入研究。对本书中出现的缺陷和疏漏之处，诚请广大读者不吝赐教。

目　录

上篇　专题研究报告

下篇　2017 年湖北省金融行业分析

上　篇
专题研究报告

第一章 湖北省绿色金融创新发展的探索与实践[①]

一、湖北省绿色金融创新发展的重大意义

绿色金融（green finance）也被称为环境金融（environmental finance）、可持续金融（sustainable finance），其概念出现于 20 世纪末，但在 20 世纪 70 年代，国际市场的实践便已开始：1974 年，西德成立了全球第一家环境银行，专门为环境保护与污染治理项目提供融资。关于绿色金融的概念，目前并没有公认的概念界定，尽管国际机构、政府部门、学术界对绿色金融的概念提出了不同的看法，但其核心没有偏离环境保护和可持续发展理念。大多数学者都将绿色金融看作绿色经济政策中的资本市场手段，是把节能环保的观念引入金融，运用不断创新的金融手段来影响企业的投资决策，进而影响经济结构的转变，转变过去重数量轻质量、高能耗低产出的金融经济增长方式，促进生态友好、环境和谐、社会经济的协调可持续发展。

绿色金融旨在服务于新的经济增长动力与生态环境的和谐发展，对世界经济的可持续发展，特别是对于我国经济结构的调整与产业的优化升级有着十分重要的意义，构建绿色金融体系成为未来我国经济发展的新方向和新动力。党的十八大以来，新增碳排放强度减排指标被写入"十二五"规划，并提出将建设"资源节约型、环境友好型"社会作为加快经济发展方式转变的重要着力点，我国绿色经济转型的步伐已经加速。党的十八届五中全会提出"创新、协调、绿色、开放、共享"五大发展理念，绿色发展成为"十三五"乃至更长时期我国经济社会发展的主旋律。在生态文明建设全面实施、深入推进中，迫切需要金融业加快创新，实现金融发展与生态文明建设的有机统一，绿色金融则成为金融业顺应这一形势的必然选择。党的十九大报告全面阐述了加快生态文明体制改革、推进绿色发展、建设美丽中国的战略部署。推进绿色发展离不开绿色金融支持。目前，全球绿色金融步入了系统化、制度化的发展轨道，金融体系的绿色化已成为全球趋势。从我国的发展现状来看，截至 2016 年末，我国已成为世界最大的绿色债券市场。在我国的倡导下，绿色金融首次写入 G20 中

---

① 本章作者是湖北经济学院许传华、王婧、罗鹏、叶翠红、张攀红和中国人民银行宜昌市中心支行陈玥。

国杭州峰会议程。在 2017 年 7 月举行的 G20 德国汉堡峰会上，绿色金融再次得到全球关注。

2016 年 8 月，为了加快推进生态文明建设，人民银行等七部委发布《关于构建绿色金融体系的指导意见》，绿色金融发展受到社会广泛关注。2017 年国务院常务会议决定在浙江、江西、广东、贵州、新疆五省（区）建设绿色金融改革创新试验区，区域绿色金融发展迅速，各省区市都积极尝试和探索发展绿色金融，也取得了积极的进展。

作为生态资源大省，千湖之省的湖北省，长江汉水浩浩荡荡，江汉平原沃野千里，武当神农钟灵毓秀，山水禀赋得天独厚。湖北省是国家"两型"社会建设试验区，也是三峡工程坝区所在地和南水北调中线工程水源区，同时作为国家中部崛起战略的重要支点，其生态地位举足轻重。因此，对湖北省绿色金融的发展及其实践进行深入研究，探索湖北省如何进一步抓住绿色金融发展的契机，让绿色金融真正成为湖北省"绿色崛起"的强大动力，具有重要的意义，同时对长江经济带绿色发展以及中部崛起战略也具有重要意义。

（一）绿色发展理念是湖北省经济社会发展的"金钥匙"

近年来，湖北省委、省政府牢固树立绿色发展理念，从建设生态文明的战略高度，统筹协调生态环境保护和经济社会发展的关系，走出了一条以生态文明建设力促转型升级的发展新路。2013 年底，湖北省成为党的十八大召开后，首个被批复为全国生态省建设试点省份。2015 年，生态省建设全面启动。从将空气质量环保目标纳入市州党政班子绩效考核和省直单位目标考核体系，到出台环境空气生态补偿制度，湖北省坚定不移地探索绿色发展。发展绿色金融能够有效协调金融机构与所支持企业的社会责任和利益，在推动环境治理、促进社会生态文明建设方面扮演着十分重要的角色。

（二）绿色金融能为湖北省绿色发展注入新动能

绿色金融是以促进经济、资源、环境协调发展为目的而进行的信贷、保险、证券、产业基金等金融活动。一方面，大力发展绿色金融，有利于湖北省淘汰落后过剩产能、促进产业结构优化升级，优化企业投融资机构，降低企业融资成本，增强企业受益的同时控制系统性金融风险；另一方面作为现代市场经济的"血液"，依靠金融手段和金融创新影响企业的投资取向，为绿色产业发展提供相应的金融支持，促进传统产业的生态化和新型绿色生态产业的发展。通过发展绿色金融，引导企业进行绿色经营和生产，促进消费者形成绿色消费理念，有效引导和确保社会资本投向环境保护型和资源节约型事业，优化市场资源配置。比如，湖北省碳市场于 2014 年 4 月开市，是全国 7 个试点之一，目前已成为全国最大的碳市场，成交量、交易额等占到全国的 80% 以上。作为中国构建绿色低碳循环发展经济体系、转变发展方式的最新举措，以及实施应对气候变化的一项重要制度设计，全国统一碳排放权交易市场建设在 2017 年正式启动，湖北省获批牵头承建全国碳交易注册登记系统。这是湖北省绿色金融的一个缩影，表明湖北省金融系统在绿色金融改革创新方面，不仅拥有丰富的探索与实践经验，也有坚实的发展基础和广阔的发展空间。

（三）绿色金融促进湖北省区域经济转型升级

在传统的经济增长模式中，我国各地区经济的高速增长往往以牺牲环境为代价，过度追求 GDP，片面强调包括加工贸易在内的出口贸易发展，进而导致了当前中国环境质量每况愈下的局面。通过开展绿色金融管理，引导企业树立绿色发展的理念，加强治理环境污染，可提高各区域资源的有效利用，保护生态环境，引导绿色发展，促进区域经济的转型升级。如湖北省各银行加大对绿色企业的信贷支持，着重在清洁能源、节能环保、新能源汽车、绿色交通等领域加大信贷投放，重点支持了一批绿色产业客户；主动压退过剩产能行业授信，将钢铁、煤炭、水泥、纺织、化纤等行业纳入地区监控，主动调整优化授信结构，加快产业绿色升级，推动湖北省产业绿色发展。

（四）以绿色金融为杠杆撬动长江经济带绿色发展

推进长江经济带发展，是一项重大的国家战略。将长江经济带打造为生态文明建设的先行示范带、引领全国转型发展的创新驱动带、具有全球影响力的内河经济带、东中西互动合作的协调发展带，是中央高瞻远瞩、审时度势所做出的重大决策。湖北省地处"长江之腰"，是长江干线流经最长的省份，是三峡工程库坝区和南水北调中线工程核心水源区，是长江流域重要的水源涵养地和国家重要的生态屏障，生态安全地位举足轻重。推进长江经济带生态保护和绿色发展，是湖北省的历史使命和政治担当。大力发展绿色金融，更好地发挥绿色金融的杠杆作用，形成金融创新与循环经济双赢格局，为打造绿色生态廊道提供有力支撑。通过积极发挥湖北省在长江经济带发展中的"支点"地位和"脊梁"作用，促进长江经济带生态保护和绿色发展。

二、湖北省绿色金融创新发展的总体态势

近年来，湖北省政府认识到绿色金融在推动经济可持续发展、促进产业结构转型升级方面的重要作用，出台了多项政策支持绿色金融发展。2010 年，湖北省环保厅与人民银行武汉分行联合发布了《进一步完善绿色信贷信息共享机制的通知》，文件要求各商业银行要充分认识到建立完善绿色信贷信息共享机制的意义，建立完善信息交换共享工作机制。金融机构的绿色金融业务发展离不开环保部门间的协作。湖北省环保部门还创新性地与各金融机构开展合作，如

2013年湖北省环保厅与兴业银行武汉分行签订了《金融推进湖北省环境保护工作战略合作协议》，兴业银行武汉分行承诺在全省开展绿色信贷，通过推行排污权抵押、重点减排项目融资等绿色金融支持环保政策。各地市级政府也高度重视绿色金融的发展，2017年，黄石市人民政府发布《黄石市创建绿色金融改革创新试验区工作方案》，提出黄石市要做大绿色融资规模，做大绿色经济产业，并就绿色金融体系的完善提出具体实施步骤和主要措施。同时，湖北省还在各级"十二五"规划、"十三五"规划中将绿色金融发展作为阶段性重要任务，并在各年的政府工作报告中对绿色金融的发展成果加以总结。

在湖北省各级政府的大力推动下，辖内各金融机构将推动绿色金融发展提升到战略高度，通过加大对绿色企业的信贷支持，着重在清洁能源、节能环保、新能源汽车、绿色交通等领域加大信贷投放，重点支持绿色产业客户；主动压退过剩产能行业授信，将钢铁、煤炭、水泥、纺织、化纤等行业纳入地区监控，积极调整优化授信结构；同时加强全口径监控管理，化解产能严重过剩行业风险；分期分批适当压缩授信总量，支持产能严重过剩行业向境外转移过剩产能的"走出去"项目；对不具备区位、资源、技术与产品优势的客户加快压降退出力度。除了传统的绿色信贷增长，湖北省绿色债券、绿色保险、绿色基金等创新型绿色金融产品也呈现快速发展势头，2016年，湖北省发展改革委正式启动绿色债券发行，重点投向节能减排、绿色城镇化、新能源开发利用、污染防治等十二类绿色项目。同年6月，湖北省宜昌市设立200亿元的绿色发展基金，主要用于推动重点企业去库存、去产能、去杠杆、降成本、补短板；同时推进节能环保及新材料、新能源等新兴产业的融资。同年11月，湖北碳排放权交易中心与中国平安湖北分公司合作，首次在全国开发了"碳保险"业务，并由湖北省华新集团签订意向认购书，成为全国首份"碳保险"客户。与其他中西部省份相比，湖北省的绿色金融发展虽然起步较晚，但发展快、层次高，未来完全有能力成为绿色金融强省、以绿色金融推动绿色发展的强省。

（一）持续践行绿色理念，服务战略经济转型

近年来，湖北银监局从处理好绿色信贷理念和传统经营理念、既有体系和绿色要求、业务发展和风险防范、多头信息和沟通协调及金融创新和激励约束的关系五个方面着手，引导辖内银行业紧紧围绕中央、省委省政府和银监会关于生态文明建设的各项要求，大力推进绿色信贷"五个三"工程，把住绿色门槛，创新绿色产品，拓展业务领域，充分发挥绿色信贷对构建生态文明格局空间、产业结构和生产方式的引领和支持作用，有效优化金融资源配置，促进经济金融互利共赢。在绿色信贷支持下，2017年1~5月湖北省新兴行业实现加速发展，1~5月装备制造业增加值增长12%，高于全部规模以上工业4.2个百

分点，占比达到 29.8%；高技术制造业增加值增长 14.1%，主要高新产品产量保持快速增长，1~5 月工业机器人、光缆、集成电路、印制电路板等产量分别增长 16.5%、20.3%、21%、96.1%。与此相对应，随着银行信贷资金持续退出"两高一剩"产业。1~5 月湖北省六大高耗能行业增加值仅增长 2.9%，同比回落 5.5%；重点去产能产品产量增速下降，水泥产量下降 0.5%，粗钢下降 1.7%，降幅同比扩大 4.5%、3.9%，生铁增长 1.4%，增速同比下降 0.5%。绿色信贷对促进湖北省绿色产业发展、限制"两高一剩"行业增长方面发挥着越来越重要的作用。

（二）绿色信贷稳步增长，信贷结构不断优化

湖北省政府及银行业进一步加大支持湖北省重点国家战略、科技创新、新型城镇化、轨道交通、高速公路、生态环保等领域重大项目建设，加快退出"两高一剩"（高能耗、高污染、产能过剩）行业，支持湖北省优质企业"走出去"。同时，积极推动银行金融机构将客户环保信息作为授信调查、审查、审批的基本内容，建立环境和社会风险"一票否决制"。进一步加强对钢铁、水泥、平板玻璃、煤化工、多晶硅、风电设备、电解铝、船舶等"两高一剩"行业的限额管控。增强对湖北省循环经济、低碳经济、节能减排、新能源、新材料等高技术项目和高科技企业创新项目等方面的金融支持，加强银行金融机构与政府及企业的联系、联动、联合，实现信息共享。

（三）创新绿色金融产品，探索绿色服务模式

湖北省银行金融机构以绿色信贷为抓手，在有效控制风险和银行可持续发展的前提下，积极探索绿色信贷产品和服务创新，通过开发碳配额质押融资、碳众筹等碳金融产品，发行绿色债券和创新绿色金融服务等方面取得了显著成效。

第一，开发碳配额质押融资、碳众筹等碳金融产品。湖北省辖内兴业银行根据湖北省碳市场发展情况及相关制度安排，创新开发了碳配额质押融资产品，将企业碳配额作为一种全新的担保资源，帮助企业有效盘活碳配额资产。同时，兴业银行武汉分行联合省发展改革委、碳排放权交易中心等机构梳理和设计了碳配额质押相关操作流程，独家创设了碳配额资产风险管理和价值评估模型。2014 年 9 月，兴业银行武汉分行、湖北碳排放权交易中心和湖北省宜化集团有限责任公司（以下简称宜化集团）三方签署了碳排放权质押贷款和碳金融战略合作协议，宜化集团利用自有的碳排放配额在碳金融市场获得兴业银行 4000 万元质押贷款，成为国内首笔碳配额质押贷款业务。2014 年，湖北省启动林业碳汇和农村户用沼气低碳扶贫 CCER 项目，其中，"红安县农村户用沼气 CCER 开发项目"，通过线上产品众筹方式，仅用时 5 分钟完成众筹，筹集社会资金 20

万元，成为全国首个碳众筹项目，目前在湖北省农业厅的支持下，湖北碳排放权交易中心已着手统筹开发全省180万口户用沼气，预计每年能实现农民增收3600万元。国内首个基于CCER的碳众筹项目的成功发布，将众筹模式引入CCER项目开发，通过碳市场形成环境经济效应，是湖北省碳金融创新领域的又一项全新突破。

第二，发行绿色债券。2015年，湖北省发行及核准企业债券22只，金额达342.5亿元，主要用于基础设施建设、棚户区改造等项目。其中，国家开发银行发行"长江经济带水资源保护"专题绿色金融债券，发行规模不超过50亿元。其中，将在银行间债券市场发行不超过44亿元金融债券，并通过工商银行、农业银行、中国银行营业网点和电子渠道，首次向社会公众零售不超过6亿元柜台债。所募集资金将用于支持湖北省襄阳市汉江水环境保护建设（襄阳市第一期乡镇污水收集处理工程）、孝感市老澴河水生态综合治理（一期）、荆门市竹皮河流域水环境综合治理（城区段）3个污染防治项目。2017年6月，湖北省三峡集团在欧洲爱丁堡发行我国首单国际绿色债券6.5亿欧元，募集资金主要用于德国稳达海上风电以及葡萄牙ENEOP陆上风电项目，预计2017年上网电量可达9.8亿度，减少二氧化碳排放96万吨，这一绿色投资将进一步巩固湖北省三峡集团在清洁能源领域引领者的地位。

第三，创新绿色金融服务。在创新绿色金融产品的同时，积极探索运营模式、服务平台、客户关系管理作为绿色金融的切入点，推动银行业为绿色信贷客户量身定制综合金融服务方案。如辖内工行运用"顾问式客户关系管理"新模式，积极为武汉地铁项目建设提供"表内＋表外""直接融资＋间接融资"的综合化融资服务。推动银行业积极借助第三方力量支持绿色信贷，扶持中小企业发展壮大。如浦发银行、兴业银行等创造性地引入贷款本金损失分担机制；汉口银行与风投机构合作，推出贷投联动作业金融产品——投融通，提供融（PE融资支持、企业融资支持）、投（PE投资支持）、管（PE管理支持）、退（PE退出支持）、保（PE托管支持）、智（财务顾问）等一体化的综合金融服务，突破银行对成长初期科技企业融资支持的瓶颈，实现信贷资金介入期的前移；兴业银行推出节能减排融资服务、排放权金融服务、个人低碳金融服务三大类绿色金融业务，形成包括十项通用产品、七大特色产品、五类融资模式及七种解决方案的绿色金融产品服务体系；浦发银行推出《绿创未来：绿色金融综合服务方案2.0》，形成了覆盖低碳产业链上下游的绿色金融产品和服务体系，涉及能效融资、清洁能源融资、环保金融等方面。同时，部分符合条件的银行业金融机构积极开展绿色金融直接融资业务，扩大绿色信贷融资来源。

第四，积极试点绿色保险。作为我国首批开展环境污染责任保险试点的省份之一，自 2008 年以来，湖北省积极实施绿色保险政策，将企业是否投保环境污染责任保险情况，作为获得绿色信贷等金融服务的重要参考指标，以绿色保险保障地区绿色产业体系安全发展，不断健全环境污染责任保险制度，省内一些保险公司如人保财险和平安保险等也纷纷推出环境污染责任险等绿色险种。其中，《荆门市生态环境保护条例》将于 2018 年 3 月 1 日起施行，《条例》第十四条规定：建立环境污染责任保险制度，优先在环境敏感地区、重污染企业、重点监控企业推行，该《条例》的发布，标志着荆门环境污染责任保险在全国非省会地市级城市率先立法。湖北碳排放权交易中心与中国平安湖北分公司合作，在全国率先开发了"碳保险"业，旨在为企业在减排中因意外情况而未能完成减排目标提供保障。2016 年 11 月，华新水泥集团与平安保险签署全国首个碳保险产品意向认购协议，全国首单"碳保险"落地湖北省。

第五，大力支持地方绿色基金发展。绿色基金是绿色金融体系中资金来源最广的融资方式，包括但不限于绿色产业基金、担保基金、碳基金、气候基金等。湖北省已设立基于中国核证自愿减排量（CCER）项目的股权投资基金，金额为 10 亿元，并设有省内和全国性 CCER 交易两个品种。该基金可为碳排放交易市场建设筹备资金，推进碳交易活动，对投资者也具有较大吸引力。2016 年 5 月，总规模为 50 亿元的黄冈大别山绿色发展股权投资基金正式成立，这也是湖北省首只绿色主题产业基金。2016 年 6 月，湖北省宜昌市设立绿色发展投资基金，投资规模 200 亿元，将在基金旗下设立宜昌绿色发展并购重组子基金，用于推动宜昌市重点企业在去库存、去产能、去杠杆、降成本、补短板上实现新的突破和发展。同时设立其他子基金，着力推进宜昌相关产业项目，包括节能环保及新材料、新能源等新兴产业，对宜昌城市基础设施建设、现代物流、文化旅游等项目提供融资。2017 年 1 月，由中国华融资产管理股份有限公司发起设立的"华融凯迪绿色产业基金管理有限公司"在湖北省武汉市正式揭牌开业。

（四）打造绿色试点城市，推动绿色全面开展

绿色金融的发展模式同当地特定的生态资源环境与经济基础特征紧密相关，湖北省及各地市充分发挥其区位、产业、资源、生态等优势，在实践绿色金融发展路径上各有侧重，积极探索金融助推生态经济发展的有效途径，积累差异化的绿色金融发展经验和实践案例，创造可复制推广的绿色金融发展模式，以未来整体推进湖北省绿色金融体系建设。具体如下：

作为全国老牌工业基地，黄石市拥有矿产 76 种，是全国三大水泥生产基地、六大铜矿基地、十大铁矿基地之一，属于典型资源型城市，经多年高强度开采，黄石市的矿产资源逐渐枯竭，相继被国务院确立为全国"资源枯竭转型

试点城市"，为助力产业向绿色转型，发展生态产业立市，绿色金融发展尤为关键。人民银行黄石市中支在深入调研的基础上，出台了《关于金融支持黄石市资源枯竭型城市经济转型发展的指导意见》《金融支持经济转型六年规划》等一系列文件，积极引导辖区金融部门从资金配置、金融服务、产品创新等方面倾力支持黄石市跳出资源型城市传统产业的束缚。截至2017年6月，全市258家绿色企业及市政项目融资余额约125亿元。力促黄石市入选全国首批12个产业转型升级示范区，先后成为湖北省科技金融结合试点城市、全国科技进步示范城市，辖内的大冶市也成为湖北省唯一的金融产品创新试验区。

中行湖北省荆门分行围绕荆门农业大市和"中原肥料之都"的特点，积极调整信贷结构，以智慧农业、设施农业、高效农业为重点，进行金融产品和服务创新，实施全覆盖、全流程、全方位的绿色信贷服务。截至2016年8月，累计投入信贷资金5.78亿元，同比增长18.39%，支持10多家肥料生产企业更新设备，创新产品，实现转型发展。中行湖北省十堰竹溪支行围绕地方生态农林产业和优势资源，通过主动开展市场调查研究，梳理符合中行信贷审批政策的生态环保型小微企业名单，积极向上争取规模支持，创新运用"中银信贷工厂"新模式，积极探索支持县域绿色小微企业发展的新路径，先后向竹溪县巨山林木育苗、绿之恋园林绿化、双竹生态食品、七仙女魔芋产业园等10家县域绿色小微企业提供数额不等的资金支持，支持企业绿色产能升级和扩大经营规模，累计授信金额达3800多万元，在助力竹溪县域生态建设上做出了积极贡献。

农行孝感分行在服务地方经济的同时，坚持"五个突出"的思路，以大悟、孝昌两个国家级贫困县为中心，开展新能源项目、农业产业化、新型农业经营主体、新型城镇化项目以及安居工程，围绕重点客户、重点项目和重点产品，"贷"动绿色扶贫惠民生。截至2017年6月末，农行孝感分行的精准扶贫贷款余额达3.75亿元，较年初增加2.26亿元，其中产业扶贫贷款增加6600万元，项目扶贫贷款增加1.3亿元，建档立卡贫困户贷款增加3044万元，累计带动5137人口脱贫，较年初增加2688人。

三、湖北省绿色金融创新发展的实践：以黄石市和宜昌市为例

（一）黄石市资源枯竭型城市的绿色金融发展之路

黄石市位于长江中游、湖北省东南部，是全国重要的老工业基地和典型资源型城市，拥有矿产76种，是全国三大水泥生产基地、六大铜矿基地、十大铁矿基地之一，曾被誉为"青铜古都、钢铁摇篮、水泥故乡"。新中国成立后，黄石市是我国"一五""二五"时期的重点建设地区，累计向国家贡献铁矿石2

亿吨、钢 3000 万吨、铜 300 万吨、原煤 7000 多万吨、非金属矿 5.6 亿吨。多年高强度开采使黄石市的矿产资源逐渐枯竭。随着经济结构深度调整和产业转型步伐明显加快，黄石市产业结构单一、经济发展模式粗放等问题日益凸显。当前，加快产业向绿色转型升级、发展生态产业立市，对黄石市"绿色崛起"显得尤为重要和迫切。发展绿色金融，是实现绿色发展的重要措施，也是供给侧结构性改革的重要内容。通过创新性金融制度安排，引导和激励更多社会资本投入绿色产业，同时有效抑制污染性投资，才能将"资源型"经济转变为"低碳型"经济，保持经济长期可持续的发展。

1. 黄石市支持绿色金融发展的措施

（1）绿色金融政策密集出台。近年来，黄石市围绕绿色金融开展的探索和实践活动日益丰富，不断建立绿色金融制度体系。2013 年，黄石市委提出"十三五"时期以"生态立市、产业强市、加快建成鄂东特大城市"为战略目标，出台《振兴黄石制造加快工业转型发展行动计划》促进黄石市工业经济向绿色转型。2017 年，黄石市政府出台了《黄石市创新发展绿色金融综合试验区实施方案》等系列文件，积极构建绿色金融组织体系和制度框架，引导全市各金融机构、各相关部门积极支持黄石绿色转型发展。

（2）金融监管机构大力引导。绿色金融在发展初期需要政府部门的大力引导，黄石市政府高度重视绿色金融发展，人民银行黄石市中支、黄石银监分局、黄石金融办等金融监管机构与环保局密切配合，通过打造信息共享平台、经济激励等方式推动本市绿色金融的持续发展。

第一，发挥窗口指导作用，聚集绿色金融资源。人民银行黄石市中支发挥货币政策工具导向作用，2017 年 6 月末，共发放再贷款 5.5 亿元，再贴现 1.7 亿元，引导金融机构定向加大对环境效益明显的绿色企业、项目、产业的信贷支持力度，增加流动性供给，扩大绿色贷款投放。

第二，树立绿色发展理念，完善绿色信贷机制。黄石市金融机构均建立了各具特色的绿色信贷制度，如工行、交行在信息管理系统中启用了"绿色信贷项目"标识，实行"环保一票否决"制，环保友好与合格类法人客户占比达 100%；兴业银行为绿色企业开辟快捷通道，配置专项贷款规模和专职人员。

第三，创新绿色金融产品，提升绿色服务水平。辖内金融机构加强对绿色信贷客户特点的研究，提供多种绿色金融创新产品和服务。一是产品创新。探索专利权质押、融资保理等多种创新产品，有效推动了绿色信贷工作的开展。如中信银行探索知识产权质押贷为湖北网安科技有限公司发放专利权质押贷款 1000 万元。二是服务创新。推动银行为绿色信贷客户量身定制综合金融服务方案，如工行黄石市分行运用 PPP 模式支持湖北（黄石）园博园项目，获得了地方政府及客户的认可。

第四，搭建绿色银企桥梁，对接绿色发展项目。人行积极搭建绿色金融投融资平台，推动金融机构与新兴产业、低碳经济项目对接。近年来，通过"早春行"等大型银企签约活动，签约项目 779 个，签约金额 522 亿元，合同履约率达 98% 以上，大力支持产业绿色转型发展。制定《关于黄石市金融支持战略性新兴产业发展工作意见》，建立新兴产业优质项目储备库，帮助 49 家入库新兴企业获得贷款 4.7 亿元。支持工矿废弃地复垦项目，贷款余额 18 亿元，促进了工矿地区生态环境和居民生活环境的改善。

第五，拓展绿色融资渠道，支持绿色产业转型。近年来，黄石市着力推进大冶有色、新冶钢、华新水泥、哈特贝尔等重点工业绿色企业运用短期融资券、中期票据、区域集优票据等直接融资工具，各类债务融资额超过 90 亿元，总量在全省名列前茅。推动汇波公司、振华化工两家高新技术企业在新三板挂牌；芳通药业、威仕生物两家高新技术企业在武汉股权托管中心挂牌。在金融的大力支持下，黄石市传统产业改造升级力度加大，先后实施技术改造项目 210 个。

2. 绿色金融推动经济转型的效果显著

随着绿色金融在黄石的探索与实践，绿色理念已在金融业生根发芽，多家金融机构建立了绿色银行领导机构，实现了绿色金融的快速增长。截至 2017 年 6 月，黄石市绿色信贷余额 124.96 亿元，累计发生额 189.91 亿元，较好地发挥了绿色金融在经济结构转型升级中的引导和支持作用，表 1 ~ 表 5 为黄石市主要商业银行的绿色信贷统计。

表 1 　　　　　　　　　中国银行黄石市分行绿色信贷情况统计

		2015 年 12 月末	2016 年 6 月末	2016 年 12 月末	2017 年 6 月末
表内	给予授信的绿色企业及项目数量（家、个）	21	25	26	26
	有绿色贷款的企业数量（家）	18	23	22	21
	绿色信贷余额（万元）	161472	186365	157667	219198
按担保方式划分（万元）	其中：信用贷款	27991	57317	53721	85766
	其中：保证贷款	9600	4550	5950	6150
	其中：质押贷款	28865	40173	24766	61638
	其中：抵押贷款	95017	84324	73230	65644

表2

工商银行黄石市分行绿色信贷情况统计

		2015 年 12 月末	2016 年 6 月末	2016 年 12 月末	2017 年 6 月末
表内	给予授信的绿色企业及项目数量（家、个）	11	13	17	20
	有绿色贷款的企业数（家）	11	13	17	20
	绿色信贷余额（万元）	44970	54440	92280	106498
按担保方式划分（万元）	其中：信用贷款	16500	12000	11200	11200
	其中：担保贷款	5470	7990	9650	9518
	其中：质押贷款		10000	52500	66850
	其中：抵押贷款	23000	24450	18930	18930

表3

兴业银行黄石分行绿色信贷情况统计

		2015 年 12 月末	2016 年 6 月末	2016 年 12 月末	2017 年 6 月末
表内	给予授信的绿色企业及项目数量（家、个）	55	32	13	13
	有绿色贷款的企业数量（家）	55	32	13	13
	绿色信贷余额（万元）	170264	146056	92990	125090
按担保方式划分（万元）	其中：信用贷款	22000	20000	10000	20000
	其中：担保贷款	60820	33206	35440	55440
	其中：质押贷款	51700	34900	19850	28350
	其中：抵押贷款	35744	57950	27700	21300

表4

招商银行黄石分行绿色信贷情况统计

		2015 年 12 月末	2016 年 6 月末	2016 年 12 月末	2017 年 6 月末
表内	给予授信的绿色企业及项目数量（家、个）	0	1	2	2
	有绿色贷款的企业数（家）	0	1	2	2
	绿色信贷余额（万元）	0	1000	1400	1400

续表

		2015 年 12 月末	2016 年 6 月末	2016 年 12 月末	2017 年 6 月末
按担保方式划分（万元）	其中：信用贷款	0	0	0	0
	其中：担保贷款	0	0	0	0
	其中：质押贷款	0	0	0	0
	其中：抵押贷款	0	1000	400	400

表 5   **湖北银行黄石分行绿色信贷情况统计**

		2015 年 12 月末	2016 年 6 月末	2016 年 12 月末	2017 年 6 月末
表内	给予授信的绿色企业及项目数量（家、个）	4	4	3	4
	有绿色贷款的企业数量（家）	18	23	23	26
	绿色信贷余额（万元）	23608	26250	24538	57919
按担保方式划分（万元）	其中：信用贷款				
	其中：担保贷款	7220	9423	7933	28379
	其中：质押贷款	7445	7414	7384	20354
	其中：抵押贷款	8943	9413	9221	9186

（1）绿色金融支持了产业转型发展。一是推动了传统产业提档升级。通过绿色信贷投放引导，近五年累计投资 600 多亿元，围绕黑色金属、有色金属等传统产业改造升级项目 300 多个，新增规模以上绿色企业 80 家。绿色信贷支持形成了以"湖北新冶钢""大冶有色""华新水泥""劲牌酒业"为代表的在全国有一定影响的四种典型绿色低碳经济模式。二是培育壮大了新兴产业。金融机构主动对接电子信息、智能模具、生物医药等新兴产业资金需求，支持 16 个电子信息产业项目超常规发展，推动电子信息产业链条在黄石市形成。三是支持科技产业健康发展。金融机构对高科技企业和项目大力提供信贷支持，累计发放科技型企业贷款 69 亿元。目前，黄石市 124 家经科技局认定的高新技术企业有 91 家企业获得了银行贷款，贷款受益面达 73%，壮大了黄石地区高新技术产业群。

（2）绿色金融进一步推动了生态立市。辖内金融机构以湖北省首届园博会为契机，加大生态新区等重大基础和旅游项目信贷资金倾斜力度。如工行黄石市分行对黄石市东园公司"湖北省（黄石）园林博览会园博园项目"发放贷款 2.3 亿元，向园博园 PPP 项目拨付建设款 1.4 亿元。通过信贷支持老区、库区、美丽乡村展示带建设，因地制宜发展特色生态产业，支持建设父子山、熊家境国家级登山步道，带动沿线乡村旅游、农家乐产业发展，推动群众从吃"矿山饭"到吃"生态饭"转变。

（3）绿色金融推动了绿色矿山建设。通过信贷资源投入加快黄石市矿山地质环境恢复和治理，农发行积极向上级行争取支持，获批 20.8 亿元工矿废弃地复垦利用项目贷款，去年投放工矿废弃地复垦贷款 3 亿元，支持辖区内湖水生态、327 个开山塘口和 5.56 万公顷石漠化荒地等修复治理项目。

（4）绿色金融有效实现了节能减排。围绕国家十大重点节能工程要求，各金融机构积极支持全市节能减排重点项目，累计为黄金山垃圾焚烧发电厂等项目，发放节能减排贷款 4 亿元，加大对城市废水、污水处理的信贷支持力度，累计发放城市污水处理工程贷款 11250 亿元。同时以信贷控制、停贷治污为重要手段，严格控制对"两高一剩"行业。"十二五"期间，黄石化解了钢铁产能 628 万吨，优化煤炭消耗量 262.15 万吨。

（5）缓解绿色企业融资困难。楚商资本集团、北京融通高科投资公司、湖北银行等社会资本合作设立了楚商资本、远卓产业、融科创新、黄石国盛 4 只产业投资基金，基金规模 16.5 亿元；与 13 家商业银行合作设立建立了 6 亿元应急循环资金池，撬动银行贷款 34 亿元，帮助 350 多家企业降低过桥资金直接成本 6000 万元，有效解决绿色中小企业融资难、融资贵难题。黄石市政府安排金融业奖励资金 100 万元，鼓励和引导金融机构加大对绿色中小企业信贷投放。

3. 黄石市进一步发展绿色金融存在的障碍

（1）关于绿色金融方面的法律法规还不够健全。一是绿色金融的法律法规建设相对滞后。自 2007 年以来，国家有关部门陆续颁布实施了绿色金融相关的法律法规，但有关的实施政策多以指导意见为主，约束性不强，参照性不高。二是政策支持不足。尽管有关部门也推出了一些促进绿色金融发展的相关政策和措施，但实践中缺乏针对性、可操作性，使这些政策难以发挥应有作用。

（2）绿色金融产品和服务创新有待加强。目前绿色信贷产品对银行业绩的贡献尚小，银行在绿色信贷研发方面的投入不足，绿色信贷的产品创新紧张迟缓。创新的绿色金融产品同质化倾向严重，金融机构针对绿色产业开发新的创新形式单一，对于绿色循环经济项目融资的产品、业务和服务只停留在一般企业的信贷产品上，绿色信贷产品较少，结构较为单调，创新步伐迟缓，特别是中间业务方面的产品开发滞后，无法满足市场和企业多样化的产品需求。

（3）绿色信贷的统计及执行标准可操作性不强。目前各个金融机构制定的绿色信贷政策，主要规定了信贷投放的方向性原则，标准综合性较强，缺乏具体的指导细则、项目目录。各金融机构的绿色信贷政策只能根据上级行提供的方案，依照各行的理解自主制定相应的政策，无对绿色信贷制定统一的衡量标准。金融机构对绿色信贷的内涵、外延理解并不一致，绝大部分商业银行在筛选绿色信贷客户时，没有明确的标准可以参考，主要参照发展改革委从环境保护要求出发制定的产业指导名录进行授信审查，绿色信贷数据统计存在一定主观性。

（4）金融激励机制和配套扶持政策缺失。目前，针对绿色产业缺乏相应的激励机制和扶持政策，一定程度上影响了金融机构支持绿色循环经济的积极性。由于缺乏有效的风险补偿、担保和税收减免等综合配套政策，往往导致绿色转型企业经营成本大幅度上升，盈利能力下降，虽然有社会效益但缺乏经济效益，这将直接造成绿色企业在银行信用评级的下降，或直接导致银行绿色信贷风险上升。当前一些新型和新能源产业还处在产业发展的初级阶段，存在着行业标准和技术并不成熟等问题。这些产业的特点就是要持续、不断地投入，这与有效产出相比，将产生很大的不确定性，由此也极大地制约了信贷支持绿色企业的发展。

4. 黄石市发展绿色金融的展望

黄石市大力发展绿色金融作为经济转型升级的助推剂，截至 2016 年 12 月，黄石市 20 家银行业金融机构绿色信贷余额达 28.33 亿元，占各项贷款的 2%，比 2014 年增长了 200%。其中，工业节能节水环保项目贷款余额 3.9 亿元、资源循环利用项目贷款余额 8.6 亿元、节能环保服务贷款余额 1.4 亿元，黄石市金融业切实走出了一条绿色金融推动技术进步、产业升级的新兴道路。虽然黄石市的绿色金融发展取得了较大的成就，但对比浙江、江西、广东、贵州、新疆 5 省（区）的绿色金融改革创新发展，黄石市的绿色金融市场还需要继续加强市场建设，为资源枯竭型城市的经济转型提供经验。展望未来，黄石市的绿色金融发展思路如下：

（1）建立绿色企业项目库。黄石市政府将推动黄石市发展改革委、经信委、环保局等部门通过遴选方式共同建立绿色企业项目库，组织金融机构与项目库中的企业、项目对接，明确绿色金融服务主体和范围。通过构建商业性融资与政策性融资相结合、间接融资与直接融资相协调的多元绿色融资支持体系，作为破解绿色融资难题、推进绿色企业发展的重要平台。引导银行业积极开发与环保型科技型企业特点相适应的绿色金融产品，通过建立绿色企业项目库，及时向各家银行推介。

（2）创新绿色金融产品服务。在防范风险的前提下，推动绿色信贷产品及模式创新。探索能效融资业务，鼓励银行将拥有碳配额企业的可交易碳资产作为质押或补充担保物。鼓励银行接受特许经营权作为质押，为绿色交通、集中供热、垃圾处理等环境基础设施建设融资。推广知识产权质押等信贷产品，加大轻资产的科技型企业信贷投入。拓展绿色企业直接融资渠道。鼓励和支持成长性好、发展潜力大的绿色企业、科技企业进入中小板、创业板、"新三板"以及武汉股权托管交易中心等上市挂牌。引导地方性法人金融机构在银行间债券市场发行绿色金融债，为绿色企业、项目融资提供长期、低息资金。鼓励有条件的绿色企业发行绿色企业债。

（3）建立绿色金融保障体系。一是建立绿色产业基金。联合发展改革委出台《黄石市新经济、绿色产业发展基金管理办法》，建立黄石市绿色产业发展基金，为节能减排和绿色产业提供投融资服务。二是建立绿色金融担保机制。在黄石市中小企业担保公司现有担保基金中切块专项资金建立绿色担保基金，用于解决绿色企业的担保，增强绿色企业信用增进机制。三是建立绿色信贷风险补偿金。充分发挥财政资金导向作用，建立绿色金融风险补偿基金，对银行因绿色贷款风险产生的净损失扣除担保或其他资产渠道补偿后实际发生的本金损失按比例给予补偿。

（4）完善绿色金融统计制度。人民银行黄石市中心支行以2013年银监会印发的《绿色信贷统计制度》为基础，制定了《黄石市绿色金融专项统计制度（试行）》，对银行涉及落后产能、环境、安全等重大风险企业信贷情况；银行开展绿色信贷情况；绿色信贷的资产质量情况进行统计。形成黄石市绿色金融统计指标体系，下一步人民银行黄石市中心支行将定期对全市绿色金融进行统一、量化监测统计，进一步提高绿色信贷统计的效率和准确性。

绿色金融发展推动了黄石市绿色金融发展和产业结构转型，黄石市发展绿色金融的目标将更加明确，通过积极落实《创建绿色金融改革创新综合试验区工作方案》和《创建绿色金融改革创新综合试验区2017年工作要点》，主动履行责任分工，对照工作方案将任务逐一分解、逐个突破、逐项落实，进一步通过绿色金融推动黄石市经济的可持续发展。

（二）宜昌市以绿色金融打造生态三峡·宜昌试验

宜昌市位于湖北省西南部，"上控巴蜀、下引荆襄"，是世界著名的三峡水利枢纽工程所在地，是全国文明城市、国家环保模范城市、国家园林城市、国家卫生城市、国家森林城市、中国优秀旅游城市。宜昌市拥有相当丰富的自然资源，宜昌市森林覆盖率高达65.7%，在长江中下游沿线及中部同等城市列第一；同时宜昌市号称"世界水电之都"，拥有长江、清江等大小99条河流的重要河段，水能资源可开发量达3000万千瓦，是我国乃至世界水电资源最富集、开发前景最好的地区之一。2014年9月，国务院发布《关于依托黄金水道推动长江经济带发展的指导意见》，提出依托长江黄金水道，建设综合立体交通走廊，支撑和带动整个长江经济带 11 省市经济社会协同、互动发展。宜昌市作为长江经济带的重要节点城市，长江经济带建设无疑是给宜昌市经济发展带来了重要的历史机遇。但与此同时，习近平总书记特别强调要把修复长江生态环境摆在压倒性位置，提出要"共抓大保护，不搞大开发"。基于这一指导思想，宜昌市提出推进"生态守护＋生态产业＋绿色金融＋生态公民"为主体的生态三峡"宜昌试验"，积极尝试通过绿色金融发展推动生态三峡、绿色宜昌建设，打造资源丰富型城市通过绿色金融推动生态与经济的和谐发展之路。

1. 宜昌市支持绿色金融发展的措施

（1）政府部门的政策引导。面对长江经济带新一轮开放开发的战略机遇，宜昌市提出"生态优先、绿色发展"口号，2017 年 6 月，宜昌市人民政府正式发布《宜昌市生态建设与环境保护"十三五"专项规划》文件，文件按照"生态优先，绿色发展""共抓大保护，不搞大开发"等要求，制订了以持续改善环境质量和构筑科学合理生态安全格局为核心的生态环保工作目标，建立了包括社会经济、环境质量、生态建设、资源节约及利用、总量控制、污染防治、环保管理能力共七大方面 56 项指标。并提出大力实施长江（宜昌段）生态系统修复和生态资源保护；强化环境准入及环境监管，防范和降低环境风险；推进生态文明建设，构建绿色低碳循环城市；推进节能环保产业发展，强化绿色科技创新引领；完善市场机制，建立健全绿色政策体系等目标，并明确了绿色金融发展目标的具体责任单位。

（2）金融监管机构协同推进。绿色金融业务涉及十分复杂的专业技术，涉及环境信息披露、碳交易规则制定等复杂且不断发展更新的专业技术，因此需要各政府职能部门的沟通与协作。宜昌市在推动绿色金融发展中加强产业政策制定部门、财税管理部门、环境保护部门、金融监管部门的全面对接、协同联动，形成一套全面的绿色金融发展行动方案。

环保机构是推动绿色金融发展的重要职能机构，发挥着信息审核、绿色认证等重要作用。宜昌市环保局与"一行三会"宜昌分局保持密切的工作联动，建立健全企业环保正面清单、负面清单和信用体系，并负责向人民银行宜昌市中心支行、宜昌银监分局提供企业环保基础信息；加强智慧环保建设，增强环境执法手段和执法结果在金融领域的运用；通过提高环境违法企业的金融成本，加强企业的环保主体责任和社会责任、严格遵守环保法律法规，立体推进绿色金融。

宜昌银监分局在《绿色信贷指引》等中央部门文件的指引下，结合宜昌产业特色开展"践行绿色信贷，实现绿色发展"专项活动，引导银行业机构将金融资源向绿色经济、低碳经济、循环经济倾斜，发挥信贷对生态文明空间格局、产业结构和生产方式的引领和支持作用。通过开展动员宣传、组织自评价、巡查走访、组织主题征文等方式，促进银行业机构深化绿色信贷理念、完善绿色信贷制度、优化绿色信贷流程、扩大绿色信贷规模、创新绿色信贷产品、提升绿色信贷服务，取得了显著效果。

2. 绿色金融推动经济转型的效果显著

在金融监管部门的大力引导下，辖内银行金融机构积极落实"有扶有控"的差别化信贷政策，深入开展节能减排授信，优先支持企业转型升级和技术改造。截至 2016 年末，全市绿色信贷余额 637 亿元，较年初增长 204 亿元，显著高于各项贷款平均增幅。表 6 给出了宜昌市部分银行绿色信贷情况。同时，在客户营销、审查审批、贷后管理等信贷流程各环节高度关注环境要素，未得到环保部门审批的项目一律不予支持，已投放项目出现环保问题且整改不达标的逐步压缩退出。2016 年末，辖内银行拒绝不符合绿色信贷政策贷款申请 847 笔，金额 125.67 亿元。2014 年，宜昌市一家氯化工企业准备在当阳市投资设厂，承诺 3 年后年上缴利税 1000 万元以上，由于不符合环保要求被银行拒绝授信。宜昌市银行业信贷注重向高科技、高附加值、绿色低碳项目倾斜，2012 年至今，宜昌市的三次产业结构比例从 11：60：29 调整为 11：57：32，产业结构调整获得了较好的成效。2016 年，宜昌市生物医药、高端装备制造、电子信息、新能源等战略性新兴产业，其规模工业企业产值总额达 2000 亿元，约占全市规模工业总产值的三分之一。

表6　　　　　　宜昌市部分银行绿色信贷统计（截至 2017 年 6 月底）

	工商银行	建设银行	兴业银行	湖北银行
绿色信贷客户/全额贷款客户（户）	13/161	21/—	18/—	24/—
绿色信贷余额/信贷总额（亿元）	32.48/245.4	44/—	20.63/—	16.5/—
绿色信贷同比增幅（%）	24.07	25.98	26.42	18.5

注：宜昌市调研获取的数据，"—"表示数据未能取得。

3. 宜昌市发展绿色金融的展望

生态三峡·宜昌试验以开阔的国际视野，助力生态治理宜昌市试验，宜昌市试验则离不开绿色金融体系的建设。绿色金融体系不仅是生态保护、生态治理过程的需求，更是未来金融体系生态化的需求。绿色金融体系提倡金融业支持负责任的生态发展，提供生态保护和治理的全方位金融服务，最终不断为自身发展创造需求，形成一个完整的生态金融链条。

（1）在三峡生态治理机制建设上大力推广 PPP 模式。在推进实施 PPP 的过程中，关键在政府方面，要积极应对当前 PPP 存在的"雷声大、雨点小"、私人资本参与度低等问题，着力加强对 PPP 功能认识、强化政府部门之间的协调、建立完善法律体系、突破项目实施的难点等。在生态治理投入上采取 PPP 模式，要把主要精力放在加快立法进程、推进项目库建设和加强政府 PPP 方面的人才储备上，提高社会资本的参与热情。

（2）组建专门的长江绿色金融机构。宜昌市作为长江经济带的重要节点城市，作为资源丰富型的生态城市，发展绿色金融应该发挥试点示范作用，走出绿色金融的特色道路。要创新式地发展专业性绿色金融机构，如长江绿色开发银行，针对以三峡地区为代表的生态脆弱敏感地和扶贫重点地，开展以生态环保、绿色发展、扶贫开发为主的绿色金融专项服务，探索带有政策性因素的绿色金融创新发展，进而实现长江生态大保护与长江经济带大发展双赢。

四、湖北省绿色金融创新发展存在的主要问题

改善环境污染不仅要依靠强有力的末端治理措施，还必须采用财税、金融等手段改变资源配置的激励机制，让产业结构、能源结构、交通结构变得更为清洁和绿色。在资源配置中，资金（金融资源）配置的激励机制将发挥关键作用。只要资金从污染性行业逐步退出，更多地投向绿色、环保的行业，其他资源（包括土地、劳力）将随之优化配置，这给绿色金融提供了广阔的发展空间，中国人民银行原行长周小川就曾指出，2017—2021 年中国的年均绿色投资需求将达 6000 亿美元。虽然绿色金融面临着难得的发展机遇，但与绿色金融相关的制度安排和绿色金融产品的发展已有几十年的西方发达国家相比，湖北省绿色金融市场成立的时间较短，市场发展还较为落后，存在着诸如绿色金融体系有待完善；绿色金融创新不足，发展特色不鲜明；中介服务体系发展滞后等问题，并制约着湖北省绿色金融市场的发展。

（一）政策体系不健全，中介服务体系不完善

绿色金融体系，是指通过贷款、私募投资、债券和股票发行、保险、排放权交易等金融服务将社会资金引入环保、节能、清洁能源、清洁交通等绿色产业的一系列政策和制度的安排以及相关基础设施的建设。建立绿色金融体系有助于启动湖北省新的经济增长点，加速产业结构、能源结构和交通运输结构的绿色转型，提升经济的技术含量，缓解环境问题对财政的压力。在发达国家，与绿色金融相关的制度安排和绿色金融产品的发展已有几十年的经验，由此推动的绿色投资对这些国家的经济结构转型和可持续发展起到了十分积极的作用。为应对环境污染挑战，湖北省亟须建立完善的绿色金融体系，用于引导社会资金投向与社会福利最大化相一致的绿色项目投资。到目前为止，虽然湖北省有关部门在推动绿色金融体系建设方面做了许多卓有成效的工作，但绿色金融体

系还存在着一些不足，具体表现为：

1. 绿色金融政策体系不健全

2007 年以来，我国政府高度重视绿色金融的发展。中央部委层面，国家环保总局（现为国家环境保护部）同金融监管部门"一行三会"，出台了多项促进绿色信贷、绿色证券、绿色保险发展的绿色金融政策文件。如 2007 年人民银行、银监会联合环保总局发布了《关于落实环境保护政策法规防范信贷风险的意见》，意见规定对不符合环境保护规定的项目，金融机构不得提供任何形式的授信支持。2008 年环保部与人民银行合作，联合下发《关于规范向中国人民银行征信系统提供企业环境违法信息工作的通知》，许多环境违法企业被银行限制或收回贷款，绿色信贷的投放快速增加。2016 年，我国绿色金融发展进入新时期，G20 杭州峰会前夕，发展改革委、人民银行和银监会等七部委联合发布《关于构建绿色金融体系的指导意见》，这一文件将绿色金融体系上升至国家战略，对推动绿色金融发展，转变经济增长方式有着深远的影响。为贯彻落实中央部委的文件精神，北京、上海、福建等地区的环保厅（局）纷纷联合当地金融监管部门，出台多项促进绿色金融发展的地方性文件。如 2017 年 5 月，福建省发布《关于印发福建省绿色金融体系建设实施方案的通知》，提出 2020 年末全省银行业金融机构绿色金融服务提供的融资余额比"十二五"期末翻一番的具体目标，并落实了各政府部门的工作任务、保障措施。贵州、宁夏等地方政府还在文件中承诺运用财政、金融手段降低绿色项目的融资成本，提升社会资本投资绿色产业的预期资本回报，省市级地方政府已经逐渐成为绿色金融发展的重要推动力。

通过对地方绿色金融政策的梳理，我们发现湖北省的绿色金融政策数量相对较少，且从文件政策力度、政策措施、政策目标、政策反馈四个维度来看绿色金融政策效力也不高（见表7）。这表明，首先，湖北省对发展绿色金融的认识和重视还不够，政府还没有设立专门的绿色金融领导机构，金融主管部门还没有专门管理绿色金融的机构和人员；政策制定缺乏战略规划，主管部门的政策目标还主要停留在限制"两高一剩"行业的信贷投放等短期目标上，而对绿色金融的长远发展缺少完整的战略安排和配套政策。其次，政府与金融机构对发展绿色金融的动力不足。目前，虽然湖北省政府与金融机构对发展绿色金融已有一定热情，但多数金融机构还是停留在某些绿色金融具体经营层面，缺乏相应的长远规划、制度安排、组织保障和企业文化等战略准备，而且绿色金融业务往往与绩效考核、经济利益相冲突，导致政府与金融机构对发展绿色金融的动力不足。

表7   湖北地区绿色金融政策

发布时间	文件名称	发布机关	主要内容
2010 年 9 月	《进一步完善绿色信贷信息共享机制的通知》	湖北环保厅 人行武汉分行	充分认识建立完善绿色信贷信息共享机制的意义，建立完善信息交换共享工作机制
2013 年 1 月	《金融推进湖北省环境保护工作战略合作协议》	湖北环保厅、兴业银行武汉分行	在全省开展绿色信贷，通过推行排污权抵押、重点减排项目融资等绿色金融支持环保政策
2017 年 7 月	《黄石市创建绿色金融改革创新试验区工作方案》	黄石市人民政府	做大绿色金融资规模，做大绿色经济产业，提出具体实施步骤和主要措施
2017 年 5 月	《关于加快发展绿色金融促进绿色襄阳建设的指导意见》	人行襄阳市中支	优化金融供给结构，大力发展绿色信贷；创新绿色金融产品和业务模式，提升服务水平；明确支持方向和重点领域，加大绿色金融服务力度
2017 年 6 月	《宜昌市生态建设与环境保护"十三五"专项规划》	宜昌市人民政府	推进生态文明建设，构建绿色低碳循环城市；推进节能环保产业发展，强化绿色科技创新引领；完善市场机制，建立健全绿色政策体系

资料来源：根据湖北省政府、金融监管部门文件整理所得。

2. 中介服务体系较为薄弱

绿色金融业务涉及十分复杂的专业技术，涉及环境风险评估、碳交易等十分复杂且不断发展更新的专业技术，对金融机构的风险评估和管理工作提出了更高要求；同时，绿色金融还需要完善中介服务体系，建立包括信用评级、第三方认证、资产评估、信息咨询、环境风险评估等专业性服务机构。但当前商业银行等金融机构中的专业技术人员占比普遍较少，使金融机构对于涉及绿色金融专业领域的技术识别和风险评估能力有限，这在一定程度上导致金融机构倾向于对传统经济领域开展金融服务，而对风电设备制造、垃圾处理等环保新兴产业采取谨慎态度，影响了绿色金融的发展。此外，基于分工原理，绿色金融市场还需要金融、环保、法律等多领域的高素质专业人才为金融机构开展绿色金融业务提供一系列配套服务。但目前我国的专业性服务机构多数还未涉足绿色金融服务领域，其他诸如环境损害鉴定评估机构、环境风险评估机构和数据服务公司等中介服务机构尚未建立。因此，必须加强对中介机构的培育，并鼓励民间 NGO 组织继续发挥信息提供方作用。

（二）绿色金融机制单一，政策激励措施缺乏

尽管近年来湖北省绿色金融已经取得较大发展，但由于绿色发展项目普遍存在前期投入大、收益期长且收益不确定、风险高等特点，加上绿色金融市场环境也存在着一些问题，比如绿色金融发展机制单一、政策激励措施缺乏等，制约了湖北省绿色金融市场的发展，下一步应该建立健全绿色金融发展的激励约束机制、协调机制和配套机制。

1. 绿色金融发展机制单一

发展绿色金融需要调整政府特别是地方政府的行为方式，推动政府部门建立有效的激励约束机制，以此鼓励绿色经济发展，严惩破坏环境的行为。张承惠（2016）认为，绿色金融市场的进一步完善应注意建立激励约束机制、协调机制和配套机制，并认为激励约束机制是绿色金融发展的动力之源，协调机制是发展绿色金融的有力保障，以及配套机制是发展绿色金融的重要支撑。但湖北省在过去几十年传统发展模式之下形成的"重增长、轻环保"的行为方式在今天仍有一定惯性，绿色金融发展机制还存在着约束激励机制薄弱、协调机制不完善、配套机制不健全等问题。

首先，发展绿色金融的约束激励机制薄弱。一直以来湖北省在传统发展模式下形成的"重增长、轻环保"行为方式在今天仍有一定惯性，各级地方政府虽然有绿色发展和改善环境的迫切需要；但为了维持一定的经济增速，又存在容忍"两高一资"但税收贡献大的产业的动机，从而对现有污染性企业的环境污染监督力度往往不够，且"两高一资"企业因高利润和高回报对商业银行等金融机构仍颇具吸引力。因此中央政府如何建立约束激励机制推动地方政府重视绿色金融发展，如何建立财政金融激励、社会责任约束激发企业保护环境和减少污染的内在动力，这些都是值得深入探讨的问题。

其次，部门间的协调机制不完善。政府相关部门、环境管理部门和金融监管部门之间、政府与金融机构之间缺乏有效的信息沟通机制。银行关于绿色信贷的披露信息缺乏一致、清晰的口径，导致数据缺乏可比性。上市公司关于主要污染物排放情况、治理措施及效果等重要信息的披露仅针对 IPO 环节，信息公开严重不足。排放权市场上，监测、报告和核证体系尚未建立，市场体制尚不完善，排放权交易制度的设计能力尚不足。如何在金融监管部门之间、金融监管部门与政府行政管理部门之间建立有效的跨部门协调机制，使绿色金融理念在政府部门和金融机构间被广泛认识和推行成为急需解决的问题。

最后，绿色金融配套机制不健全。绿色金融通过金融政策和产品、服务创新形成新的金融发展范式，将绿水青山的隐性收益和污染的隐性成本显性化，重构资金的价格形成机制，通过政策和市场信号降低环境污染型投资的经济价值，改变金融主体的行为偏好。但是，绿色金融项目通常技术较为复杂，难以全面准确揭示项目风险，而金融机构和专业投资人因技术领域的识别能力欠缺，可能会影响到绿色金融的发展。例如，2013年至今，湖北省开始推进绿色保险，但绿色保险的关键配套制度——环境污染责任保险评估制度就因人力、物力、资源不足，缺少专门的环境污染损害鉴定评估机构等难点，使绿色保险的推广困难重重，而上述问题的解决需要通过发展绿色金融服务体系来解决。

2. 绿色金融政策激励措施缺乏

绿色金融发展已经成为国家发展战略的重要内容，2016年中国人民银行、财政部等七部委联合发布的《关于构建绿色金融体系的指导意见》提出要建立健全绿色金融激励措施，并以此促进经济可持续发展。金融激励措施包括正向激励与负向激励，其中正向激励是运用贴息、再贷款、担保等激励手段促进绿色环保产业的发展，负向激励则是通过升息、限制贷款、征收污染税等措施限制污染型产业的发展。目前，湖北省还需要建立完善的绿色金融发展激励措施，相关优惠政策和补贴严重不足，使开展绿色金融的成本过高，一定程度上影响了金融机构支持绿色循环经济的积极性。在企业层面，由于缺乏有效的风险补偿、担保和税收减免等综合配套政策，往往导致绿色转型企业经营成本大幅度上升，盈利能力下降，虽然有社会效益但缺乏经济效益，这将直接造成绿色企业在银行信用评级的下降，或直接导致银行绿色信贷风险上升，从而限制了绿色企业的发展。此外，湖北省绿色金融市场更多地关注具有"正外部性"的产业，如可再生能源、污染治理、节能减排等产业，对于高污染、高排放等"负外部性"行业的关注则相对有限。

（三）金融机构动力不足，公众参与意识较弱

近年来，湖北省政府逐渐重视绿色金融发展，各级政府出台多个重要文件，从财政优惠、税收减免等多个角度推动绿色金融发展。一些地方政府如黄石市、宜昌市政府还在文件中落实了各政府部门的工作任务、保障措施，并提出了绿色金融发展的具体目标，地市级政府已经逐渐成为绿色金融发展的重要推动力。但与政府部门的大力推动相对应的是，各类金融机构开展绿色金融业务的动力不足，社会公众的绿色参与意识不强，阻碍了绿色金融市场的发展。

1. 金融机构开展业务动力不足、能力欠缺

绿色金融存在绿色投融资期限错配、信息不对称、产品和分析工具缺失等问题，导致传统金融机构开展绿色金融业务的积极性不高。目前，绿色金融的发展更多依靠政府和金融监管部门的外力推动，金融机构缺少业务开展的内部驱动力。而且，一些地方长期以来习惯于"高耗能、高利润"的传统发展模式，各方面对节能减排的认识还没有适应新形势、新任务的要求，对传统发展

路径的依赖尤为明显，有的地方认为节能减排是对经济发展"做减法"，对淘汰落后产能决心不大，有的甚至还在上一些高消耗、高排放和产能过剩项目，在这种背景下，金融机构对绿色金融理念下蕴含的巨大的经济和社会价值还缺乏深刻认识。

同时，一些进入实践阶段的金融机构大多停留在某些绿色金融具体经营层面，缺乏相应的长远规划、制度安排、组织保障和企业文化等战略准备。金融机构对绿色金融的学习、研究和宣传不足，不少管理者与员工的绿色金融意识不强，自身环保责任很容易被现实的考核压力和经济利益冲淡。很多金融机构从业人员对绿色金融了解不深入，专业知识不熟悉，缺乏开展绿色金融业务的实践经验。金融机构与监管部门（包括环境监管部门和金融监管部门）之间缺乏有效的信息联通机制和共享平台；银行业之间关于绿色信贷的信息披露和共享机制也不健全，尤其是缺乏一致、清晰的口径，导致彼此之间提供的数据缺乏可比性。加之当前绿色金融的短期经济效益还不尽如人意，致使不少金融机构开展绿色金融业务的动力不足。

2. 公众参与绿色金融的意识较弱

通过绿色金融推动经济可持续发展，实现"绿水青山就是金山银山"的绿色发展理念已经成为我国经济社会发展的核心理念，但单纯依靠政府推动绿色金融发展是不够的，所形成的绿色金融市场也是难以持续的。公众作为"绿水青山"的利益相关者参与绿色金融，不仅可以实现参与清洁环境权益的诉求，而且可以弥补政府作为单一主体的不足。当政策偏离公共利益需要时，公众参与可有效避免"政府失灵"现象，与政府相关部门形成良性互动，监督政府以社会的公共利益为根本出发点，从而努力实现绿色发展目标。

当前湖北省绿色金融发展的短板在于公众参与绿色金融意识较弱，原因在于：第一，社会公众的环保意识不强。2015 年环保部和教育部进行的全国公众环境意识测试中，全国人均得分为 2.8 分，湖北省公众环保意识为 2.6 分，显示出湖北省公众的环保意识急需加强，较弱的环保参与意识也导致公众对绿色金融的参与热情不高。第二，从绿色金融产品和服务的对象来看，我国的绿色信贷和绿色债券主要针对企业或项目的需求，而很少直接针对个人消费者。目前除兴业银行发行了国内首张低碳信用卡以外，其他银行几乎没有提供针对个人客户的消费需求去挖掘和创新绿色金融产品与服务，而面对公众的绿色金融产品恰好是最有发展前景，最能提高金融机构绿色声誉和社会责任度的金融产品。因此，如何提升湖北省公众参与绿色金融的热情，金融机构如何开发面对大众的"互联网＋绿色金融"产品是值得深入研究的。

(四) 绿色金融创新不足，发展特色不鲜明

湖北省绿色金融的发展起步虽然较早，但受到经济粗放型增长模式的影响，绿色金融市场长期存在着绿色金融创新不足，发展特色不鲜明等问题，使得绿色金融促进湖北省绿色产业发展的影响被削弱。

1. 绿色金融创新不足

绿色金融创新是金融机构为实现绿色产业和生态文明的可持续发展而进行的金融创新，是推动绿色金融发展的重要因素。但湖北省当前的绿色金融产品和服务创新滞后于金融市场的发展，表现为可交易的绿色金融产品和服务相对单一、绿色金融市场机制建设依然滞后。绿色金融产品和服务方面，湖北省在应对气候变化、绿色低碳领域的融资工具还稍显单一，主要是以绿色信贷、绿色债券以及项目融资 PPP 为主。未来在绿色发展基金、绿色融资担保、绿色消费信贷、绿色资产证券化和碳排放权资产管理等领域还须进一步突破创新。市场机制建设方面，部分金融机构在公司治理方面还没有建立起与绿色金融配套的制度，也缺乏符合绿色金融发展需要的约束激励机制。在日常经营中，金融机构的环保和社会责任意识很容易被繁重的考核压力和诱人的经济效益冲淡。政府还没有建立起对金融机构发展绿色金融的激励机制，企业和个人"绿色消费"意愿不强，对金融机构的监督普遍不严。

具体而言，国外在绿色金融产品和服务的范围上更加广泛，除绿色信贷之外，还包括为环保企业、绿色产业提供资本市场上市融资等直接融资类服务，而国内绿色金融主要还是传统间接融资为主要特点的绿色信贷，其他直接融资类绿色金融产品仍处于起步与探索阶段。其次，从绿色金融产品和服务的对象来看，湖北省的绿色信贷和绿色债券主要针对企业或项目的需求，而很少直接针对个人消费者。绿色金融课题组在湖北省三地的调研发现，除兴业银行发行国内首张低碳信用卡以外，其他银行几乎没有针对个人客户的绿色金融产品与服务创新。同样，从绿色金融市场交易机制建设来看，尽管 2014 年湖北省开始碳市场建设及其碳排放权交易的试点工作，但市场影响力还有待进一步扩大，截至 2016 年底，7 个试点市场碳配额累计成交量约 6400 万吨，湖北省虽然所占比重较大，但与欧盟、美国芝加哥等碳排放权交易市场相比还是有着较大的差距。

2. 发展特色不鲜明

目前我国各省市都高度重视绿色金融市场的发展，一些地区还根据经济发展水平和特点走出有特色的发展之路，如浙江、江西、广东、贵州、新疆 5 个省份被国务院选择部分地方进行绿色金融改革创新试验，各地的绿色金融发展各具特色。例如，在经济发展水平较高的浙江和广东省，浙江省湖州市和衢州

市侧重于绿色金融推动传统产业转型升级、中小城市整体实现绿色发展方面的服务，广州市侧重于发展绿色金融市场；贵州省和江西省两地探索如何利用绿色资源发展绿色金融、构建绿色发展方式，重点支持现代农业和节能减排、清洁能源项目；新疆则重在依托"一带一路"倡议，探索绿色金融支持现代农业、清洁能源资源、风电、光电等方面比较优势产业。相较而言，湖北省绿色金融发展的特色还不够鲜明，绿色金融发展还没有与湖北产业结构特征相结合，没有与武汉城市圈的"两型社会"（资源节约型、环境友好型）建设深度融合，也还未形成绿色金融的湖北品牌效应。未来湖北省的绿色金融发展如何与产业结构、中西部的地域特征相结合，如何利用湖北省绿色金融的既有优势（如碳排放交易）扩大在中西部地区的影响力，都是值得深入探讨与解决的问题。

当前湖北省绿色金融虽然面临着不小的困难和挑战，但随着绿色金融体系、绿色发展机制的逐步完善与健全，以及对区域绿色金融发展的准确定位，湖北省绿色金融将有着广阔的发展前景，省内也出现在绿色金融具有鲜明特色的地区，如黄石市、宜昌市等地结合本地区的产业结构、地理特征，走出一条依靠绿色金融发展区域绿色产业的道路。

五、推进湖北省绿色金融创新发展的对策建议

"十三五"时期是全面建成小康社会的决胜阶段，绿色发展已经成为"十三五"乃至更长时期我国经济社会发展的一个基本理念。当前，中国经济发展进入新常态，供给侧结构性改革正在深入推进，绿色金融作为绿色发展的重要推动力，地位日益凸显，也越来越受到社会公众广泛关注。在我国绿色金融地方试点已正式启动的大背景下，如何通过创新性金融制度安排，引导和激励更多社会资金投资环保、节能、清洁能源、清洁交通等绿色产业，是湖北省全面建设生态省、实现可持续发展的当务之急。针对湖北省当前绿色金融发展的现状，并借鉴国内外绿色金融典型做法，湖北省应抢抓机遇，通过强化顶层设计全面协调推进、开展典型区域试点示范引领、创新绿色产品服务打造地域特色、优化政策建立健全长效激励机制、完善绿色金融基础保障等，加快绿色金融改革创新和体系建设。

（一）创建绿色金融改革创新工作小组，强化顶层设计

1. 创建绿色金融改革创新工作小组

绿色金融改革创新涉及部门众多，需要湖北省从顶层设计全面协调推进，引导各部门、各级金融机构以及企业等主体积极参与。创建绿色金融改革创新工作小组，成立由省委省政府主要领导为组长，分管副省长为常务副组长，政府金融办、人民银行、发展改革委、财政局、环保局、经信委、科技局、银监

局、保险协会以及各相关银行、保险、证券、担保和小贷公司等部门为成员的绿色金融改革创新工作小组，并在政府部门和央行设立工作小组办公室，有效分工合作，加强对绿色金融工作的组织领导和协调推进。

2. 制定专项发展规划，抓好组织实施

在深入调研和广泛论证的基础上，研究制定《湖北省构建绿色金融体系工作指导意见》《湖北省构建绿色金融体系工作 2018 年行动计划》等，结合改革创新工作项目，明确分工，分解落实工作任务，将绿色金融工作纳入年度重要工作责任目标，完善相关配套政策，强化协调措施，确保绿色金融体系构建工作顺利推进。

3. 加强监督考核，落实工作任务

将试点工作任务落实情况纳入各级政府和相关部门的考核体系，加强金融机构及相关部门的协调配合，落实监督考核措施，合力统筹推进绿色金融改革创新工作。制定银行绿色金融支持考核力度，对绿色信贷工作组织不力、得分排名长期落后、操作违反制度、信贷业务出现环境风险等重大不利事项的银行，将进行问责、督促整改；对绿色信贷工作组织考核排名较前的银行给予奖励支持。

（二）鼓励改革创新试点建设，发挥试验区典型示范作用

1. 支持黄石市绿色金融改革创新试验区建设

湖北省应通过先行先试，积极打造省内绿色金融改革试验区，并在探索的基础上全面推进试点经验推广。通过本项目的调研，湖北省黄石市积极改革探索，已在全省绿色金融领域走在前列。黄石市今年出台了《黄石市创建绿色金融改革创新综合试验区工作方案》等系列政府文件，并倡议成立了黄石市创建绿色金融改革创新综合试验区工作领导小组及建立工作联席会议制度，明确了各部门具体职责分工及任务，积极构建绿色金融组织体系和制度框架，引导全市各金融机构、各相关部门积极支持黄石市绿色转型发展，取得了很好的阶段性成果。因此，湖北省可将黄石市作为省内典型区域重点打造推广，将黄石市建成典型的绿色金融改革试验区。一方面，应创新改革体制机制，给予黄石市绿色金融创新试点的空间；另一方面，应通过财政扶持政策、完善金融法律制度，明确绿色金融相关问题，给予优惠政策激励黄石市开展创新试点。

2. 与典型试验区交流合作，推广复制可借鉴经验

在推进省内典型区域绿色金融创新试验区建设的同时，政府部门需要从顶层设计层面与示范试点区域加强沟通交流，及时总结可复制可借鉴的经验，吸取教训，在相关政策调整时予以体现，加快全省绿色金融发展步伐。

积极鼓励试点示范区广泛开展区域内外交流。一方面，要与绿色金融发展

走在前列的典型示范区广泛开展沟通与合作，交流绿色金融建设心得经验；另一方面，也要与省内其他区域及时分享经验教训，引导和鼓励其他区域达成绿色发展共识，为湖北省全面推进绿色金融发展奠定基础。

（三）着力创新绿色金融组织产品服务，打造地域特色

1. 推进银行体系绿色化改造，完善绿色金融组织体系

（1）推进绿色银行体系建设。1）推动银行建立绿色信贷授信模式，制订绿色信贷发展计划。在业务开展中树立绿色信贷理念，以差异化的融资成本实现向绿色、低碳、环保的信贷投放倾斜，建立"两高一剩"信贷风险管控制度等。2）鼓励全省银行业金融机构积极实施绿色企业营销"四单管理"：单独设置机构、单独配备人员、单列信贷计划、单独信贷审批，鼓励大中型银行设立绿色金融事业部、专营机构，为绿色企业提供标准化、流程化、批量化服务，提升绿色金融服务水平。大力发展新型一体化的金融综合服务，积极向绿色企业提供开户、结算、融资、理财、咨询、现金管理、资金监管、国际业务等一站式、系统化的金融服务。地方法人银行要继续下沉网点和服务，增加绿色企业有效供给；单独配备人员，打造专业化绿色金融营销、管理团队；单设授信条件，适当降低绿色企业信贷门槛；单列信贷规模，积极向上争取绿色信贷专项规模。3）选择有条件的金融机构，建立绿色金融服务专属支行或网点，在辖内形成一定的示范效应。如可选取农发行、工行、中行、建行、交行、兴业银行、湖北银行、汉口银行、地方农商行等为绿色金融示范行，以点带面，重点推动绿色金融创新。4）探索建立政府部门与各金融机构总部或省级分支机构进行绿色金融战略合作的有效途径，对条件成熟的机构率先签订战略合作协议，力争在机构设置、项目合作、专项融资规模等方面给予政策倾斜和资源支持。

（2）推进绿色保险体系建设。作为我国首批开展环境污染责任保险试点的省份之一，湖北省在绿色保险方面进行了积极尝试，但总体来看绿色保险体系尚不健全，配套制度也不完善。应鼓励以绿色保险为主的保险机构在湖北省设分支机构，鼓励在鄂保险机构设立绿色保险营销团队，鼓励引入专门的环境污染损害鉴定评估机构。支持保险代理、保险经纪等中介机构发展，为绿色保险消费者提供增值服务，促进绿色保险业务的推广。

（3）推进绿色资本体系建设。绿色资本体系的完善有利于推动绿色金融的创新发展。积极培育和引进各类股权投资基金、创业投资、天使基金以及私募基金，参与绿色投资。鼓励在鄂银行、证券公司加强合作，推动绿色贷款证券化。

2. 大力发展新业务新品种，推动绿色金融产品服务创新

（1）突出绿色信贷支持重点。坚持"有保有控、绿色优先"原则，实行绿

色信贷"五个一批"：一是做大做强一批。对已与银行发生信贷关系的新能源、新材料、生态农业、服务业等环境友好型企业要加强信贷投入，支持其做大做强。二是跟进突破一批。对暂未与银行发生信贷关系，符合信贷条件且环境友好企业，要迅速跟进信贷营销和金融服务。三是增信支持一批。对贷款资质不够但环境友好企业要通过绿色产业基金、担保基金等措施，帮助满足银行贷款条件。四是支持转型一批。对"两高一剩"但环评达标企业，要支持其技术升级、转型发展。五是退出淘汰一批。对环评不达标企业要坚决收回贷款。

（2）突出绿色信贷机制创新。建立绿色信贷"三优二重一否决"机制：绿色信贷享受"优先受理、优先审批、优先放贷""资金重点保障、考核重点倾斜"以及信贷管理全流程"环保一票否决"制，实现银行绿色信贷管理流程再造，缩短受理时间、减少审批环节，提升绿色信贷管理水平。

（3）突出绿色信贷产品及模式创新。金融机构应加大对绿色产业和项目的信贷投入，紧密跟踪市场动向和客户需求变化，不断开发设计新的产品和服务品种，积极探索运用主要污染物排污权、绿色工程、项目收费权和收益权等作为有效抵（质）押的融资新模式，推广排污权质押贷款、清洁发展机制（CDM）应收账款保理融资、碳资产及污染物减排收益权质押贷款等信贷产品。在防范风险的前提下，推动符合绿色企业特点的信贷产品及模式创新。探索能效融资业务；鼓励银行将拥有碳配额企业的可交易碳资产作为质押或补充担保物；鼓励银行接受特许经营权作为质押，为绿色交通、集中供热、垃圾处理等市政环境基础设施项目提供融资；拓宽抵押担保范围，创新担保方式，研究推动应收账款、收费权质押以及包括专有知识技术、许可专利及版权在内的无形资产质押等贷款业务产品，特别是针对新兴中小企业的科技创新成果、自主知识产权、产品商标、商誉等无形资产进行专业评估并作为贷款的抵押担保依据，解决其有形资产不足的问题，加大轻资产科技型企业信贷投入；继续推进农地经营权抵押贷款试点，拓展农村抵质押物范围，提高新型农业经营主体金融服务水平。加强绿色金融人员培训，引进有关专业人才，提高绿色信贷人员的业务素养。商业银行应增加绿色信贷产品的研发投入，同时，适应新兴产业各个阶段的不同特点，改变传统的信贷管理方法，改善评估、评审和管理办法，创新对新兴企业和项目的贷款形式，积极探索灵活多样的金融支持形式。

（4）突出绿色支付结算创新。推动"绿色支付无障碍区"建设，不断加大乡镇地区 ATM、POS 机、转账电话等现代机具布放，促进绿色支付应用。发展无纸化结算支付方式，推广网上银行、自助银行、手机银行、金融 IC 卡多行业运用。

（5）突出绿色投融资模式创新。支持在道路交通、排水排污、节能减排等基础设施项目中引入 PPP 模式，进一步放宽市场准入、土地政策支持等政策，构建绿色社会资源与金融资源对接新机制。

（6）突出绿色保险服务创新。选择符合条件的保险机构，尝试在环境高风险行业实行"环境污染强制责任险"。优化绿色保险产品设计，完善环境污染强制责任保险制度，将投保情况与企业信用评级、信贷资质、上市核查等相结合，促进高污染企业转型。推广林木火灾险、巨灾险等环保险种，降低潜在环境风险。拓宽保险资金运用渠道，利用寿险资金期限较长的特点，积极引导保险资金投资绿色环保项目。鼓励保险公司创新生态环境责任类保险产品，探索开展绿色企业贷款保证保险。

此外，也要积极探索发展其他支持绿色产业的金融产品，如大力推动互联网金融发展，积极培育和引进各类股权投资基金、创业投资基金以及私募基金，参与绿色投资。支持和鼓励融资租赁公司、小额贷款公司、担保公司、典当行等为绿色产业、企业、项目提供多样化金融服务。灵活利用金融工具，满足绿色产业的多样性融资需求。

3. 拓展绿色企业直接融资渠道，支持企业绿色转型

（1）推动绿色企业上市。拓宽绿色企业的多元化融资渠道，大力发展资本市场融资，鼓励、支持、推动绿色企业 IPO 上市和新三板挂牌，募集企业发展所需资金。加快上市主体培育，鼓励和支持成长性好、发展潜力大的绿色企业、科技企业进入中小板、创业板、"新三板"以及武汉股权托管交易中心等上市挂牌。建立上市和发债企业环境信息披露机制，降低其对污染性投资的偏好。

（2）推动绿色债券发行。一方面，要引导支持地方性法人金融机构在银行间债券市场发行绿色金融债，为绿色企业、项目融资提供长期、低息资金。要支持金融机构发展绿色资产抵押债券等产品，如针对能源利用和污染程度达到一定标准的企业发行债券，以此来鼓励生产节能环保的产品。另一方面，支持绿色企业发行绿色企业债，满足绿色企业融资需求。省发展改革委等部门要摸排并编制年度绿色企业债券发行计划，支持绿色企业发行绿色企业债，满足绿色企业多样化融资需求。探索绿色债券可行性，试点发行绿色金融债。推动企业发行以绿色发展为主题的企业债、公司债、债务融资工具进行资金融通。

（3）建立绿色企业培育机制。鼓励各辖区有关部门挑选一批前景好、有上市发债意愿的绿色企业纳入上市发债后备库，加强上市发债程序辅导，指导企业搞好项目整合、信用评级、中介对接等工作，逐步形成上市发债企业梯队，形成企业上市滚动发展的局面。对暂不符合债务融资条件的绿色企业要在公司治理、财务管理进行辅导，引导其规范运作，及早满足发债条件。

（四）强化优惠政策支持，建立健全绿色长效激励机制

1. 建立绿色信贷政策导向机制，引导银行加大绿色信贷投入

发挥央行再贷款、再贴现、常备借贷便利等政策工具导向作用，引导金融机构加大对绿色产业和项目的信贷支持力度。充分运用差别存款准备金动态调整机制和定向降准政策，对绿色信贷成效显著的地方法人金融机构优先下调存款准备金，增加流动性供给，扩大绿色贷款投放。加大货币政策执行效果评估中绿色信贷考核分值比重，合理运用评估结果引导信贷投向。

2. 建立绿色产业发展基金，扩大绿色产业发展资金来源

围绕绿色产业项目，在省级层面创新设立绿色产业发展基金，并出台相配套政策，充分发挥已有产业基金的作用，形成对节能减排、清洁能源和环保设备等绿色产业专业化长期投资机制，降低绿色投资成本。通过放宽市场准入、土地政策支持、特许经营权等方式和手段，发展 PPP 模式的绿色产业基金，激励和引导社会资本向绿色产业配置；引入绿色股权众筹、生态公益众筹等新业态资金，扩大生态环境保护项目的社会参与和资金来源。

3. 设立绿色融资担保基金，为绿色环保项目提供担保服务

探索建立湖北省绿色担保基金，用于解决绿色项目、企业的担保问题，增强绿色企业信用增进机制。可由财政专项资金发起设立，基金来源由保险、银行以及社会资本等方面组成，并由出资人组建管理公司负责市场化运营管理，为生态环境保护项目及绿色产业发展项目融资给予担保。发展绿色政策性担保机构，解决绿色环保项目或企业的融资难问题。通过财税和金融政策的倾斜，如税收或利率优惠政策，加快辖内现有担保公司的业务拓展和转型，鼓励其为绿色环保融资项目提供担保服务。

4. 完善绿色投融资财政政策，发挥财政资金绿色导向作用

加大政府对绿色企业的扶持力度，建立和完善对绿色投融资财政扶持政策，充分发挥财政资金导向作用，对部分绿色环保节能、清洁能源、绿色交通、绿色建筑、绿色产业、技术升级、科技产业、生态旅游、抑制污染企业提供技术指导、税收优惠、财政贴息、设立风险补偿金、建立回购机制等相关激励政策，降低绿色企业经营成本，分担银行绿色信贷风险，进一步强化银行业金融机构的执行力。尤其是通过地方财政贴息和提供信贷风险补偿资金等措施，引导社会资金支持节能降耗、可再生能源和清洁能源、自然保护、生态修复及灾害防控项目、垃圾处理和污染防治项目以及资源综合利用等绿色产业发展。对符合财政扶持政策的重点行业和项目简化和加快审批流程，初步形成绿色投融资的导向机制。

（1）建立绿色金融贴息机制，激励金融机构扩大绿色信贷业务。通过税收

政策的优惠激励金融机构将资金投向绿色产业，积极培植绿色环保项目。对开展绿色信贷业务金融机构给予一定的税收优惠，适当降低金融机构在绿色金融项目中的营业税税率以及相关的所得税税率，允许相关贷款拨备税前列支，出台绿色项目的认证规则、机制，为金融机构介入绿色环保项目提供支持和指导。建议对新设备和新技术开发贷款、中小企业部分绿色信贷项目等风险较高的贷款，给予一定的税收优惠，财政部门可建立绿色金融贴息项目清单，合理确定贴息率、贴息期限和贴息规模，简化审批流程。委托政策性银行、商业银行的绿色金融事业部试点开展绿色贷款贴息管理。对发展绿色信贷成效显著的银行，银行监管部门应在新设机构、产品创新、兼并重组等方面，予以必要的政策支持。

（2）建立绿色金融风险补偿基金，对绿色金融风险给予补偿。建立绿色金融风险补偿基金，专项用于金融机构支持绿色企业的信贷风险补偿。对支持绿色循环经济成效显著的银行，给予必要的政策激励。对由绿色环保项目引起的贷款损失进行补偿，可对银行因绿色贷款风险产生的净损失扣除担保或其他资产渠道补偿后实际发生的本金损失按比例给予补偿。设立绿色周转金，为绿色企业还旧贷新提供便利，降低绿色企业融资成本。对绿色信贷业务，金融监管当局可适当提高该类业务的贷款风险容忍度，将绿色项目产生的风险区别对待，提高银行在绿色项目上的长期投入性。

（五）优化统计法律制度建设，完善绿色金融基础保障

应尽快制定统一的绿色信贷执行标准、风险评估标准、数据统计标准和业绩考核标准，为商业银行建立规范的、能够充分体现绿色信贷特点的绿色信贷管理制度，提供必需的监管政策和监管制度依据。

1. 建立绿色企业、项目数据库，明确服务范围

按照节能、降耗、减污、增效的目标，加快推动企业清洁生产审核工作，对清洁生产实施效果好，企业绿色发展理念强的企业，加快培育成为绿色企业。通过开展绿色项目遴选、认定和推荐工作，建立完善全省绿色项目储备库。相关部门如经信委、发展改革委负责摸清并编制绿色企业、绿色项目目录。可考虑由人民银行分支机构负责整合绿色企业、项目目录，并提供给全省银行进行认定，建立绿色企业、项目数据库，明确绿色金融服务主体和范围。市环保局负责对绿色企业数据库审核把关。

2. 建立绿色金融统计制度，统一监测统计体系

推动完善绿色信贷指引和行业标准，确定绿色金融服务群体范围，包括明确绿色金融业务的认定标准、认定流程等。建立可量化、可核实、可报告的绿色信贷统计制度，要求定期报送绿色企业客户、授信规模、"两高一剩"企业

和授信额、重大社会环境风险事件等数据。统筹人民银行、金融办、银监局、保险协会等部门的信息资源，梳理现有绿色环保产业的政策文件，编制形成《湖北省绿色金融专项统计制度》，搭建地方性绿色金融统计指标体系，为湖北省绿色金融发展提供统一、量化监测统计体系。研究制定绿色信贷关键表现指标，为科学评估绿色信贷成效提供依据，其指标设定应尽可能全面反映各机构绿色信贷落实情况。在考核的基础上，监管部门应对银行业金融机构从高管人员履职评价、业务发展等方面进行约束和激励。

3. 完善信息沟通共享机制，为信贷决策提供依据

加强金融监管部门与环境保护、安全生产、工业和信息化等主管部门和保险协会等社会组织之间的信息共享，探索将绿色企业评级、企业环保、安全生产、节能减排、参保情况等信息纳入企业征信系统等信用平台的途径。监管部门、媒体、公共舆论及时共享绿色企业责任事件等重大信息，建立健全监管机构、环保部门、群众等与银行之间的信息共享机制以便银行做好信贷备忘录，及时做好风险保全措施。政府环保部门和商业银行应构建可以共同使用的信息平台，实现信息资源共享。依据各级环保部门建立企业环保信息系统，各银行可获取企业公开透明的环保信息，为信贷决策提供参考依据。商业银行在办理绿色信贷业务过程中，发现企业存在的问题，也可反馈给环保部门，以使其掌握的企业信息更加全面。同时，各银行可在监管部门的指导下，将所了解的企业环保信息录入相关系统，例如征信系统等，作为企业信用等级评定和授信审查的重要参考。央行征信系统应尽快把资源节约、环保方面的信息纳入企业征信档案，使商业银行在确定贷款决策时有所遵循。环保部门与银行之间还可建立相互派员学习环境保护、银行信贷相关知识的机制。

4. 建立绿色金融评级体系，引导金融资源有效配置

积极培育和引入有资质的第三方绿色评级认证机构，为企业和项目开展绿色评级，评级结果作为发行绿色债券等工作的重要依据。引入或研发绿色评级标准和方法，在现有评级体系的基础上，引入绿色因素或权重，在部分银行率先建立双评级体系。条件成熟时再考虑引入第三方评级机构的绿色评级。完善环保部门的监测评价和指标体系，推动其在绿色评级中的运用。不断扩大绿色评级结果在信贷贴息、绿色债券审批、产业基金、财政补贴、行政处罚、税收优惠等方面的运用，通过实施差别化措施，切实发挥绿色评级在引导金融资源配置中的作用。

5. 支持环境资源交易市场建设，引导企业节能减排

加快建立环境资源价格形成机制和交易市场平台。以自然资源资产负债表为基础，形成可衡量、可计价、可交易、受保护的环境资源资产。鼓励金融机

构和企业加入湖北碳交易和排污权交易市场，引导企业节能减排。进一步完善绿色产权交易体系，扩大排污权、能耗指标等绿色产权交易规模，创新碳排放等其他绿色产权交易品种；深化绿色产权抵质押贷款创新，建立绿色产权交易平台与金融机构的联动机制，初步建立绿色产权交易、处置及风险防范等相关制度。

6. 优化法律法规保障，完善绿色金融监管机制

发展绿色金融需要法律法规的保障和制度的支撑。积极呼吁国家以法律的形式确立绿色金融制度，深入研究涉及绿色金融发展的特殊法律问题。健全环境风险监管等方面的法规体系，以有效防范金融风险。同时，综合运用宏观审慎与微观审慎监管工具，统一监管规则与标准，强化对信息披露的要求。在中央立法为主导下，因地制宜地制定切合本地实际的相关促进绿色金融创新发展的制度或条例，并在立法内容上更加清晰地界定绿色金融的定义和各主体的权利义务，以便于法规制度的具体实施。

7. 组织银企对接会，开展绿色金融宣传培训活动

开展以绿色产业为主体、以拓宽融资渠道为主题的银企对接活动。相关部门可提前做好摸底调查，重点推介，对有融资需求的绿色企业、项目，登记造册，做到底数清、情况明，向银行推介信誉好、潜力大、带动力强且急需资金的绿色企业、项目。省政府金融办、人民银行武汉分行组织银行确定融资项目，组织集中签约。充分利用省内高校科研院所优质教育资源，组织开展全省绿色金融专题研究讨论，邀请银政企各方人士、知名专家学者开展绿色金融研究。组织绿色金融培训，针对银行、企业发行绿色金融债、绿色企业债开展专题培训。加强绿色金融人才培养，组织形式多样的绿色金融培训，同时广泛开展绿色金融宣传，扩大绿色金融概念在湖北省的影响力。

第二章　试点省份绿色金融发展水平评价研究[①]

一、研究背景及文献综述

（一）研究背景

改革开放 40 年，我国的经济发展以及国际地位都取得了卓越成就，人均GDP 从 1978 年的 385 元/年到 2016 年的 53980 元/年，是全球第二大经济体。但在追求国民经济总体提升的同时，是以一种高投入、高污染、高消耗的"三高"旧的模式为代价，过度消耗了自然资源，引发了一系列水资源污染、土资源退化、生物资源遭到破坏等生态问题。随着国内生活水平和国民经济提高，经济进入新常态，可持续发展和科学发展观的理念逐渐深入人心，"两型"社会成为全中国乃至全世界人民新的风向标。

20 世纪 80 年代，绿色金融的概念在国际上就已提出并逐渐渗透到我国。近年来，中国共产党全国代表大会对生态、资源、绿色的重视程度越来越高，依次提出了各项绿色发展理念，并明确了绿色金融在绿色发展中的作用。

2016 年可以说是中国"绿色金融"的元年，绿色金融的定义在 G20 峰会中被提出。2017 年博鳌亚洲论坛中，绿色金融再一次引起各方重视，在中国，绿色金融成为越来越重要的议题。同年 6 月 14 日，国务院常务会议决定以浙江、江西、广东、贵州和新疆这五省（区）作为试点，设立绿色金融改革创新试验区，省（区）试验标志着绿色金融的地方建设不再停留在制度表面，而是正式进入落地、实践、推广的阶段。

我国陆地面积达到 960 万平方公里，各个行政省区的经济发展、自然资源和生态环境条件不一。试点省份在地域上具有代表性，面对的绿色金融发展基础、挑战也不尽相同。探究各省区绿色金融的发展水平和发展特色，如何将绿色与金融更好地结合，更好地服务社会经济发展是实践绿色金融的关键。

（二）文献研究综述

1992 年，《里约环境与发展宣言》在联合国环境与发展大会公之于众，拉开了绿色发展的序幕，1997 年，《京都协议书》的签订，引起了世界范围对绿

---

① 本章作者是武汉理工大学吕晓蔚和江念。

色金融的关注，极大地促进了绿色金融的发展。2003 年，"赤道原则"相继问世，绿色金融获得了全球金融界的认可，绿色金融也随即在各项国际金融业务中得以运用。

随着绿色金融的开展，国内外学者对相关研究取得了阶段性进展。

1. 关于绿色金融内涵及其影响的研究综述

第一，绿色金融的内涵。

绿色金融从研究以来，又称"环境金融"和"可持续金融"，因此绿色金融尤其得到金融领域与环保领域的关注和研究。Salazar（1998）指出，绿色金融是指在环保和污染治理方面探寻的金融创新，绿色金融将金融和环境产业联系起来。Cowan（1999）指出，绿色金融是在绿色经济的基础上探究资金融通问题，Cowan 将绿色金融看作是金融与绿色经济的交叉学科。Labatt 与 White（2002）侧重研究绿色金融市场，认为绿色金融是一种在市场中起到突出环境保护、转移环境风险以及提高整体环境质量的金融工具。学者们对绿色金融的概念研究逐渐深刻，总体离不开绿色和金融两词。Scholtens（2006）提炼得出，绿色金融有助于实现经济与环境的可持续发展，绿色金融通过以"绿色"为出发点的金融工具和金融产品组合解决环境污染和生态问题。

第二，绿色金融微观影响的研究综述。

Schwartz 等（1998）将企业环境投资决策作为被解释变量，将企业面临的环保政策、企业运营成本、年生产量极值等影响作为因素进行研究，研究得出，年产量对价格的弹性大的企业具有更高的对提高环保技术投资的积极性。Street P 认为，随着科技的发展，线上开展银行业务等渠道可以促进银行业提高绿色效率。Jeucken（2006）对银行业与经济可持续发展的关系进行了全面论述。Jeucken 在把商业银行开展绿色金融的阶段划分为抗拒、中立和积极，商业银行并不是一开始就完全接受绿色金融，这三个阶段是一一递进的。Chami R 等（2002）认为，社会责任感是金融企业发展与经济运行中不可或缺的，Chami R 等将金融企业、股东、利益相关者结合起来分析，得出道德价值投资的结论，即绿色金融一方面有助于提高金融企业的声望，另一方面便于企业风险管理。Scholtens 和 Dam（2007）对比了 51 家施行了"赤道原则"的金融机构和 56 家未施行的金融机构，研究发现施行了"赤道原则"的金融机构对比未施行的金融机构具有更高的声望。Wright C（2012）研究了"赤道原则"对贷款政策、贷款实践的影响，同时也研究了"赤道原则"对金融机构实施社会责任的影响，研究表明，"赤道原则"框架并未禁止给社会成本和环境成本巨大的项目贷款融资，并且金融机构实施"赤道原则"缺乏透明度，也没有外部问责的管制。Graham 等（2001）研究环境风险这一因素与企业债券信用评级的关系，得出结论是前者对后者有着重要影响并且二者关系是负相关。Climent 和 Soriano（2011）收集了 1987—2009 年基金回报率这一数据，发现环境共同基金的回报率较其他类型基金的回报率低，但投资者将企业的声望、企业的可持续发展等因素纳入考虑，因此投资者倾向购买环境共同基金。Tang、Chiara 和 Taylor（2012）以欧洲和澳大利亚为例，提出碳收入债券是可再生能源企业的重要融资工具之一，对碳收入债券进行定价并使用随机过程预测碳收入债券的未来收入，结论是十年期碳收入债券可以为可再生能源企业提供较多的资金。

李卢霞、黄旭（2011）通过比较国内七大商业绿色信贷的计划安排与实施方案，得出我国商业银行绿色信贷正在操作层面大力推广，推行效果较为显著。但绿色信贷成就并不可一蹴而就，需要相关部门科学部署和长期坚持，从战略层面布局，有计划地调整和加强人才储备。蒋先玲、徐鹤龙（2016）罗列我国七大商业银行绿色信贷发展规模，对于国外发展经验，提出我国商业银行绿色信贷发展迅速，绿色金融市场前景广阔，但我国商业银行之间绿色信贷发展的差异较大，产品创新不足，在国际环保绿色项目上的竞争力不强，面对绿色金融发展的大潮，商业银行应主动积极配合政府和绿色企业共同构建和发展绿色信贷。连莉莉（2016）收集 2000—2014 年我国上市环保企业和"两高"企业的债务融资成本，量化分析和实证研究得出绿色信贷政策使得环保企业债务融资的成本较"两高"企业更低。潘成林（2013）通过对发达国家绿色证券发展的分析，认为绿色证券是上市公司实现社会责任的途径，并通过二级市场的杠杆作用可以扩大这种社会责任的经济效应。

第三，绿色金融宏观影响的研究综述。

Tajibaeva L S.（2012）通过对经济增长与产权、资源、劳动力的综合分析，认为再生资源有利于经济增长。Simon Dietz 和 Wneil Adger（2003）利用生态环境和经济增长的面板数据进行分析，结果表明生态环境和经济增长呈倒"U"形关系。UNEP（2017）总结了人类发展中绿色与经济的关系，认为牺牲环境的发展时代已被更替，全球都在倡议绿色金融。曾刚、万志宏（2010）对国际上碳排放权交易做了系统的理论和应用两个方面的综述，发现发达国家的碳金融市场产品丰富，碳金融具有环境和经济两方面的效应，指出我国需要在碳金融市场继续探索。陈伟光（2011）将绿色金融对产业转型升级的作用过程分为资金形成、资金导向和资金催化这三类。分析表明由于环境信息不对称、监管不足等原因导致产业转型升级的效果不明显，但在一定程度上也肯定了绿色金融的产业升级作用。文海和杨发仁（2017）从绿色保险的产生以及美国先进的绿色保险管理方法的分析得出绿色保险可促进绿色发展，可以有效引导要素合理配置，促进产业调整升级。

2. 绿色金融政策与区域绿色金融发展路径的研究综述

第一，绿色金融政策的研究综述。

王卉彤和陈保启（2006）提出，银行业应通过主动积极捕捉环境机会和努力实现金融创新来承担更多的社会责任，此外，制度层面亟须构建激励绿色金融发展的机制，以便于达成循环经济与金融创新双赢的局面。张雪兰和何德旭（2010）总结了全球绿色金融发展的状况、面临的困境与挑战，难点主要包括缺少激励和监管，绿色金融相关基础建设不足，为我国发展环境金融提供借鉴。天大研究院课题组（2011）提出，中国构建绿色金融体系是一个庞大而又伟大的工程，是促进中国经济转型、推进绿色发展的必由之路。绿色金融体系的框架包括绿色金融市场、相关制度、相关工具、相关机构和相关监管。实施绿色金融不是一蹴而就的，目前可以分为绿色金融的探索期、过渡期和成熟期。蔡玉平（2014）认为，目前我国绿色金融发展较为缓慢的原因主要是相关政策体系不够完善、绿色金融的标准不统一以及信息沟通与协调不够畅通，因此健全相关的体系制度建设是推动绿色金融发展的基础。刘婧宇等（2015）通过数据收集后建立了一个加入金融系统的 CGE 模型，定量分析了绿色信贷政策的传导与系统性影响，得出相关政策可以有效地抑制目标行业的投资行为，并且能够在中长期促进我国产业升级的效应。王遥（2016）在 G20 峰会中报道，绿色金融是我国国家战略的一部分，我国大力发展绿色金融可以给 G20 其他成员国更多的有关金融监管，以及绿色信贷等金融服务方面的发展经验，G20 各国应就绿色金融加强合作。

第二，区域绿色金融发展路径的研究综述。

张平（2013）认为，绿色金融对绿色经济发展的作用是杠杆性的，绿色金融实施对国家、企业和生态环境的意义重大，作者特别针对四川省五大经济区提出了绿色金融与产业特色相对应的发展建议。刘金石（2017）梳理了我国各省区探索绿色金融发展的政策，总结了我国区域绿色金融发展的特征和问题，提出要从战略高度完善绿色金融政策，各地区要深化和落实相关政策的建议。王去非（2016）总结了浙江省绿色金融发展、绿色金融基础建设和生态环境的基础，提出浙江省发展绿色金融最主要应从激励机制和相关法制政策着手，将环境"外部性"利益内部化。郑素芳和马勇（2017）总结了江西省具有绿色金融发展的生态优势，江西省发展绿色金融首先需要规范和扩大金融主体，其次扩大相关金融供给，以点带面实现更大范围的绿色金融。丁俊权（2016）提出，绿色金融是贵州省新型城镇化的契机，因此在构建新型城镇的背景下，贵州省绿色金融应由政策性金融机构主导，优化城乡金融资源配置，政府引导建设高质量的新型城镇。郭建伟（2016）从微观、中观、宏观以及国际层面说明了新疆发展绿色金融的重点与路径，提出绿色金融是新疆实现金融"弯道超车"的契机。新疆应从绿色银行、绿色债券等多项绿色金融服务综合尝试，为我国西北部绿色金融发展起到示范作用。吴娜（2017）分析了广州市发展绿色金融的宏微观情况，认为广州市绿色金融发展基础较好，广州发展绿色金融应着重结合自身优势和补短板，加强政策约束和注重创新，做我国重要城市生态文明建设的先驱。

3. 关于区域绿色发展与绿色金融发展水平的研究综述

第一，区域绿色发展水平的相关研究。

李琳（2015）首先构建了区域产业绿色发展指数模型，实证分析了我国31个省份2007—2012年产业绿色发展水平，得出我国区域绿色发展稳步提升，地区间差距较大，东部产业绿色增长度和政府支持优势较大，但资源环境承载力不如西部地区，中部城市整体优势不足，绿色发展水平偏低的结论。杨志江、文超祥（2017）以1999—2012年中国各省绿色发展数据为样本，运用SBM – BEA模型测算我国各省级区域绿色发展效率的水平与差异，结果表明绿色发展无效率的主要原因是节能减排无效率，也是由于节能减排政策的实施导致东西部绿色发展效率差距扩大。并且研究发现，东中西三大区域绿色发展效率差距正逐渐扩大，而区域内效率的差距逐渐减小并趋于稳定。赵国党（2017）摒弃了传统的绿色发展测度体系，运用数据包络方法、熵权法和协调耦合模型分别从宏观和微观两个方面分析我国30个省份2013—2014年绿色发展的水平，探讨了绿色发展效率评价新的路径，并将绿色发展分为循环经济和低碳经济两个方面，推动区域绿色发展应从省级、市级和企业级三级联合。国内区域绿色发展水平通过多种研究方法进行各地区之间的比较和对发展效率的研究，这为本文的研究方法和实证对比提供了方法上的借鉴。

第二，绿色金融发展水平的相关研究。

Marcel Jeuchen（2001）对银行业与经济可持续发展的关系进行了全面论述。Jeuchen在把商业银行开展绿色金融的阶段划分为抗拒、中立、积极和可持续阶段，四个阶段是一一递进的。中国环保部（2012）运用专家打分法构建了五维度的绿色信贷评价体系，对我国50家银行绿色信贷信息披露和服务成效进行了分析。曾学文等（2014）从微观和宏观两个方面详细地梳理了国内外绿色金融发展水平研究的方法、指标和观点，结合我国发展的实际状况，构建了我国绿色金融发展水平测度模型，并且实证分析得出2010—2013年我国绿色金融发展水平与我国GDP对比仍显不足。我国绿色投资、绿色保险和碳金融发展相对滞后。张玉（2016）在曾学文的基础上，结合京津冀当地绿色金融发展状况，制定了更符合京津冀的绿色金融发展水平测度体系，研究发现京津冀地区处在绿色金融萌芽期，但总体表现良好，推动绿色金融需要加强绿色保险的发展，制定更多发展策略来抑制"两高一剩"产业。杨阳、王国松（2017）在前人学者的基础上结合上海绿色金融发展实际，构建了适合上海的绿色金融发展水平指标模型，量化研究发现2011—2016年上海绿色金融发展整体稳步上升，绿色信贷的发展速度最快，而碳金融发展较晚规模较小。

国内绿色金融较国际上发展时间短，对于绿色金融国内的研究相较国外更倾向制度体系建设和相关的法律法规的完善；结合实际分析我国开展绿色金融的必要性；在我国绿色金融服务中，绿色信贷的发展时间相对更为长久，因此，关于绿色信贷的研究较为丰富；我国近年来大力鼓励各地践行绿色发展，因此有部分学者对于各地绿色发展水平有一定的研究；绿色金融是促进绿色发展重要的一环，同时绿色金融成为金融业新的篇章，有学者开始研究绿色金融的发展水平。国内学者就绿色金融有过系统的综述，具体有《绿色金融研究述评》（邓翔，2012）和《绿色金融理论：一个文献综述》（张宇、钱水土，2017）。总的来说，我国学者对绿色金融体系的研究越来越深入，逐渐从理论研究到量化研究，关于绿色金融发展水平的测度也有科学性的构建。

二、绿色金融的相关理论基础及其试点思路

由于不同的国家或不同的金融市场绿色金融政策支持重点以及需要解决的环境问题不同，因此绿色金融的定义在国际上、市场中均没有一个明确统一的界定，但明确和统一绿色金融的定义是合理正确促使其发展的基础。

2016年G20绿色金融综合报告中尝试性地给出了定义，认为绿色金融是可以产生环境效益以支持可持续发展的投融资活动。其中，环境效应包括减少空气、水和土壤污染，减少温室气体排放，提高资源使用效率，应对和适应气候变化及其协同效应。

G20峰会中提出的绿色金融的概念可根据不同国家和市场结合实际情况进行技术性再解释。绿色金融的定义表明绿色金融是基于环保和生态文明的金融活动，强调实现自然系统、社会系统和经济系统三者协同有效可持续的发展。

（一）绿色金融的理论基础

绿色金融的定义表明它是一种具有正外部性且有限的金融资源。首先，绿色金融能更好地促进环境和社会的和谐；另外，绿色金融本身就可视为有限的战略性资源之一。

1. 外部性理论和市场失灵

"外部性"是绿色金融相关研究文献中的一个高频词，起源于1890年Marshall发表的《经济学原理》。该书中提出了"内部经济"与"外部经济"，"内部经济"是企业自身原因产生利己的经济效应，相对应的"外部经济"是指由

于企业外部因素产生企业内部经济效应。"外部性"的第二个创世理论起源于1912 年 Pigou 发布的《福利经济学》。该书中提出了"外部经济"和"外部不经济",按照 Pigou 的论述,即对外部性做出"正外部性"和"负外部性"的划分,此时出现了市场失灵的情况,从而 Pigou 提出通过政府征税和补贴来实现外部效应的内部化,即"庇古税"。

Pigou 提出由政府干预将外部效应内部化,而后 1937 年和 1960 年 Coase 发布《厂商的性质》和《社会成本问题》两篇论文提出外部性因素的当事人(外部因素的生产者和消费者)可以在一种约定的市场机制中进行谈判和互利的交易,从而使交易费用为零,即自由经济主义的市场化交易,从而最大效用地将外部性内部化。Coase 突出市场"看不见的手"的作用,然而在信息不对称的非完全竞争市场中,往往出现市场失灵,绿色金融的发展仍处在起步阶段,完全依靠市场机制并不可行,因此在绿色金融方面,出现了市场失灵的现象。

绿色金融面临的最根本的问题是将环境外部性内部化,绿色金融的绿色环保项目推进对于环境和社会来说是具有正外部性的,但由于外部性风险内部化存在市场失灵的困难,致使目前绿色信贷等绿色金融项目发展受阻。

2. 金融可持续发展理论

金融可持续发展理论是 2001 年白钦先提出的,白钦先首先提出的是金融资源理论学说,经过多年研究,在金融资源学说的基础上融入了可持续发展的思想理念,从而形成了金融可持续发展理论。传统金融将资本或者资金视为生产要素,而金融可持续发展理论认为,金融是一国稀缺的战略性资源之一。金融可持续发展理论提出了两个基本观点,一是金融资源的无限循环利用,二是维持金融生态环境文明有序,表明了实现金融本身的可持续发展是实现经济和社会的可持续发展的基础。

金融可持续发展理论通过揭示金融是一种资源的观念,创造了金融效率观。金融效率强调金融发展与经济增长、社会环境可持续之间的协调关系,可持续的关键在于经济系统、社会系统和环境系统的良好协调,强调各系统动态连续、不间断和不崩溃。

根据绿色金融的定义,绿色金融有益于可持续发展并有助于产生环境效益。从协调发展的角度来看,绿色金融不仅可以提供发展的机遇,促进具有较高潜力的绿色产业发展,还能推动科技创新,并为金融业带来新的商机。绿色金融的发展促进了环境的绿色化,而环境风险、关联性等改变会重新影响金融机构和金融市场,形成一种相辅相成的循环。

(二)五省份绿色金融试点的思路与目标

在面临我国经济绿色转型的大趋势下,绿色金融能够促进产业结构调整和生态文明建设，国务院于 2017 年 6 月 14 日召开会议决定在浙江、广东、江西、贵州和新疆五省份设立绿色金融改革创新试验区。绿色金融试点是 2016 年《关于构建绿色金融体系的指导意见》后又一重大的绿色金融发展的国家行为，标志着绿色金融的地方实践正式开启。

1. 五省份绿色金融试点的思路

五省份试点采取差异化的战略，五个试点省份绿色金融的发展模式与当地绿色金融发展目标、金融基础、产业结构、经济状况、生态资源、资源环境承载力等因素有关。而试点实践所选择的五省份以上条件均有明显的差异，由此试点对未来大力发展绿色金融具有重要借鉴意义。

资源环境承载力包括资源系统和环境系统两个方面，表示一定区域和一定时间范围内，环境和资源结构能持续维护该地区经济和社会发展。一个地区的资源环境承载力影响着该地区绿色发展的方向和发展的基础条件。试点五省份的资源环境承载力在全国具有一定的代表性。浙江省和广东省表现较好，可持续发展能力较强；其次是江西省，江西省的资源环境承载力处于中等水平；然后是新疆，贵州省相对得分最低。

在经济与产业结构方面，五省份各具特色。浙江省和广东两省经济总量较高，可以作为长三角和珠三角经济发展较好的城市代表，高新技术等第三产业发展逐步成熟；江西省地处中部，经济总量也处在中间水平，江西省处于工业化中期阶段，第二产业占比较重，高新技术产业与高污染高消耗产业不断博弈；而贵州省和新疆经济欠发达，工业发展主要依靠资源消耗大的污染型行业。

在金融基础方面，我国各个省份所面临的金融业市场环境、金融发展结构与规模并不均衡，因此国家出台的金融政策在不同的地区反馈效果也会不一样。广东省和浙江省分别是南部和东部金融综合实力的代表，且广东省金融业产值多年处于全国首位；西部新疆由于国家政策支持，金融业发展近年来不断提高，市场规模高于中部江西省；而贵州省则由于地理位置、经济条件等因素金融市场效率和规模明显比不上其他省份，但也具有一定的区域代表性。

由于以上原因，各试验省份绿色金融的侧重不同，发展的目标以及城市定位根据当地条件也存在差异。广东省依靠自身金融基础，应大力拓展绿色金融市场，创新绿色金融工具；浙江省综合基础都较好，应结合绿色金融促进产业转型升级和产业结构调整；江西省是全国生态文明先行示范区，应更好地运用绿色金融促进其生态经济和绿色发展；贵州省"十三五"时期的根本任务是脱贫和发展，在发展经济的同时维持绿色可持续，扭转粗放经济是贵州省发展绿色金融的侧重点；新疆作为丝绸之路的核心区，又有"一带一路"倡议的支持，绿色金融是新疆新的发展契机并具有提高我国负责任大国的形象的作用。

2. 五省份绿色金融试点的目标

我国绿色金融建设正一鼓作气，各试点省份大力开展绿色金融的探索。但目前我国绿色金融体系建设和相关基础设施建设尚不完善，绿色金融标准、地方法律法规和政策支持不够详细和清晰，信息披露和区域间合作机制存在重重阻碍，要真正创造可复制推广的绿色金融发展模式还有很多挑战。

构建全面的绿色金融政策框架是绿色金融体系的基础，目前试点省份又纷纷正式出台当地的有关金融政策，但相关政策的针对性比较强，适用范围有限，并不够全面，五省份需进一步从发展目标、市场建设、工具创新以及宣传推广等方面综合考量来建设绿色金融体系。此外，相关基础设施建设是绿色金融发展的重要支撑，绿色金融事业部、绿色银行建设、绿色发展评级单位等都能在绿色金融发展过程中起到杠杆的作用。

各试点省份健全绿色金融法制和建立相关标准是发展绿色金融的保障。从法规的角度明确区分绿色项目，统一绿色范畴的标准，能降低绿色金融发展过程中"绿色识别"的成本，使绿色政策激励效用最大化；明确绿色金融项目利益相关者的环境法律责任，健全环境责任追究机制，加强环境执法力度。

绿色金融的信息披露是试点过程中加强内外部监督和项目合作的基础。目前绿色金融信息披露没有统一的口径，信息十分零散，数据统计存在困难，这种现状不利于绿色金融有关风险防范。各试点区域需统一信息披露内容和角度、信息披露方式和评估方式。当信息可以互相交流且基于数据可信，各试验区可以进一步展开经验和绿色金融项目的交流，将绿色金融发展经验与当地实际结合起来，可以拓展绿色金融在不同的区域和条件下的发展，进而提升我国绿色金融的综合实力。

三、试点省份绿色金融发展水平评价指标体系

试点省份绿色金融发展水平评价多指标模型是运用具体量化的指标来评价一定范围内的绿色金融发展的实际情况，本文通过阅读前人文献，结合当前我国绿色金融发展以及试点省份绿色金融的发展状况，纳入了主要的 5 种工具，即绿色信贷、绿色证券、绿色保险、绿色投资和碳金融这五项作为二级指标来构建多指标评价模型，一方面运用 Delphi 法设定各指标的权重，确定理论上试点省份绿色金融发展水平评价体系；另一方面运用熵值法从正向无量纲化的指标数据中计算各项指标的权重，确定客观的试点省份绿色金融发展水平的评价体系，综合偏主观和偏客观的两种打分，结合省级现实情况进行区域评价。

（一）评价指标体系设计目的与原则

通过构建试点省份绿色金融发展水平评价指标体系，最直观地反映试点省份

绿色金融发展的状况，通过量化打分的形式，对各地绿色金融发展的水平进行横向对比分析并对每一个省份绿色金融发展进行纵向考量，直观了解各地绿色金融的发展进程，并结合现状进行分析，为进一步总结发展经验和建议提供数据支撑。

构建试点省份绿色金融发展水平的评价指标遵循以下原则：

科学性。科学性包括评价模型的各项指标意义清晰；度量标准明确；各项指标之间不具备相关性、互为独立；每个指标都能代表并在一定程度上反映相关方面的发展状况。

可行性。目前国际上尚没有有关绿色金融评价的统计标准，也没有权威的统计制度。因此本文选择多指标可行性包括相关指标通俗易懂，指标的数据、资料是公开可获取和具备可信度的；评价体系具有说服力并具有可推广的价值。

全面性。全面性是指评价指标体系所包含的指标能顾及绿色金融发展水平的各项要素和绿色金融服务的各个维度，能客观地反映各试点省份绿色金融发展的强项与弱项以及在各区域不同阶段的成效。

（二）试点省份绿色金融发展水平评价的指标基准

根据绿色金融发展的实践情况与以上指标构建的目的和原则，本文以绿色金融发展的主要五项服务范围作为二级指标，设计了试点区域绿色金融发展多指标体系（见表1）。

表1　　　　　　　试点省份绿色金融发展水平多指标体系 ①

研究目标	二级指标	三级指标	指标含义
试点省份绿色金融发展水平评价体系	绿色信贷	绿色信贷规模占比	区域绿色信贷总额/区域贷款总额
		高能耗产业贷款占比	区域高能耗产业贷款余额/区域贷款总额
	绿色证券	环保企业市值占比	区域环保企业总市值/A股总产值
		绿色债券发行占比	区域绿色债券/全国绿色债券总额
	绿色投资	环保投资占比	区域环保投入/区域GDP
		环保财政支出占比	区域节能环保支出/区域财政总支出
	绿色保险	环境污染责任保险占比	区域环境责任保险/区域财险总额
		环境污染责任保险赔付比	环境责任保险赔付支出/环境责任保险额
	碳金融	CDM温室气体减排量占比	区域CDM温室气体年减排量/全国年减排量
		CDM项目数量占比	区域CDM项目数量/全国CDM项目总数

① 试点省份绿色金融发展水平的多指标模型在前人学者曾学文《中国绿色金融发展程度的测评分析》（2014）和杨阳、王国松《绿色金融水平测评——以上海为例》（2017）的指标模型的基础上改良形成。

　　下面对表 1 中所示的二级指标和三级指标的选择、设计原因与相关数据来源做出说明。

　　1. 绿色信贷。三级指标设有绿色信贷规模占比和高能耗产业贷款占比。绿色信贷具有正向支持绿色发展的作用，绿色信贷余额占比反映了商业银行对绿色企业或绿色环保项目的贷款支持度。我国绿色信贷的发展较其他金融服务工具时间最长，近年来，我国绿色信贷规模呈现逐步扩大的趋势，绿色信贷是我国目前涉及资金规模最大，影响也最大的绿色金融服务项目。高能耗产业贷款占比作为一个逆向指标，反映银行信贷对于过剩产业和高消耗产业的抑制作用。2013 年我国银监会印发的《绿色信贷统计制度》要求 21 家主要的银行业机构开展绿色信贷统计工作并按照规定时间进行呈报。本文中绿色信贷余额、高能耗产业贷款余额等数据来源于各省份《银行业企业社会责任报告》《中国金融年鉴》、Wind 数据库和绿色金融信息网。

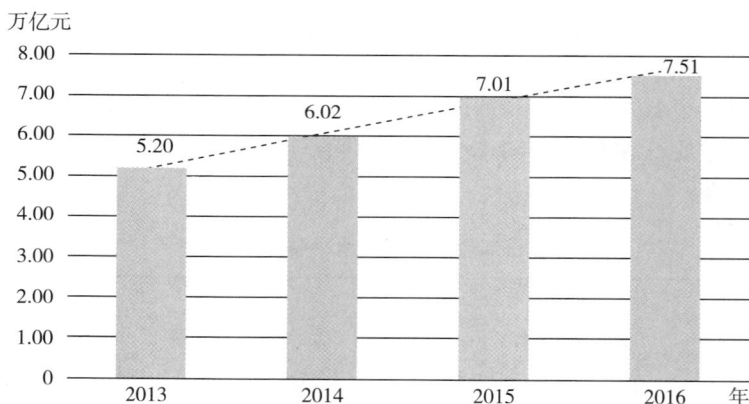

万亿元

图1　21 家主要银行业金融机构绿色信贷余额

　　从图 1 可以看出，截至 2016 年底，我国 21 家主要银行业金融机构统计的绿色信贷余额达到了 7.51 万亿元，占各项贷款余额的 9.0%，相较 2013 年年均提升了 13.03%，绿色信贷规模的增长速度超过了我国经济增长速度，从绿色信贷的角度呈现我国经济绿色度提高的趋势。此外，基于我国经济长期粗放发展的历史遗留原因，金融市场具有巨大的绿色融资需求，绿色信贷规模有待进一步扩大。

　　2. 绿色证券。绿色证券指标选择了环保企业市值占比和绿色债券发行占比这两项指标。由于上市公司在上市融资或再融资过程中均须通过环保部门进行环保审批，因此绿色证券构建了一个以绿色作为市场准入的标准，环保企业市值占比反映了在 A 股市场环保企业总市值的占比，直观体现环保企业的发展状态。此外，2016 年，我国绿色债券市场从无到有，规模迅速发展成为世界第一，因此纳入绿色证券的指标中。本文中环保企业市值、A 股总市值数据来源于 Wind 数据库，绿色债券相关数据来源于绿色金融信息网。

表 2　　　　　　　　　2016 年我国绿色债券发行状况——按债券种类划分

类别	发行总额（亿元）	发行数（只）	平均每单融资规模（亿元）
金融债	1550.00	21	73.81
企业债	140.90	5	28.18
公司债	182.40	14	13.03
中期票据	82.00	8	10.25
国际机构债	30.00	1	30.00
资产支持证券	67.01	4	16.75
合计	2052.31	53	38.72

经过债券市场充足的准备工作，2016 年 1 月我国发行了第一只绿色债券，如表 2 所示，2016 年我国有 33 个发行主体发行的覆盖了金融债、公司债、中期票据、资产支持证券、熊猫债、非公开定向债务融资工具等 53 只绿色债券；截至 2016 年底，中国绿色债券发展突飞猛进，发行的贴标绿色债券规模已达 2052.31 亿元，是同一时间 A 股绿色环保企业总市值的一半。2016 年 12 月 13 日，中债资信创造性地提出了绿色债券评估认证方法体系，确定了有关募投项目环境效益的如何定量评析的法则，这一评估体系将进一步推动绿色债券市场发展。目前来看，绿色债券在绿色金融各项服务中的地位越来越重要。

3. 绿色投资。本文绿色投资相关指标选择了环保投资占比和环保财政支出占比这两项。本文中的环保投资主要指地方政府为增加绿色 GDP 的货币资金投入，通过环保投资总额与区域 GDP 总额比值反映地方政府环保投入增减情况。环保财政支出是指区域节能环保支出相对区域总财政支出的比重，反映各省区直接对节能环保的贡献度。本文中环保投资金额、GDP、节能环保支出总额与区域财政支出总额来源于 Wind 数据库。

4. 绿色保险。绿色保险指标包括环境污染责任保险占比和环境污染责任保险赔付比两项指标。绿色保险使环境污染损害赔偿侵权责任社会化，推动了我国环境保护发生根本性的转变，2013 年我国开始全面强制推行环境污染责任保险。本文中环境污染责任保险相关的数据来源于《中国保险年鉴》。

5. 碳金融。碳金融旨在减少温室气体排放，将碳排放权当作有价的商品进行交易或衍生交易。碳金融指标选择了清洁发展机制（简称 CDM）项目统计的温室气体减排量占比和 CDM 项目数量占比，用来整体反映各区域碳交易对温室气体减排的效果和对碳交易项目的参与与支持。本文中 CDM 温室气体减排量与 CDM 项目数量来源于中国清洁发展机制网。

（三）试点省份绿色金融发展水平评价指标体系的构建

指标体系建立是将复杂的实践现象转化为简单的有效信息，是进行测度和评价的基础，因此测评模型结合了绿色金融的定义和内涵，结合当前绿色金融各个工具的发展状况和金融市场的反馈，测评结果要能切实客观地反映当地绿色金融发展的整体状况。

1. 根据 Delphi 法确定评价模型的指标权重

指标权重的设置直接影响评价体系构建的科学性与准确性，对五项二级指标权重的设置，本文通过文献的阅读，并结合当前区域绿色金融发展规模、各项工具发展的重要性和区域发展特点，通过《绿色金融发展及其经济效应的区域比较研究》课题组的专家打分，平衡不同统计口径的差异。专家设定权重更符合当前绿色金融各项工具的规模和运用上的重要性，因此可以更好地比较同一地区随着时间推移，绿色金融发展水平的变化。由于三级指标层各项指标在二级指标下均相互独立且重要性差别不大，因此指标层采取平均赋值的方式。

表3   试点省份绿色金融发展水平体系二级指标权重（基于 Delphi 法）

指标	绿色信贷	绿色证券	绿色投资	绿色保险	碳金融
权重	45%	25%	15%	10%	5%

综合试点省份绿色金融发展水平评价指标的基准和专家打分法设定的各项指标的权重，运用同向处理后的数据，主要对同一省份的绿色金融发展水平时间演变进行实证分析。

2. 根据熵值法确定评价模型的指标权重

（1）数据处理。绿色金融发展水平体系的三级指标由以上十项指标综合而得，由于不同指标含义不同，因此需对各项指标进行同向化处理，对高能耗产业贷款占比这一逆向指标进行正向处理，选择"极差法"进行标准化。

现一共有 m 个评价指标，n 个评价样本。原始矩阵为 $R = (r_{ij})_{m \times n}$。

正向标准化公式为

$$r_{ij} = \frac{x_{ij} - x_{j\min}}{x_{j\max} - x_{j\min}} + 1 \qquad (1)$$

逆向标准化公式为

$$r_{ij} = \frac{x_{j\max} - x_{ij}}{x_{j\max} - x_{j\min}} + 1 \qquad (2)$$

（2）熵值法的运用。熵值法的运用主要是计算不同指标的离散程度，通过离散程度来反映指标在评价体系中的影响程度。为了计算二级指标的权重，因此将三级指标标准化后的数据平均赋值于二级指标。

熵是对系统的无序的一种度量，而系统可处在多种状态之中，每种状态出现的概率为 $p_i(i=1,2,\cdots,m)$，其中，$p_{ij} = r_{ij} / \sum_{i=1}^{m} r_{ij}$；

$$\text{熵为 } e_j = -k \sum_{j=1}^{m} p_{ij} \cdot \ln p_{ij}，\text{其中}，k = 1/\ln m \qquad (3)$$

$$\text{计算第 } j \text{ 个指标的熵权 } v_j，v_j = (1-e_j) / \sum_{j=1}^{n} (1-e_j) \qquad (4)$$

$$\text{最终得出综合评价模型 } S_i : S_i = \sum_{j=1}^{n} v_j \cdot p_{ij} (i=1,2,\cdots,m) \qquad (5)$$

通过代入各省区 2013—2016 年的绿色金融经过标准化后的数据，得出试点省份绿色金融发展水平多指标权重（见表4）。

表4　　　　试点省份绿色金融发展水平多指标权重（基于熵值法）

序号	二级指标（权重）	三级指标（权重）
1	绿色信贷（23.48%）	绿色信贷规模占比（15.89%）
		高能耗产业贷款占比（7.59%）
2	绿色证券（25.69%）	环保企业市值占比（15.68%）
		绿色债券发行占比（10.01%）
3	绿色投资（19.06%）	环保投资占比（12.78%）
		环保财政支出占比（6.28%）
4	绿色保险（15.28%）	环境污染责任保险占比（7.89%）
		环境污染责任保险赔付比（7.39%）
5	碳金融（16.49%）	CDM 温室气体减排量占比（7.03%）
		CDM 项目数量占比（9.46）

四、试点省份绿色金融发展水平的实证分析

在第3部分评价指标体系构建过程中，熵值法是通过所有样本计算二级指标的权重，因此更适用试点省份绿色金融发展水平进行横向空间差异特征分析；而 Delphi 法是专家基于当前绿色金融工具发展的规模及重要性设定各项二级指标的权重，因此更适用于单个试点省份绿色金融发展水平进行纵向时间演变特征分析。

（一）试点省份绿色金融发展水平的空间差异特征分析

选择截至 2016 年底的数据比较分析各试点省份绿色金融发展的差异并比较

各区域发展的特色。

表5 　　　　　　2016 年试点省份绿色金融发展水平三级指标数据　　　单位:%

	指标	浙江	广东	江西	贵州	新疆
1	绿色信贷规模占比	9.10	2.48	5.70	8.59	10.06
2	高能耗产业贷款占比	2.66	3.94	2.42	0.72	0.66
3	环保企业市值占比	15.43	9.19	1.19	0.14	0.29
4	绿色债券发行占比	3.70	2.86	0.39	0.00	1.79
5	环保投资占比	6.20	3.26	6.09	12.16	10.30
6	环保财政支出占比	2.31	2.89	2.54	2.98	1.57
7	环境污染责任保险占比	2.38	3.92	2.96	3.90	4.82
8	环境污染责任保险赔付比	44.61	39.01	48.89	49.88	32.45
9	CDM 温室气体减排量占比	9.27	5.32	1.43	2.27	5.37
10	CDM 项目数量占比	2.38	2.46	1.68	3.45	3.96

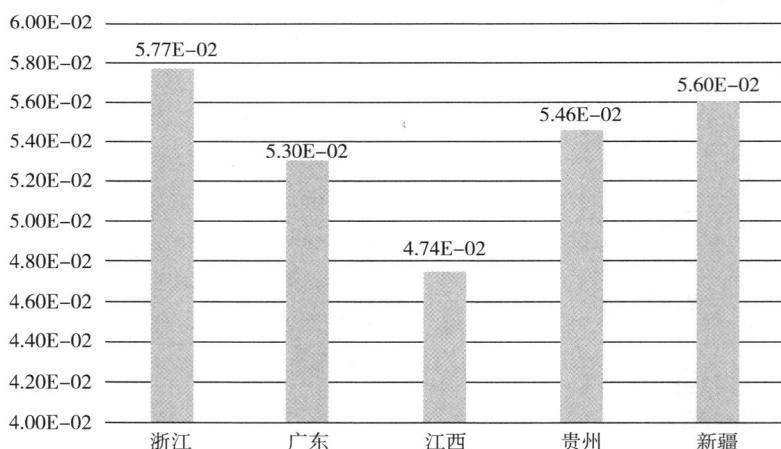

图2 　2016 年试点省份绿色金融发展水平得分——熵值法

由图2 所示,通过熵值法统计 2016 年试点省份绿色金融发展水平评价得分最高的是浙江,水平依次降低是新疆、贵州、广东,得分最低的是江西,如表5 所示,从三级指标展开分析,新疆绿色信贷规模占比较大且高能耗贷款占比较低;广东省绿色信贷规模占比最低而高能耗产业贷款占比很高,因此在绿色信贷方面,新疆的得分比广东高;在绿色证券方面,浙江省绿色环保企业市值最大,广东省 2016 年发行的绿色债券在 5 省份中规模最大;在绿色投资方面贵州省的绿色环保投资与环保性财政支出均在 5 省份前列;绿色保险各地发展水平差异不大;碳排放权交易发展中,江西省的 CDM 项目数量和对应的年减排量都最低。

以下为 2016 年各项绿色金融工具的具体分析:

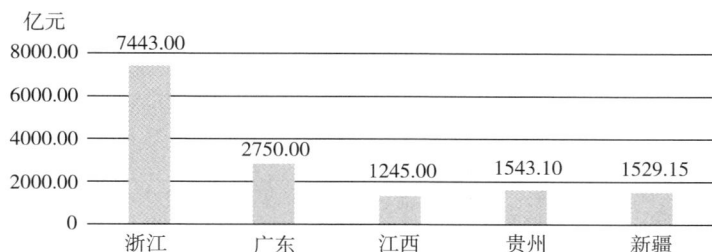

亿元

7443.00

8000.00

6000.00

4000.00

2750.00

2000.00　　　　　1245.00　　1543.10　　1529.15

0

浙江　　　广东　　　江西　　　贵州　　　新疆

图 3　2016 年试点省份绿色信贷余额规模

在绿色信贷方面,新疆维吾尔自治区的绿色信贷规模占比最大,其次是浙江、贵州、江西,而广东省绿色信贷占其全省信贷余额比例最低。而由图 3 可见,在试点省份中,绿色信贷规模最大的是浙江省,浙江省 2016 年底绿色信贷规模余额达到 7443 亿元,占浙江省当年全省各项贷款余额的 9.1%,而广东省由于经济基础庞大,信贷更为活跃,全省各项贷款余额基数较大,绿色信贷尤显不足;而贵州和新疆两地虽然绿色信贷规模相对不大,但基于当地全省 2016 年的贷款余额比例相对在 5 省份中较高。

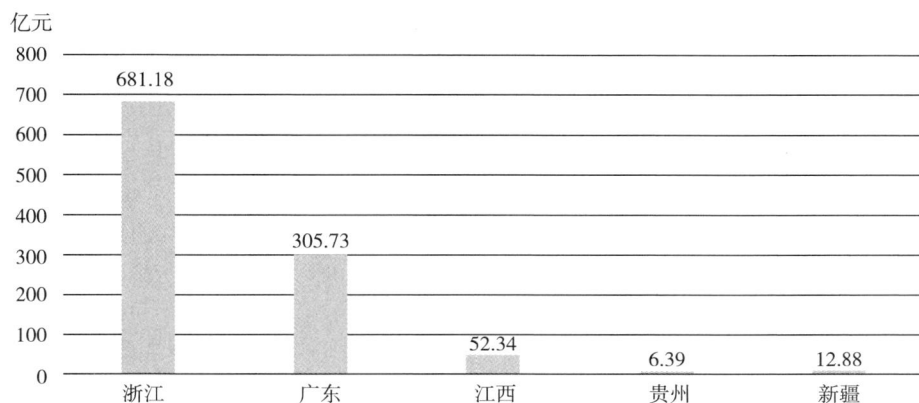

亿元

800

700　681.18

600

500

400

300　　　　　305.73

200

100　　　　　　　　52.34

0　　　　　　　　　　　6.39　　12.88

浙江　　　广东　　　江西　　　贵州　　　新疆

图 4　2016 年试点省份 A 股上市环保企业市值

绿色证券方面,浙江省环保企业市值占比最高,其次是广东省,而江西省、新疆维吾尔自治区和贵州省的 A 股环保企业市值较低。浙江省作为长三角城市群代表,广东省作为珠三角主体省份,两地本身经济与金融发展较为领先,因此在证券市场的发展有着比较优势。根据图 4,从环保企业总市值来说,浙江与广东 A 股上市公司数量更多,总市值规模较大,也具有更好在证券市场发展环保企业的条件。

自2016年发行债券以来，金融较为发达的城市大力借助政策优势发行绿色债券进行融资，浙江省共发行13亿元人民币和10亿美元的绿色债券；广东省发行了50亿元金融债和5亿元绿色公司债；江西银行发行了80亿元绿色金融债；新疆共发行了17.75亿元和3亿美元的绿色债券；而贵州省尚未发行绿色债券。

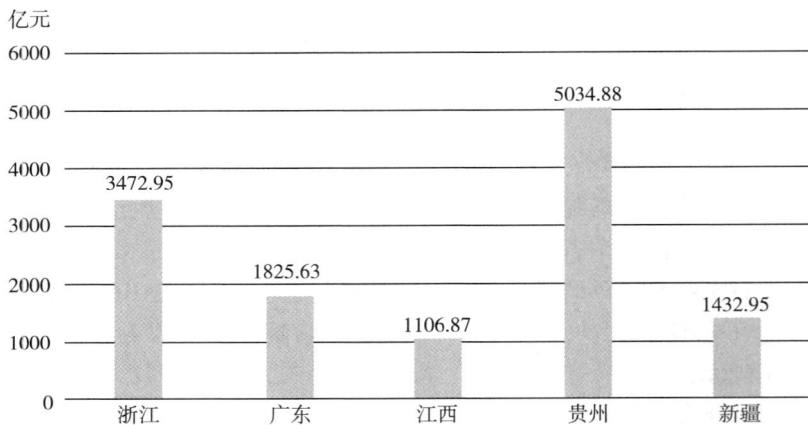

图5　2016年试点省份节能环保投资总额

在绿色投资方面，环保投资占省份生产总值比重较高的是贵州和新疆，其次是浙江和江西，占比最低的是广东。由图5所示，贵州省节能环保投资总额最大，在绿色投资这一方面投入较多，成果较为显著。各省份环保财政支出占比相差不大，最高的是贵州，最低的是新疆。贵州省在围绕"大扶贫、大数据、大生态"这三大战略，大力推动发展贵州省的绿色投资。贵州省通过实施财税、产业等配套政策充分发挥中央和地方政府两方面的支持作用，撬动更多的社会资源向节能环保产业转化，2016年贵州省的环保PPP项目数量全国最大，达到444项，项目总金额为1946.27亿元。而广东省在绿色金融发展中更有侧重，政府投入更多资金用于奖励在绿色金融方面有建树的企业和个人，间接推动绿色金融的发展，因此广东省相对其他省份的直接绿色投资不足。

在绿色保险方面，5省份发展水平相差不大，新疆的环境污染责任保险占该地财险收入最高，但新疆的赔付率最低。我国绿色保险试点近20年以来，发展情况和被接受程度一直不太理想，绿色金融在G20峰会中引起了广泛的关注，但更多被关注到的是绿色信贷和绿色债券，我国绿色保险的相关产品较为单一，服务体系与赔偿机制尚不够完善，实施范围狭小，而绿色保险的宣传力度不够大，企业的环保保险意识不足。因此各试点省份绿色保险的发展一直成效甚微。

万吨

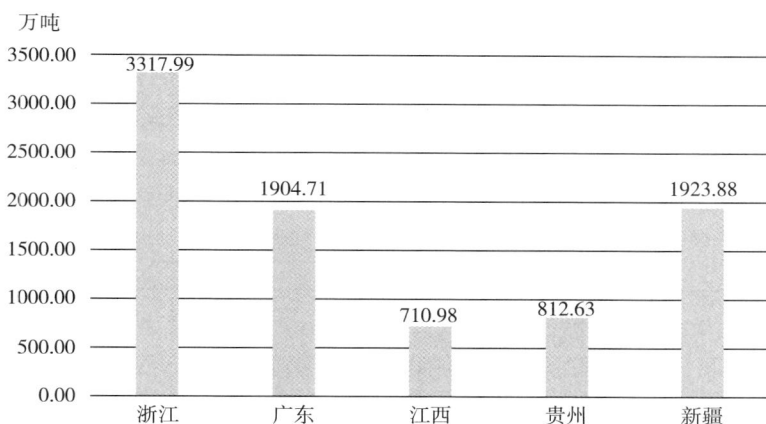

图6　2016年试点省份CDM批准项目年减排量

在碳金融方面，根据中国清洁发展机制（CDM）网的数据统计计量，浙江省的CDM项目温室气体减排量最大，其次是新疆、广东和贵州，而江西省减排量最低。此外新疆CDM数量最多，达到201项，其次是贵州175项、广东125项、浙江121项，江西的CDM数量最低，为85项。我国碳金融市场目前处在从7市试点转向全国交易开放的过渡阶段，广州和深圳同时服务于排放权交易，2014—2017年广东碳排放权交易市场控制排放的企业履约率达到100%。广东省碳交易市场自2012年试点以来，截至2017年6月，累计交易配额达到6202.03万吨，总计14.66亿元，在各试点碳交易市场中首屈一指，成为全球除欧盟、韩国外的第三大碳交易市场。而江西省作为国家级的"生态文明先行示范区"和"国家生态文明试验区"，相对来说碳排放量处于全国中等偏低水平，2016年8月《江西省落实全国碳排放权交易市场建设工作实施方案》出台，江西省碳排放权交易中心获批设立，江西省碳金融起步较晚，发展相对落后。

（二）试点省份绿色金融发展水平的时间演变特征分析

根据熵值法，可以量化得出各省份绿色金融发展的总体得分；比较整体演化趋势；图7基于熵值法根据5省份十项指标计算出的总体水平得分。

根据图7基于熵值法测算权重的计算，可以看出试点5省份绿色金融发展水平逐年提高。浙江省通过3年的发展，同比提高了29.94%，在试点省份绿色金融发展水平已名列前茅；广东省前期发展平平，2016年总体水平提高较大，具有较好的绿色金融发展趋势；江西省绿色金融发展水平进步也较大，基于2013年的水平，相对提高了20.9%；贵州早期绿色金融基础较好，但其发展相较其他省份较为缓慢；新疆整体的提高在5省份中也不大，但整体得分水平依然较高。

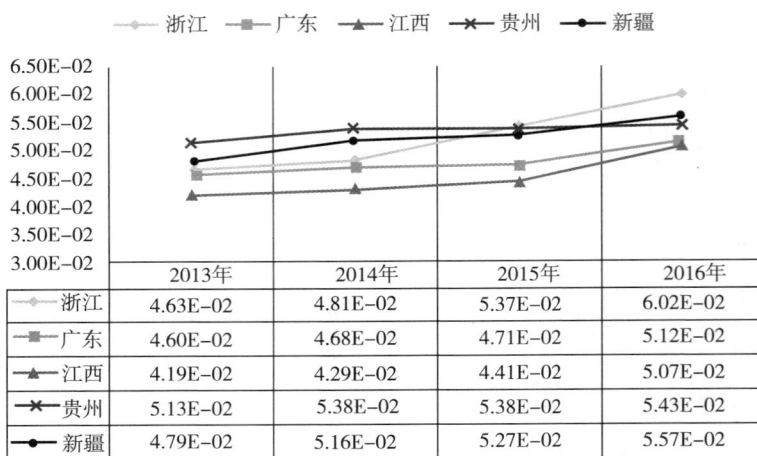

	2013年	2014年	2015年	2016年
浙江	4.63E-02	4.81E-02	5.37E-02	6.02E-02
广东	4.60E-02	4.68E-02	4.71E-02	5.12E-02
江西	4.19E-02	4.29E-02	4.41E-02	5.07E-02
贵州	5.13E-02	5.38E-02	5.38E-02	5.43E-02
新疆	4.79E-02	5.16E-02	5.27E-02	5.57E-02

图7　试点省份绿色金融发展水平得分——基于熵值法

以上熵值法构建的评价体系从绿色金融区域整体的方向，主要是量化探究和比较各地区的发展程度。以下基于 Delphi 法构建的评价体系从五项金融服务展开具体分析，根据表3设定的各项二级指标权重计算各省份每一年得分。就各个试点省份而言，以 2013 年作为基准年，研究 2013—2016 年各试点省份绿色金融的发展水平，探究试点省份各项指标的变化趋势，并具体对每一个省份进行分析。绿色债券自 2016 年开始发展，因此各地 2013—2015 年绿色债券评价打分设为"0"，2016 年除没有发行绿色债券的贵州省均设为"1"。环保企业市值以每省份初始发展为基准年份，设为"1"，未发展设为"0"。

1. 浙江省绿色金融发展水平时间演变特征分析

浙江省绿色金融 2013—2016 年的演变情况如表6所示。

表6　　　　　　浙江省绿色金融发展水平三级指标演变情况　　　　　单位:%

序号	指标	2013 年	2014 年	2015 年	2016 年
1	绿色信贷规模占比得分	100.00	108.39	120.41	123.92
2	高能耗产业贷款占比得分	100.00	149.05	234.37	227.42
3	环保企业市值占比得分	100.00	127.15	282.16	287.40
4	绿色债券发行占比得分	0.00	0.00	0.00	100.00
5	环保投资占比得分	100.00	125.41	192.81	245.80
6	环保财政支出占比得分	100.00	112.72	121.77	111.52
7	环境污染责任保险占比得分	100.00	105.39	115.62	113.29
8	环境污染责任保险赔付比得分	100.00	93.64	96.85	98.75
9	CDM 温室气体减排量占比得分	100.00	104.89	97.54	163.16
10	CDM 项目数量占比得分	100.00	83.85	88.61	123.77

表7　　　　浙江省绿色金融发展水平二级指标与水平演变情况　　　单位:%

序号	指标	2013 年	2014 年	2015 年	2016 年
1	绿色信贷	100.00	128.72	177.39	175.67
2	绿色证券	50.00	63.57	141.08	193.70
3	绿色投资	100.00	119.06	157.29	178.66
4	绿色保险	100.00	99.51	106.23	106.02
5	碳金融	100.00	94.37	93.08	143.46
6	总体水平（基于 Delphi 法）	87.50	106.35	153.97	172.05

浙江省绿色金融自 2013—2016 年总体上有良好的发展，绿色信贷逐年稳步提升；环保企业市值占比 2016 年得分高出 2013 年 2 倍；而绿色投资指标得分也将近成倍增长；绿色保险发展较为稳定，得分变动不大；碳金融在 2016 年也呈现较大的进步。以下针对浙江省具体分析。

浙江省是我国经济和金融创新先行的地区，我国在金融创新方面设立的试点试验区达 20 余个，而浙江省是金融改革试点试验区最多的省份，浙江省自身金融改革试点的先天条件较好，已经在金融改革试点试验方面形成了众多可供借鉴的经验。

2014 年，浙江省落实贯彻习近平主席在浙江安吉提出的"两山理论"和"两美浙江"战略方针，浙江省积极推进绿色金融创新的工作，2014 年 11 月浙江省开展绿色金融综合改革试点，确定在绿色支行、绿色信贷、绿色债券和绿色保险等领域开展创新与探索。2016 年，安吉农商银行在兴业银行的指导和合作下成立了绿色金融事业部，成为我国第一家成立绿色金融事业部的农村商业银行；南浔农商银行为了更便捷服务绿色金融，通过研究成立了全国第一家绿色支行；在绿色债券方面，浙江省建立了绿色债券项目库；吉利控股集团、浙江嘉化能源化工股份有限公司、盾安控股集团有限公司发行了绿色债券；在绿色保险方面，浙江省创新了绿色保险的险种，例如打造了将安全生产和环境污染责任综合为一的安环保险，此外全省范围内推广生猪政策性保险；浙江省碳金融的发展具有先发优势，体量和规模都处于全国领先地位；2015 年浙江省成为排污权许可制度改革试点省份。此外，浙江省绿色金融试点提出"一平台，三机制，一体系"的政策框架，即浙江银监局与浙江省环境保护厅合作建立绿色信贷信息平台，建立绿色金融改革机制和建立健全绿色信贷监测机制，建立绿色银行监督管理和评价体系。

2. 广东省绿色金融发展水平时间演变特征分析

广东省绿色金融 2013—2016 年的演变情况如表 8 所示。

表 8　　　　　　　广东省绿色金融发展水平三级指标演变情况　　　　　　单位:%

序号	指标	2013 年	2014 年	2015 年	2016 年
1	绿色信贷规模占比得分	100.00	102.16	113.86	127.79
2	高能耗产业贷款占比得分	100.00	147.25	218.08	200.36
3	环保企业市值占比得分	100.00	110.89	101.57	114.32
4	绿色债券发行占比得分	0.00	0.00	0.00	100.00
5	环保投资占比得分	100.00	136.47	148.56	167.69
6	环保财政支出占比得分	100.00	77.34	71.59	78.98
7	环境污染责任保险占比得分	100.00	114.53	103.64	102.30
8	环境污染责任保险赔付得分	100.00	90.62	102.32	98.78
9	CDM 温室气体减排量占比得分	100.00	106.52	132.66	179.12
10	CDM 项目数量占比得分	100.00	100.68	94.46	91.33

表 9　　　　　　广东省绿色金融发展水平二级指标与总体水平演变情况　　　　单位:%

序号	指标	2013 年	2014 年	2015 年	2016 年
1	绿色信贷	100.00	124.70	165.97	164.08
2	绿色证券	50.00	55.44	50.79	107.16
3	绿色投资	100.00	106.90	110.08	123.34
4	绿色保险	100.00	102.58	102.98	100.54
5	碳金融	100.00	103.60	113.56	135.22
6	总体水平（基于 Delphi 法）	87.50	101.45	119.87	123.44

广东省 2013—2016 年绿色金融评价得分逐年提升，其中绿色信贷得分提高了 64.08%，广东省在发展绿色信贷的同时对高能耗产业贷款的抑制作用显著；绿色证券得分由于绿色债券的发展接近成倍增长；绿色投资保持稳定增速；绿色保险得分变化不大；碳金融得分的提升主要是 CDM 项目减排量大幅提升。以下针对广东省具体分析。

尽管广东省绿色金融发展水平评价得分相对不高，这与广东自身经济和金融基数庞大有关。广东省是华南地区获批的金融改革和金融创新试点试验区最多的省份，广东省金融发展快、成效显著，相关人才聚集，因此广东省在绿色金融试点中最主要的任务是探索绿色金融与经济发展相互兼容新模式，打造物理空间的绿色金融集聚中心，形成绿色金融地理聚集和影响力增强的效果。

在信贷方面，广东银监局加强全省绿色信贷的监管，从信息互通、三级监管和跟踪整改三项机制加强绿色信贷的效用；在绿色债券方面，广东发展集团发行了绿色企业债券，华兴银行发行绿色金融债券，债项评级较高，市场反馈较好；在绿色保险险种方面，汕尾市实行了巨灾指数保险；广东省也成立了广东环保基金；2015 年，试点区政府牵头成立了广东省绿色金融投资控股集团有限公司，更好地参与环保 PPP 项目的开展和撬动绿色产业基金支持城市绿色化建设。广东省与其他 4 省份相比，绿色金融发展各项服务并没有全面展开，而是侧重发展绿色金融市场，强调吸引更多的人才和资源自主参与到绿色金融的进程中，通过人才的聚集创新绿色金融产品。广东省出台支持绿色金融和绿色发展 "1 + 4" 配套政策体系核心内容，以奖金的方式鼓励金融机构开展绿色金融和吸引培养更多的专业人才。广东省在碳金融等多项排污或用能权益交易中进行了衍生和发展，审慎推进了各项服务的创新，给全国市场的推广提供了借鉴。截至 2016 年中，广东试点碳配额规模取得巨大突破，成为全球第三。

3. 江西省绿色金融发展水平时间演变特征分析

江西省环保 A 股上市企业统计数据为零，因此 2013 年环保企业市值占比为零，而以 2014 年为基准，2014 年环保企业市值占比得分为 "1"，江西省绿色金融 2013—2016 年的演变情况如表 10 所示。

表 10　　　　江西省绿色金融发展水平三级指标演变情况　　　　单位：%

序号	指标	2013 年	2014 年	2015 年	2016 年
1	绿色信贷规模占比得分	100.00	129.92	170.90	225.83
2	高能耗产业贷款占比得分	100.00	136.76	194.87	176.98
3	环保企业市值占比得分	0.00	100.00	105.26	91.15
4	绿色债券发行占比得分	0.00	0.00	0.00	100.00
5	环保投资占比得分	100.00	131.92	152.55	136.87
6	环保财政支出占比得分	100.00	82.10	92.61	118.71
7	环境污染责任保险占比得分	100.00	85.03	88.36	90.60
8	环境污染责任保险赔付比得分	100.00	101.33	86.77	105.77
9	CDM 温室气体减排量占比得分	100.00	129.64	155.39	209.88
10	CDM 项目数量占比得分	100.00	83.50	93.25	104.33

表 11　　　江西省绿色金融发展水平二级指标与总体水平演变情况　　　单位：%

序号	指标	2013 年	2014 年	2015 年	2016 年
1	绿色信贷	100	133.34	182.88	201.41
2	绿色证券	0.00	50.00	52.63	95.58
3	绿色投资	100	107.01	122.58	127.79
4	绿色保险	100	93.18	87.57	98.18

序号	指标	2013 年	2014 年	2015 年	2016 年
5	碳金融	100	106.57	124.32	157.11
6	总体水平（基于 Delphi 法）	75.00	103.20	128.81	151.37

江西省绿色金融在 2013—2016 年发展效果明显，绿色金融评价得分提高了一倍。绿色信贷发展最快，绿色债券的发展也提高了绿色证券指标的得分，绿色投资发展稳定增长，绿色保险基本维持不变，碳金融发展也是逐年提升，进步较大。以下是针对江西省的具体分析。

江西省绿色信贷这项金融服务发展时间相对是最久的，多年来政府和各个金融机构都积极致力于推进绿色信贷的发展，2013—2016 年江西省主要银行绿色信贷余额年均复合增长率为 55.54%，2016 年绿色信贷增幅高于各项贷款 2.37%；2016 年，江西银行先后发行 4 只共计 80 亿元的绿色金融债，募集资金将全部投向各绿色产业，绿色债券发展势头较好；2016 年 8 月，宜春市总规模 100 亿元的绿色生态发展基金正式启动，各项绿色产业基金纷纷开始筹备和启动。在绿色保险方面，江西省于 2013 年开始绿色保险试点，但发展两年来，投保企业只有 31 家，企业对绿色保险的认可度不高。2016 年 8 月，江西省获批设立碳排放权交易中心，这一举措对助力江西绿色发展起到一定的积极作用。

4. 贵州省绿色金融发展水平时间演变特征分析

贵州省环保 A 股上市企业 2013 年和 2014 年统计值为零，2015 年有具体数值，因此将 2015 年设为基准年。截至 2016 年底绿色债券尚未有发行，因此 2013—2016 年绿色债券发行占比得分均为"0"。贵州省绿色金融 2013—2016 年的演变情况如表 12 所示。

表 12   贵州省绿色金融发展水平三级指标演变情况   单位:%

序号	指标	2013 年	2014 年	2015 年	2016 年
1	绿色信贷规模占比得分	100.00	98.47	93.62	97.61
2	高能耗产业贷款占比得分	100.00	163.90	221.21	225.07
3	环保企业市值占比得分	0.00	0.00	100.00	364.23
4	绿色债券发行占比得分	0.00	0.00	0.00	0.00
5	环保投资占比得分	100.00	124.89	124.38	119.72
6	环保财政支出占比得分	100.00	105.28	113.18	138.34
7	环境污染责任保险占比得分	100.00	93.31	95.17	96.39
8	环境污染责任保险赔付比得分	100.00	113.76	91.51	104.93

续表

序号	指标	2013 年	2014 年	2015 年	2016 年
9	CDM 温室气体减排量占比得分	100.00	155.69	206.96	142.75
10	CDM 项目数量占比得分	100.00	87.93	80.34	95.89

表 13　　　　　贵州省绿色金融发展水平二级指标与总体水平演变情况　　　单位:%

序号	指标	2013 年	2014 年	2015 年	2016 年
1	绿色信贷	100.00	131.18	157.41	161.34
2	绿色证券	0.00	0.00	50.00	182.12
3	绿色投资	100.00	115.09	118.78	129.03
4	绿色保险	100.00	103.54	93.34	100.66
5	碳金融	100.00	121.81	143.65	119.32
6	总体水平（基于 Delphi 法）	75.00	92.74	117.67	153.52

贵州省绿色金融评价得分有一定提高，但整体幅度不大。其中，绿色信贷规模占比得分略有降低，绿色信贷规模没有较多扩大，高能耗产业贷款的抑制较强，得分提升较多；绿色证券打分提高主要是环保上市企业有所增加；绿色投资得分提高近30%；绿色保险进展不大；碳金融发展不够稳定但有上升的趋势。以下是针对贵州省的具体分析。

贵州省作为绿色金融发展的西部代表，贵州是一个西部内陆经济欠发达省份，生态良好与环境脆弱兼具。同时，贵州也是我国的矿产资源大省，有 40 余种矿产资源的储存量在全国处于领先地位。资源是支撑贵州省经济发展的重要基础，同时如何兼顾资源环境与经济发展是贵州面临的问题。

自 2013 年贵阳连续举办了生态文明国际论坛——绿色金融分论坛，贵州逐渐出台各项绿色金融具体政策。贵州将绿色金融与脱贫紧紧联系起来，支持和推动绿色企业、西部和贫困县企业上市绿色通道，2016 年贵州新增了 30 家境内外和"新三板"上市的企业，其中一半为绿色环保企业；此外贵州还计划支持当地企业和地方银行发行绿色债券。2014 年，贵州银监局发文倡议扎实推进绿色信贷的各项工作并构建相关激励机制，2016 年底，贵州绿色信贷余额达到1543.1 亿元，年均增长 19.6%，但相对于全省银行业贷款余额的增速仍显不足。近年来，环保 PPP 项目数量增长明显，贵州省一直处于领先地位，贵州当地政府结合社会资本提供环保服务和建设的发展经验丰富。

5. 新疆维吾尔自治区绿色金融发展水平时间演变特征分析

新疆维吾尔自治区环保 A 股上市企业 2013 年和 2014 年统计值为零，2015

年有具体数值，因此该项将 2015 年设为基准年。新疆绿色金融 2013—2016 年的演变情况如表 14 所示。

表 14 　　　　　　　　 **新疆绿色金融发展水平三级指标演变情况** 　　　　 单位：%

序号	指标	2013 年	2014 年	2015 年	2016 年
1	绿色信贷规模占比得分	100.00	98.12	109.14	117.99
2	高能耗产业贷款占比得分	100.00	145.69	252.78	270.26
3	环保企业市值占比得分	0.00	0.00	100.00	198.76
4	绿色债券发行占比得分	0.00	0.00	0.00	100.00
5	环保投资占比得分	100.00	184.53	228.77	245.21
6	环保财政支出占比得分	100.00	94.95	83.55	69.91
7	环境污染责任保险占比得分	100.00	101.21	112.09	129.87
8	环境污染责任保险赔付比得分	100.00	125.04	96.37	108.69
9	CDM 温室气体减排量占比得分	100.00	127.28	123.33	147.22
10	CDM 项目数量占比得分	100.00	140.23	148.05	123.36

表 15 　　　　　　 **新疆绿色金融发展水平二级指标与总体水平演变情况** 　　 单位：%

序号	指标	2013 年	2014 年	2015 年	2016 年
1	绿色信贷	100	121.90	180.96	194.12
2	绿色证券	0	0.00	50.00	149.38
3	绿色投资	100	139.74	156.16	157.56
4	绿色保险	100	113.12	104.23	119.28
5	碳金融	100	133.75	135.69	135.29
6	总体水平（基于 Delphi 法）	75	93.82	122.19	167.03

新疆绿色信贷稳步发展，得分提高了 18%，且高能耗产业产值的抑制效果显著；绿色证券得分提高很多，其中环保企业和绿色债券方面都有突破；绿色投资方面得分提高 57.56%；绿色保险得分提高 19.28%；碳金融发展得分提高了 35.29%，需要更为稳定的发展。以下是针对新疆的具体分析。

2016 年新疆绿色信贷余额达到 1529.15 亿元，同比提高 20.35%，增速远高于新疆银行业各项贷款余额的 11.54%，绿色信贷为可再生能源和绿色出行等方面提供了资金投入。2016 年，新疆大力推行了绿色债券，发行了全球第一单中资企业绿色债券和全国第一单绿色永续债，地方银行也发行了绿色金融债；此外，2016 年，新疆着力摸清全区"僵尸企业"，取消对其保护和财政补贴，高耗能产业得到抑制，也促使更多的资金和人才流入绿色环保企业。2016 年，新疆全面推进环境污染责任保险试点，同时推进农业气候保险；在环境权益交易市场方面，新疆虽没有碳排放权交易市场，但已启动火电、造纸行业排污许可证核发试点，新疆开展绿色金融试点的主要任务是运用绿色金融服务来支持中小城市与特色小镇的发展，新疆绿色金融在支持农业、新能源方面取得一定成绩。

（三）试点省份绿色金融发展实证结果小结

本章主要通过熵值法和 Delphi 法计量各省 2013—2016 年绿色金融的发展水平。熵值法综合各地 4 年的发展数据计算权重，并运用权重结果计算各地每一年的发展得分；Delphi 法直接运用各项设定权重，将各项指标发展的第一年或 2013 年设为基准年，用"1"表示，通过某一省份各项工具的发展反映当地整体水平。

熵值法主要用来比较当前绿色金融发展的省份间差异，Delphi 法主要是比较同一省份绿色金融发展演变情况。本章通过实证得出以下结论：总体发展最好的是浙江省，并且浙江省绿色金融各项工具发展较为均衡，为我国各省份发展绿色金融树立了榜样；广东省具有较大的发展空间，广东省金融条件最佳且绿色金融发展的基础建设得到政策支持，随着广东省绿色金融的普及，绿色金融水平会有更大幅度的提升；近 3 年来，江西省的绿色金融发展较快，江西省的绿色金融各项服务的起点不高，但绿色金融得到当地政府和金融机构的青睐，江西省针对绿色信贷和绿色证券两方面有较大的进步，而绿色投资和绿色保险还需要进一步展开；贵州省正大力发展绿色投资，其环保 PPP 项目数量和募集资金均为全国第一，贵州省吸纳社会资金投入绿色项目的经验丰富；新疆是我国"一带一路"对外连接的核心经济地区，而生态环境与绿色发展是跨越国界的问题与理念，新疆近年来大力抑制高能耗产业与支持新能源的发展，效果显著，对外树立了我国负责任的大国形象。

五、试点省份绿色金融发展路径建议

近年来，我国有关部门以及金融机构在"五大发展理念"的指导下，共同推动了绿色金融的发展，如本文第 4 部分分析所示，我国绿色金融多个方面实现突破，绿色金融创新与发展的步伐加速了，但我国发展的历史遗留问题仍需进一步解决。2016 年我国绿色金融引起各方重视，绿色金融发展需求迫切，5 省份试点只是一个开始，从实证分析可看出 5 省份绿色金融发展也存在各种问题，以下对试点省份发展绿色金融的路径提出建议。

（一）地方政府完善发展绿色金融的正向激励政策

绿色金融发展涉及的金融机构或项目参与者更多从盈利的基本点出发，开展经济活动，从绿色金融具有正外部性的角度，应完善发展绿色金融的正向激励政策。不仅要发挥绿色金融市场机制作用，也要尽可能发挥政府的作用，通过健全社会责任体系、提供财政税收支持、完善担保机制等措施，以降低绿色环保项目融资成本、撬动更多社会资金投入到绿色项目中来。

我国绿色金融发展潜力巨大，目前相关政策和制度不断更新和出台，但尚不全面，正向激励机制的不完善导致更多的社会资金和人才没有参与进来。在绿色金融发展的正向激励机制中，地方政府发挥着不可替代的作用，地方政府应结合当地特色与发展条件，健全绿色金融与相关产业的联动作用，充分支持绿色项目的开展，广东省绿色金融试验区出台"1+4"配套政策体系，以奖金的方式鼓励金融机构开展绿色金融和吸引培养更多的专业人才是一个很好的尝试。此外，还可以通过建立绿色信贷的贴息制度和担保制度，放大银行绿色信贷的投入比例；为绿色环保企业提供更方便的资金融通渠道，以此发展绿色证券市场，并鼓励高能耗企业的转型升级；成立区域性的绿色产业发展基金，引导社会资金投入绿色产业中，并倡导绿色产业的发展，科学规划产业基金，提高绿色产业基金的回报率；实施绿色保险保费补贴机制，财政对已投保的企业或项目进行比例补助，以此逐渐开拓绿色保险市场；对优秀的绿色金融机构、具有社会责任感的绿色企业和专业的绿色金融人才进行表彰和奖励。

（二）建立地方绿色金融信息平台和监管机制

我国目前绿色金融相关的信息仍处在碎片化的阶段，可收集的信息不够全面和详尽，部分发展数据尚未公开。信息披露和合规管理是促进绿色金融及其各项服务健康稳定发展的基础。

现阶段绿色金融是金融界和环保界的热点话题，越来越多的资本涌入绿色金融，越来越多的节能环保项目启动，这就要求绿色金融相关的信息足够透明，相关监管逐步合理开展。当前绿色金融市场应强化信息披露，减少信息不对称，通过信息的公开，引入市场来监督环保项目和环保单位实现社会责任，同时能有效地识别优质的企业和项目，合理地对环境风险进行定价，对投融资活动进行估值。

而当前绿色金融相关的信息平台、数据库或资料库只有极少的统计对外公开，这对绿色金融信息共享或环境监督等都是不利影响；环保信息平台的构建，也是传播绿色金融理念和提升广大人民群众环保意识的方式，绿色理念越普及，绿色金融的接纳程度和社会效应会更好，最终绿色金融促进生态环境优化的效果也会更佳。

（三）加大绿色金融产品和服务的创新

绿色融资的需求是多样并且随着市场发展不断变化的。不同地区不同时期对于绿色金融工具选择的侧重点也不一样,浙江省绿色金融各项指标发展均衡,成立了绿色支行和绿色金融专研事业部,着眼利用绿色金融服务产业转型升级,并将成功的经验进行推广;广东省着重发展绿色金融市场,建立物理的绿色金融街,着眼服务全国甚至全球的绿色金融市场;江西省生态环境较好,绿色金融发展应结合促进经济提高,为二三线生态资源环境较好的城市发展绿色金融提供借鉴;贵州省是资源大省,同时经济较为落后,贵州省着重发展绿色产业基金,财政支持节能环保项目,在绿色投资方面撬动社会资金的投入;新疆利用绿色债券契机在清洁能源和光能风电资源方面发展较大。

绿色金融试点的主要目标就包括在合规和防控风险的前提下,丰富绿色金融产品和绿色金融开展模式。例如,可以在一定程度上简化绿色信贷的审批和管理;在绿色金融需求扩大的同时增加其供给的渠道,鼓励各金融机构成立绿色金融专研部门,致力通过创新和研发绿色金融产品解决资金融通的问题。此外,可以将各项排污和用能交易权进行证券化和衍生发展,使绿色金融产品的交易在风险防控的前提下更加活跃。

(四)推进完善中国绿色金融标准

绿色金融标准是根据绿色金融内涵、发展原则、目标和作用机制而设立的绿色金融市场业务开展,相关产品研发,市场监督管理的准则。全面科学并有机协调的标准是绿色金融发展壮大的基础,是规范统一业务和创新业务的前提。

制定绿色金融标准包括建立各项金融工具符合一定环保标准的指导名录,并确定具体的各类产业环保标准范围;制定不同绿色金融服务中项目的环境评价体系;对于不同的绿色金融机构制定详细可评定的相关投融资活动的实施准则,规范各单位和从业人员的行为。

绿色金融标准的建立还有助于对各地各项金融服务或业务开展进行具体的考评,进而对区域绿色金融进行评价,通过考核测评,完善相关激励与惩罚机制,从而提升绿色资源的经济效应。

目前我国绿色金融发展趋势整体向好,逐渐拉近了与发达国家的距离。当前全球提出的绿色金融标准不足以涵盖所有的绿色金融活动,而我国近年来陆续发布了相关的具有适用性的标准,各试点省份积极参照标准指引参与绿色金融发展。此外,各省份也应结合发展经验为绿色金融标准设立发表看法和提供建议。

随着我国绿色金融进一步的开拓,我国不仅仅争取发展规模的突破和领先,也要在全球绿色金融和环境保护中有自己的主张和决策权,因此从地方试点开始,要为形成中国的绿色金融标准努力,要为将中国标准推向国际而做准备。

第三章 绿色金融政策对省级工业污染强度的影响研究

——基于政策文本分析的视角[①]

一、研究背景

改革开放以来，随着我国宏观经济的高速增长，环境污染与生态环境恶化问题日益严峻。2016 年，全国 338 个地级及以上城市中 254 个城市环境空气质量超标，占比 75.1%，全国 $PM_{2.5}$ 平均浓度为 $47\mu g/m^2$，远高于世界卫生组织的第二阶段目标值（$25\mu g/m^2$）；中国饮用水源中水质污染超标的占 75%，19% 以上的耕地面积污染超标。环境污染已经严重影响经济的可持续发展，水污染等环境污染问题也显著降低了居民的主观幸福感，对环境污染进行治理具有巨大的经济价值与社会价值（黄永明和何凌云，2013）。究其原因，我国长期以来"三高一低"的粗放式经济增长模式是造成环境污染的重要原因，治理环境污染必须通过产业结构转型升级来解决。金融是现代经济的核心，金融市场能够形成资源优化配置，绿色金融能够引导社会资本从高污染、高排放行业逐步退出，更多地投向绿色、环保产业，是推动绿色经济发展和解决生态环境问题的有力保障。

2007 年以来，中央政府开始认识到利用绿色金融解决环境污染问题的巨大优势，密集出台了系列绿色金融政策，明确提出要建立绿色金融促进环保、新能源、节能等领域发展的激励机制，以及抑制高污染、高能耗和产能过剩行业贷款的约束机制。然而早期的绿色金融政策主要通过颁布"差异化"的信贷政策限制信贷投向环境污染型产业。中央部委发布的系列绿色金融政策中，国家环保总局（现为国家环境保护部）联合银监会、保监会和证监会，出台了多项促进绿色信贷、绿色证券、绿色保险发展的绿色金融政策文件。如为了应对环保局对"十五小企业"实行取缔、关闭或停产，从而给银行信贷带来的损失，2007 年中国人民银行、银监会联合环保总局发布了《关于落实环境保护政策法规防范信贷风险的意见》，意见规定对不符合环境保护规定的项目，金融机构不得提供任何形式的授信支持。2008 年环保部与人民银行合作，将企业的环境绩

---

① 本章作者是湖北经济学院罗鹏。

64

效信息纳入人行征信系统，并联合下发《关于规范向中国人民银行征信系统提供企业环境违法信息工作的通知》，许多环境违法企业被银行限制或收回贷款，绿色信贷的投放快速增加。与此同时，绿色证券和绿色保险的相关政策文件也陆续发布，2007 年 8 月环保总局发布《进一步规范重点污染行业生产经营公司申请上市或再融资环境保护核查工作的通知》，要求开展对重污染行业申请上市或再融资公司的环保核查工作，并向中国证券监督管理委员会出具核查意见。2007 年 12 月，国家环保总局联合保监会发布《关于环境污染责任保险工作的指导意见》，要求"十一五"期间在重点行业和区域开展环境污染责任保险的试点示范工作，初步建立重点行业基于环境风险程度投保企业或设施目录以及污染损害赔偿标准，探索与环境责任保险制度相结合的环境管理制度，发挥环境污染责任保险的社会管理和经济补偿的功能。2016 年，我国绿色金融进入新的发展时期，中国政府在绿色金融方面做出开创性的努力，G20 杭州峰会前夕，发展改革委、人民银行和银监会等七部委联合发布《关于构建绿色金融体系的指导意见》，这一文件将绿色金融体系上升至国家战略，对推动绿色金融发展，转变经济增长方式有着深远的影响，中央部委的绿色金融政策见附录 1。通过梳理相关政策性文件，可以发现政策的发布具有时间密集性，往往是指导性绿色金融政策出台前后，其他执行性、配套性的文件紧随发布，这表明各级政府部门的绿色金融政策具有较好的协同性，而绿色金融政策的密集性也有助于本文观察政策的影响度。

为贯彻落实中央部委的文件精神，北京、上海、广东等地区的环保厅（局）纷纷联合当地金融监管部门，出台多项促进绿色金融发展的地方性文件，地方政府的部分绿色金融政策文件见附录 2。如为了响应 2007 年国家环保总局等部委发布的《关于落实环保政策法规防范信贷风险的意见》文件精神，北京、辽宁、甘肃等地先后发布了绿色金融的实施方案和具体细则。人民银行营业管理部、北京银监局、北京发展改革委与环保局共同于 2008 年 8 月发布了《关于加强绿色信贷建设支持首都节能减排工作的意见》，文件要求辖内银行类金融机构优化信贷结构，合理配置信贷资源，创新节能减排信贷产品，支持环境保护与经济发展的信贷管理模式。2010 年 3 月，辽宁省环保局、人民银行辽宁省分行、辽宁银监局发布《关于在辽宁省实施绿色信贷政策的指导意见》，提出要建立环境违法企业绿色信贷限制名单，被列入名单的企业，各级环保部门实行重点监管，金融部门实施信贷限制。一些地方政府还将绿色金融发展目标列入经济与金融发展"十二五"规划、"十三五"规划，并在政府报告中对以往的绿色金融发展成果进行总结（见附录 3）。而随着 2016 年七部委《关于构建绿色金融体系的指导意见》的出台，福建、广东等地以极大热情制定相关政策，积极推动本地区绿色金融发展。如 2017 年 5 月，福建省发布《关于印发福建省绿色金融体系建设实施方案的通知》，提出 2020 年末全省银行业金融机构绿色金融服务提供的融资余额比"十二五"期末翻一番的具体目标，并落实了各政府部门的工作任务、保障措施。贵州、宁夏等地方政府还在文件中承诺运用财政、金融手段降低绿色项目的融资成本，提升社会资本投资绿色产业的预期资本回报，省市级地方政府已经逐渐成为绿色金融发展的重要推动力。

相较于单纯依靠政府投入资金、强制"关停并转"的环保政策，绿色金融政策能够吸引社会资本进入环境保护领域，形成绿色投资的乘数效应。① 随着绿色金融政策体系的不断完善，绿色金融市场得到高速增长，截至 2016 年 6 月末，21 家主要银行业金融机构的绿色信贷余额达到 7.26 万亿元，占银行信贷总额的 9%，绿色信贷的不良率为 0.41%，低于同期各项贷款不良率 1.35 个百分点；2016 年是我国绿色债券的元年，全年贴标绿色债券的发行规模达 2052.31 亿元，众多金融机构与企业在政策激励下正积极地参与到这个新兴市场中。②

绿色金融政策的密集出台，给绿色金融带来了持续的政策红利，并给绿色金融提供了巨大的发展空间，中国人民银行行长周小川曾指出，2017—2021 年中国的绿色投资每年需求将达 6000 亿美元。但绿色金融作为新兴金融业态，其发展还存在着一定的不确定性，绿色金融对生态环境的影响还需要进一步的观察。因此，绿色金融政策能否有效地促进绿色金融发展，进而降低工业污染强度，以及不同类别的绿色金融政策是否存在着效力差异就成为本文的研究方向。

二、文献回顾与研究假说

（一）绿色金融文献回顾

1. 绿色金融的概念与内涵

绿色金融，又称环境金融（environmental finance）或可持续金融（sustainable finance），Salazar（1998）认为，绿色金融是以生态环境保护为目标的金融创新，通过金融活动推动经济与环境的平衡。2000 年《美国传统词典》将绿色金融定义为通过金融市场活动推动经济的可持续发展，达到生态资源环境保护与经济发展的协调，实现金融可持续发展的一种金融营运战略。Labatt 和 White（2002）将绿色金融定义为以金融市场为基础，研究如何通过金融资源配置以改善环境质量、降低环境污染的金融市场与工具的总称。天大研究院课题组

① 联合国环境规划署认为 1 亿美元的绿色投资能带动 10 亿美元的社会资本投入绿色产业。
② 数据来源：银监会网站，http：//www.cbrc.gov.cn。

（2011）则认为，绿色金融是旨在减少温室气体排放的各种金融制度安排和金融交易活动的总称。综合学者们的观点，绿色金融的定义主要集中于生态环境保护与可持续发展理念，并由此展开的信贷、保险、证券、产业基金等金融活动。

2. 绿色金融的作用机制

发展绿色金融已经成为我国金融理论和实务界的共识，绿色金融改善生态环境、降低环境污染的作用机制研究方面，安伟（2008）认为，绿色金融是从规范企业经营行为、影响创业资本流向、促进环保技术创新、克服市场失灵以及引导公众投资行为这五个方面发挥作用，促进社会经济的可持续发展。中国工商银行绿色金融课题组（2017）认为，绿色金融从两方面发挥节能减排的作用：一是对循环经济生产、绿色制造、生态农业、节能服务、绿色建筑和新能源开发等领域提供资金支持；二是对高污染、高排放、高能耗的企业和项目限制或停止资金支持。王瑶等（2016）认为，绿色金融通过鼓励企业在绿色领域的创新、监督企业的绿色表现、降低绿色交易合约的成本、引导消费者的绿色需求等渠道降低环境恶化风险，同时政府推行绿色金融可能会引起市场扭曲，因此应该把握好绿色金融政策推行的力度。

（二）绿色金融政策文献回顾

绿色金融具有广阔的发展前景，但当前的绿色金融市场参与者却面临着正外部性难以内生化、绿色信息不对称等问题（马骏，2016），因此绿色金融在发展初期需要政府的绿色金融政策支持。绿色金融政策是指政府通过税收减免、信贷支持和市场准入安排等手段，引导社会资本进入节能、环保和清洁能源等绿色产业，最终实现经济可持续发展的政策和制度安排。李溪（2011）对美国、欧洲和日本等发达国家绿色金融政策进行比较分析，认为绿色金融政策对完善绿色金融体系，促进金融机构的绿色金融产品创新等方面发挥着重要作用。绿色金融政策与绿色金融的关系研究方面，马骏和施娱（2014）设定一个包含社会责任变量的绿色产出函数，并假定绿色金融政策能够强化企业的社会责任，证明了绿色金融政策的施行能够增加企业的绿色产出。刘金石（2017）认为，国务院部委所出台的绿色金融政策措施更多的是具有指导意义，绿色金融发展更依赖于地方政府对绿色金融的重视程度，重视绿色金融发展的地方政府往往会在金融改革五年规划中提出绿色金融发展目标，以及在政府工作报告中对过往的绿色金融发展成绩做出总结。胡梅梅等（2014）则认为，政府的绿色信贷政策是通过完善信息沟通机制、健全银企合作机制、建立绿色信贷激励约束机制等实现对绿色信贷的支持。

绿色金融政策是政府运用财政金融手段，建立有利于绿色金融发展的正向激励机制，撬动更多社会资本投入绿色领域，形成节能环保、环境治理的乘数效应。相对应地，传统的环保政策主要通过对污染企业加以排放量硬约束，达到环境治理的效果。黄清煌和高明（2016）采用2001—2013年的省际面板数据，实证研究发现环境规制在有效约束企业污染排放行为的同时，还存在着经济增长的数量抑制效应，这可能使环境规制对污染排放强度的影响有限。王瑶等（2016）认为，中国的环保行政部门是环保规制的主要执行力量，但其人员不足、强制力不够，难以保证排污费征收、现场检查、关停排污企业等多重工作的强制执行力度，而绿色金融政策能够发挥更大的环境改善作用。绿色金融政策通过促进绿色金融发展，进而降低污染排放强度的影响机制（见图1）。

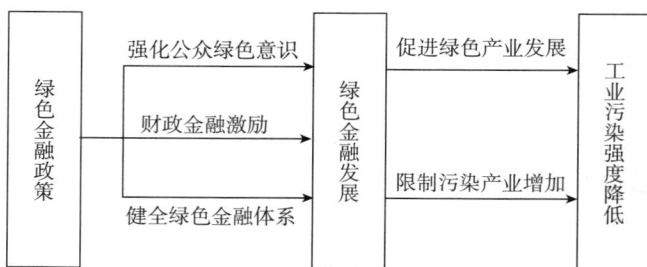

图1　绿色金融政策降低工业污染强度的影响

（三）政府政策效力评估文献回顾

随着绿色金融政策体系初步形成，如何建立绿色金融政策效力指数，研究其对污染强度的影响就成为一个感兴趣的话题，这就需要对政策进行文本量化分析。政策效力是指政策文本的内容效度及其影响力（芈凌云和杨洁，2017），众多国内外学者对此进行了广泛研究。Libecap（1978）是政策文本量化方法的首创者，其对美国西部的民营矿产权法律进行量化并建立了法律变革指数。Harmelink等（2008）考察了欧洲节能政策后认为，相较于定性政策目标，具有量化目标内容的政府政策更易于实现甚至超额完成。Murphy等（2012）则对荷兰私人住宅的节能政策进行了量化评估，从能源认证、房屋契约、经济政策、建筑规定等维度研究了节能政策效力。Cools等（2012）在研究交通政策效力时将政策措施区分为强硬型和温和型，发现不同类型的政策存在着作用机制差异。国内研究方面，彭纪生等（2008）将技术创新政策划分为政策力度、政策措施、政策目标3个维度，探讨了创新政策协同演变的路径以及对经济绩效的影响。薛立强和杨书文（2016）发现，政策在经过政府组织和普通公众之间的执行主体时会发生失效，因此政策执行的监督反馈是保证政策效力的关键。李承宏和李澍（2017）以1986—2015年我国的197项高新技术产业政策为研究目标，从政策目标、政策工具和政策效力3个维度对政策效力进行研究。芈凌云和杨洁（2017）收集了中国1996—2015年发布的推动居民生活领域节能行为的政策文件，将其划分为命令控制型、经济激励型、信息型和自愿参与型四种类型，从政策力度、政策目标、政策措施和政策反馈4个维度建立了政策效力评估模型。肖潇和汪涛（2015）采用"三维一体"模型对中关村和东湖高新区两个示范区2009年以来的大学生创业政策文本进行了量化分析与评估，发现政策制定尚未形成部门合力且效力不高。借鉴已有文献做法并结合绿色金融政策的特征，本文将从政策力度、政策措施和政策目标3个维度分别建立中央政府与地方政府的绿色金融政策效力指数。

通过梳理现有文献，本文发现众多学者从绿色金融的内涵、作用机制与实践，以及绿色金融政策体系等角度展开定性研究，定量研究则较为缺乏。绿色金融作为新兴金融业态，其面临着正外部性难以内生化、绿色信息不对称等问题，在发展初期需要政府部门的政策支持；且绿色金融的重要功能是推动生态环境改善和环境污染降低，促进经济社会的可持续发展，绿色金融政策是否能够促进绿色金融发展，进而达到降低工业污染强度的目的成为一个感兴趣的话题。基于以上分析，本文给出如下假说：

（1）绿色金融政策的实施有助于降低工业污染强度；

（2）中央与地方的绿色金融政策协同更有助于降低工业污染强度；

（3）绿色金融政策效力维度中，政策力度、政策目标起着更重要的作用。

三、绿色金融政策效力测度

本文收集2007—2016年国务院及各部委，各省、自治区与直辖市颁布的涉及绿色金融的政策性文件1174项，形式包括通知、意见、指引、公告、纲要、规划、政府工作报告等。政策文本来源于国务院、国务院各部委、各地方政府部门网站，北大法律信息网以及各类绿色金融出版物，通过搜索"绿色金融""绿色信贷""绿色保险""绿色证券"以及"信贷促进节能减排"等关键词获得。查找政策文件发布的时间，如果为当年1～10月发布，则认为该政策文件在当年产生减排作用；如果发布的时间为当年11～12月，本文认为政策文件会在次年产生减排作用。随后由专家团队从文件精神、政策措施及发文机关职权等角度筛选出224项，包括中央政府政策47项，地方政府政策177项。① 将政策效力分解为政策力度、政策措施、政策目标、政策反馈4个维度，借鉴彭纪生等（2008）的政策量化标准，政策力度由政策发布部门的行政级别以及联合

---

① 专家组由3位高校绿色金融研究员和3位绿色金融实务部门专家组成，将高校研究员与实务专家两两搭配组成3个打分小组。

发文的政府部门数量决定；政策措施是政策文件中为达到绿色金融发展目标所提出的具体手段和方法；政策目标是政策文件中绿色金融发展的可量化程度；政策反馈是政策执行后是否有阶段性成果总结和报告，将专家组分为 3 个打分小组并进行一段时期的规则学习，各小组分别对中央政策和地方政策进行浏览和评分，随后将 3 组政策评分进行对比，将分歧较大的政策赋值进行小组间商议并重新确定，最终得到政策的 4 个维度得分。

表 1 绿色金融政策文本的评分标准

赋值维度	赋值	中央政府政策赋值标准	地方政府政策赋值标准
政策力度	5	国务院颁布的方案、规划、纲要	中央部委或中央部委联合地方发布
	4	环保部＋金融监管机构＋其他部委联合发布	省委或省委办公厅发布
	3	环保部＋金融监管机构联合发布	环保厅（局）与地方金融监管机构联合发布
	2	金融监管机构单独或联合发布	地方金融监管机构单独或联合发布
	1	非金融监管机构的其他部委发布	非金融监管机构的其他部门发布
政策措施	5	建立完善绿色金融体系的相关内容，如信息共享、财政补贴等，且有责任单位	提出财政、金融、税收等激励措施，且有责任单位
	3	带有禁止、鼓励、支持等表述	带有禁止、鼓励、支持等表述
	1	仅仅提及要发展绿色金融	仅仅提及要发展绿色金融
政策目标	5	政策目标清晰明确且可量化	政策目标清晰明确且可量化
	3	政策目标清晰，但没有量化的标准	政策目标清晰，但没有量化的标准
	1	仅宏观地表述了发展愿景和期望	仅宏观地表述了发展愿景和期望
政策反馈	5	有监督和反馈机制，责任主体明确，有定期的反馈信息	有监督和反馈机制，责任主体明确，政府工作报告总结了成绩
	3	有监督和反馈机制，责任主体明确	有监督和反馈机制，责任主体明确
	1	没有监督和反馈，但不明确	有监督和反馈机制，但不明确（工作报告）

注：为便于专家组的理解和把握，政策措施、政策目标、政策反馈的赋值为 1 分、3 分、5 分。

为了得到每项政策的效力值，本文将中央与地方政府政策分别进行效力评估，借鉴芈凌云和杨洁（2017）的做法，用公式（1）表示第 t 年中央部委发布的绿色金融政策效力 CGE；考虑到一项政策会持续产生影响力，本文将政策效力期限设定为 5 年且政策效力会均匀衰减，即政策的效力每年递减20%，则第 t

年中央部委政策的总政策效力 TCGE 用公式（2）表示。公式（3）为区域 i 第 t 年当年发布政策的效力为 GE；区域 i 第 t 年的总政策效力 TGE 用公式（4）表示

$$CGE_t = \sum_{j=1}^{N} (m_j + b_j + f_j)p_j \qquad (1)$$

$$TCGE_t = \sum_{j=1}^{N} (m_j + b_j + f_j)p_j + \sum_{t=1}^{5} TCGE_{T-t} \times (5-t)/5 \qquad (2)$$

$$LGE_{it} = \sum_{j=1}^{N} (m_j + b_j + f_j)p_j \qquad (3)$$

$$TLGE_{it} = \sum_{j=1}^{N} (m_j + b_j + f_j)p_j + \sum_{t=1}^{5} TLGE_{T-t} \times (5-t)/5 \qquad (4)$$

公式中，$(m_j + b_j + f_j)$ 分别为政策措施、政策目标、政策反馈，p_j 为政策力度，t 的区间为 2007—2016 年，区域 i 为除西藏外的 30 个省、自治区和直辖市。

四、计量模型与变量设定

（一）计量模型

根据经典文献对工业污染排放强度的研究，结合本文对绿色金融政策的理论分析，最终设定以下动态面板回归模型：

$$\ln IP_{it} = C + \beta_0 \ln IP_{it-1} + \beta_1 GE_{it} + Contr_{it} + \varepsilon_{it} \qquad (5)$$

$$\ln IP_{it} = C + \beta_0 \ln IP_{it-1} + \beta_1 GE_{it} + \beta_2 GE_{it} \times CGE_{it} + Contr_{it} + \varepsilon_{it} \qquad (6)$$

其中，IP 为工业污染排放强度，GE 为绿色金融政策，EP 为环保政策，$Contr$ 为控制变量，包括经济发展水平（Pgdp），技术进步（TE），外商直接投资（FDI）和工业产业集聚（IA），i 和 t 分别代表省份和年份。我们还将工业污染排放强度 IP 的滞后一期作为解释变量，原因是工业污染排放具有较强的惯性，IP 的滞后项作为解释变量会导致其与随机扰动项相关而产生内生性；同时，因变量与解释变量也可能出现双向因果关系而产生内生性，内生性问题会导致 OLS 回归系数是有偏的，表现为混合回归（Pooled OLS）通常 IP 滞后项的系数被高估，固定效应回归（FE）又使得 IP 滞后项的系数被低估。为解决这一问题，Arellano 和 Bond（1991）提出了差分广义矩估计法（Dif－GMM），先对模型进行差分，消除由于未观测到的地区效应造成的遗漏变量偏误，然后将 $t-2$ 期以前的滞后因变量作为因变量一阶差分滞后项的工具变量，从而得到一致且更为有效的估计结果。

然而 Dif－GMM 的缺点表现为在小样本情形下容易出现"弱工具变量"问题，从而使估计系数出现偏误。因而 Arellano 和 Bover（1995）在差分 GMM 估

计的基础上引入水平方程及工具变量，得到系统广义矩估计量（Sys－GMM）。蒙特卡罗模拟实验表明，在有限样本条件下，系统 GMM 比差分 GMM 估计的偏差更小，有效性更高（Blundell 等，2000），因此本部分将进行 Sys－GMM 的回归检验。另外，Bond（2002）认为，GMM 估计的一致性取决于工具变量的有效性，可以通过 Sargan 检验来判断是否存在"过度识别"（Over－Identifying Restrictions），零假设表明模型中工具变量的选取是有效的。另一个是差分误差项的序列相关检验 Ar（1）与 Ar（2），一阶序列相关同时二阶序列不相关表明是有效的。

（二）变量设定

工业污染排放强度（IP）：工业污染物主要由废气、废水和固体污染物构成，目前还没有统一的指标可以综合衡量工业污染排放，考虑到废气中的二氧化硫（SO_2）以及工业废水是重要的污染物来源，借鉴盛斌和吕越（2012）的做法，本文分别用工业二氧化硫（SO_2）排放强度（吨/亿元）和工业化学需氧量（COD）排放强度（吨/千万元）衡量工业污染排放强度。

绿色金融政策。为了探讨绿色金融政策是否具有推动绿色金融发展，进而降低工业污染强度的作用，本文收集中央部委、地方政府部门发布的绿色金融政策并分别进行文本量化，构建中央绿色金融政策指数与地方绿色金融政策指数。

环保政策（EP）。为了比较环保政策与绿色金融政策降低污染强度的效果，本文将环保政策（EP）作为解释变量。本文对环保政策指标的定义如下：①2008年我国的环保总局升格为环保部，成为国务院的直属部门并拥有对地方环保部门的垂直管辖权，环保部拥有对各地环保情况的全局把控力，因此我们的环保政策变量设定为环保部发布的相关政策文件。具体而言，采用大气污染防治类的环保政策研究其对工业二氧化硫排放强度的影响，用水污染防治类的环保政策研究其对工业化学需氧量排放强度的影响。②同样，若环保政策文件发布的时间为当年 1～10 月，则认为该政策文件在当年产生减排作用，若环保政策文件发布的时间为当年 11～12 月，则认为政策文件会在次年发挥减排作用。

工业产业集聚（IA）。产业集聚本质上是生产要素向某个地理区域高度集中的过程，产业集聚能带来规模效应和正外部性，从而降低污染排放强度。借鉴张晓玫和罗鹏（2015）利用区位熵测量产业集聚的方法，计算公式为

$$IS = \frac{X_{ij} / \sum_i X_{ij}}{\sum_j X_{ij} / \sum_i \sum_j X_{ij}}$$

其中，i 为第 i 产业，j 为第 j 地区，IS 值越大代表该地区的工业产业集聚度越高。

外商直接投资（FDI）。用（FDI/GDP）进行衡量，本文使用当年的平均汇率将 FDI 折算为人民币计价的 FDI。2008 年以来，我国对外资实行国民待遇，引进外资更加注重资源的节约和综合化利用，FDI 流入带来绿色技术和节能技术的推广使用，因此 FDI 可能有助于降低污染排放强度。

技术进步（Te）。技术进步能够带来工业企业的生产方式优化以及工业产业结构升级，提升能源利用效率以及降低污染排放强度，本文选取最能体现技术水平的地区发明专利申请受理量进行衡量。

经济发展水平（Pgdp）。用人均 GDP 取自然对数进行衡量，地区经济发展水平越高，当地居民会增加对清洁环境的需求，不仅愿意购买环境友好产品，而且不断强化环境保护的压力；经济发展水平越高，也有助于环境保护投资的增加进而降低区域污染排放强度。

环境规制（Reg）。使用地区治理工业污染投资额/进行衡量。随着政府对生态环境保护力度的加强，环境规制将更加严格，工业企业的排污成本增加，推动企业加大对环保技术的使用，促使高污染企业向环境规制较弱的地区转移，这些都将有利于区域污染排放强度的降低。

其他控制变量中，能源消费结构（Ens）定义为地区煤炭消费量占总能源消费量的比重。煤炭燃烧是二氧化硫的最重要来源，我们用能源消费结构对工业二氧化硫排放强度（SO$_2$）进行回归；工业产业结构（IS）定义为造纸和纸制品业、化学原料及化学制品制造业、纺织业、煤炭开采和洗选业这 4 个行业总产值占工业总产值的比重，用工业产业结构对工业化学需氧量（COD）进行回归。[①]

（三）数据来源

考虑到数据的可获得性和一致性，本文选取 2007—2016 年 30 个省级地区的面板数据（剔除西藏），原始数据来源于《中国统计年鉴》《中国工业经济统计年鉴》《中国环境统计年鉴》和《中国科技统计年鉴》，2012 年的地区工业产值数据来自各省份的统计年鉴，表 2 为各变量的描述性统计。

---

① 2014 年，在调查统计的 41 个工业行业中，废水排放量位于前 4 位的行业依次为造纸和纸制品业、化学原料及化学制品制造业、纺织业、煤炭开采和洗选业。4 个行业的废水排放量为 88.0 亿吨，占重点调查工业企业废水排放总量的 47.1%。

表 2   变量的描述性统计

	$\ln(SO_2)$	$\ln(COD)$	$\ln(CGE)$	$\ln(LGE)$	IA	FDI	$\ln(Te)$	$\ln(Pgdp)$	Reg
均值	4.7946	2.345	3.2958	3.5264	1.0152	0.0246	8.6219	1.199	0.021
标准差	0.853	0.6131	0.5826	0.7538	0.1927	0.0186	1.5	0.5399	0.002
最小值	2.9538	1.0209	2.1972	0	0.4645	0.0007	4.5109	-0.2306	0.0075
最大值	7.2476	3.9291	4.01	4.3175	1.3277	0.082	11.949	2.3694	0.037
中位值	4.6756	2.3702	2.963	3.2171	0.9926	0.0199	8.6143	1.2171	0.018
样本数	300	300	300	300	300	300	300	300	300

五、实证结果与分析

表 3 为绿色金融政策指数对工业污染强度的二阶 Sys - GMM 回归结果,其中模型 1 至模型 3 的工业污染强度 IP 采用工业 SO_2 排放强度进行衡量,模型 4 至模型 6 的工业污染强度 IP 采用工业化学需氧量 COD 进行衡量。二阶 Sys - GMM 回归的结果中,Sargan 检验的 P 值都大于 1,说明不能拒绝工具变量有效的零假设;Ar(2)检验显示残差项不存在二阶序列相关,说明二阶 Sys - GMM 能够较好地解决本文模型的内生性问题。其中,模型 1 使用中央绿色金融政策指数对 SO_2 回归,SO_2 滞后一期值为 0.887,说明工业 SO_2 排放强度具有较强的惯性,中央绿色金融指数的回归系数为 -0.2428,表明中央部委发布的绿色金融政策有助于降低工业 SO_2 排放强度,这表明应该存在着绿色金融政策推动绿色金融发展,绿色金融发展降低工业污染强度这样的传导机制。其他的控制变量中,工业产业集聚有助于降低工业污染强度,表明产业集聚有助于节约资源使用;FDI 对 SO_2 的影响为负,表明外商直接投资推动了技术进步,导致资源使用效率的提升;技术进步(Te)有助于降低工业污染强度,人均产出 Pgdp 对 SO_2 排放强度的影响为正但不显著,可能的解释是人均产出的提高同时增加了对环境污染型和环境友好型产品的需求;环境规制 Reg 对 SO_2 排放强度的影响为负,能源消费结构 Ens 显著地增加了 SO_2 排放强度。

模型 2 将地方绿色金融政策指数 lnGE 对 SO_2 回归,回归系数为 -0.3401,系数绝对值大于模型 1 中央绿色金融政策指数 lnCGE 影响系数,可能的原因是地方政府部门受到中央政策的推动,所发布的地方绿色金融政策具有更好的针对性和操作性,对地方工业污染减排的效果更明显。模型 3 在模型 2 的基础上加入 lnCGE 和 lnGE 的交互项,回归结果为 -0.486,表明中央和地方的绿色金融政策协同能够更好地降低工业污染强度,因此,构建从中央到地方,金融监管部门与其他相关部门相结合的绿色金融政策体系就显得尤为重要。模型 4 至模型 6 中工业污染强度采用工业化学需氧量 COD 进行衡量，绿色金融政策指数则分别为中央政策指数、地方政策指数及 lnCGE 和 lnGE 的交互项，回归系数都为负，也表明回归结论的稳健性。

表3　　　　　　　　　绿色金融政策对工业污染强度的影响

因变量	（1）SO_2	（2）SO_2	（3）SO_2	（4）COD	（5）COD	（6）COD
IP（−1）	0.887 ***	0.856 ***	0.835 ***	0.826 ***	0 8467 ***	0.8155 ***
	(0.067)	(0.024)	(0.021)	(0.009)	(0.0242)	(0.0224)
lnCGE	− 0.2428 *			− 0.0877		
	(0.0536)			(0.0246)		
lnGE		− 0.3401 ***	− 0.265 ***		− 0.0329 *	− 0.1203 ***
		(0.1659)	(0.0257)		(0.0136)	(0.1743)
lnCGE × lnGE			− 0.486 ***			− 0.2354 *
			(0.1137)			(0.0328)
IA	− 0.0827 **	− 0.1339 ***	− 0.665 ***	− 0.2805 **	− 0.0228	− 0.459 *
	(0.0142)	(0.2201)	(0.1505)	(0.0954)	(0.0057)	(0.2471)
FDI	− 0.1333 *	− 0.377 ***	− 0.361 ***	− 0.295 **	− 0.1236 **	− 0.2735
	(0.1342)	(0.2627)	(0.1616)	(0.1923)	(0.2569)	(0.0378)
lnTe	− 0.0537 **	− 0.4806 ***	− 0.1251 **	− 0.046 ***	− 0.1137 ***	− 0.0744 **
	(0.0409)	(0.2166)	(0.0287)	(0.0355)	(0.1411)	(0.0918)
lnPgdp	0.0337	0.1653 *	0.0224 **	0.0467 *	0.0711	0.0366 *
	(0.029)	(0.1172)	(0.078)	(0.0404)	(0.0337)	(0.0433)
Reg	− 0.0112 ***	− 0.0858 **	− 0.0656 **	− 0.0279 ***	− 0.0527 **	− 0.0446 ***
	(0.0041)	(0.0415)	(0.0126)	(0.0154)	(0.0107)	(0.0277)
Ens	0.0329 **	0.1885 ***	0.3859 *	0.1398 **	0.1092 **	0.6829 ***
	(0.0182)	(0.0733)	(0.0526)	(0.2932)	(0.0913)	(0.2452)
Con	0.31 ***	0.3996 **	0.162 ***	− 0.055 **	− 0.0154 *	− 0.2877 **
	(0.0867)	(0.3261)	(0.0216)	(0.1313)	(0.0134)	(0.0195)
R^2	0.736	0.764	0.856	0.753	0.771	0.885
Obs	300	300	300	300	300	300
Sargan	0.24	0.27	0.62	0.215	0.181	0.74
AR（2）test	0.13	0.35	0.32	0.63	0.742	0.328

注：***、** 和 * 分别代表 1%、5% 和 10% 的水平下显著，括号内为标准差。

为了验证本文结论的可靠性，本文还进行了稳健性检验。

六、研究结论

绿色金融作为新兴金融业态，其面临着正外部性难以内生化、绿色信息不对称等问题，在发展初期需要政府部门的政策支持。本文对中央和地方发布的绿色金融政策进行了梳理，通过政策文本分析法构建了绿色金融政策指数，探讨了绿色金融政策指数对工业污染强度的影响，发现中央和地方的绿色金融政策都有助于降低工业污染强度，且地方政府部门的绿色金融政策降低区域工业污染强度的效果更为显著；进一步的研究发现中央与地方的绿色金融政策的协同性更加有助于降低工业污染强度，本文的政策建议如下：

（1）加强各级政府绿色金融政策的协同性。我国中央和地方的绿色金融政策出台具有一定的政策协同性，即中央部委的绿色金融政策发布后，地方也会出台配套性的绿色金融政策，形成政策协同性。但这种政策协同性也存在着地区差异，部分省市对绿色金融的重视程度不够，这就导致中央部委的绿色金融政策发布后，各地随后出台的配套政策在时间和效力、发布部门行政级别等方面存在差异，进而在推动绿色金融发展，降低工业污染强度方面也存在着不同影响。因此，中央政府应该加强绿色金融政策体系建设，推动中央绿色金融政策与地方绿色金融政策的协同性。

（2）提高绿色金融政策的整体效力。中央部委发布的绿色金融政策都较为宏观，在政策措施、政策目标、政策反馈等方面效力不足，对市场主体的约束力有限；地方绿色金融政策效力则主要由政策发布数量驱动，单一政策的内容效力、执行效力还有待提高。建议中央绿色金融政策应该提升权威性，将政策措施、政策目标等上升为法律法规，专注于引导地方政府对绿色金融的重视，以及推动地方绿色金融政策的效力提升；地方政府要注重于绿色金融政策内容的具体化、责任主体的明晰化以及政策执行的严格化，尽快完善区域绿色金融市场体系，如扩大绿色金融市场的参与主体，加快绿色中介机构的发展，加强绿色金融的人才队伍建设。

附录1　　　中央政府部门发布的相关绿色金融政策（部分）

文件名称	发布部门	发布时间	主要内容
《关于开展清理高耗能高污染行业专项大检查的通知》	国家环保总局、银监会等八部委	2007 年 5 月	监测、遏制资金向高耗能、高污染行业流动，防止高污染、高耗能行业增长过快
《关于改进和加强节能环保领域金融服务工作的指导意见》	中国人民银行	2007 年 6 月	严格限制对"两高"行业的信贷投入，加强对节能环保技术的支持
《关于落实环保政策法规防范信贷风险的意见》	国家环保总局、人民银行、银监会	2007 年 7 月	加强环保和信贷管理工作的协调配合，严格信贷环保要求，促进污染减排
《节能减排授信工作指导意见》	银监会	2007 年 11 月	防范高耗能、高污染行业的信贷风险
《关于环境污染责任保险工作的指导意见》	国家环保总局、保监会	2007 年 12 月	将环保意识引入保险业，以防范企业生产经营中可能出现的生态破坏与环境污染
《关于进一步贯彻落实国家宏观调控政策有效防范落后产能企业信贷风险的通知》	银监会	2008 年 1 月	严格压缩存量"五小"项目贷款，不得向其发放新增贷款；不允许向不符合准入要求或违反环保标准的企业及项目发放贷款
《关于加强上市公司环境保护监督管理工作的指导意见》	国家环保总局	2008 年 2 月	完善上市公司环保核查制度，建立上市公司环境信息披露机制，开展上市公司环境绩效评估研究与试点
《关于规范向中国人民银行征信系统提供企业环境违法信息工作的通知》	国家环保部人民银行	2008 年 3 月	首次建立环保部和金融系统的部门合作与信息共享机制，将企业环境违法信息纳入银行征信系统
《关于全面落实绿色信贷政策进一步完善信息共享工作的通知》	国家环保部人民银行银监会	2009 年 6 月	各级环保部门、人民银行地区分行之间加强对企业环境违法信息、环保审批、环保认证、清洁生产等企业环境信息的报送与交换
《关于进一步做好支持节能减排和淘汰落后产能金融服务工作的意见》	人民银行银监会	2010 年 5 月	突出金融支持节能减排和淘汰落后产能的重要作用，加强信贷政策指导力度，建立银行支持节能减排的长效机制

续表

文件名称	发布部门	发布时间	主要内容
《绿色信贷指引》	银监会	2012 年 2 月	从战略高度推进绿色信贷，加大对绿色经济、低碳经济、循环经济的支持，并以此优化信贷结构，促进发展方式转变
《关于深入开展重点行业环保核查强化工业污染防治工作的通知》	环保部	2012 年 3 月	企业通过行业环保核查一年内申请上市环保核查的，各级环保部门应予优先支持，并简化其上市环保核查程序
《关于进一步优化调整上市环保核查制度的通知》	环保部	2012 年 10 月	强化上市公司环境保护主体责任；精简上市环保核查内容和核查时限；加强对上市公司的日常环保监管和后督察；持续加大上市公司环境信息公开力度
《关于开展环境污染强制责任保险试点工作的指导意见》	环保部 保监会	2013 年 1 月	健全环境风险评估和投保程序；建立健全环境风险防范和污染事故理赔机制；强化信息公开；完善促进企业投保的保障措施
《保险业服务新型城镇化发展的指导意见》	保监会	2014 年 3 月	积极发展绿色保险等新兴保险业务，服务低碳经济和战略性新兴产业发展，推动城市产业结构优化升级
《绿色信贷实施情况关键评价指标》	银监会	2014 年 12 月	各银行对照绿色信贷实施情况关键评价指标，组织开展本机构绿色信贷实施情况评价工作，报送银监会
《关于改革调整上市环保核查工作制度的通知》	环保部	2014 年 10 月	各级环保部门应加强对上市公司的日常环保监管；督促上市公司承担环境保护社会责任；加大对企业环境监管信息公开力度
《能效信贷指引》	银监会 国家发展改革委	2015 年 1 月	促进银行业金融机构能效信贷持续健康发展，积极支持产业结构调整和企业技术改造升级

续表

文件名称	发布部门	发布时间	主要内容
《在银行间债券市场发行绿色金融债券的公告》	人民银行	2015 年 12 月	建立绿色金融债券发行核准的绿色通道，鼓励各类金融机构投资绿色金融债券
《生态文明体制改革总体方案》	中共中央、国务院	2015 年 9 月	推广绿色信贷，加强资本市场相关制度建设，支持设立各类绿色发展基金，建立绿色评级体系的环境成本核算和影响评估体系
《关于开展环境污染强制责任保险试点工作的指导意见》	国家环保部保监会	2013 年 1 月	合理设计环境污染强制责任保险条款和保险费率，建立健全环境风险防范和污染事故理赔机制，完善促进企业投保的保障措施
《关于改革调整上市环保核查工作制度的通知》	环保部证监会	2014 年 10 月	各级环保部门应加强对上市公司的日常环保监管；督促上市公司切实承担环境保护社会责任；加大对企业环境监管信息公开力度
《绿色债券发行指引》	发展改革委	2015 年 12 月	放宽绿色债券审核准入的条件，引导社会资本参与绿色项目建设
《关于开展绿色公司债券试点的通知》	上交所深交所	2016 年 3 月	建立绿色债券上市交易的细则，对绿色债券募集资金使用和信息披露提出针对性要求
《"十三五"规划纲要》	国务院办公厅	2016 年 3 月	建立绿色金融体系，发展绿色信贷、绿色债券，设立绿色发展基金
《关于构建绿色金融体系的指导意见》	国家环保部、财政部、"一行三会"等七部委	2016 年 8 月	构建绿色金融体系，大力发展绿色金融产品，支持地方发展绿色金融，推动开展绿色金融国际合作

注：由于证券交易所的文件效力有全国影响力，我们将其文件与政府部门政策并列。

附录 2　　　　　地方政府部门发布的部分绿色金融政策（部分）

文件名称	发布部门	发布时间	主要内容
《关于加强绿色信贷建设支持首都节能减排工作的意见》	北京环保局、北京银监局等	2008 年 8 月	辖内银行类金融机构优化信贷结构，合理配置信贷资源，创新节能减排信贷产品
《关于开展河北省绿色信贷政策效果评价办法工作的通知》	人民银行石家庄中支、河北银监局	2009 年 6 月	绿色信贷领导小组对金融机构贯彻绿色信贷政策效果情况进行评价
《河北省绿色信贷政策效果评价办法》	人民银行石家庄中支、河北银监局、河北环保厅	2012 年 2 月	建立全省银行类金融机构开展绿色信贷的评价方法和奖惩机制
《关于实施绿色信贷促进污染减排的意见》	辽宁环保局、辽宁银监局	2008 年 8 月	省环保局与金融监管机构建立信息交流共享机制，严格企业环境监管与信贷管理
《关于加强黑龙江省节能环保领域金融工作的信贷指导意见》	人民银行哈尔滨中支	2008 年 6 月	要求银行业有效实施绿色信贷，严格限制对高耗能、高污染行业的信贷投入，加快对落后产能和工艺的信贷退出步伐
《吉林金融支持经济结构调整和转型升级工作实施方案》	吉林省人民政府办公厅	2014 年 3 月	发展绿色金融，加大对节能减排技改项目、环境污染治理工程、生态维护与修复工程和节能环保绿色企业的信贷投入
《关于建立健全环境保护约束激励机制的意见》	甘肃省委办公厅、省政府办公厅	2009 年 6 月	建立环保优先经济发展机制，科学发展的环保投入机制、建立协同联动与环境安全应急预警机制
《转发省金融办关于支持绿色金融发展实施意见的通知》	青海省人民政府办公厅	2010 年 8 月	提出绿色金融发展的总体要求和工作目标，发挥绿色金融支持循环经济重点项目建设，发挥绿色金融杠杆作用，推进节能减排升级
《宁夏回族自治区环境保护行动计划（2014—2017 年）的通知》	宁夏人民政府办公厅	2013 年 12 月	将企业环境违法信息纳入银监会信息披露系统，对工业企业的环境审计和环境信用评价作为银行绿色信贷的依据

文件名称	发布部门	发布时间	主要内容
《关于推进绿色金融发展的意见》	人民银行银川中支	2016 年 8 月	建立绿色信贷政策导向效果评估制度，引导金融机构专设绿色金融网点机构、改进绿色信贷管理
《宁夏环境污染责任保险试点工作实施意见》	宁夏保监局宁夏环保厅	2015 年 12 月	在重点行业和区域，开展环境污染责任保险的试点工作，初步建立起符合宁夏实际的环境污染责任保险制度
《关于推进绿色信贷工作的实施意见》	宁夏环保厅宁夏银监局	2014 年 10 月	建立绿色信贷信息共享机制，加强绿色信贷管理，完善绿色信贷工作保障
《关于做好 2014 年环境污染责任保险试点工作的通知》	四川环保局四川银监局	2014 年 9 月	要求污染性工业产业强制参保，将投保企业纳入绿色信贷支持范围优先给予信贷支持
《关于推进绿色信贷工作的实施意见》	浙江环保厅浙江银监局	2011 年 4 月	构建环保部门和银监部门的绿色信贷信息共享机制，健全绿色信贷管理机制、保障机制
《浙江绿色信贷信息共享备忘录》	浙江环保厅浙江银监局	2011 年 5 月	构建绿色信贷信息共享机制以及完善绿色信贷工作保障机制
《关于落实环保政策法规推进绿色信贷建设的指导意见》	浙江环保局、人民银行杭州中支、浙江银监局	2012 年 2 月	建立绿色信贷投向分类机制，建立健全部门间信息交流机制，构建发展绿色信贷的长效机制
《银行业金融机构加强绿色信贷工作的指导意见》	浙江银监局	2012 年 11 月	对绿色信贷要实行"一把手负责制"，各银行业金融机构要明确绿色信贷发展战略
《江西省"十三五"建设绿色金融体系规划》	江西省人民政府办公厅	2017 年 9 月	到 2020 年基本构建起完善的绿色金融体系和保障措施
《江西省生态文明先行示范区建设实施方案》	发展改革委、财政部、国土资源部、水利部、农业部、林业局	2014 年 11 月	调整优化产业结构、推行绿色循环低碳生产方式、加大生态建设和环境保护力度、加强生态文化建设

文件名称	发布部门	发布时间	主要内容
《贵州省生态文明先行示范区建设实施方案》	发展改革委、财政部、国土资源部、水利部、农业部、林业局	2014 年 6 月	调整优化产业结构、推行绿色循环低碳生产方式、加大生态建设和环境保护力度、加强生态文化建设
《贵州银行业支持绿色经济发展的指导意见》	贵州银监局	2014 年 4 月	利用金融杠杆引导信贷资源绿色配置、推动产业转型升级，实现贵州经济社会绿色发展、循环发展和低碳发展
《加快绿色金融发展的实施意见》	贵州省人民政府办公厅	2016 年 11 月	以绿色金融创新推动绿色产业快速发展为主线，探索绿色金融体制机制改革，构建绿色、低碳、环保的发展模式，支持大数据、大生态、大旅游等绿色产业健康发展
《贵安新区西部绿色金融港开发建设实施方案（2015—2017 年）》	"一行三会"、贵州金融办、贵州监管局	2015 年 10 月	汇聚国内一流的绿色金融发展要素，加快绿色金融改革创新，引导金融资源流向绿色、低碳、环保产业
《关于加强环保与金融合促进绿色发展的实施意见》	广东环保厅、人民银行广州分行、广东省金融办	2016 年 11 月	健全企业环境信用信息数据库，加强环保与金融信息共享；运用货币信贷政策工具，加大环境友好型企业的金融支持引导力度
《关于自治区构建绿色金融体系的实施意见》	新疆人民政府办公厅	2017 年 7 月	提出具体的绿色金融发展目标，明确绿色金融对绿色经济的支持方向，建立绿色金融发展的保障机制
"绿色信贷统计报表"	天津银监局	2013 年 3 月	统一绿色信贷分类标准和报送口径，为绿色信贷风险识别、评估提供了支持
《天津金融改革创新三年行动计划：2016—2018 年》	天津市金融局	2016 年 3 月	加大金融对"四清一绿"、循环经济、万企转型和生态环保等全市重点工作的支持力度

续表

文件名称	发布部门	发布时间	主要内容
《关于推动山西绿色金融发展的指导意见》	山西省金融办、人民银行太原中支等7家单位	2016年7月	建立重点项目绿色评估机制，健全绿色信贷体系，构建绿色保险服务体系，支持绿色金融产品创新
《关于支持山西省进一步深化改革促进资源型经济转型发展的意见》	国务院办公厅	2017年9月	鼓励金融机构设立绿色金融专营机构，大力开展绿色金融业务，研究建立大同国家级绿色金融改革创新试验区
《山西省绿色信贷政策效果评价办法》	人民银行太原中支 山西环保厅	2010年3月	对全省银行业金融机构建立绿色信贷政策效果评价机制
转发《关于全面落实绿色信贷政策进一步完善信息共享工作的通知》	人民银行太原中支 山西环保厅	2009年8月	各级环保局要及时向当地人民银行分支机构提供相关环境保护信息，人民银行太原中支形成行政处罚或行政许可文件上报
《内蒙古自治区培育发展绿色基金工作方案》	内蒙古人民政府办公厅	2016年9月	做好绿色引导基金培育工作，支持民间资本参与发起设立绿色基金，创造绿色基金市场发展的良好氛围
《内蒙古自治区人民政府关于构建绿色金融体系的实施意见》	内蒙古人民政府办公厅	2017年3月	构建绿色金融体系，支持绿色产业发展，推进生态文明建设
《关于共同建立江苏省环境保护信用信息共享机制的通知》	江苏环保厅 江苏银监局	2013年12月	建立全省环保信用信息共享平台，促进信贷政策与环保政策的有效对接，积极践行绿色信贷标准
《关于落实绿色信贷政策进一步完善信息共享工作的通知》	江苏环保厅 人民银行南京分行	2009年10月	建立完善信息交换共享工作机制，加大对企业环境违法行为的经济制约和监督力度
《安徽省绿色金融体系实施方案》	人民银行合肥中支、财政厅、省发展改革委等8部门	2017年1月	明确全省绿色金融体系的发展目标，建立对金融机构的绿色金融发展考核机制

续表

文件名称	发布部门	发布时间	主要内容
《关于银行业支持经济结构调整和转型升级的指导意见》	安徽银监局	2014 年 5 月	深入开展绿色信贷，逐步压缩"两高一剩"行业信贷投入，加大节能减排、循环经济和低碳经济等绿色产业信贷投入
《关于进一步加强绿色信贷管理的通知》	人民银行合肥中支 安徽银监局	2013 年 6 月	对绿色金融进行贴息和奖励。推动建立环保企业数据库，将企业环境信息纳入金融信用信息数据库，实现企业环境信息共享
《关于金融支持福建省节能减排的指导意见》	人民银行福州中支、福建发展改革委、经贸委、环保局	2008 年 11 月	加大对重点节能减排领域的金融支持力度，构建支持节能减排的多元化融资体系，推进金融服务节能减排的信息共享和交流
《关于辖区银行业机构支持生态文明先行示范区建设推进绿色信贷工作的指导意见》	福建银监局	2014 年 7 月	加大绿色信贷工作力度，2015 年 GDP 能源消耗和二氧化碳排放均比全国平均水平低 20% 以上，到 2020 年能源资源利用效率、污染防治能力、生态环境质量进一步显著提升
《福建省绿色金融体系建设实施方案》	福建省人民政府	2017 年 5 月	大力发展绿色信贷，推动资本市场支持绿色投资，积极发展绿色保险，动员社会资本支持生态文明试验区建设
《国家生态文明试验区（福建）实施方案》	中共中央办公厅 国务院办公厅	2016 年 8 月	支持福建深化碳排放权交易试点，出台福建碳排放权交易实施细则；2017 年出台福建绿色金融制度体系方案
《关于推进环境污染第三方治理的实施意见》	福建省人民政府	2015 年 12 月	鼓励银行业开发符合第三方治理企业需求的绿色金融产品，积极推进能效信贷、绿色金融租赁、碳金融产业等绿色形式的融资
《关于加强绿色金融服务的指导意见》	山东银监局	2016 年 4 月	建立绿色清单明确支持方向和重点领域，支持碳排放权、排污权、PPP 项目等绿色金融创新

续表

文件名称	发布部门	发布时间	主要内容
《进一步完善绿色信贷信息共享机制的通知》	湖北环保厅人民银行武汉分行	2010 年 9 月	充分认识建立完善绿色信贷信息共享机制的意义，建立完善信息交换共享工作机制
《黄石市创建绿色金融改革创新试验区工作方案》	黄石市人民政府	2017 年 7 月	做大绿色融资规模，做大绿色经济产业，提出具体实施步骤和主要措施
《关于加快发展绿色金融促进绿色襄阳市建设的指导意见》	人民银行襄阳市中支	2017 年 5 月	优化金融供给结构，大力发展绿色信贷；创新绿色金融产品和业务模式，提升服务水平；明确支持方向和重点领域，加大绿色金融服务力度
《金融推进湖北省环境保护工作战略合作协议》	湖北环保厅、兴业银行武汉分行	2013 年 1 月	在全省开展绿色信贷，通过推行排污权抵押、重点减排项目融资等绿色金融支持环保政策
《湖南省主要污染物排污权抵押贷款管理办法（试行）》	人民银行长沙中支、湖南环保厅、财政厅	2015 年 12 月	推进绿色信贷机制建设，拓宽企业污染减排融资渠道，促进环境资源优化配置和减排
《湖南低碳发展五年行动方案（2016—2020 年）》	湖南省人民政府办公厅	2016 年 5 月	发展绿色金融、绿色信贷、绿色发展基金、绿色债券等绿色金融产品和服务，引导更多社会资本投入低碳发展领域
《绿色湖南建设纲要》	湖南省人民政府	2012 年 4 月	积极开发绿色金融产品，实施绿色信贷、绿色保险、绿色证券政策，加强生态建设、节能环保产业、新能源开发等领域的投融资服务和国内外交流与合作
《重庆市万州区绿色金融试点工作方案》	重庆市万州区人民政府	2017 年 8 月	提出绿色金融发展的具体目标与主要任务，制定相关的保障措施

文件名称	发布部门	发布时间	主要内容
《关于落实环保政策法规防范信贷风险工作的通知》	重庆环保局 人民银行重庆营业管理部	2009 年 10 月	建立信息交换共享机制，金融机构向企业办理信贷时应查询其信用情况，并将企业的环境守法和违法信息作为放贷的重要参考
《重庆市信贷投向指引》	人民银行重庆营业管理部	2011、2014—2016 年	绿色信贷作为信贷投放倾斜类，积极促进和支持低碳经济，改进和完善绿色信贷制度
《云南省"十三五"节能减排综合工作方案》	云南省人民政府	2017 年 5 月	鼓励银行对污染减排重点工程给予绿色融资，研究设立绿色发展基金，鼓励绿色信贷资产、减排项目应收账款证券化
《关于将企业环境违法信息纳入银行征信系统的意见》	陕西省环保厅 人民银行西安分行	2012 年 1 月	激励企业加强环境保护，遏制企业环境违法行为，防范环保信贷风险。建立环保机构与金融管理部门的沟通和联系
《绿色信贷工作管理办法（试行）》	西安市环保局	2010 年 10 月	将环保风险纳入银行信贷统一管理中，运用绿色信贷政策手段防范信贷风险

附录三　　　　各省份工作报告与规划中关于绿色金融的政策表述情况

主要文件	绿色金融	绿色信贷	绿色保险	绿色证券	碳金融
政府工作报告	天津、福建、湖南、湖北、重庆	福建、湖南、重庆	湖南、重庆		天津、福建、湖北
"十二五"规划	上海、天津、江苏、河北、湖北、河南、重庆	江苏、河南、重庆	河北、河南		上海、天津、湖北
金融"十二五"规划	北京、上海、山东、广东、福建、湖北、河南、四川、贵州	北京、上海、山东、广东	北京、山东、广东、福建、贵州	北京、山东、贵州	北京、上海、山东、广东
生态环境保护"十二五"规划	上海、天津、浙江、江苏、广东、福建、辽宁、内蒙古、黑龙江、云南、安徽、湖南、新疆、山西、广西、重庆、云南、宁夏	上海、天津、浙江、江苏、广东、福建、辽宁、内蒙古、黑龙江、河南、安徽、湖南、新疆、山西、广西、重庆、云南、宁夏	上海、浙江、江苏、广东、福建、辽宁、内蒙古、河南、安徽、重庆、云南、山西、宁夏	上海、浙江、河南、内蒙古、重庆	

资料来源：根据各省份《"十二五"规划》《金融"十二五"规划》《生态环境保护"十二五"规划》和2010—2014年《政府工作报告》等文件整理所得。

第四章 湖北省绿色金融发展对产业结构调整的影响研究①

一、研究背景和文献综述

（一）研究背景

1. 研究背景

（1）国际背景。18 世纪 60 年代工业革命以来，生产力水平持续提升，工人的劳动效率不断提高，全球的产业结构逐步优化升级，人们的财富积累增加，社会物质的生产也日益丰富。同时，工业革命也带来了很多问题，社会资源被过度消耗，环境受到肆意破坏、人口数量也在急剧增长，经济发展陷入了瓶颈。1980 年 3 月 5 日，联合国大会首次提出可持续发展这一概念。1987 年，由世界环境与发展委员会发布的报告《我们共同的未来》提出将可持续发展思想提升到国家发展战略的高度，只有重视资源和环境的保护和利用，才能促使社会和经济的健康持续发展。1992 年，联合国环境与发展大会通过了《21 世纪议程》这一提案。这标志着可持续发展开始从理论走向实践。在现代社会，社会经济发展的核心是金融，金融市场具备资源配置功能，以实现价值增值为目的引导资金在不同的产业间转移，但往往会忽略生产过程中的环境污染、资源过度消耗等问题，打破了经济发展和生态环境间的平衡。进入 20 世纪后，金融危机发生的频率增加，并呈愈演愈烈之势。人们开始认识到传统金融思想不再适应现代社会的发展，以牺牲自然资源、污染环境为代价的经济发展是不持续的，应该用崭新的金融思想去转变不合理的产业结构，平衡自然资源和经济增长的关系，走可持续发展的道路。

目前，很多国外学者在环境保护的问题研究中融入金融要素，试图厘清传统金融、环境保护和可持续发展间的关系，并提出了一个崭新的概念——绿色金融，用新的市场金融工具促进资金从污染产业向环保产业，促进产业结构合理化发展。

（2）国内背景。联合国大会发布《21 世纪议程》后，我国政府积极响应，1994 年 3 月 25 日通过了《中国 21 世纪议程》这一提案，提出中国未来发展的

---

① 本章作者是武汉理工大学吕晓蔚。

需求和必然选择是走可持续发展之路。2007 年 6 月 3 日，国务院发布了《节能减排综合性工作方案》，进一步细化了我国实现节能减排目标的总体要求。自 2007 年起，绿色金融实践开始起步，绿色信贷、绿色证券、绿色保险等政策相继出台。2015 年 9 月，国务院首次提出建立我国绿色金融体系，并发布了《生态文明体制改革总体方案》。2016 年 9 月 5 日，绿色金融成为 G20 峰会的重要议题，通过了《G20 绿色金融综合报告》，明确了全球经济结构性改革中绿色金融的重要地位。党的十九大报告中，习近平总书记也提出实现绿水青山就是金山银山的实践代表是推动绿色金融发展，构建以市场导向的绿色技术创新体系，大力扶持清洁生产产业、节能环保产业、清洁能源产业。2017 年 6 月，国务院决定在浙江、江西、广东、贵州、新疆 5 省份部分地方，建设各具特色、各有侧重的绿色金融改革创新试验区，在体制机制上探索可推广、可复制的经验。

2. 研究目的及意义

我国正处于从传统经济向绿色经济迈进的转型期，绿色金融发展也由试验性、分散化的探索向规模化、系统化发展。绿色金融作为经济和环境和谐发展的纽带，不仅能为经济增长注入新的动力，还能促进我国产业结构优化升级，实现生态文明建设和经济增长的双赢。因此，本文旨在定性和定量相结合探究绿色金融发展对产业结构调整的影响并提出对策建议，这对促进湖北省绿色金融发展和生态文明建设具有重要的意义。

（1）理论意义。理论层面上，大多学者主要对经济增长和金融发展展开了全面的研究，很少从环境保护的角度去研究经济增长问题，鲜有文献将绿色金融和产业结构调整联系起来分析。目前，学术界还没有明确界定绿色金融的概念。本文梳理了绿色金融的相关文献，对绿色金融的概念和理论进行了归纳总结，丰富了绿色金融研究视角，具有一定的理论价值。另外，基于对湖北省绿色金融发展指数的测算，用灰色关联模型计算出绿色金融与三次产业结构的关联度，得出了绿色金融促进产业结构调整的结论，在一定程度上完善了绿色金融经济绩效方面的理论研究。

（2）现实意义。实践层面上，本文在前人研究基础上，以湖北省为例，展开了绿色金融促进产业结构调整的现状分析和定量分析，试图厘清湖北省绿色金融发展与产业结构调整间的关系，研究绿色金融促进产业结构调整的作用机理，并提出相应的政策建议。从提升产业结构转型升级能力角度去研究绿色金融的发展问题，这对政府制定政策措施和发展战略计划提供了一定的理论依据和实现途径，为绿色金融体系建设、转变发展方式及提升质量提供决策依据，具有重要的实践意义。

（二）国内外研究现状

1. 绿色金融的相关研究

由于绿色金融涵盖领域非常宽泛，学术界对绿色金融的定义并没有明确的界定。文献中环境金融、生态金融、可持续金融、碳金融与绿色金融的含义存在着交叉互融，经常出现混用的现象。Salazar（1998）最早提出环境金融，认为环境金融是连接环境产业和金融业的金融创新，旨在保护环境的前提下去实现经济发展。王遥（2015）提出，生态金融有广义和狭义之分，广义的生态金融是指环境金融。而狭义的生态金融是指国家和地区生态平衡的创新金融模式。李小燕（2007）认为，可持续金融不仅促进经济社会和环保的可持续发展，还促进金融业自身的可持续发展。鲁政委（2016）提出，碳金融是集碳交易市场、碳资产管理产品及服务为一体的金融体系。王定祥（2013）、郑扬扬（2012）、王倩（2010）认为，碳金融的含义既包括碳基金、碳保险、低碳项目投融资活动及碳排放权交易，还包括碳交易币种的确定等制度安排。Venkatesh（2012）认为，绿色金融是对环境影响因素进行风险评估进而驱动业务决策。G20 绿色金融研究小组（2016）提出，绿色金融是促进可持续发展的一种投融资活动，可以产生环境效益，减少二氧化碳气体排放，减少水、土壤和空气污染，提高资源的利用效率。

关于开展绿色金融的必要性。宏观层面上，Wara（2007）提出，绿色金融助推低碳经济发展。何建奎（2006）认为，绿色金融能对资源有效合理的配置，可以解决能源环境制约的问题。Carvalho（2011）通过调研世界各国普遍得出了绿色金融的共识。张梅（2013）提出，美国、日本、欧洲等发达国家力图通过产业创新和科技创新促进经济绿色转型进而刺激经济复苏，这说明绿色发展是新兴市场国家转型升级的必经之路。黄建欢（2014）认为，绿色金融可以推动绿色发展，通过企业监督、资源配置、资本支持和绿色金融四个机理去促进绿色发展。微观层面上，Jeucken（2006）认为，绿色金融的发展可以满足金融业自身可持续发展的需求。Chami（2002）提出，商业银行提高绿色金融业务占比，可以相应提高金融机构的声誉，降低信贷风险。王元龙（2009）、张燕姣（2008）均从不同角度分析我国商业银行发展绿色金融的现状，污染企业加大了银行的信贷风险，商业银行开展绿色金融业务可以促进经营战略的转型。陈游（2009）认为，金融机构开展绿色金融业务，不仅能促进经济健康可持续发展，而且能加快金融机构经营战略的转型，提高金融机构的国际竞争力和社会形象。

关于绿色金融体系建设方面，Jeuchen（2006）通过对 34 家银行展开评价，总结出绿色金融阶段理论。目前大多发达国家处于积极阶段。在这一阶段创新型绿色金融产品层出不穷，除了传统的绿色信贷，还有绿色基金、绿色保险、绿色债券、碳交易与碳金融及绿色资产证券化产品等创新型绿色金融工具。王元龙（2011）提出，现代绿色金融体系应包括规范的绿色金融制度、创新的绿色金融工具、有效的绿色金融市场及健全的绿色金融监管。构建绿色金融体系需要经历三个阶段：探索期、过渡期和成熟期。许文娟（2011）认为，完善绿色金融体系建设应该从改变地方产业保护主义倾向、提高金融机构的认知程度、完善绿色金融的法律法规体系、健全绿色金融评价制度和实行机制四个方面着手。尹莉（2012）提出，中国需要加大对碳金融理论的研究力度，构建具有中国特色的低碳金融体系。刘娜、王修华（2016）提出，从微观、中观、宏观三层面构建绿色金融长效机制，微观层面是广泛树立社会的绿色发展观念，中观层面是规范市场运作、完善绿色金融市场体系，宏观层面政府负责引导、优化政策制度环境。王陟昀（2017）认为，我国开展绿色金融体系建设要从国际合作、国家规划、部门协作、社会参与四个方面展开。许正松、李致远（2016）认为，我国与发达国家相比，绿色金融政策体系还不够完善，创新力度不大，缺乏有效的市场环境。刘金石（2017）全面梳理我国各省区绿色证券、绿色信贷、碳金融、绿色保险及建设绿色金融服务体系等方面的主要政策措施。

关于绿色金融发展测度方面。Jeuchen（2006）评价了欧洲、北美、亚太等地区的绿色金融水平并区域比较，发现欧洲地区绿色金融发展水平最高，北美地区居中，亚太地区绿色金融发展水平较低。陈昊、林寅、赵彦云（2011）梳理了国外绿色经济发展的经验，以美国加州为例，介绍了国外绿色金融测度体系建设的经验，提出只有建立完备的绿色金融测度体系才能加快绿色经济的发展。但我国目前还未掌握建立绿色金融测度体系的关键要点，为我国建立特色的绿色金融测度体系提供一定的科学依据。曾学文（2014）基于我国实际情况，用专家评分法分别从绿色保险、绿色投资、碳金融、绿色证券、绿色信贷五个方面构建中国绿色金融发展水平指标体系。张玉（2016）基于《京津冀协调发展规划纲要》，用主客观赋权方法去测算京津冀地区 2011—2015 年的绿色金融能力，测算结果显示，京津冀地区绿色金融发展水平先增加后减少，并展望该地区绿色金融未来发展趋势。杨阳（2017）参考曾学文关于绿色金融发展测度研究中的五个维度，结合上海市绿色金融发展现况，测算了上海绿色金融发展程度，上海市绿色金融起步晚，但发展速度不断上升，具有后发优势。

2. 产业结构调整的相关研究

Porter（1990）提出，产业结构调整升级是制造商将劳动密集型产业逐步转移到技术和资本密集型产业的过程。Ernst（1999）认为，产业结构升级分为五类：产业间升级，从低附加值产业向高附加值产业转变，提高产业层次；要素间升级：从禀赋资产向创造资产（如人力资本、物资资本）转变，提高生产要素层次；需求升级，从生活必需品转向奢侈品和便利品，提高消费层次；功能升级，从销售和分配向组装、测试及产业研发系统转变，提高价值链层次；链接升级，从有形商品类生产向无形、知识密集型的支持类服务转移，提高前后链接层次。Gereffi（1999）基于全球价值链和商品链的视角，提出产业结构调整是不断淘汰落后的产品和技术的过程。顺应全球经济一体化的潮流，世界各国在产业结构调整的过程中需要相互学习，引进先进的国际技术。Duan Maosheng、Liu Chunmei（2011）发现，大多工业化国家在经济发展过程中均经历过高碳期，随着经济发展，碳排放量持续增加且第三产业与碳排放指标高度正相关。因此，当资源有限时，可以调整产业结构、大力推动第三产业，降低碳排放量。

3. 绿色金融与产业结构调整关系的研究

在绿色金融经济效应方面，张惠（2013）提出，我国目前处在经济结构调整升级的攻坚期，绿色金融能将可持续发展内生化，为我国经济结构调整升级提供动力。彭路（2013）认为，中国各地盲目追求经济增长而忽略了环境的隐性成本，导致目前环境污染十分严重。用绿色金融工具可以加强树立人们的环境保护意识，引导社会资源从两高产业转移到环保产业，为产业结构转型升级提供动力，提高资源的可持续利用率。朱蓝澜（2016）提出，中国经济正处于粗放型增长向集约型增长转移的阶段，构建绿色金融体系能引导社会资本流入绿色产业，减少"两高一剩"产业的资金支持，促进社会生产力提高的同时也保护了生态环境，助推经济可持续增长和产业结构转型。戴志远（2016）对《关于构建绿色金融体系的指导意见》进行了详细解读，认为我国商业银行应顺应市场绿色发展潮流，积极开展绿色信贷业务，优化自身的信贷结构、助推经营模式的转型升级，达到环境、社会和银行三方的可持续发展。刘金石（2017）提出，绿色金融对我国区域经济发展与转型有很大的支撑作用。李德升（2017）认为，产业转型升级亟须大力发挥绿色金融的作用，扶持绿色经济的发展，实现经济绿色化转型。

在可持续金融助推产业结构转型方面，Morrison（1934）提出，商业银行具有信用创造能力。可以合理分配不同行业的资金，引导资金注入新兴领域，进而推动产业结构的调整。自20世纪70年代以来，经济学家们发现经济增长与环境存在关系，开始研究可持续发展的新经济增长模式。Kjacrheim（2002）收集了1963—1995年65个国家不同产业面板数据，分析产业增长与金融结构的关系，测算出银行及股票市场的金融发展指标与法律体系效率指标，发现金融结构能有效推动技术含量高、外部融资需求高的产业。有效的金融市场必须配套相应健全完善的法律体制，才能真正满足高科技产业和外部融资需求高的产业的发展需求。

在绿色金融推动产业结构调整方面，许文娟（2011）认为，绿色金融可以有效引导资金流向，扶持绿色产业，促使高能耗、高污染、产能过剩产业转型升级、走绿色发展之路，进而推动产业结构调整和我国经济增长方式的改变。李中（2013）对比传统金融和绿色金融，基于分析传统金融在产业结构调整中的作用机制，进一步明确定位绿色金融的功能，主要体现在两方面：第一，在我国积极建设环境友好型和资源节约型社会的背景下，绿色金融应该引导社会资本投入环保产业。第二，绿色金融有助于消费者绿色消费观念的养成，通过构建完善的绿色金融市场，助推"两高一剩"产业向绿色产业转型调整。邓波（2010）提出，金融机构应通过优化信贷结构、创新绿色金融产品、开拓客户群体三种渠道积极响应我国可持续发展的政策要求，推动落后产业调整、加大对绿色产业的投资，有助于产业结构的调整升级。

二、绿色金融促进产业结构调整的理论基础

（一）相关概念界定

1. 绿色金融的含义及作用

绿色金融又称环境金融、低碳金融或可持续金融。绿色金融，与我们所熟知的传统金融有一些不同，它的根本出发点不再是经济效益，而是在做投融资决策时考虑潜在的环境因素，并使用高效的市场信息，为绿色经济发展融通资金，使资金流向更加合理，引导更多的生产要素和社会资源转向绿色产业，从而促进我国经济的可持续发展。

基于我国供给侧改革的背景，需要有效发挥绿色金融的作用，从而达到绿色发展。Zvi Bodie 和 Robert C. Morton 提出了金融体系的四大基本功能即融通资金、资源配置、反映功能、风险管理。绿色金融在四大基本功能上进一步延伸，主要依靠以下三种方式引导和保持最大化环境效益和最大化经济效益的均衡，实现经济可持续发展。

第一是产业路径，这是基于金融系统四大基本功能前两项延伸而来。一部分绿色金融通过融通资金功能，会形成资金导向，因而使投融资结构发生改变，促进绿色产业的发展；另一部分绿色金融通过资源配置功能，调节资金流向，将资源从污染行业转移到绿色环保行业，实现产业链的绿色转型，提高生态效率，使社会的经济资源实现最优配置。

第二是成本路径，这是基于金融系统四大基本功能第三项延伸而来。绿色金融通过反映功能，提供了投融资信息的同时使环境风险显性化，一方面绿色

发展的成本得到降低，有利于提高绿色投融资效率，另一方面高污染项目的成本间接得到提高，会相应地抑制污染性项目的投融资。

第三是市场路径，这是基于金融系统四大基本功能第四项延伸而来。当进行贷款和资产定价时，绿色金融系统不仅要考虑传统金融领域的风险，而且要考虑相关环境领域所面临的风险。宏观层面上政府会引导，但有必要引入市场力量并不断改进碳交易市场、货币市场和资本市场的市场机制，从而实现风险的减少与分散。

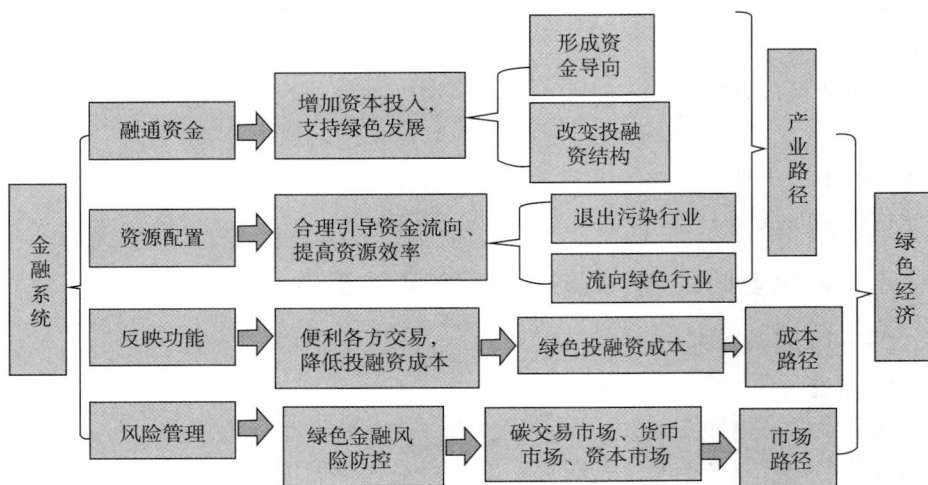

图1　绿色金融的功能

2. 产业结构调整的含义

产业结构调整主要是指产业结构合理化、高层次化两个层面。产业结构合理化是各产业协调发展、相互促进、相互扶持，各产业间易于调整转型，可适应性强。它可以很好地适应生态环境和自然资源的变化以及市场供给需求的变化。同时能够不断推动各产业结构调整以至于创造出最佳社会经济效益。产业结构高层次化指的是按经济发展的客观规律以及社会发展的需要，基于产业结构的演进规律，将产业结构体系从较低层面向较高层面转变这一过程。产业结构实现转型升级，逐步从低层次过渡到高层次。本文中产业结构调整主要指基于我国现阶段要求节能减排并开展可持续发展的背景下，促进"两高一剩"产业转型绿色化发展，推动绿色产业发展，逐步实现产业结构合理化和高层次化的过程。

（二）绿色金融相关理论研究

（1）市场失灵与外部性理论。绿色金融的理论基础是经济学上的外部性理论。1890 年，英国经济学家马歇尔（Marshall）在《经济学原理》中首次提出了外部经济的概念，后经庇古（Pigou）的福利经济学提出外部性分为正外部性和负外部性两种情况。外部性理论是在经济活动中生产者尽管对相关者的福利造成一定影响，但生产者无须承担不利影响带来的成本，也无法获得有利影响带来的收益。经济力量相互之间产生了非市场性的附带影响。举例说明，甲在路边卖烧烤，烧炭对空气产生污染，这种污染影响到了附近居民的健康。然而甲在决策的时候只会考虑自身成本，不会考虑空气污染对居民造成的影响。在这种情况下，甲的私人成本小于其产生的社会成本，产生无效率的结果，是负外部性。外部性的存在使市场无法达到最优的资源配置，在市场失灵的情况下，政府的介入可以起到矫正市场失灵的作用。

环境是一种公共物品，具有很强的外部性特征，人们从事经济活动时造成的环境污染没有被计入他们的成本当中，所以产生了环境污染，资源无法得到最优配置。当"看不见的手"无法有效运行时，社会资源配置无法达到帕累托最优，存在市场失灵。绿色金融是基于外部性理论提出的，运用绿色金融的政策手段将环境外部性内部化，将正外部性变成收益，负外部性变成赔偿，从而获取最佳的社会效益。通过绿色信贷、绿色基金等，可以从社会获取治理污染、生产改造的资金来源；通过保险等金融产品，可以获取污染造成的赔偿。

（2）庇古税和科斯定理。在经济学上，通常使用庇古税和科斯定理去解决市场失灵和环境外部性问题。英国经济学家庇古（Pigou）提出庇古理论，即为了解决环境外部性问题，对污染企业征收一定的税金弥补其对环境造成的危害，征收税金就是庇古税。政府是代理人，环境是委托人，政府与环境保持一种委托代理的关系，当企业污染环境时，政府强制性对其征收庇古税，避免出现搭便车问题。污染企业除了承担生产成本外，还需要承担其对环境污染产生的社会成本。然后，政府将庇古税税收用于治理环境污染，修复污染企业对环境产生的不利影响。

（3）环境库兹涅茨曲线。1991 年，Grossman 与 Krueger 对人均收入和环境质量建立回归模型，发现当人均收入偏高时，环境污染程度与人均 GDP 成反比；当人均收入偏低时，环境污染程度与人均 GDP 成正比。环境库兹涅茨曲线描述了人均收入和环境质量的关系，人均收入的变动会影响环境污染程度。如图 2 所示，人均收入与环境污染程度呈倒 U 形关系，当人均收入较低时，环境污染程度随着人均收入的增加而上升，当达到拐点后，随着人均收入的增加环境污染程度会降低。市场机制并不是万能的，环境属于公共产品，具有很强的外部性。大多数国家都存在环境保护与经济增长的矛盾，之前基本上采取先污染、后治理的战略，近年来随着环保意识的增强，大多数国家开始走可持续化之路，我国也不例外。由于各个地方处于不同的经济发展阶段，环境资源并不相同，由此推导出的环境库兹涅茨曲线存在很大差别，所以无法采取统一的标准去了解各地的环境状况。

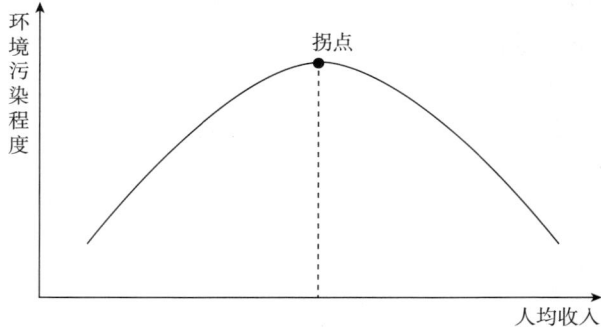

图 2　环境库兹涅茨曲线

目前国内外关于绿色金融的研究仍不够成熟，存在很大研究空间。绿色金融是一门包含经济学、金融学和社会学等多种学科的交叉学科。通过梳理国内外绿色金融文献，发现理论分析和定性分析偏多，实践研究偏少、滞后于绿色金融理论研究。理论研究是开展绿色金融实践研究的前提。在日后的绿色金融研究中，要重点将理论与实践分析相结合，同时绿色金融作为一门交叉学科，还需要结合其他学科新的研究成果进一步完善绿色金融理论。

（三）产业结构理论的演进规律

（1）配第—克拉克定律。对于产业结构的最早研究，可以追溯到 17 世纪英国经济学家威廉·配第（William Petty）的代表作《政治算术》中。威廉·配第统计了英国各产业的数据，发现商业的收入最高、制造业收入次之、农业收入最低，即商业附加值最高、制造业次之、农业最低。

再到 20 世纪 40 年代，英国统计学家和经济学家科林·克拉克（Colin Clink）对此归纳并加以验证，基于费雪的三次产业分类法，统计分析了 40 多个国家和地区在不同的国民收入水平下，三次产业中就业人数的变化趋势，总结出著名的配第—克拉克定律。伴随着经济增长，国民收入水平不断提升，第一产业的劳动力开始下降，第二产业的劳动力增加。若人均国民收入水平继续提高，那么劳动力进一步往第三产业转移。

（2）库兹涅茨法则。美国经济学家库兹涅茨（Kuznets）曾统计了多个国家的劳动力和国民收入在三次产业间分布的面板数据并进行研究分析，总结出随着经济的发展，产业结构的演变规律，即库兹涅茨法则。伴随时间的推移，第一，第一产业，即农业部门的国民收入占比和劳动力占比均持续下降。第二，第二产业，工业部门的国民收入占比有所提高，而劳动力比重基本上不变或略有上升。第三，第三产业，服务部门的国民收入占比和劳动力占比均开始上涨，但劳动力占比增速高于国民收入占比增速。

（3）霍夫曼定律。基于近20多个国家的时间序列数据，德国经济学家霍夫曼分析了消费品工业净产值与资本品工业净产值的比例关系，并为该比值命名为霍夫曼系数。霍夫曼发现，霍夫曼系数会随着工业化进程的推进而持续下降，整个工业化进程可细分为四个阶段。第一阶段中，霍夫曼系数在 4～6 这个范围内浮动。这一阶段资本品工业净产值远远小于消费品工业净产值，在国民经济中消费品工业占据绝对的统治地位。在第二阶段，霍夫曼系数 = 2.5（±1）。这一阶段资本品工业开始加速生产，但总体规模仍低于消费品工业的生产规模，两者之间的差距在逐渐缩小。在第三阶段，霍夫曼系数 = 1（±1），消费品工业的生产经过第一、第二阶段的发展取得了很大的进步，资本品工业和消费品工业总体规模基本一致，差距减少为零。第四阶段中，霍夫曼系数小于1，资本品工业的生产速度继续提高，资本品工业净产值已经超过消费品工业净产值。

（四）绿色金融促进产业结构调整的作用机理

资本形成机制的原理是金融机构通过将储蓄转为投资和信用创造功能，可以提供发展绿色经济需要的资金，有利于绿色产业的规模经济。资金导向机制的原理是保持社会总资金不变，金融机构运用金融工具去引导资金流向，发挥资源配置作用，促使社会资源实现最优资源配置，为绿色产业发展提供支撑。产业整合机制分别从微观层面和宏观层面两个维度分析绿色金融如何促进产业结构的调整。最后在信用催化机制下，金融机构通过货币乘数实现资本扩张，创造出超出社会存量的资金，给绿色产业提供更多的资金支持。

1. 资本形成机制

产业结构调整需要提供资本支持，而资本是在剩余价值不断增值过程中形成的。若企业所有者不把剩余价值转变为留存收益，只停留于目前的生产规模和效率，那么企业不能继续扩大再生产，无法实现剩余价值增值，从而影响社会经济的发展。资本的形成来源于剩余价值的不断增值，因此大多企业所有者会保留剩余价值的一部分，在新一轮生产中投入企业的留存收益，实现剩余价值增值的目的。在信用货币制度下，想要实现剩余价值增值，首先要形成储蓄，然后金融机构将社会闲置资金以贷款的形式发放给企业，将储蓄转换为投资，在企业新一轮生产中实现剩余价值的增值。这一过程也称为资本积累，一方面促进企业扩大再生产，形成规模效应。另一方面可以调节贷款资金的投向，有利于提高生产效率，推动绿色产业发展和高新技术创新，促进产业结构调整升级。除此之外，信用创造扩大了社会货币供给量，通过货币乘数效应创造更多的货币，使流通中的货币数量超过实体经济的规模，促进了绿色产业资本的形成。

2. 资金导向机制

产业结构调整的目标是最终实现产业结构合理化和高层次化。一个国家经济各产业发展是否协调的衡量标准是产业结构合理化，同时促进产业结构从低层面到高层面逐步提升，实现产业结构高层次化。基于可持续发展的需要，金融机构优化资源配置，引导社会资金从"两高一剩"产业流向环保产业，从而实现产业结构调整。

在经济发展过程中，产业结构调整与经济增长是同步进行的。在市场机制下，生产效率高和收入弹性高的产业相比生产效率低和收入弹性低的产业，更易受到投资者的偏爱，融资成本偏低。由生产函数可得，增加资本投入可以带动产出的增加，高效率或收入弹性高的产业能将更多的资金投入生产和技术开发中，达到规模经济的目标。另外，这类产业生产链相对较长，可以进一步带动上下游产业的发展。这种向前向后的波及作用可以使其他产业的竞争环境发展变化，通过合理分配社会资源去带动产业结构调整。因此，绿色金融不仅直接支持绿色产业，而且通过连锁效应间接影响其他与绿色产业相关并具有竞争力的产业的发展。比如，某公司增加了对废水处理的投资，同时将不可避免地刺激污染治理设备业的发展。

根据许多发达国家的经验来看，只有拥有多样化的金融机构、创新型金融工具，有效的金融市场以及健全的绿色金融管理制度，才能确保绿色产业能在产业丛林中茁壮成长、蓬勃发展，并享受优惠政策。金融机构通过资金导向机制去调整各产业的资源市场化配置。根据行业惯例和商业本质，商业银行等金融机构会投资于高收益，高回报项目，另外还必须考虑项目的环境风险，给环保产业提供优惠政策。商业银行在发放绿色贷款前要对项目的环境影响进行市场评估，发放绿色贷款后需要定期监测、追踪项目进展，防范环境风险。当出现潜在的风险或者该项目不再符合我国绿色项目标准时，需要立即停止授信。此外，政府机构的作用是更加直接和重要的。政府可以基于国家产业政策和央行的制度安排，直接介入金融机构开展绿色金融业务，细分绿色产业类别以便于提供精准的绿色金融政策。

首先，重点扶持新兴产业和环保产业，引导资金流向，实现资本从高污染、高能耗产业转移到低污染、低能耗产业。其次，政府机构通过使用基础货币、调节货币供应量等政策性货币工具去改变社会经济条件，高污染、高能耗及产能过剩、低效益企业被迫重组或淘汰，促进产业结构调整。最后，政府还需要规范金融机构的行为，纠正绿色金融实施中的不当行为，制定相应的金融市场管理制度和监管体系，确保绿色金融作用机制顺利运行。

3. 产业整合机制

产业整合旨在寻求长期的竞争优势，以企业为整合对象，根据产业发展的客观规律，不受地域、行业及企业所有制结构的限制，对生产资料重新优化配置，集中发展核心的优势产业、淘汰低效率的劣势产业，进而建立具备新资本组织形式的企业集团。

市场机制下，金融体系不断完善、金融创新产品层出不穷，不仅拓宽了企业的融资渠道，还改变了公司治理结构，促进推动企业国际化和多元化发展，行业、部门、国界等局限不再阻碍企业的发展。在多元化和国际化的发展趋势下，公司的战略规划和业务能力需要进一步提升，同时企业的发展更迫切地需要资本的支持。目前我国金融创新水平的不断提升，绿色金融工具也日益丰富，基于国家节能减排的政策要求下，高污染、高能耗的玻璃，冶金和钢铁等行业的发展陷入了瓶颈。而低污染、低能耗的绿色产业发展前景广阔。这是因为现代绿色金融市场能发挥产业整合机制，能高效地集聚资金，实现优势绿色企业进行绿色产业整合。并且可以对不同行业、不同地域的绿色产业进行整合，这有利于提高资源配置效率。绿色产业可以在商品市场、资本市场和劳动力市场获得大量资源，推动绿色产业的发展，增强了绿色产业的市场竞争力。

4. 信用催化机制

商业银行的信用创造功能并不简单是对闲置资金的再次利用，而是根据货币乘数效应去催化出更多超出社会存量资金的虚拟货币，将这些货币再次投入生产之中，进而实现资本扩张与增值。信贷催化机制的优点在于，催化出的虚拟货币除了投资经济效益高的企业外，还会投入具有前景和扩散效益的企业。金融机构可以通过信贷催化机制，引导产业结构往合理的方向发展，促进产业结构生态化调整。

信用催化机制可以发挥金融机构的主观能动性，金融机构可以引导资金流向进而主动渗透到产业结构调整过程中，而不是被动接受政策调整下产业结构的发展。绿色金融产品也不断在创新与发展，除了传统的绿色信贷、绿色证券、绿色保险外，还不断设计出碳金融、绿色基金及绿色投资等创新型绿色金融工具，完善了绿色金融体系的建设，拓宽了绿色产业的融资渠道。

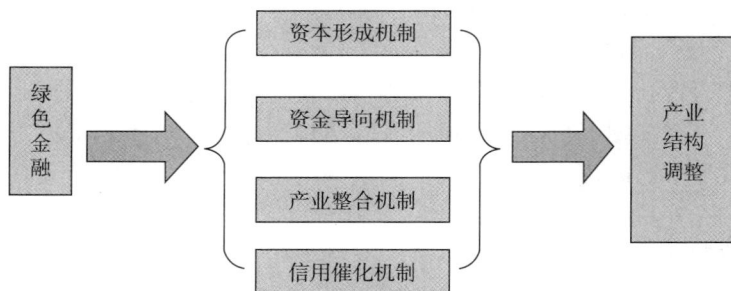

图3　绿色金融促进产业结构调整的作用机理

三、湖北省绿色金融促进产业发展的现状和测度

（一）湖北省绿色金融的发展现状

1. 绿色信贷规模稳步增长

绿色信贷指的是当金融机构制定信贷审批机制和信贷政策时，要均衡经济增长和生态环境两要素，促进可持续发展。我国现阶段主要从三种途径实施绿色信贷：第一，结合国内外绿色金融发展的经验，国内商业银行和国际先进绿色金融组织合作。第二，基于绿色信贷相关政策制度，我国商业银行加大金融创新的力度，去设计多样化的绿色信贷产品。第三，还有一些地方性中小金融机构在绿色信贷的规划上还有所欠缺，绿色信贷的发展不够成熟。湖北省位于长江中游，是我国重要的传统老工业基地之一，节能减排压力大、任务重。绿色信贷可以促进绿色产业的发展、两高产业的转型，可谓是一场及时雨。

根据国家环境保护的政策要求，湖北省银行业划分出不同的环保类别和层次对法人客户进行分类，实行差异化的信贷政策。监管部门、商业银行和企业三分确定绿色信贷授信计划并签署三方承诺书。适当降低绿色产业的申贷门槛，对绿色产业实行优惠利率和优先授信，为绿色产业开启绿色通道。从图4可看出，湖北省2010—2015年绿色信贷占比呈不断上升趋势，绿色信贷规模扩大。截至2015年底，湖北省绿色信贷余额已达1815.48亿元，同比增长了9.8%，当期湖北省信贷同比增速为16.7%。

目前湖北省各大银行基本都树立了绿色发展理念，但是各银行间绿色信贷业务发展水平并不均衡。据统计，91.3%的银行成立了专门的部门去开展绿色信贷业务，60.8%的银行建立了绿色信贷项目库、制定了一套完善的绿色信贷审批通道并对绿色信贷业务进行特别标识，87.0%的银行在业务流程中会专门认定绿色信贷项目，47.8%的银行已经将绿色信贷指标纳入各分支行绩效考核评价体系中。

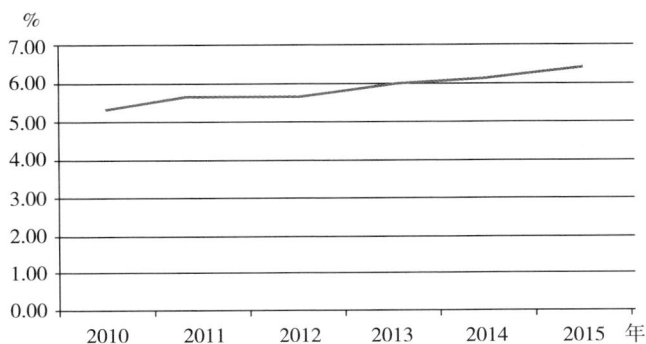

数据来源:《银行业社会责任报告》。

图 4　湖北省 2010—2015 年绿色信贷占比

由图 5 可看出,湖北省 26% 的银行绿色信贷占比超过 10%,17% 的银行绿色信贷占比在 3% ~ 10%,57% 的银行绿色信贷占比不到 3%。这种差异除了受外部政策影响,还与各银行的内部绩效考核激励机制有关。除了绿色信贷,商业银行也积极开展金融创新,推出了节能收益抵押贷款、碳排放权质押贷款、合同能源管理融资、排污权抵押贷款等创新型绿色金融产品。

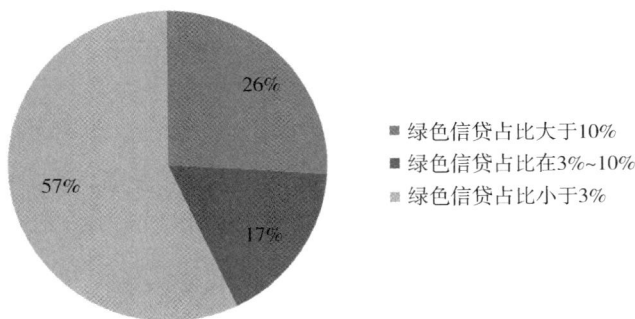

数据来源:《银行业社会责任报告》、湖北省各银行财务报表。

图 5　湖北省各银行绿色信贷占比分布

同时,湖北省银行业还在积极优化信贷结构、防控绿色信贷风险。主要从三个层面开展:第一,积极落实国家政策,淘汰高能耗、高污染及产能过剩产业,进一步优化我省的信贷结构。第二,实行环保一票否决制,当环保未达标企业申请贷款时必须否决。第三,授信后对环保项目继续追踪、实时检测,从源头上杜绝绿色信贷风险,并及时排查可能存在的问题。

2. 绿色金融新领域不断拓宽

（1）开拓绿色投资。绿色投资指的是开展投资活动需基于社会和谐发展的理念，顺应绿色经济发展的潮流，以可持续发展为核心，最终实现经济、环境与社会的三方共赢。也就是说，可以促进经济可持续发展、人和自然和谐相处的投资活动均称为绿色投资。

绿色投资的核心部分是环保投资，尽管不能完全用环保投资来替代绿色投资，但是环保投资具有一定代表性，可以反映出绿色投资的发展趋势。20世纪70年代以来，湖北省加大环境保护的力度，环境保护投资呈递增趋势，环境状况也得到了改善。从图6可看出，湖北省2010—2015年环保投资占比稳步上升，从2010年的0.11%上升到了2015年的0.22%，翻了一番。湖北省绿色投资规模不断扩大。2013年5月，兴业银行、平安保险与湖北联合发展投资有限公司（湖北联发投）共同发行了联投—平安保险资金债权投资计划，该计划募集50亿元资金，分两期进行，主要用途是扶持低碳经济领域的武汉城市圈4条城市轨道交通项目。这一计划是我国最大规模的单一保险资金债权投资铁路项目。

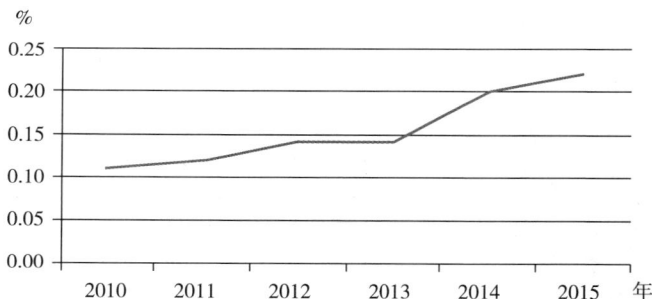

数据来源：Wind 资讯。

图6　湖北省2010—2015年环保投资占比

（2）大力推进绿色证券。绿色证券指的是基于绿色低碳发展和循环发展的前提，证券市场要披露环境信息并对环保产业进行核查和绩效评估，完善证券基础制度和监管体制，构建出可持续发展、生态经济共赢的现代证券模式。

目前湖北省为中国核证自愿减排量即CCER项目创立了股权投资基金，该基金设有全国性CCER交易和省内CCER交易两个品种，总金额达10亿元。该基金的主要用途在于推进碳交易活动，并为碳排放权交易市场募集资金。2016年5月26日，湖北省首届黄冈楚商大会上黄冈大别山绿色发展股权投资基金正式揭牌成立。该基金总规模达50亿元，首期认购5亿元，由武汉卓尔创业投资有限公司、北京居然之家投资控股集团有限公司、北京约瑟投资有限公司、北京信中利投资股份公司共同设立。这是湖北省首只绿色产业主题基金。该基金成立当天下午，黄冈市开展特色优势项目的路演活动。20多家投资机构负责人与50余个项目负责人沟通交流，投资者对该基金产生了很大的兴趣，当场达成10项合作协议，认购总金额达20余亿元。该基金的用途主要是开展如节能环保、生物医药、新材料、新能源汽车、新能源、先进装备制造等新兴产业、文化旅游业、现代农业和服务业以及高新技术产业的股权投资。

（3）积极开展绿色保险试点。绿色保险，即环境责任保险，是指若被保险人在从事保险合同中约定的保险业务时对环境造成污染，那么保险公司需要承担环境治理责任并赔偿环境费用。以上述行为为标的的责任保险是绿色保险。主要包括两部分的要求：对投保企业来讲，在经营过程中，实现企业高效发展的同时还需要时刻把握环保脉搏，注重保护周围的生态环境；对保险行业来讲，在经营活动中，也需要引入生态观念，关注环保产业的发展，在承保范围内去支持和保护生态环境，构建出可持续发展的保险制度，促进绿色经济发展。

湖北省是我国首批开展绿色保险试点的省份之一，2008年以来，湖北省积极落实相关绿色保险政策，继续健全和完善环境责任保险制度，省内很多保险公司例如平安保险公司和中国人民保险财产保险公司等纷纷开始推出环境责任保险等绿色险种。湖北平安保险公司不断开展绿色保险创新，于2016年11月18日出台了碳保险业务，这是首次与湖北碳排放权交易中心的合作，也是全国首单碳保险业务。

华新水泥集团签署了全国首个碳保险产品意向认购书。华新集团旗下有13个子公司，湖北平安保险公司将为这些公司量身设计产品方案。碳保险属于碳金融的一种，碳金融从碳交易衍生而来。开展碳交易时可能存在交付风险、碳价格波动风险等潜在风险。那么企业可通过碳保险去转移碳交易风险，当环保设备出现意外不能按时运转，进而排放超标，那么该企业需要在碳交易市场上购买超出的碳配额，保险公司会对企业的损失赔付。与其他险种不同，碳保险赔付的是由于设备损坏造成的环境后果，而不是设备本身。

（4）积极开展碳交易试点建设。碳金融旨在限制二氧化碳的排放，既包括碳排放权交易、投机及投资金融活动，又包括有关低碳经济项目的投融资活动、咨询服务及提供担保等活动。

①碳排放权交易市场正式启动。碳排放权交易是旨在减少全球温室气体排放、促进各产业减排所采用的市场机制。排污企业通过政府拍卖、招标等获得二氧化碳配额，企业闲置的二氧化碳配额可在市场上转让，满足配额不足排污企业的需求，实现减排收益。

湖北省作为全国首批碳交易七大试点省市之一，2011年11月以来，积极响应国家政策，先后出台20多项碳排放权交易试点的相关制度，130余家高污染高能耗企业被纳入首批试点，需完成从软硬件开发到系统设置所有准备工作。湖北碳交易市场于2014年4月2日正式启动。目前，交易额、成交量已占全国80%以上，日均交易量、市场参与人数、市场履约率、总开户数等指标均在全国排名第一，成为我国最大的碳交易市场。据统计，共计有166家减排企业分布在水泥、石化、钢铁等不同行业。

湖北省在"十三五"规划中提出将湖北打造成全国碳金融和碳交易中心。2017年12月19日，湖北获批牵头承建全国碳交易注册登记系统，主要开展的内务包括交易前确权登记、交易中结算、交易后分配履约。这一系统包含我国碳资产的大数据，汇集我国重点控排企业相关信息，在我国碳市场体系建设中发挥核心作用。同时，这一系统由湖北省承建，带来了更多的机遇，有助于湖北省碳金融及衍生品的发展，为实现湖北省"十三五"规划提出的战略目标提供了动力。

②积极拓展清洁发展机制项目。同时，湖北省还大力发展清洁发展机制项目（CMD项目），CMD项目总数不断递增，截至2016年8月23日，湖北省获国家发改委批准的CDM项目达136个，占全国CDM项目总数的2.68%，在中部六省中属于中等水平。其中与外方合作的项目共121个，在联合国成功注册的项目共96个。估计二氧化碳年减排量达1467万吨，占全国估计二氧化碳年减排量的1.88%。

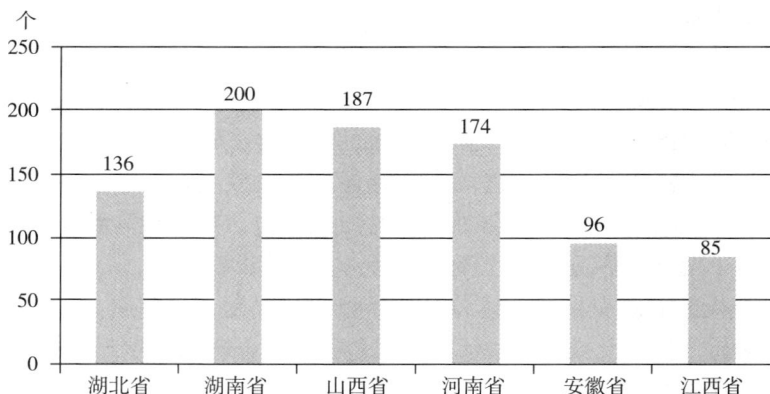

数据来源：中国清洁发展机制网。

图7 中部六省 CDM 项目数（截至 2016 年 8 月 23 日）

3. 积极创建绿色金融改革创新试验区

湖北省黄石市曾荣获青铜古城、水泥之乡的美誉，由于拥有大量矿产资源，黄石市一直高强度开采，大力发展重工业，打破了生态环境的平衡，矿产资源日益枯竭。伴随着全国可持续发展的浪潮，黄石市也积极响应开始转型，不再以牺牲环境为代价去发展经济，而是生态立市，实现经济增长与生态环境的双赢。2017 年，湖北省率先建立黄石市绿色金融改革创新试验区。

建立黄石市绿色金融综合试验区，旨在扩大绿色融资规模、将资源从高污染高能耗产业转向环保产业，扶持绿色产业。黄石市从三个方面开始积极响应：第一，商业银行在开展绿色信贷时要对绿色产业提供绿色通道，优先受理、审批和放贷。项目的考核和审批要偏向绿色产业，给绿色产业提供资金支持，保障绿色产业的发展。对"两高一剩"产业信贷审批流程中商业银行拥有环保一票否决权。第二，明确规定绿色信贷计划、审批流程及授信条件，并设置绿色金融事业部，与传统金融业务分开，配备专业管理人员，实现专人专管。第三，除绿色信贷融资外，还应发展绿色直接融资，鼓励政府与社会资本合作启动 PPP 融资方案。黄石市园博园项目是典型的 PPP 融资项目，社会投资 1.5 亿元，政府出资 3720 万元，社会资本和政府合作互利共赢，既让投资者获得收益，又提高了政府的声誉，还利于黄石市的生态环境，被湖北省发改委列为 235 个 PPP 示范项目之一，为全省推广做出了很好的示范作用。

依据《黄石市绿色企业和项目认定标准和流程实施细则》，黄石市建立绿色企业库，筛选的范围包括垃圾处理、水污染治理等，目前已有 258 家企业、73 个绿色项目入库。武汉托管交易中心已登记的企业中黄石市有 160 家，其中绿色企业占比达 49.4%。武汉股权托管交易中心旨在拓宽非上市企业的融资渠道，提供股权质押融资和股权增值服务，2017 年 4 月，在黄石众创空间设立分中心。2017 年 8 月，为实时监测和客观反映绿色金融的发展现况，黄石市建立绿色金融专项统计制度，全市金融机构均需定期进行信息披露、上报相关的绿色金融数据以及获批的绿色项目。截至 2017 年 11 月初，黄石市绿色信贷总规模达 189.91 亿元，绿色信贷余额 124.96 亿元。

（二）湖北省绿色金融发展指数的测算

1. 构建评价指标体系的原则

测度分析的第一步是构建评价指标体系，测度结果的可靠性依赖于评价体系的构建。本文旨在测算湖北省 2010—2015 年绿色金融的发展水平，首先需要选择既客观又科学、既合理又规范的量化指标，本文按照科学性原则、系统性原则、可行性及可比性原则构建绿色金融评价指标体系。

（1）科学性原则。在选取量化指标时要持科学严谨的态度，并结合客观事实，选取概念界定清晰的指标。基于客观充分的理论分析，掌握绿色金融发展的核心本质，选择能全面反映湖北省绿色金融现况的量化指标，并能对指标数量合理控制。本文在选取指标时，先从目标层到准则层，要优先考虑具有典型代表性的指标，能将湖北省绿色金融发展的现况全面体现出来。再从准则层到指标层，一方面要厘清各指标间的关系，尽量避免出现信息遗漏或信息重叠等问题。另一方面要明确各指标的含义，能收集到指标的统计数据，以免出现信息不真实等问题。

（2）系统性原则。系统性原则要求湖北省绿色金融评价体系要覆盖湖北省绿色金融发展中各子系统，能反映出各子系统的现状和特点，同时要求各子系统保持相互独立。湖北省绿色金融体系包括绿色信贷、绿色投资、绿色证券、绿色保险及碳金融，需要厘清这五个方面间的内在联系。准确测算湖北省绿色金融发展指数需要构建全面系统的评价体系，从目标层到准则层再到指标层是有机统一体，整体和部分均要符合逻辑关系。

（3）可行性及可比性原则。可行性原则是指应选取计算方式统一规范化的量化指标，可以更方便、更直接去对比绿色金融评价体系中各子系统的发展状态。指标选取繁简适中、概念界定要明确。同时，数据来源要真实可靠，选取可收集到统计数据的量化指标。构建湖北省绿色金融发展评价体系需要具备实际可操作性，确保指标数据的可获得性以及数据来源的可靠性，并采用统一计量方式，能对评价体系中各子系统展开对比。

2. 构建绿色金融评价指标体系

本文基于国内外已有的研究经验，结合湖北省绿色金融发展的现状，传统金融方面绿色信贷规模稳步增长，绿色金融新领域方面绿色投资不断拓展、绿色证券大力推进、绿色保险积极试点及碳交易市场的建设。为确保评价指标体系的全面和完整，分别从绿色信贷、绿色投资、绿色证券、绿色保险及碳金融5 个维度构建准则层，再基于每个维度下构建包含9 个指标的指标层。

表 1 　　　　　　　　　　　　**绿色金融评价指标体系**

目标层	准则层	指标层	指标含义
绿色金融发展指数	绿色信贷	绿色信贷占比	绿色信贷总额/贷款总额
		高耗能产业贷款额占比	高能耗产业贷款额/工业产业利息支出
	绿色投资	环保投资占比	环保投入/GDP
		节能环保公共支出占比	节能环保财政支出/财政支出总额
	绿色证券	环保产业市值占比	环保企业总产值/A 股总市值
		高耗能产业市值占比	高耗能产业总产值/A 股总市值
	绿色保险	环境责任保险额比例	环境责任保险额/保险总额
		环境责任保险赔付率	环境责任保险支出/保险收入
	碳金融	清洁发展机制项目交易量占比	清洁发展机制项目数量/全国项目数量

下面对指标层的选择和设计做简要说明。

第一个准则层是绿色信贷。商业银行在发放贷款时，需同时考虑项目的收益和环境效益，主动引导资金流向，满足环保产业发展所需的资金，助推"两高一剩"产业转型生态化产业。本文在绿色信贷指标层中设两个指标：高耗能产业贷款额占比和绿色信贷占比。高耗能产业贷款额占比是逆向指标，高耗能产业贷款额占比越高，那么绿色信贷发展水平越低，该指标可以体现商业银行对高耗能产业贷款的控制力度。本文选取了六大高耗能产业替代高耗能产业，分别是化学原料及化学制品制造业、非金属矿物制品业、黑色金属冶炼及压延加工业、有色金属冶炼及压延加工业、石油加工、炼焦及核燃料加工业、煤炭开采和洗选业。湖北省六大高耗能产业是近年来湖北省政府大力限制的对象，大多同时存在高污染高能耗及产能严重过剩等问题。故选用高耗能产业贷款额占比这一指标能体现绿色信贷抑制高耗能产业发展的程度。绿色信贷占比，即绿色信贷总额占贷款总额的比例，是正向指标，这一比例能直接体现出湖北省银行业发展绿色信贷的力度。绿色信贷占比越大，绿色信贷发展水平越高。

第二个准则层是绿色投资。绿色投资拓宽了环保产业的融资渠道和投资者的投资渠道，能为环保产业的发展注入资金，有利于树立投资者的环保意识，满足投资者的投资需求。本文在绿色投资指标层中设两个指标：节能环保公共支出占比和环保投资占比。节能环保公共支出占比，即节能环保公共支出占财政总支出的比例，这一指标体现出政府对绿色投资的扶持力度。环保投资占比可直观反映绿色投资的发展水平。这两个指标均为正向指标，可测算出湖北省环保产业在除资本市场、银行信贷外其他渠道上的融资能力。

第三个准则层是绿色证券。环保产业在资本市场上进行股权融资和债权融资。本文在绿色证券指标层中设两个指标：环保企业市值占比和高耗能产业市值占比。环保企业市值占比，即环保企业总产值占 A 股总产值的比例，是正向指标，体现了环保企业在资本市场上的融资能力。高耗能产业市值占比，即高耗能产业总产值占 A 股总产值的比例，是逆向指标。高耗能产业市值占比越高，绿色证券发展水平越低，这一指标体现的是高耗能产业在资本市场上的融资能力。在这里，本文仍选取用六大高耗能产业替代高耗能产业。

第四个准则层是绿色保险。本文在绿色保险指标层中设两个指标，分别是环境责任保险额比例和环境责任保险赔付率。环境责任保险额比例，即环境责任保险额占保险总额的比例。环境责任保险赔付率，即环境责任保险支出占保险收入的比例。这两个指标均为正向指标。2008 年以来湖北省开展绿色保险试点，这两个指标可体现湖北省绿色保险的发展水平。

第五个准则层是碳金融。湖北省是全国首批碳交易七大试点省市之一，故本文用清洁发展机制项目交易量占比作为碳金融指标。这一指标是正向指标，清洁发展机制项目交易量占比越大，碳金融发展水平越高，可以直观体现湖北省碳金融发展的变化趋势。

3. 数据来源及预处理

（1）基准年的选取。2010 年以前，湖北省绿色金融处于萌芽阶段，金融机构大多还不具备绿色金融的意识，参与度和积极性均不高。我国金融机构首次迈出一大步是 2009 年兴业银行率先成立可持续金融部，这是一次金融机构在组织架构创新方面的大胆尝试。2012 年，《绿色信贷指引》出台使更多的金融机构开始重视绿色金融，在绩效考核中加入绿色指标，并将绿色发展作为其战略目标。顺应我国可持续发展的潮流，湖北省绿色金融发展近年来不断推进，企业环保意识逐渐加强，金融机构绿色金融创新日益增加。另外，虽然湖北省绿色金融发展已经持续多年，但是 2010 年以前有关绿色金融的信息披露大多零零散散，绿色金融的概念没有明确界定，各金融机构对绿色金融的理解并不一致，相关的统计数据还不够完善。自 2010 年起，基于我国监管政策的完善，湖北省绿色金融信息披露日益规范，《银行业社会责任报告》统一口径披露了湖北省绿色信贷的数据。这为湖北省绿色金融发展指数的测算提供了依据。故出于以上几点因素的考虑，本文认为湖北省重点开展绿色金融创新的基准年是 2010 年。

（2）数据来源。绿色信贷相关数据绿色信贷总额、高能耗产业贷款额及贷款总额来源于湖北省各银行披露的财务报告、《银行业社会责任报告》。绿色投资和绿色证券相关数据环保投资、GDP、节能环保财政支出、财政支出总额、环保企业总产值、高耗能产业总产值、A 股总市值均来源于 Wind 数据库。绿色保险相关数据环境责任保险额、环境责任保险支出、保险总额来源于《中国保险年鉴》。碳金融相关数据清洁发展机制项目数量、全国项目数量来源于中国清洁发展机制网。考虑到部分指标数据披露截至 2015 年，故本文选取 2010—2015 年的数据，测算湖北省 2010—2015 年绿色金融发展指数。

（3）数据预处理。绿色金融发展指数由指标层 9 个指标共同衡量确定。高耗能产业贷款额占比与高耗能产业市值占比这两个指标是逆向指标，均随着绿色金融发展而呈下降趋势。在开展后续测度评价前，需要先对逆向指标预处理，使所有指标具有一致性。由于高耗能产业贷款额占比与高耗能产业市值占比的数值均为百分比，故本文选用极差化法对逆向指标正向化处理。

$$y_i = \frac{\max(x_i) - x_i}{\max(x_i) - \min(x_i)} \tag{1}$$

预处理后可得 2010—2015 年各个指标的具体数值，如表 2 所示。

表2			指标层数据			单位:%
	2010 年	2011 年	2012 年	2013 年	2014 年	2015 年
绿色信贷占比	5.32	5.72	5.68	6.00	6.15	6.45
高耗能产业贷款额占比	0.35	0.40	0.52	0.60	0.68	0.64
环保投资占比	0.11	0.12	0.14	0.14	0.20	0.22
节能环保公共支出占比	3.85	3.15	2.54	2.51	2.10	2.38
环保产业市值占比	0.12	0.13	0.15	0.20	0.16	0.21
高耗能产业市值占比	1.21	1.77	1.76	1.77	1.81	1.82
环境责任保险额比例	4.92	4.45	4.55	4.79	4.81	4.82
环境责任保险赔付率	67.33	47.69	51.31	69.21	68.39	69.43
清洁发展机制项目交易量占比	2.30	1.54	1.90	1.30	1.75	1.60

4. 湖北省绿色金融发展评价

（1）指标评价体系权重的确定。指标权重的科学合理，直接决定评价结果的客观和公正。基于目前绿色金融发展水平研究有限，无法直接使用客观赋权法，曾学文①使用专家评分法的指标赋权方法。本文使用主客观赋权法来确定评价体系中各指标的权重。首先，客观层面上，可以对比绿色金融体系中各子系统的资产规模，以各子系统规模的相对比重去判定各子系统的重要性。其次，主观层面上，用专家打分法去确定各子系统的权重，修正各子系统的重要性，尽量平衡统计口径差异。

传统金融领域下绿色信贷、绿色证券和绿色保险是湖北省绿色金融的核心部分，与新型金融领域下的碳金融和绿色投资相比，前者的社会影响力和市场规模更大。所以，本文按照4∶1的比例分别给传统和新型绿色金融赋权。在传统绿色金融内部，在考虑绿色信贷、绿色证券和绿色保险的融资功能下，对比三者在绿色金融体系中的资产规模，按照8∶5∶3的比例分别赋权。在新型绿色金融内部，湖北省是全国首批碳交易七大试点省市之一，碳交易市场仍处于建设阶段，发展空间还很大。绿色投资总规模稳步增长，按照1∶1的比例分别赋权。故准则层各二级指标的权重分别是绿色金融40%，绿色投资10%，绿色证券25%，绿色保险15%，碳金融10%。指标层中各指标无显著区别，相互独立，故指标层中各三级指标分别按照1∶1的权重赋权。

---

① 曾学文，刘永强，满明俊，沈启浪. 中国绿色金融发展程度的测度分析［J］. 中国延安干部学院学报，2014，7（6）：112－121.

表3 准则层各维度权重

指标	绿色信贷	绿色投资	绿色证券	绿色保险	碳金融
权重	40%	10%	25%	15%	10%

（2）湖北省绿色金融的测算。以2010年为基准年，假设基准年指标层各项指标得分为100分，根据指标原始数据，依次测算出2011—2015年指标层所有指标的得分，再根据上一节确定好的权重，测算出准则层得分。然后按照准则层各维度权重测算出目标层得分。依此类推，比较并换算基准年与2011—2015年的原始数据，测算出湖北省绿色金融发展指数，如表4、表5、表6所示。

表4 指标层得分

	2010 年	2011 年	2012 年	2013 年	2014 年	2015 年
绿色信贷占比	100.0	107.5	106.8	112.8	115.6	121.2
高耗能产业贷款额占比	100.0	114.3	148.6	171.4	194.3	182.9
环保投资占比	100.0	109.1	127.3	127.3	181.8	200.0
节能环保公共支出占比	100.0	81.8	66.0	65.2	54.6	61.8
环保产业市值占比	100.0	108.3	125.0	166.7	133.3	175.0
高耗能产业市值占比	100.0	146.3	145.5	146.3	149.6	150.4
环境责任保险额比例	100.0	90.5	92.5	97.4	97.8	98.0
环境责任保险赔付率	100.0	70.8	76.2	102.8	101.6	103.1
清洁发展机制项目交易量占比	100.0	67.0	82.6	56.5	76.1	69.6

表5 准则层得分

	2010 年	2011 年	2012 年	2013 年	2014 年	2015 年
绿色信贷	100	110.90	127.67	142.11	154.94	152.05
绿色投资	100	95.45	96.62	96.23	118.18	130.91
绿色证券	100	127.31	135.23	156.47	141.46	162.71
绿色保险	100	80.64	84.34	100.07	99.67	100.54
碳金融	100	66.96	82.61	56.52	76.09	69.57

表6 2010—2015 年湖北省绿色金融发展指数

	2010 年	2011 年	2012 年	2013 年	2014 年	2015 年
绿色金融发展指数	100	104.52	115.45	126.25	131.72	136.63

（3）测算结果评价。基于经济新常态和供给侧改革的背景下，湖北省积极开展绿色金融体系建设，宣传绿色环保理念，推进绿色金融发展。从图8可直

观看出，2010—2015 年湖北省绿色金融水平呈上升趋势。2015 年湖北省绿色金融发展指数与基准年 2010 年相比提高了 36.6%。同时我国近年来在绿色金融政策制度、体系建设及业务推广方面取得了很大的进步，湖北省绿色金融发展水平的增长离不开湖北省的努力，与我国进步保持一致。湖北省金融发展指数 2011—2013 年同比增速达 10%，这是因为湖北省处于绿色金融发展起步阶段，国家政策倾斜，财政资金扶持力度大，并陆续开展绿色保险、碳金融试点，有效刺激社会资本流向绿色金融领域。2014—2015 年增速放缓，同比增速稳定在 4% 左右，湖北省基于稳中求进的目标，进一步完善绿色金融体系，健全绿色金融市场和配备相应的政策制度。但是，2010—2015 年湖北省 GDP 平均增速高于同期绿色金融发展指数的增速。这是因为高能耗、高污染产业信贷规模存量占比仍然很大，是推进 GDP 增长的重要部分，环保产业存量规模小，推动经济增长作用有限，这说明湖北省的经济结构处于转型发展阶段。

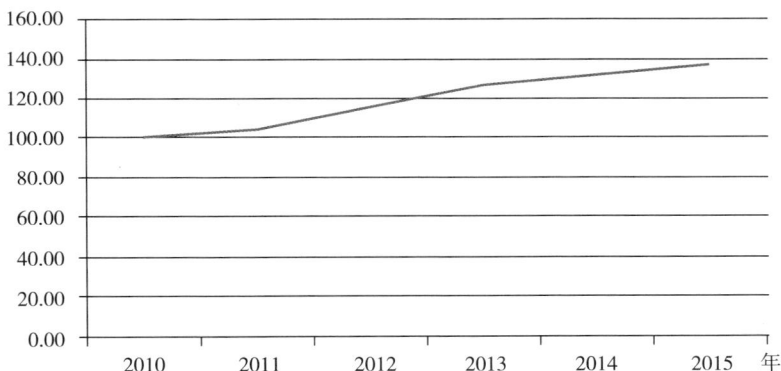

图 8　湖北省 2010—2015 年绿色金融发展指数

从各维度来看，湖北省绿色金融体系的核心部分是绿色信贷，2010—2015 年绿色信贷持续上涨，湖北省信贷总额与绿色信贷保持同步上涨，发展较成熟。未来绿色信贷短期内将持续稳定的上涨趋势。绿色证券 2015 年相比基准年 2010 年增加了 62.71%，增速在 5 个维度中排名第一。这是因为湖北省环保产业以往在资本市场上融资规模小，近年来人们环保投资的意识逐渐增强，环保产业市值占比有很大提升，推动了绿色证券的发展。2010—2015 年湖北省绿色保险发展指数一直小幅波动，发展不太稳定，2015 年相比基准年 2010 年增长 0.54%，取得一定进步。这是因为湖北省环境责任保险仍处于起步阶段，环境责任保险额占比和赔付率波动较小趋于稳定，故绿色保险发展速度较慢。绿色投资从 2010—2015 年增长了 30.91%，2010—2013 年呈下降趋势，2014—2015 年呈上升趋势。碳金融的发展停滞不前，2010—2015 年下降了 30.03%。这是因为湖北省碳交易市场规模较大，但湖北省的清洁发展机制项目发展相对滞后。

四、绿色金融促进产业结构调整的实证分析

（一）湖北省产业结构现状及存在的问题

1. 三次产业结构现状

自 20 世纪 70 年代末，湖北省三次产业结构不断调整，发生了巨大的变化。从图 9 可直观反映出，1978—2017 年第一产业占比一直不断下降。第二产业占比小幅波动，缓慢上升，2012 年达到最大值，2012—2017 年小幅回落。第三产业占比持续上升，1989—2002 年增速最快。第三产业占比于 1991 年首次超过了第一产业，于 2017 年首次超过了第二产业。目前湖北省三次产业结构相比 1978 年发生巨大的调整，三次产业格局从"一、二、三"转变为"二、三、一"，第二产业在湖北省经济发展中发挥核心作用。

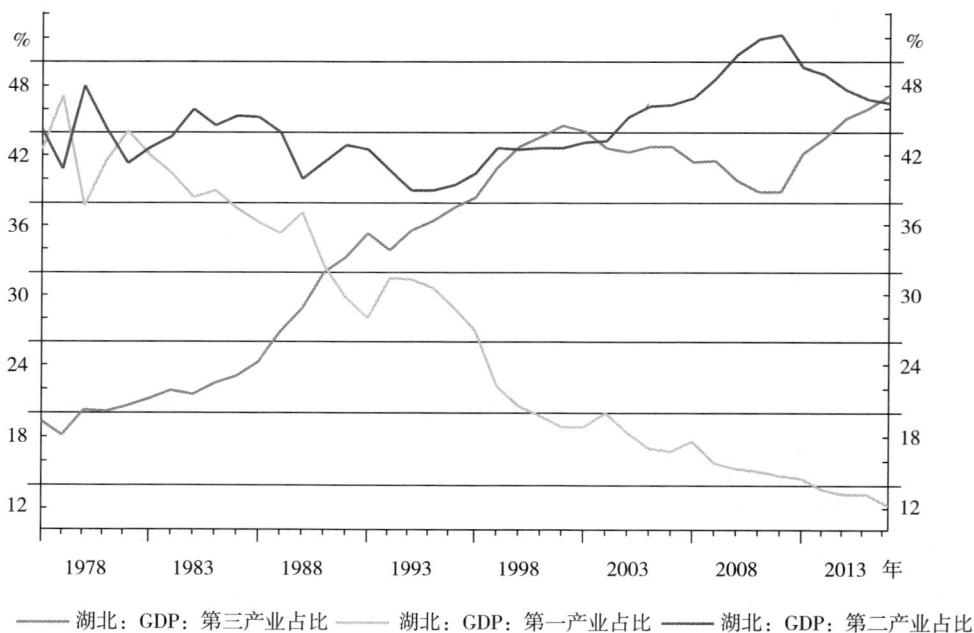

—— 湖北：GDP：第三产业占比　—— 湖北：GDP：第一产业占比　—— 湖北：GDP：第二产业占比

资料来源：湖北省统计年鉴。

图9　1978—2013 年湖北省三次产业结构占比

为深入分析湖北省产业结构的调整情况，本文测算三次产业的结构偏离度，更直观地衡量湖北省产业结构的偏离现状。

结构偏离度计算公式为

$$E = |Y_t - X_t|, t = 1, 2, 3 \tag{2}$$

E 是产业结构偏离度，Y_t 为第 t 产业从业人员占比，X_t 为第 t 产业占比。

表 7　　　　　　　　　　湖北省 1990—2016 年产业结构偏离度

年份	生产总值构成			就业人员构成			结构偏离度		
	第一产业	第二产业	第三产业	第一产业	第二产业	第三产业	第一产业	第二产业	第三产业
1990	35.10	38.00	26.90	61.2	20.7	18.2	26.1	17.3	8.7
1991	30.60	39.40	30.00	61.5	20.2	18.2	30.9	19.2	11.8
1992	27.80	40.90	31.30	59.9	20.9	19.2	32.1	20.0	12.1
1993	26.10	40.50	33.30	57.6	21.7	20.7	31.5	18.8	12.6
1994	29.50	38.70	31.90	55.1	22.4	22.5	25.6	16.3	9.4
1995	29.40	37.00	33.60	52.5	23	24.5	23.1	14.0	9.1
1996	28.70	37.00	34.40	51.2	22.8	26	22.5	14.2	8.4
1997	26.90	37.50	35.60	50.2	22.7	27.1	23.3	14.8	8.5
1998	25.00	38.50	36.50	48.4	21.2	30.3	23.4	17.3	6.2
1999	20.30	40.70	39.00	48	20.8	31.2	27.7	19.9	7.8
2000	18.70	40.50	40.80	48	20.8	31.2	29.3	19.7	9.6
2001	17.80	40.60	41.60	48	20.7	31.3	30.2	19.9	10.3
2002	16.80	40.60	42.60	48	20.5	31.6	31.2	20.1	11.0
2003	16.80	41.10	42.10	47.8	20.5	31.7	31.0	20.6	10.4
2004	18.10	41.20	40.70	47.7	20.5	31.8	29.6	20.7	8.9
2005	16.40	43.30	40.30	47.7	20.5	31.8	31.3	22.8	8.5
2006	15.00	44.20	40.80	47.6	20.5	31.9	32.6	23.7	8.9
2007	14.80	44.40	40.80	47.3	20.7	32	32.5	23.7	8.8
2008	15.70	44.90	39.40	47.4	20.3	32.4	31.7	24.6	7.0
2009	13.90	46.60	39.60	41.2	17.8	40.9	27.3	28.8	1.3
2010	13.40	48.60	37.90	46.4	20.7	32.9	33.0	27.9	5.0
2011	13.10	50.00	36.90	45.7	21	33.3	32.6	29.0	3.6
2012	12.80	50.30	36.90	44.5	21.2	34.4	31.7	29.1	2.5
2013	12.60	47.60	40.20	42.8	21.5	35.7	30.2	26.1	4.5
2014	11.60	46.94	41.45	40.3	22.6	37	28.7	24.3	4.5
2015	11.20	45.70	43.10	38.8	22.8	38.4	27.6	22.9	4.7
2016	11.20	44.86	43.94	40.1	23	36.9	28.9	21.9	7.0

资料来源：湖北省统计年鉴。

产业结构偏离度越小，那么产业结构越合理。通过湖北省第一、第二、第三产业的产业结构偏离度的计算，可看出 1993—2016 年三次产业的产业结构偏离度呈下降趋势，其中第三产业产业结构偏离度均最小。这说明湖北省三次产业结构呈合理化发展趋势，且第三产业结构分布与第一、第二产业相比更合理。国际上通行的产业结构标准如表 8 所示，对比表 7 与表 8，湖北省产业结构目前仍处于中等收入国家水平，还有很大的进步空间。湖北省应该加大完善产业结构的力度，进一步明确未来产业结构的调整方向与策略，促进产业结构优化升级，使经济可持续增长。

表 8　　　　　　　　　　　　**国际上通行的产业结构标准**

		低收入水平国家	中下等收入水平国家	中等收入水平国家	中上等收入水平国家	发达国家
人均 GDP/美元		430	1670	2390	4260	24930
从业人员构成（%）	第一产业	73	54	44	30	6
	第二产业	13	17	22	28	38
	第三产业	14	29	34	42	56

资料来源：中国金融信息网。

（1）第一产业发展现状。湖北省位于我国中部偏南、长江中游，地形上东高西低，地貌上主要是山地和丘陵，自然资源较为丰富。据《湖北省统计年鉴》，湖北省耕地面积达 34.09 万公顷，总人口达 426 万人，人均耕地面积 0.08 公顷。湖北省农产品生产较丰富，2015 年全年共生产粮食 0.258 亿吨、棉花 45.97 万吨、油料 342.37 万吨。

由表 9 可看出，整体来看，1990—2015 年渔业和畜牧业份额不断上升，农业和林业的占比不断下降。1990—2010 年第一产业内部各行业间市场份额变化明显，进入 2010 年后，各行业市场份额基本上趋于稳定。尽管农业占第一产业的比重略有降低，但由于湖北省的土地质量和气候条件可满足农作物生长需求，农业仍占据第一产业的主导地位。

从各行业来看，渔业在四个行业增长速度最快，从 1990—2015 年增速达 166.7%，这是因为湖北省对渔业实施补贴政策，鼓励农民去发展渔业。伴随着社会进步和物质生活水平的提高，人们对肉禽蛋类的需求也日益上涨，进而带动了畜牧业的发展。1990—2015 年畜牧业份额呈上升趋势，上涨了 3%。农业份额 1990—2015 年一直呈下降趋势，从 63% 降至 53%，总体下降了 10%。由于林业的生产周期较长，林业 2015 年份额占比与 1990 年相比，下降了一半。但是基于我国的退耕还林政策，湖北省正在积极响应提高农民发展林业的积极性，未来林业发展呈上涨趋势。

表 9 湖北省 1990—2015 年第一产业各行业份额

年份	农业	林业	畜牧业	渔业
1990	0.63	0.04	0.24	0.06
1995	0.62	0.03	0.27	0.08
2000	0.55	0.04	0.3	0.12
2005	0.53	0.02	0.3	0.14
2006	0.55	0.02	0.26	0.14
2007	0.52	0.02	0.29	0.14
2008	0.49	0.02	0.34	0.13
2009	0.52	0.02	0.29	0.14
2010	0.58	0.02	0.25	0.13
2011	0.57	0.02	0.27	0.12
2012	0.56	0.02	0.27	0.14
2013	0.55	0.02	0.26	0.15
2014	0.54	0.02	0.25	0.16
2015	0.53	0.02	0.27	0.16

资料来源：湖北省统计年鉴。

（2）第二产业发展现状。湖北省属于我国老工业基地之一，位于长江中游，具备丰富资源和工业基础，第二产业中轻工业和重工业并驾齐驱，为工业发展提供强大动力。图 9 直观反映出第二产业在湖北省经济增长中占据主要地位，长期保持在 36% 以上，2012 年达到最高值 50.3% 后稍微回落，总体上看呈现稳定发展的态势。2016 年湖北省轻工业产值达 6680 亿元，重工业产值达 9616 亿元，合计工业总产值 16296 亿元。

由于科研创新力度不断加强，湖北省加快迈入新型工业化的步伐，推动了高新技术产业和建筑产业的发展，促使第二产业中支柱产业结构发生调整。如图 10 所示，湖北省规模以上工业增加值一直呈上升趋势，但自 2010 年起，国内外经济下行，市场行情低迷，出口与消费萎缩，工业增加值同比增速逐年下降。湖北省开始补充支柱产业去带动第二产业发展，除了传统重工业如汽车和钢铁产业外，还积极推动高新技术产业的发展，增加新材料制造、电子信息和生物制药等产业的扶持力度。

（3）第三产业发展现状。自改革开放以来，湖北省加快第三产业发展的步伐，相关政策层出不穷，以工业发展去带动服务业的发展。1978—2017 年湖北省第三产业蓬勃发展，产业增加值从 26.18 亿元到 16503.4 亿元，增长将近 629.4 倍。第三产业占 GDP 比重从 17.3% 到 43.94%，提高 26.64 个百分点。

在中部六省（河南省、山西省、湖北省、安徽省、湖南省、江西省）中湖北省第三产业增速保持前列。

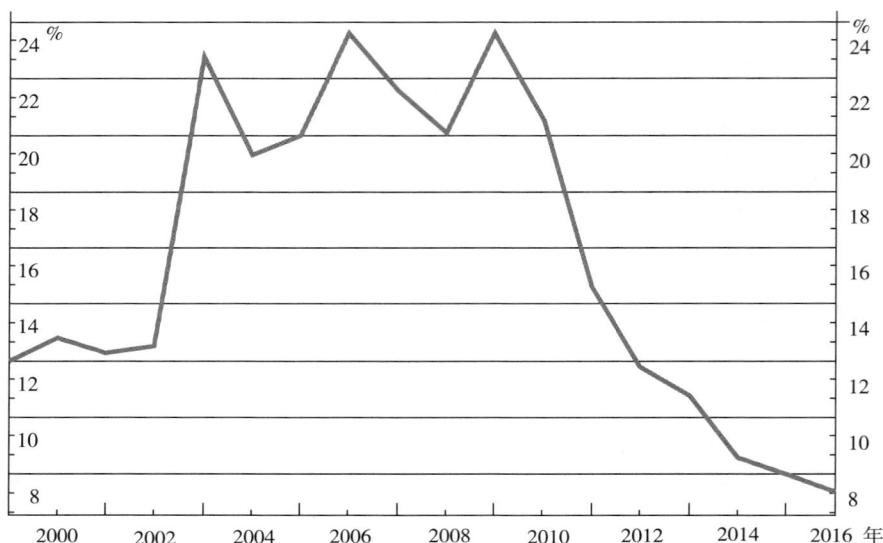

资料来源：Wind 资讯。

图 10　湖北省 2000—2016 年规模以上工业增加值同比增速

　　第三产业内部结构主要分为传统和新兴服务行业两种，如表 10 所示。传统的服务业主要包括交通运输、批发零售和餐饮酒店业。传统服务业稳步向前，占第三产业比重在 40% 左右上下浮动。2004—2016 年交通运输、仓储及邮电通信业份额呈逐步下降趋势，批发零售行业市场份额小幅下降，2005—2014 年一直保持在 20% 上下浮动。新兴服务业主要包括金融业、地产业和信息技术服务等。新兴服务业不断延伸拓展，占第三产业比重 60% 左右。其中金融业发展迅猛，2005—2016 年金融业市场份额从 5% 上升至 16%，提高了将近 11 个百分点。在市场经济中金融业具备部分公共职能，并能发挥杠杆作用，维持经济的稳定。在未来，金融业仍具备一定的增长空间。近年来，湖北省对房地产业的监管日益严格，2014—2016 年地产业发展较为稳定，市场份额占比稳定在 10% 左右。

表 10　　　　　湖北省 2004—2016 年第三产业各行业产值所占份额

年份	传统服务业			新兴服务业		
	交通运输、仓储及邮电通信业	批发和零售业	住宿和餐饮业	金融、保险业	地产业	其他行业
2004	0.15	0.23	0.06	0.05	0.09	0.42
2005	0.14	0.21	0.06	0.05	0.08	0.46
2006	0.14	0.2	0.06	0.06	0.09	0.45
2007	0.13	0.19	0.06	0.09	0.11	0.43
2008	0.13	0.19	0.06	0.09	0.12	0.41
2009	0.13	0.19	0.07	0.09	0.11	0.42
2010	0.12	0.21	0.06	0.09	0.09	0.41
2011	0.12	0.21	0.06	0.09	0.09	0.43
2012	0.11	0.21	0.06	0.11	0.08	0.43
2013	0.11	0.2	0.06	0.12	0.1	0.41
2014	0.1	0.19	0.06	0.12	0.09	0.42
2015	0.1	0.18	0.05	0.15	0.09	0.42
2016	0.09	0.17	0.06	0.16	0.09	0.42

资料来源：湖北省统计年鉴。

2. 湖北省现有产业结构存在的问题

（1）第一产业发展结构不合理。湖北省很多地方普遍缺失农业可持续发展的意识，大多按照传统的方式耕种，废弃秸秆没有及时处理和再利用，生产资源利用效率不高，发展结构并不合理。由于滥用化学肥料及采取不合理的耕种方式，很多地方的土壤肥力大不如前、不断衰退，施加过量化学肥料会促使土地贫瘠，而人们为了改善土地贫瘠问题会施加更多的化学肥料。这一恶性循环的过程严重破坏了生态环境的平衡。

（2）第二产业发展盲目追求经济增长。改革开放前湖北省以发展第一产业为主，第一产业占比高达 50%。自 1978 年起，湖北省产业发展的重心发生转移，第二产业持续上涨，到 1999 年第二产业比重超过 40%，成为推进湖北省经济增长的核心力量。

然而第二产业迅猛发展的同时也带来了环境问题。第二产业可细分为重工业和轻工业，湖北省第二产业属偏重型产业结构。大多重工业企业盲目追求经济增长，忽略了环境问题，资源利用效率不高、"三废"乱排滥放等问题普遍出现，能源消耗值占比高达 4.1%，已超出全国 3.5% 的水平，这严重打破了湖北省生态环境的平衡。而湖北省煤炭、石油资源相对匮乏，80% 以上需要依赖省外购进，故湖北省需要对企业能源资源利用率低的问题加以治理。另外，钢铁和化工等重工业产生了大量废水、废气等污染物，这种以牺牲环境为代价盲目经济增长的方式是不合理的。湖北省需要加强治理高耗能、高污染的产业，促进产业结构生态化发展。

（3）第三产业发展水平低下。随着近几年湖北省经济水平的飞速发展，第三产业已经有了非常显著的提升，但相比其他发达城市来说，仍然存在很大的发展空间。

自1978年起，湖北省第三产业蓬勃发展，增长将近629.4倍。但发展水平仍远低于发达国家的水平。湖北省目前处于工业化发展中期阶段，第三产业内部结构还有待调整，还存在新兴服务业发展动力不足、传统服务业占比偏高等问题。部分旅游产业忽略了对生态环境的维护，不科学的盲目开发，过多的游客数量对景区环境的破坏是深远并不可逆的。高新技术产业发展远远落后于广东、浙江等沿海城市，交通运输、电气机械设备业等高精尖行业发展水平还有待提高，部分工业制成品技术含量低、位于产业链的中末端。

（二）绿色金融与产业结构调整的关联度分析

1. 模型与指标的选取

（1）模型的选取。前文定性分析了绿色金融发展对产业结构调整的影响，本章将用灰色关联度分析模型定量分析湖北省绿色金融发展对产业结构调整的影响。数理统计中常用的系统分析方法有回归分析、主成分分析及方差分析等，但是运用这些统计方法需要满足一些条件，主要体现在以下几个方面：①需要大量的样本数据，只有保证数据的量，才能准确找出统计规律。②系统特征数据和各因素数据之间有线性关系，还需满足各因素相互独立，样本服从某种概率分布。③需要计算机辅助，计算量较大。数理统计方法有可能使量化结果与定性结果发生偏差，导致统计规律被歪曲。灰色关联度分析模型可以有效弥补这些问题，计算量小，不会受限于是否有大量的样本数据、样本是否服从某种概率分布等条件。灰色关联度分析模型的原理是根据比较序列曲线形态上的相似程度来判断序列之间的关联度，若序列曲线变化的方向、大小及速度相近，那么它们之间关联度较大。若序列曲线变化不一致，则关联度小。

由于我国普遍对绿色金融相关数据的披露较少，部分数据近几年才确定统一的统计口径，第三部分测算了湖北省2010—2015年的绿色金融发展指数。样本数据较少，无法满足数理统计分析方法的条件，因此本文用灰色关联度分析模型定量分析湖北省绿色金融发展对产业结构调整的影响。

（2）指标的选取。用灰色关联度分析模型定量分析湖北省绿色金融发展与产业结构调整的关系，需要选取4个指标，如表11所示。绿色金融方面选取第三部分测算的湖北省绿色金融发展指数。产业结构调整方面，用三次产业结构的占比来衡量各产业的结构，在产业结构演化规律中产业结构调整使三次产业结构发生改变。故本文选取第一产业占比、第二产业占比和第三产业占比三个指标。

表 11　　　　　　　　　　　　　　　指标选取

	2010 年	2011 年	2012 年	2013 年	2014 年	2015 年
绿色金融指数	100	104.52	115.45	126.25	131.72	136.63
第一产业产值占比（％）	13.40	13.10	12.80	12.60	11.60	11.20
第二产业产值占比（％）	48.60	50	50.30	47.60	46.94	45.70
第三产业产值占比（％）	37.90	36.90	36.90	40.20	41.45	43.10

2. 灰色关联模型构建

灰色关联分析是基于灰色理论，并依据空间数学理论的一种对系统变化定量描述方法，已经被广泛应用于经济管理、自然科学、教育科学、水利环境等众多领域。灰色关联度分析法是一种多因素统计分析方法，它是以各因素的样本数据为依据用灰色关联度来描述因素间关系的强弱、大小和次序，若样本数据反映出的两因素变化的态势（方向、大小和速度等）基本一致，则它们之间的关联度较大，反之关联度较小。灰色关联分析基本步骤如下：

（1）确定分析数列。第一步，要确定参考序列用于表示系统行为的特征；第二步，确定比较序列进而反映其对参考序列的影响。

$$X_0 = \{X_0(k), k = 1, 2, \cdots, n\}$$
$$X_i = \{X_i(k), k = 1, 2, \cdots, n\}(i = 1, 2, \cdots, m)$$

其中，X_i 代表比较序列，X_0 代表参考序列，m 代表比较序列的个数和所选取的因变量个数，n 代表比较序列和参考序列的长度。

（2）序列的无量纲化处理。由于系统中各要素之间存在物理意义不同的问题，所以相应的各要素的量纲也存在差异，这样导致的结果就是各序列数值不好比较，即使强行进行对比，也没有任何意义。所以，在进行灰色关联分析之前，首先要对数据进行无量纲化处理，使不同量纲和数量级的评判指标间可以进行比较，保证了结果的准确性和可靠性。通常处理方法有三种：

①均值法处理，即分别求出各个指标的原始数据的平均值，再用均值去除对应指标的每个数据，便得到新数据。一般来说，均值法处理比较适合于没有明显升降趋势现象的数据处理。

$$X_i = \frac{X_i(k)}{\frac{1}{n}\sum_{k=1}^{n} X_i(k)}, k = 1, 2, \cdots, n \qquad (3)$$

②初值法处理：

$$X_i = \frac{X_i(k)}{X_i(1)}, k = 1, 2, \cdots, n \tag{4}$$

$$X_i(1) \neq 0, i = 0, 1, 2, \cdots, m$$

一般地，初值化方法适用于较稳定的社会经济现象的无量纲化，因为这样的数列多数呈稳定增长趋势，通过初值化处理，可使增长趋势更加明显。

③区间法处理：设第 i 个指标的变化区间 $[X_i(1), X_i(2)]$，$X_i(1)$ 为第 i 个指标在所有被评价对象中的最小值，$X_i(2)$ 为第 i 个指标在所有被评价对象中的最大值，则可以用下式将上式中的原始数值变成无量纲值。

$$X_i = \frac{X_i(k) - X_i(1)}{X_i(2) - X_i(1)}, k = 1, 2, \cdots, n \tag{5}$$

区间法处理方式与均值法、初值法处理相比，对事物的动态变化情形呈现得更加灵敏，而均值法和初值法处理方式仅仅是通过对数值的简单算术平均计算和除法运算，无法体现出动态变化过程。

若系统因素 X_i 与系统主行为 X_0 呈负相关关系，我们可以将其逆化或倒数化后进行计算。

逆化：$X'_i = 1 - X_i(k), X_i(k) \in [0, 1], k = 1, 2, \cdots, n \tag{6}$

倒数化：$X'_i = \frac{1}{X_i(k)}, X_i(k) \neq 0, k = 1, 2, \cdots, n \tag{7}$

（3）求差序列、最大差、最小差

差序列为：$\Delta i(k) = |X_0(k) - X_i(k)| \tag{8}$

两级最小差为

$$a = \min_i \min_k \Delta i(k) = \min_i \min_k |X_0(k) - X_i(k)| \tag{9}$$

两级最大差为

$$b = \max_i \max_k \Delta i(k) = \max_i \max_k |X_0(k) - X_i(k)| \tag{10}$$

（4）计算灰色关联系数

$$\delta_i(k) = \frac{\min_i \min_k |X_0(k) - X_i(k)| + \theta \max_i \max_k |X_0(k) - X_i(k)|}{|X_0(k) - X_i(k)| + \theta \max_i \max_k |X_0(k) - X_i(k)|} \tag{11}$$

式中 θ 为分辨系数，用来削弱两级最大差 b 过大而使关联系数失真的影响。人为引入这个系数是为了提高关联系数之间的差异显著性，其数值在 0 和 1 之间变化，一般取其值为 0.5。

（5）计算关联度

$$r_i = \frac{1}{n} \sum_{k=1}^{n} \delta_i(k), i = 1, 2, \cdots, m \tag{12}$$

根据所计算出的关联度，评价各因素与比较变量之间的密切程度，并对影响因素的影响程度进行排序，系统研究结果背后的内在机制。

3. 湖北省绿色金融对产业结构调整的灰色关联模型分析

根据灰色关联分析的计算步骤，首先，确定参考序列为湖北省绿色金融指数，比较序列分别为湖北省第一、第二、第三产业产值占 GDP 的比值。然后，对这些数据进行预处理。第一产业占比从 2010—2015 年逐年下降，属于逆向指标，预处理时需要先将逆向指标正向化处理，即取第一产业占比的倒数。各数列呈稳定增长趋势，选择初值法处理所有的特征序列。预处理后的参考序列和比较序列如表 12 所示。

表 12 　　　　　　　　　　　初值法处理结果

X_{01}	1	1.0452	1.1545	1.2625	1.3172	1.3663
X_1	1	1.0229	1.04688	1.06349	1.15517	1.19643
X_2	1	1.02881	1.03498	0.97942	0.96584	0.94033
X_3	1	0.97361	0.97361	1.06069	1.09367	1.1372

然后，根据公式（8）计算差序列。找出两级最大差和最小差：

$\Delta_{\max} = 0.42597$　　$\Delta_{\min} = 0.00000$

计算灰色关联系数，取分辨系数 θ 为 0.5，则计算公式为

$$\delta_{0i}(t) = \frac{\Delta(\min) + 0.5\Delta(\max)}{\Delta_{0i}(t) + 0.5\Delta(\max)} = \frac{0.00000 + 0.5 \times 0.42579}{\Delta_{0i}(t) + 0.5 \times 0.42579} = \frac{0.212895}{\Delta_{0i}(t) + 0.212895}$$

表 13 　　　　　　　　　　　灰色关联系数

年份	2010	2011	2012	2013	2014	2015
δ_{01}	1	0.905188	0.664218	0.516857	0.567837	0.556201
δ_{02}	1	0.928503	0.640448	0.529249	0.577305	0.633239
δ_{03}	1	0.748365	0.540644	0.51336	0.487813	0.481672

由表 13 可计算出灰色关联度为 $r_1 = 0.7017168$，$r_2 = 0.718124$，$r_3 = 0.628642$。

（三）结果分析

通过以上计算结果可看出 $r_2 > r_1 > r_3$，湖北省绿色金融与第二产业灰色关联度最大，第一产业次之，第三产业最小。这说明湖北省绿色金融发展指数与湖北省第二产业占比的变化态势基本非常相近，且变化的分向、大小、速度趋于一致，关联度较大。随着湖北省绿色金融的发展，第二、第三产业占比也会相应增加，基于产业结构的演化规律，第二、第三产业占比增加，则第一产业

占比相应下降，湖北省产业结构发生调整。

因此可以得出湖北省绿色金融发展能助推产业结构调整的结论。这一结论符合湖北省的实际情况，一方面绿色金融能引导资金流向新能源、环保产业、工业节能改造业这类绿色产业，这些高新技术和节能环保型产业大多属于第二、第三产业，湖北省用绿色金融的手段去配置资源，既给绿色产业发展提供动力、促进当地经济增长、推动产业结构调整，又符合国家可持续发展的政策和节能减排的要求，还保护了生态环境、维持生态系统的平衡。另一方面绿色产业中还存在着部分前期研发投入较高、周期长、无法快速盈利的行业，绿色金融可以为这类行业提供发展基金，为绿色产业发展注入动力，进而促进产业结构调整。

五、本章研究结论

（一）结论

本文在参考前人文献研究的基础上，测量了湖北省绿色金融的发展水平，通过理论与实证两方面研究了湖北省绿色金融与其产业结构调整的关系，进而提出了完善湖北省绿色金融的政策建议，以期通过绿色金融的手段达到促进产业结构调整的目的。本文的结论包括以下几个方面：

（1）在新经济形势下，为实现我国可持续发展和节能减排要求，调整产业结构已经成为必要的手段。通过理论分析，可得出绿色金融通过资本形成机制、资金导向机制、产业整合机制和信用催化机制四种作用机理去助推产业结构调整。

（2）统计湖北省绿色金融的相关数据，从绿色信贷、绿色投资、绿色证券、绿色保险、碳金融 5 个维度对湖北绿色金融发展指数进行的测算。从测评结果可以看出，2010—2015 年湖北省绿色金融水平呈上升趋势。从各维度来看，湖北省信贷总额与绿色信贷保持同步上涨，发展较成熟。绿色投资虽发展较慢，但也表现出逐步提升的后发趋势。湖北省环保产业以往在资本市场上融资规模小，近年来人们环保投资的意识逐渐增强，环保产业市值占比有很大提升，绿色证券 2010—2015 年增加了 62.71%。绿色保险发展指数一直小幅波动，发展不太稳定，这是因为湖北省环境责任保险仍处于起步阶段，环境责任保险额占比和赔付率波动较小趋于稳定。湖北省碳交易市场规模较大，但湖北省的清洁发展机制项目发展相对滞后。

（3）选取灰色关联度模型，实证分析得出了绿色信贷与第二产业关联性最强，与第一产业次之，与第三产业最弱。随着湖北省绿色金融的发展，第二、第三产业占比也会相应增加，湖北省产业结构发生调整。这也符合湖北省的实际情况，环保产业或是针对高污染、高能耗产业的节能环保改造项目多是集中在第二产业中，而环保技术、高新技术多半集中在第三产业中。

（二）政策建议

基于供给侧结构性改革背景下，绿色金融发展能促进产业结构调整，为可持续发展提供巨大动力。本章参考国内外绿色金融发展的经验并结合湖北省绿色金融调整产业结构的现状，对湖北省绿色金融助推产业结构调整提出以下四点建议。

1. 建设多层次的绿色金融体系

湖北省应该积极建立多层次的绿色金融体系，完善绿色信贷、绿色证券、绿色投资、绿色保险和碳金融5个维度制度体系。绿色产业不仅可以通过银行信贷间接融资，还能在资本市场直接融资。多层次的绿色金融体系可以拓宽绿色产业的融资渠道，进而实现湖北省产业结构调整。首先应该针对不同客户群体设计多样的绿色信贷产品，分别从个人和企业两个层面双管齐下。个人层面，应提高消费者绿色消费的意识，为消费者开发绿色信用卡、绿色汽车贷款等产品。企业层面，可设计节能减排项目融资、CMD项目融资等产品，促进企业绿色转型。其次在绿色证券和绿色投资方面，湖北省应该制定绿色市场准入标准，完善绿色产业的信息披露制度。最后，湖北省绿色保险仍处于初级阶段，应进一步拓宽绿色保险的承保范围。

另外，湖北省可以开设专门的绿色金融机构。对于那些具有前景但周期较长的环保产业存在收益低、风险高的特点，商业银行在投融资决策中出于自身收益的考虑往往会拒绝为这类环保产业提供贷款支持。故湖北省可以开设政策性绿色金融机构，为绿色产业提供融资支持，促进绿色产业发展，推动产业结构生态化。

2. 推动绿色金融标准化

绿色金融标准化可以提升绿色金融服务的效率和质量，有助于优化金融资源配置，扶持绿色产业发展，推动高耗能产业转型升级。绿色金融标准化需要全国各级政府和金融机构协作制定完成，并成立绿色金融领域的专家课题组，负责研究绿色金融标准化中的重点和疑难点。需要注意以下三个方面。第一，首先由国家发展和改革委员会、国家标准化管理委员会以及"一行三会"制定绿色金融标准化相关政策文件，构建合理精简的组织架构，避免出现人员的交叉和重叠。第二，明确界定绿色产业和绿色项目覆盖的范围和领域，对各项绿色产业和绿色项目进一步细分，设计出多样化的适合不同绿色产业和项目的标准化金融产品。不仅可以提高绿色金融资源配置的效率，而且可以避免出现分歧和失误。第三，在绿色金融标准化制定中需要分清主次，对于重点和疑难点部分需要综合考量，由政府和金融机构相互补充，综合考虑各方面因素。

3. 优化环保信息共享机制

湖北省需要进一步优化环保信息共享机制，使金融机构与环保部门可以实时对接并共享信息，只有具备全面可靠的信息才能做出正确有效的决策，金融机构可以基于环保部门的信息去细分哪些产业属于绿色产业、哪些产业属于高耗能高污染产业，进一步明确扶持对象和遏制对象，引导资金流入绿色产业，促进产业机构生态化调整。一方面，企业应定期披露环保信息。对上市企业，在每年定期披露的年报中、在首次发行股票、增发及配股等过程中均需要披露相关的环保信息。对非上市企业，需要环保部门去约束企业定期披露环保信息，核实数据并将信息纳入数据库中。环保部门基于环境信息评价标准，对各企业的环保绩效划分等级，评价各企业的环保程度。另一方面，加强金融机构与环保部门的沟通，双方共同建立绿色数据库，实现信息对称和共享。环保部门可以提供企业的环保信息与环保绩效数据，有利于金融机构更有针对性地开展绿色金融业务，并及时识别出绿色项目潜在的风险。金融机构在绿色金融业务审批流程中，可以找出企业绿色评级中缺失的信息，及时反馈环保部门，有利于环保部门完善环保信息数据库。

4. 培养绿色金融复合型人才

优秀的绿色金融专业型复合人才是推动绿色金融发展的必备要素，是促进湖北省产业结构生态化调整的强大助力。绿色金融创新发展离不开专业人才，湖北省绿色金融发展仍处于初级阶段，需要大量既精通环境保护法、金融业务知识又掌握湖北省产业和环境政策的复合型人才。目前具备的复合型人才已无法满足绿色金融的发展，制约了绿色金融产品的创新，湖北省应加快培养绿色金融复合型人才。金融机构一方面需要加强对自身员工的培训，系统性学习从基础理论到实际绿色金融业务操作流程、从绿色金融前期审核到后期风险监测各方面的知识，邀请绿色金融专家开展讲座，与各财经高校合作支持员工进入高校继续充电学习。另一方面，可以引进国内外优秀绿色金融复合型人才，吸取国外金融机构开展绿色金融业务的经验，提高自身绿色金融发展水平。只有具备优秀的绿色金融复合型人才，才能促进湖北省绿色金融的发展与创新，促进产业结构调整。

第五章　商业银行视域下的绿色金融发展研究

——以湖北省农业银行为例[①]

党的十八届五中全会提出"创新、协调、绿色、开放、共享"五大发展理念，绿色发展成为"十三五"乃至更长时期我国经济社会发展的主旋律。2016年8月，为了加快推进生态文明建设，人民银行等七部委发布《关于构建绿色金融体系的指导意见》，绿色金融发展受到社会广泛关注。2017年，国务院常务会议决定在浙江、江西、广东、贵州、新疆五省份建设绿色金融改革创新试验区，区域绿色金融发展迅速。商业银行作为主要的金融中介，在引导绿色金融发展中起着举足轻重的作用。湖北省作为国家中部崛起战略的重要支点和"两型社会"综合配套改革试验区所在省份，如何抓住绿色金融发展的契机，让绿色金融成为湖北"绿色崛起"的强大动力，同时对长江经济带绿色发展以及中部崛起战略具有重要的意义。因此，本章重点研究湖北省农业银行绿色金融发展及其实践，认清湖北省农业银行绿色金融的发展状况，发现其存在的问题并提出建议，为促进中国农业银行绿色金融发展提供借鉴意义。

一、农业银行绿色金融发展现状及政策

（一）全国绿色金融现状及政策

中国绿色金融的发展进程虽然较晚，但由于政府的重视、社会绿色环保意识的逐步提升，中国绿色经济规模得到了迅猛发展，表1列举出了历年中国银行业绿色金融相关重要事件。

表1　　　　　　　　　　　　银行业绿色金融发展历程

年份	相关重要事件
2010	我国发布绿色金融规范性文件的银行为13家，节能减排贷款余额约1.9万亿元
2011	"十二五"规划中提出要"逐步建立碳排放交易市场"，北京、天津、上海、武汉、深圳等地都陆续成立了环境交易所，吕梁、重庆等地建立了碳减排项目交易中心

[①]　本章作者是湖北经济学院张攀红。

续表

年份	相关重要事件
2012	银监会印发了《银行业金融机构绩效考核监管指引》，要求银行业金融机构在绩效考评中设置社会责任类指标，对支持节能减排和环境保护等方面的业务进行考评，同时要求银行业金融机构在社会责任报告中披露绿色信贷相关情况
2013	银监会制定了《绿色信贷统计制度》，要求银行业金融机构对所涉及的环境、安全重大风险贷款和节能环保项目以及服务贷款进行统计。明确了十二类节能环保项目及服务的绿色信贷统计口径，并统计了节能环保项目及服务贷款的变化和五级分类情况
2014	银监会印发了《绿色信贷实施情况关键评价指标》将考核评价结果作为银行业金融机构准入、工作人员履职评价和业务发展的重要依据，将探索绿色信贷实施成效纳入机构监管评级的具体办法。《绿色信贷指引》要求各银行业金融机构从组织管理、政策制度及能力建设、流程管理、内控管理与信息披露方面建立绿色信贷体系积极运行机制，提出绿色信贷应当支持绿色经济、低碳经济或循环经济，起到防范环境与社会风险的作用
2015	中央发布《生态文明体制改革总体方案》，首次将构建绿色金融体系上升为国家战略
2016	中央深改组审议通过《关于构建绿色金融体系的指导意见》，中国人民银行、财政部等七部委联合发布该《指导意见》，分别从绿色信贷、绿色投资、绿色发展基金、绿色保险、环境权益交易创新工具、地方发展绿色金融、开展绿色国际合作、风险防范与组织落实八个层面，构筑了新形势下中国绿色金融发展的顶层设计。生态建设资金缺口巨大，亟须通过市场化途径解决融资问题
2017—2020	中国绿色发展的相应投资需求大约为每年2.9万亿元，其中新增的绿色金融需求大体上在每年2万亿元

银监会数据显示，截至2016年6月末，21家主要银行业金融机构绿色信贷余额达7.26万亿元，占各项贷款的9.0%，节能环保、新能源、新能源汽车等战略性新兴产业贷款余额1.69万亿元，节能环保项目和服务贷款余额5.57万亿元。其中，节能环保、新能源、新能源汽车等战略性新兴产业23.28%，节能环保项目及服务76.72%，绿色交通运输47.6%，可再生能源及清洁能源26.4%，工业节能节水环保7.3%，垃圾处理及污染防治5.2%，自然保护、生态修复及灾害防控3.9%，其他9.6%。

中央国债登记结算有限公司最新发布的《中国绿色债券市场2017年半年报》显示，2017年上半年，中国绿色债券发行总量达793.9亿元/115.2亿美元，较2016年上半年增长33.6%，占全球绿色债券市场的20.6%。报告称，与2016年上半年商业银行发行占绝大多数的情况不同，2017年前6个月，38%的中国绿色债券由非金融企业发行，24%由政策银行发行；商业银行绿色债券发行的占比为38%，较2016年同期的87%大幅下降。

（二）农业银行绿色金融战略规划

1. 整体发展方针

（1）加强国际合作。中国农业银行拟制定加强绿色金融国际合作政策，在顺应国际绿色金融发展趋势和我国绿色发展战略基础上，进一步加快与国际先进同业的合作进度，借助外部智力完善绿色信贷管理体系和产品体系，提升风险管理水平和市场竞争力。2016年4月，中国农业银行与世界银行国际金融公司（IFC）签订了绿色金融合作协议，成为国内首家与IFC开展绿色金融合作的国有大型商业银行。2016年8月，在IFC的参与下，中国农业银行为全球最大风机生产商——金风科技发行了国内交易所市场首单经认证的绿色资产支持证券产品。根据评估，该项目在5年存续期内，共可减少温室气体排放约240万吨，相当于节约标准煤85.8万吨，将产生显著的环境效益。

（2）优化基础管理。中国农业银行为促进"绿色信贷"业务的健康可持续发展，在借鉴国内外判断客户或项目"绿色"属性通行标准的基础上，逐步对信贷系统中已支持的绿色信贷客户和项目进行标识，将环境和社会风险评价嵌入信贷业务全流程。在内部管理过程中，中国农业银行围绕效率、效益、环保、资源消耗以及社会管理五大类指标，使其成为客户准入、贷前调查、审查审批、贷款发放、贷后管理等环节的重要决策依据。根据2016年21家上市银行2016年末信贷余额调查显示，农业银行绿色信贷余额位居第3位（如图1所示），中国农业银行绿色信贷指标已覆盖石化、风电、光伏和建筑等18个行业信贷政策。据测算，农业银行支持的绿色项目每年可节约标准煤2450万吨，减少二氧化碳当量5534万吨。

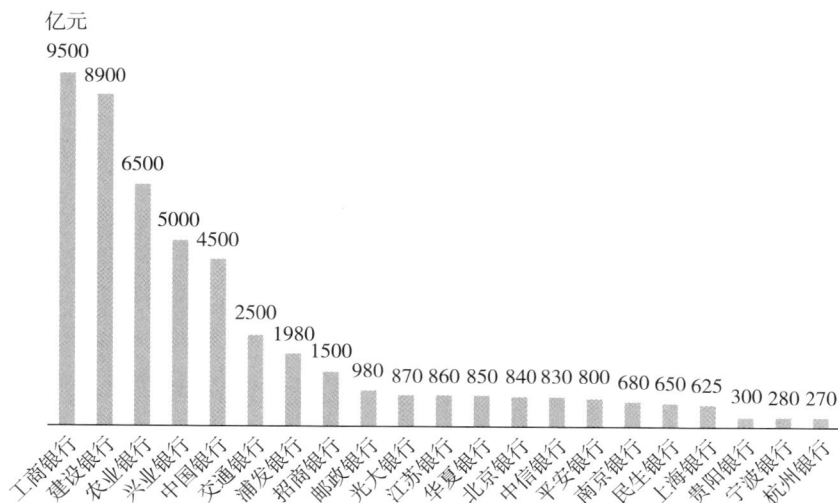

图1 21家上市银行2016年末信贷余额

（3）创新绿色金融产品。中国农业银行针对现有的绿色信贷业务、绿色债券业务、碳金融业务等业务，不断加强绿色金融产品和服务创新，努力对接低碳经济与循环经济的各类绿色信贷项目，构建全产业链的绿色金融产品体系。在实践过程中，中国农业银行将传统信贷产品与国际新兴信贷产品相结合，率先在国有商业银行中推出以清洁发展机制顾问业务（CDM）为代表的碳金融服务以及节能减排顾问、合同能源管理融资（EMC）、排污权质押贷款、碳交易预付账款融资等业务，填补了我国在绿色金融产品上的大量空白。2015年10月，中国农业银行在伦敦发行10亿美元等值的双币种绿色债券，实现了亚洲金融机构首单人民币绿色债券的创新和突破。该债券所募资金已经全部实现投放，成功支持了风电、光伏、水电、生物质发电及清洁交通5个领域14个绿色项目的开展。

2. 绿色金融项目流程规划

农业银行关于绿色金融的政策进行了事前、事中和事后管理的划分，细化了对绿色金融各个流程的指导意见。其管理过程主要体现在以下几个方面：

（1）事前管理

①推进绿色金融发展理念。为了推进绿色金融工作的有效进行，湖北省农业银行下属的各个分行都成立了专门的绿色信贷实施领导小组，由行长担任组长，分管信贷前后台部门的副行长任副组长，农村产业金融部、公司业务部、机构业务部、大客户部、国际业务部、财务会计部、信贷管理部等部门为成员，统筹安排全行绿色信贷推进工作。要求实施小组从国家、地区经济发展和自身可持续发展的现实出发，切实增强保护生态环境的使命感和责任感，积极转变经营和管理模式，加大对绿色经济、低碳经济、循环经济的支持力度；切实将绿色理念融入经营活动之中，增强促进生态文明建设、加快业务发展、结构调整的自觉性和主动性。

②把关绿色金融项目准入环节。湖北省农业银行在项目和客户营销过程中，要求各分行、支行在经营过程中有意识、有目的地主动营销列入环境友好企业名单的客户，以及采用环境友好工艺名录中相关技术的项目。对有环境、安全生产、职业病防治违法违规行为和存在淘汰落后产能且规定期限内未完成整改的企业或项目不予介入。与当地人民银行合作建立绿色信贷项目目录库，对于绿色金融项目优先准入、优先立项、优先配置资源。

③防控"两高一剩"信贷风险。农业银行行业信贷政策已经全面覆盖15个"两高一剩"行业，以客户名单管理制作为精细化管理的主要抓手，要求产能严重过剩行业新客户、新项目准入及存量客户分类上调事项一律上报总行审批。并及时监控区域内"两高一剩"行业情况，从区域、行业、客户三个维度评估

"两高一剩"行业产能过剩情况及风险状况，前瞻性地对农业银行"两高一剩"行业贷款进行结构调整。严格控制"两高一剩"行业贷款规模，促进"两高一剩"行业转型升级，在风险可控的前提下，合理满足其节能减排、安全生产和技术改造等有效信贷需求。通过上收"两高一剩"行业信贷业务审批权限，提高审批管理层次，严格"两高一剩"客户准入，从源头控制信贷风险。

（2）事中管理

①实行绿色信贷差异化策略。农业银行严格落实绿色信贷差异化信贷政策，其主要体现见表2。

表2 中国农业银行差异化信贷政策

序号	政策	具体内容
1	利率可下浮	明确重大水利工程专项过桥贷款利率，在人民银行同期基准利率基础上分别下浮；对符合条件的农村公路、水利建设、棚户区改造项目贷款还可申报抵押补充贷款
2	信贷期限延长	农村基础设施建设中长期贷款期限一般不超过 8 年调整为不超过 20 年，最长放宽至 30 年
3	开辟绿色通道	在总行专门成立基础设施部和扶贫金融事业部，专职负责重大项目融资工作，明确重大项目贷款申请统一由省级分行直接受理。对环境友好类客户和项目，优先进行审查审批
4	成立专门基金公司	成立中国农发重点建设基金公司，专门解决各级政府急需实施重点工程项目资本金不足问题，投资基金期限 10 ~ 15 年，最低优惠利率低至 1.2%

②突出调查环节真实性。农业银行要求各分行、支行客户经理在审核客户资料的基础上，充分调查环保及监管部门提供的环境信息，包括污染物排放超过国家或地方排放标准，或污染物排放总量超过地方人民政府核定的排放总量控制指标的污染严重的企业名单。同时借助外部信息核查客户的环境信息，防止我行贷款投入到隐藏或包装过的高污染、高排放行业客户，以确保绿色金融项目的真实性。

③审批环节采取一票否决制。客户环保合法性手续作为绿色金融项目审查审批的必要条件，对于达不到环保要求的项目采取一票否决制。对不符合行业准入条件、达不到环保标准或未按规定取得环评审批文件的项目和客户严禁增加用信，同时，在项目进行过程中，建设项目需获得而未获得环评审批的，不会预先发放贷款进行开工前准备和建设；项目完工后应获得而未获得项目竣工环评审批，不发放项目运营贷款。

④强化绿色信贷绩效机制。农业银行已将客户环保、安全运行情况作为已

审批信贷业务后评价内容之一，积极探索绿色信贷工作定量指标，提高绿色信贷工作的执行力。并将绿色信贷工作业绩纳入全行信贷管理考核体系，在年终考核时绿色金融作为 2 分的加分项计分。另外，组织辖内部门、支行，结合自身实际，深入学习《绿色信贷指引》《关于绿色信贷工作的意见》等相关文件精神，通过现场讲座、视频培训等手段，对绿色信贷相关产业政策、行业政策制度、管理要求等内容进行培训，树立"绿色信贷"核心价值观，提高各级信贷从业人员对绿色信贷工作的认识。

（3）事后管理

农业银行在绿色金融项目事后管理中持续跟踪客户项目建设和生产经营中的环境及安全生产情况，将环境信息和安全生产信息作为日常贷后管理的重要内容，及时更新。对存在环境违法违规或安全生产违规行为的客户，督促及时整改，整改期间不得新增用信，对限期内未完成整改的，制订压缩计划，逐步退出。通过相关的风险预警和在线监控平台，对环境违法违规和安全生产违规的客户，及时预警，下发风险提示函，各级行能够及时采取措施加强重点领域环境风险防控。

二、湖北省农业银行绿色金融发展实践

中国绿色金融的发展进程虽然较晚，但由于政府的重视、社会绿色环保意识的逐步提升，中国绿色经济规模得到了迅猛发展。中国商业银行秉承可持续发展理念，积极倡导并实施绿色信贷发展战略。为了探究绿色金融问题在地方商业银行的具体实践情况和存在的问题，本文以湖北省农业银行作为研究对象，深入宜昌、襄阳、黄石三个地区，通过实地调研的方式了解绿色金融发展的现状，挖掘襄阳、宜昌和黄冈这三个地区绿色金融的具体案例，并针对农业银行绿色金融的发展提出对策建议。

（一）中国农业银行宜昌市分行

农行宜昌市分行积极服务宜昌市实体经济发展和供给侧结构性改革，3 年来各项贷款投放净增长合计 116 亿元，2017 年前 4 个月贷款净增 30 亿元，其净增额位居宜昌市国有商业银行之首。截至 2017 年 6 月末，绿色信贷余额 512377 万元，较年初增长 20660 万元，较同期增长 80720 万元。农行宜昌市分行未来将继续将绿色信贷纳入中长期发展战略当中，在信贷政策的总体框架下，适当增加绿色信贷的规模，优先支持绿色信贷客户和项目。

2017 年 6 月 5 日，农行宜昌市分行为中国长江三峡集团公司发行了湖北首单绿色中期票据。本次 60 亿元绿色债券发行是目前境内规模最大的非金融企业绿色债券。农行宜昌市分行对中国长江三峡集团公司往年的募集资金使用与管

理、治理与制度、产业政策以及信息披露与报告等方面进行了充分、适当的调研、取证和分析。另邀请了相关第三方机构，依据《绿色债券支持项目目录（2015 年版）》、中国银行间市场交易商协会公告〔2017〕10 号《非金融企业绿色债务融资工具业务指引》相关自律规则之规定，结合中债资信绿色债券评估认证方法认证该债券是否具备绿色债券发行要求。在农行宜昌市分行和第三方机构的共同认证下，农行宜昌市分行确认为中国长江三峡集团公司发行的中期票据符合绿色债券发行要求，并依据 IFC 与中国农业银行绿色协议相关条例将该债券认定绿色程度为绿（G2）。该绿色中期票据首期发行资料如表 3 所示。

表 3　　　　　　　　　长江三峡集团绿色中期票据数据

中期票据名称	2017 年度第一期绿色中期票据	中期票据简称	17 三峡 MTN001
中期票据代码	101752018	中期票据期限	三年
起息日	2017 年 6 月 7 日	兑付日	2020 年 6 月 7 日
计划发行总额	20 亿元	实际发行总额	20 亿元
发行利率	4.73%	发行价格	100 元/百元面值
合规申购家数	9	合规申购金额	44.9 亿元
最高申购价位	5.30%	最低申购价位	4.65%
有效申购家数	7	有效申购金额	20.9 亿元
簿记管理人	中国农业银行股份有限公司		
主承销商	中国农业银行股份有限公司		
联席主承销商	中信证券股份有限公司		

（二）中国农业银行襄阳市分行

2017 年 6 月底，农行襄阳市分行绿色信贷余额为 215130 万元，较年初增加 67000 万元，其中绿色农业开发项目余额 17930 万元，较年初增加 16290 万元，主要是南漳有机谷相关贷款增加。资源循环利用项目 9250 万元，垃圾处理与污染防治项目 10000 万元，清洁能源项目（水电、风电）40150 万元，农村城市水项目 132800 万元，绿色交通运输项目 5000 万元（如图 2 所示）。

2017 年上半年农行襄阳市分行总贷款余额为 213660 万元，较年初净增 21230 万元，贷款增速为 11.03%，绿色信贷增速为 45.24%，绿色信贷的总量增幅高于各项贷款 34.21 个百分点；各项贷款环比增速为 12.3%，绿色信贷环比增速为 144.98%，高于各项贷款增速 132.68 个百分点（如图 3 所示）。

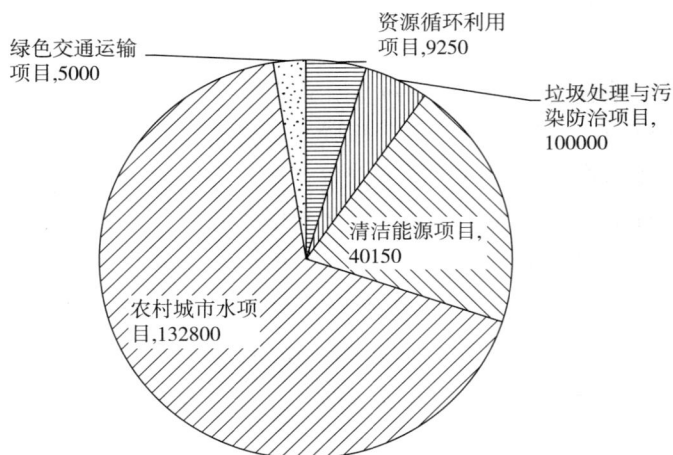

图2 襄阳市绿色信贷项目（万元）

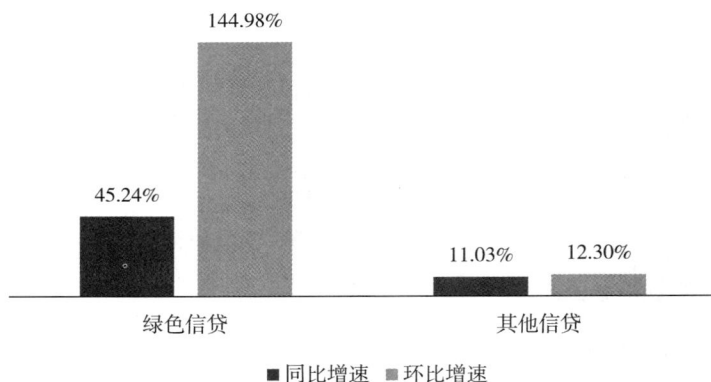

图3 襄阳市绿色信贷增速

个人贷款方面，农行襄阳市分行属于绿色信贷但未列入统计范围的贷款余额达44500万元，"两高一剩"贷款方面，原有的贷款行业结构已趋于优化，"两高一剩"行业贷款余额11340万元，其中化工行业贷款余额8430万元，纺织业贷款余额660万元，有色金属行业贷款余额940万元，水泥行业贷款余额780万元，火电行业贷款余额440万元，造纸行业贷款余额900万元（如图4所示）。法人贷款客户方面，法人贷款客户149户，贷款余额122240万元，法人贷款客户160户，贷款余额148040万元。

2013年7月，在襄阳市委十二届七次全会上，省委常委、市委书记王君正明确要求把"中国有机谷"当作襄阳市和湖北省一张崭新的名片，要科学谋划，精心打造，把"中国有机谷"建设正式上升为市级战略。"中国有机谷"

位于湖北省襄阳市，以襄阳市南漳县为核心区，以保康、谷城、老河口为辐射区，依托襄阳市生态资源、交通区位、特色产业和人文古蕴，按照有机农业生产方式和现代农业经营管理模式，是集精品生产、精深加工、科技创新、休闲旅游、美丽乡村和生态保护为一体的有机农业富集区。

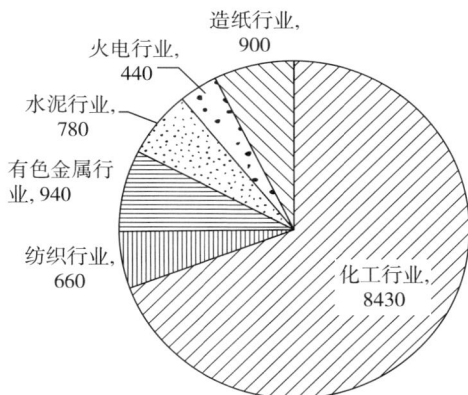

图4　"两高一剩"行业贷款（万元）

"中国有机谷"截至2016年底，总投资超过1.2亿元。2017年，农行襄阳市分行正与其下属某农业合作社洽谈，准备贷出一年期的短期绿色贷款，合作社对其贷款全额承担连带保证责任。目前，农行襄阳市分行已联合襄阳市环境保护局审查了该合作社的各个生产项目环境并出具了影响报告。该报告证实，其自然农法、生态循环生产模式符合绿色环境保护标准。该贷款项目因此已被农行襄阳市分行划分为短期绿色信贷项目，且已达到资金审批阶段。

（三）中国农业银行黄石市分行

黄石市是中国首批资源枯竭性城市之一。面对矿产资源的枯竭、工业结构的持续调整，黄石市正处于工业绿色转型发展的关键时期。黄石市为创建绿色金融改革创新综合试验区，组建了黄石市绿色金融工作小组，该领导小组将建立绿色金融担保机制、绿色金融贴息机制和绿色信贷风险补偿金机制，协同各成员单位进一步推进黄石市绿色金融发展。截至2017年6月，黄石市绿色信贷余额124.96亿元，累计发生额189.91亿元。通过绿色信贷投放引导，近5年累计投资600多亿元，围绕黑色金属、有色金属等传统产业改造升级项目300多个，新增规模以上绿色企业80家。围绕国家十大重点节能工程要求，各金融机构积极支持全市节能减排重点项目，累计为黄金山垃圾焚烧发电厂等项目，发放节能减排贷款4亿元，加大对城市废水、污水处理的信贷支持力度，累计发放城市污水处理工程贷款11250亿元。

农行黄石市分行主动对接地方发展规划与融资需求，围绕市政府提出的

"坚持生态立市、建设美丽宜居新家园"理念,在扶贫、棚改、农村路网等重点领域积极响应,抓牢银政合作,抓紧项目受理与实施。截至 2017 年 6 月,黄石市农业包含绿色企业 17 家,上半年累计投放 11.6 亿元,用信余额 18.86 亿元,比年初增加 10.05 亿元,其中表内融资余额 17.35 亿元,比年初增加 10.7 亿元,表内融资主要是流动资金贷款、项目融资贷款;表外融资 1.5 亿元,主要为银行承兑汇票及保函业务(见图 5、图 6 所示)。

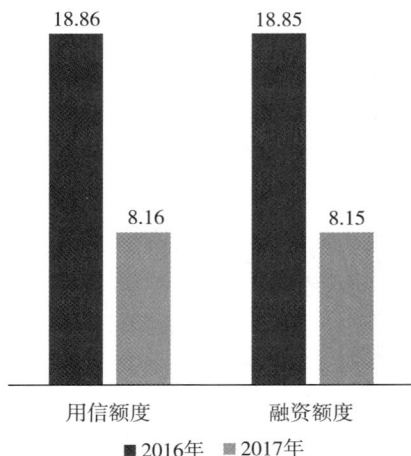

图5　2016 年和 2017 年绿色信贷投放比较(亿元)

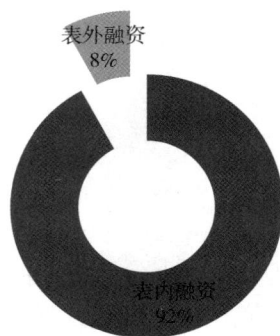

图6　2017 年表内外融资比较

案例方面,大冶市是全国百强县市,湖北县域经济发展的领头羊,2008 年成为全国首批资源枯竭转型试点城市。大冶保安湖是 2011 年 4 月批准设立"保安湖国家湿地公园(试点)"的试点湖泊。农行黄石市分行为支持地方政府开展生态环境综合治理和国家"十三五"生态环境保护规划的重要工作内容,与黄石市政府合作开展了"保安湖绿色信贷项目"。本项目对整个湿地公园进行基础设施的建设和完善,为保安湖后期的旅游开发奠定良好基础,将有力推动湖区旅游产业的发展。为配合保安湖生态建设的开发进程,农行黄石市分行以建立保安湖国家湿地公园为契机,在前期的市场调查中确认该项目为绿色信贷项目后,立即着手处理审批流程。由于该项目为绿色信贷项目,农行黄石市分行决定在审核过程中优先处理,缩短绿色项目审批时间,以配合保安湖项目的资金投放进程。截至 2017 年 7 月,农行黄石市分行对其授信 8.8 亿元项目贷款,累计投放 3 亿元,有效地支持了该项目顺利开展。

三、农业银行发展绿色金融存在的问题

通过湖北省三地农业银行绿色金融发展实践,梳理总结农业银行绿色金融

发展过程中存在的问题，具体有以下几个方面。

（一）绿色金融体系亟待完善

在过去的 30 年，中国保持了较高速的发展，同时也面临着资源紧张和严重的环境问题，亟须从资源消耗型经济转变为资源节约型和环境友好型经济，推动经济发展方式向绿色发展的转型，破除资源环境约束，实现可持续发展。完善的绿色金融体系直接影响着绿色金融的发展，也是绿色经济转型的必要条件。

然而调研中发现，农业银行湖北省分行没有建立绿色金融相关的完整组织机构和框架，未设立绿色金融相关职能岗位，只有少数银行机构针对绿色金融业务专门开设了相对应的职能部门。绿色金融业务与其他业务混同处理，无法形成有针对性的管理模式。在其成长中，如果缺乏专门指导和管理，很难实现快速成长。

（二）政策激励和内部配套机制欠缺

中国绿色金融政策目标还主要停留在限制对"高耗能、高污染和资源性产品出口"的信贷投放和促进节能减排短期目标的实现上，对绿色金融缺乏完整的战略安排和政策配套。通过对湖北省襄阳市、黄石市、宜昌市实地调研发现，政府对于绿色贷款企业尚未出台财政贴息、降低利率、提高授信额度等方面的政策信息。同时，商业银行参与绿色金融业务的人员对于环保概念不够明确，商业银行对其承担的社会责任认识不清，因此需要银行一方面做好对内部各方参与人员的引导作用，另一方面，完善企业核查业务流程以及风险管理制度体系等联动机制。根据调查，中国农业银行采取了考核激励，将参与绿色金融业务定为内部考核加分项，考核与个人的业务能力联系起来，快速调动起银行业务经营者参与绿色金融业务的积极性。

（三）绿色金融涵盖范围有待规范

自 2007 年开始，国家环保总局、中国人民银行、银监会联合发布的《关于落实环保政策法规防范信贷风险的意见》。但政策多体现为商业银行信贷建设的战略目标、基本思路、总体框架以及指导意见等，对"两高一剩""两高一资"等行业的分类进行明确界定，因而各商业银行对限制类与支持类的行业划分是以本行为标准，这就导致各商业银行对绿色信贷业务标准的统计口径不一。因为相关部门至今未给绿色金融一个明确的定义，范畴也是含糊不清，导致下属机构（商业银行）在进行具体实践操作的时候出现问题。对中国农业银行宜昌市分行的调研发现，在实际客户营销中，绿色环保企业、环境友好企业、资源节约型企业、环保技术创新企业、节能减排技改项目、工业转型升级项目等具体对应哪些行业和客户，商业银行也并不清楚，且个人绿色信贷在内外部制度中均未体现。

（四）信息披露机制不完善

我国商业银行信息披露是顺应现代银行诚信和善治的要求，但是对于绿色金融业务各大行披露的内容和行业标准却没有统一。多数商业银行集中于披露"两高"行业贷款数据。特别是 2013 年银监会统一了绿色信贷的统计口径之后，很多商业银行对绿色信贷的余额占比等情况遮遮掩掩，有的甚至只字不提。根据《中国银行业环境记录 2015》的数据来看，16 家上市银行在环境信息披露方面表现平平，没有实质性的内容和信息可供参考，披露结果着实难以令人满意。我国至今尚未建立统一化的绿色金融信息共享平台，商业银行和各级环保部门、监管机构以及司法部门之间缺乏高效的信息沟通，导致商业银行无法及时获取企业有效、准确的环境信息，银行项目前期调查难度增大，从而影响了绿色金融业务的执行效果和监督管理工作的开展。

（五）绿色金融产品创新不足

目前国际上创新开发的比较流行的产品主要包括项目融资、绿色信用卡、商业建筑贷款、房屋净值贷款、住房抵押贷款等。我国大部分绿色金融产品还停留在绿色信贷和 CDM 项目阶段，对深层次的绿色金融产品创新还有待提高。中国农业银行的金融产品也仅仅是停留在绿色信贷和绿色票据上面。国内部分商业银行宣称一直在研究和探索绿色信贷的新产品和业务的新模式，但大多停留在政策研究层面，并无新产品的推出。在担保创新方面，中国农业银行希望结合企业排污权有偿使用和交易的相关规定，研究排污权抵押贷款的制度办法，以排污权抵押为突破口开展创新，这也不失为一个好的创新思路。

（六）绿色金融专业人才稀缺

绿色金融业务作为一个新兴的金融业务，无论是其前期的风险评估、中期的调查以及后期的监管，都要求绿色金融工作人员具有高水平专业素养，了解环保政策和法规，有一定的风险防范意识和监控能力。当前各商业银行许多绿色信贷业务的负责人员是其他岗位工作人员兼任，或是只经历了相关的短期培训，对绿色信贷还缺乏深入和全面的了解，抑或是聘请相关领域的专家作为绿色信贷业务项目评审组专家，对各分行递交的环境评估报告等环境绩效文件进行最终审核，提出重要意见。然而绿色金融涉及多领域学科知识，包含金融、环保、法律、化工和管理等多个方面。其业务在实际业务操作中，对人才的要求非常高，必须是精通各个领域知识的复合型优秀人才。

四、农业银行绿色金融发展对策建议

为了促进农业银行绿色金融的进一步发展，提出以下对策建议。

（一）推进绿色金融组织体系建设

推进绿色银行体系建设首先应当鼓励全国银行实施绿色企业营销"四单管理"：单独设置机构，鼓励大中型银行设立绿色金融事业部、专营机构，提升绿色金融服务水平，地方法人银行要继续下沉网点和服务，增加绿色企业有效供给；单独配备人员，打造专业化绿色金融营销、管理团队；单设授信条件，适当降低绿色企业信贷门槛；单列信贷规模，积极向上争取绿色信贷专项规模。其次，推进绿色保险体系建设。鼓励以绿色保险为主的保险机构在全国设立分支机构。鼓励保险机构设立绿色保险营销团队。支持保险代理、保险经纪等中介机构发展，为绿色保险消费者提供增值服务。最后，推进绿色资本体系建设。积极培育和引进各类股权投资基金、创业投资、天使基金以及私募基金，参与绿色投资。鼓励银行和其他金融机构加强合作，推动绿色贷款证券化。

（二）增加绿色金融优惠政策

首先，建立绿色信贷政策导向机制。发挥央行再贷款、再贴现、常备借贷便利等政策工具导向作用，引导银行加大对绿色产业的信贷支持力度。充分运用差别存款准备金动态调整机制和定向降准政策，对绿色信贷成效显著的地方法人金融机构优先下调存款准备金，增加流动性供给，扩大绿色贷款投放。引导银行加大对绿色产业的信贷支持力度。加大货币政策执行效果评估中绿色信贷考核分值比重，合理运用评估结果引导信贷投向。其次，建立绿色产业发展基金。建立绿色产业发展基金，为节能减排和绿色产业提供直接投融资服务，降低绿色投资成本。然后建立绿色金融贴息机制。财政局要建立绿色金融贴息项目清单，合理确定贴息率、贴息期限和贴息规模，简化审批流程。委托政策性银行、商业银行的绿色金融事业部试点开展绿色贷款贴息管理。最后，建立绿色信贷风险补偿金。充分发挥财政资金导向作用，建立绿色金融风险补偿基金，专项用于金融机构支持绿色企业的信贷风险补偿。对银行因绿色贷款风险产生的净损失扣除担保或其他资产渠道补偿后实际发生的本金损失按比例给予补偿。

（三）统一绿色金融概念

目前的"绿色金融"各方定义不完全相同，绿色金融的定义、标准、原则和框架，也有所差别。这就造成了在推广和实施绿色金融的过程中会因为对绿色金融的认知的偏差，导致绿色金融发展困难，所以统一绿色金融的概念刻不容缓，只有统一了绿色金融的概念，在随后绿色金融相关政策和法律法规的制定时才不会出现大的漏洞。调研发现，农业银行的绿色信贷口径大，且不统一，这就造成了各个支行在上报绿色金融数据时差异较大，缺乏可比性。因此，银行应该统一绿色金融概念和绿色信贷口径，这不仅有利于各个支行在上报绿色金融数据时具有准确性、可比性，而且也有利于公众对绿色金融的准确认知，推动绿色金融的顺利推广和实施。此外，绿色金融概念的明确将有利于建立适合我国国情的绿色金融发展模式，明确适应我国发展要求的绿色金融的定义、标准、原则和框架，建立清晰的发展模式，在绿色金融的推广中可以引导经济社会的可持续发展。

（四）构建绿色金融共享平台

首先，建立绿色企业数据库。经信委负责摸清并编制绿色企业目录。发展改革委负责摸清并编制绿色项目目录。人民银行负责整合绿色企业、项目目录，并提供给全国银行进行认定，建立绿色企业数据库，明确绿色金融服务主体和范围。环保局负责对绿色企业数据库审核把关。其次，建立绿色金融统计制度。人民银行组织制定全国《绿色金融专项统计制度（试行）》，为我国绿色金融发展提供统一、量化统计体系。然后建立绿色金融评级体系。积极引入有资质的第三方绿色评级认证机构，为企业和项目开展绿色评级，评级结果作为发行绿色债等工作的重要依据。最后，鼓励金融机构和企业加入湖北（全国）碳交易和排污权交易市场，引导企业节能减排。

（五）创新绿色金融产品及服务

我国绿色金融起步较晚，存在发展滞后，发展不全面等弊端，银行能以开展绿色金融为契机，开拓金融创新，在借鉴国外成功经验基础上，积极探索创新金融产品和金融管理模式。中国农业银行在信贷机制上，应当建立绿色信贷"三优二重一否决"机制：绿色信贷享受"优先受理、优先审批、优先放贷""资金重点保障、考核重点倾斜"结合信贷管理全流程"环保一票否决"制，实现银行绿色信贷管理流程再造，缩短受理时间、减少审批环节，提升绿色信贷管理水平。在绿色信贷产品及模式创新上，应当探索能效融资业务；鼓励银行将拥有碳配额企业的可交易碳资产作为质押或补充担保物；鼓励银行接受特许经营权作为质押，为绿色交通、集中供热、垃圾处理等市政环境基础设施项目提供融资；推广知识产权质押等信贷产品，加大轻资产科技型企业信贷投入；继续推进农地经营权抵押贷款试点，拓展农村抵质押物范围，提高新型农业经营主体金融服务水平。

（六）注重绿色金融专业人才培养

一个行业的发展离不开相关专业人才的支持。绿色金融想要快速健康的发展，同样需要大量相关方面的人才。由于我国绿色金融起步晚，经验少，涉及的层次较浅，缺乏相关方面的人才，所以必须加快专业人才培养，增加人才储备。中国农业银行应当聘请国内外绿色金融方面的人才或专家，来帮助银行建立专业的高端人才队伍发展绿色金融。制订专业人才培养计划。将一批专业素质较强的人才送到绿色金融发展突出的机构或者高校进行进修，熟悉相关业务和法律法规，建立银行自己的人才储备。也可以请绿色金融方面的专家学者给银行的员工开展针对性培训，提高银行员工对于绿色金融的整体认知及相关知识掌握，优化银行内部人力资源。

参考文献

［1］陈楠. 兴业银行：赤道原则项目首落地［J］. 商务周刊，2010（2）：21.

［2］成万牒. 我国发展"碳金融"正当其时［J］. 经济，2008（6）：16－19.

［3］方志勇. 银行绿色金融探索［J］. 中国金融，2015（10）：19－21.

［4］方智勇. 商业银行绿色信贷创新实践与相关政策建议［J］. 金融监管研究，2016（6）：57－72.

［5］高清霞，吴青莹. 我国商业银行发展绿色金融的问题及对策研究［J］. 环境与可持续发展，2016（1）：18－20.

［6］龚建文. 低碳经济：中国的现实选择［J］. 江西能源，2009（7）：27－33.

［7］龚伟. 奥巴马政府气候变化与能源政策评析——兼论其对中国的启示［J］. 中共杭州市委党校学报，2009（2）：72－79.

［8］李文君. 基于博弈分析的绿色信贷实施机制研究［J］. 价值工程，2015（11）.

［9］李志林. 国际绿色金融产品创新的实践与经验借鉴［J］. 中国经贸，2010（14）.

［10］潘家华. 金融危机、经济发展与节能减排——中国温室气体减排的长远挑战［J］. 江西社会科学，2009（7）：15－20.

［11］任卫峰. 低碳经济与环境金融创新［J］. 上海经济研究，2008（3）：38－42.

［12］涂毅，卢闯. 中国碳（排放权）市场发展的危和机——由全球金融危机带来的冲击和变化［J］. 江西能源，2009（3）：1－4.

［13］Taylor, P., L. Jonker. Evolutionary Stable Strategies and Game Dynamics［J］. Mathematical Bioscience, 1978（40）：145－156.

［14］王朝弟，赵滨，吕苏越. 基于演化博弈视角的绿色信贷实施机制研究［J］. 金融监管研究，2012（6）.

［15］王刚，贺章获. 我国商业银行发展绿色金融的现状、挑战与对策

[J]. 环境保护，2016（2）：18－21.

[16] 王玉明，潘绍明. 金融危机背景下中国碳交易市场现状和趋势 [J]. 经济理论与经济管理，2009（11）：57－63.

[17] 王元龙，马昀. 中国绿色金融体系：构建与发展战略 [J]. 财贸经济，2011（10）.

[18] 于岩熙. 浅谈绿色金融与商业银行可持续发展 [J]. 对外经贸，2015（1）：107－108.

[19] 张伟建. 信息不对称条件下我国绿色信贷交易行为的演化博弈分析 [J]. 商业经济，2011（21）.

[20] 赵洁，陈志伟. 践行银行社会责任探索可持续金融 [J]. 福建金融，2007（7）：14－16.

[21] 中国工商银行绿色金融课题组. 商业银行构建绿色金融战略体系研究 [J]. 金融论坛，2017（1）：3－16.

[22] 朱丽，于伟咏. 基于博弈论视角的绿色信贷参与主体利益分析 [J]. 南方农业学报，2011（8）.

[23] 庄贵阳. 中国发展低碳经济的困难与障碍分析 [J]. 江西能源，2009（7）.

下 篇
2017 年湖北省金融行业分析

主报告

2017 年湖北省金融改革创新发展情况

湖北省政府金融办

2017 年，全省上下深入贯彻落实以习近平同志为核心的党中央和省委省政府的各项决策部署，坚持稳中求进工作总基调，坚持新发展理念，坚持以供给侧结构性改革为主线，牢牢把握推进高质量发展的根本要求，统筹推进"五位一体"总体布局和协调推进"四个全面"战略布局，扎实推进"建成支点、走在前列""全面小康"和"五个湖北"建设，全省经济社会发展取得新成绩。全年全省完成生产总值 36522.95 亿元，增长 7.8%，高于全国 0.9 个百分点；完成固定资产投资（不含农户）31872.57 亿元，增长 11.0%；实现社会消费品零售总额 17394.10 亿元，增长 11.1%；完成财政总收入 5441.42 亿元，增长 9.4%，其中，地方一般公共预算收入 3248.44 亿元，增长 8.4%。全体居民人均可支配收入 23757 元，增长 9.0%，其中，城镇常住居民人均可支配收入 31889 元，增长 8.5%；农村常住居民人均可支配收入 13812 元，增长 8.5%。

全省金融工作认真贯彻落实全国金融工作会议精神和省委、省政府战略部署，牢牢把握四项原则和三大任务，切实做好"金融活"和"金融稳"两篇文章，较好地发挥了金融支持经济结构调整和产业转型升级的重要作用。全省信贷延续快速增长态势，金融机构本外币各项贷款余额 3.96 万亿元，同比增长 14.6%，连续七年实现"四个高于"目标[①]。全省社会融资规模持续扩大，全年增量为 7281 亿元，同比多增 1367 亿元，年末社会融资存量余额达到 5.52 万亿元，同比增长 15.24%；社会融资结构进一步优化，全省直接融资总额达到 4335.63 亿元，同比增长 17.24%。全省金融业持续平稳较快发展，金融业实现增加值 2640.86 亿元，同比增长 9.0%，高于全省 GDP 增速 1.2 个百分点；在全省 GDP 中占比 7.23%，较上年提高 0.71 个百分点，在第三产业占比 16%，

[①] 信贷增长"四个高于"：全省贷款增幅高于 GDP 增幅，高于全国贷款平均增幅，高于中部平均水平，涉农和中小企业贷款增幅高于全部贷款增幅，占比高于上年。

较上年提高 1.4 个百分点。

一、金融业运行基本情况

(一) 银行业运行平稳向好

1. 机构体系进一步完善壮大

年内新增 1 家外资银行机构,全省银行业机构达到 202 家,其中,开发性金融机构和政策性银行 3 家,国有大型商业银行 5 家,股份制商业银行 12 家,邮政储蓄银行 1 家,城市商业银行 2 家,民营银行 1 家,农信联社 1 家,农村商业银行 77 家,村镇银行 66 家,贷款公司 2 家,金融资产管理公司 4 家,信托公司 2 家,企业集团财务公司 12 家,金融租赁公司 3 家,消费金融公司 1 家,外资银行 10 家。全省多样化、多层次的银行业机构体系进一步充实。

2. 运行态势总体平稳

一是业务规模平稳增长。截至 2017 年末,全省银行业资产规模 6.67 万亿元,同比增长 11.64%,负债规模 6.46 万亿元,同比增长 11.35%。二是资产质量保持稳定。年末,全省银行业不良贷款率为 1.52%,较年初下降 0.16 个百分点。三是风险补偿能力保持稳定。年末,法人商业银行资本充足率同比上升 0.7 个百分点,贷款损失准备金较年初增加 61 亿元,拨备覆盖率同比提高 1.5 个百分点,流动性比例同比增长 7.9 个百分点。

3. 发展质量持续向好

一是资金脱虚向实趋势明显。贷款增长低于资产增长的势头得到扭转,同业业务增速同比回落,银行间理财占比较年初大幅下降,票据资金空转情况明显减少。二是信贷结构持续优化。全省小微企业贷款余额和占各项贷款的比重均实现同比增长,县域贷款余额持续同比增长,战略性新兴产业贷款余额增幅高于同期各项贷款平均增幅,绿色信贷余额实现同比增长。全省信贷区域投放趋向均衡,武汉市以外市(州)信贷增长明显提速。三是机构盈利持续向好。截至 2017 年末,银行业实现利润 719 亿元,居中部六省第 1 位,同比增长 26%。

(二) 资本市场发展稳步加快

1. 上市公司数量、质量稳中有升

年内新增 2 家上市公司,数量达 97 家,居全国第 11 位。上市公司总市值 11379.11 亿元,同比增长 0.16%。2017 年第三季度末,上市公司资产总额 12908.67 亿元,较上年末增长 13.91%;实现营业收入总额 4983.65 亿元,同比增长 20.04%;上市公司归属母公司股东的净利润总额 291.08 亿元,同比增长 41.8%。

2. 证券期货业规模稳步扩大

年内新增 14 家证券分公司,全省证券公司、分公司数量达 54 家。其中,证券公司 2 家、证券分公司 52 家。全年累计证券交易量 87845.19 亿元，同比增长 2.92%。长江证券分类评级由 BB 级晋升到 A 级，天风证券分类评级由 BBB 级晋升到 A 级。全省共有期货公司 2 家、期货分公司 6 家、期货营业部 49 家。年末，期货经营机构代理交易额 6.21 万亿元。2 家期货公司实现手续费收入 3.10 亿元，同比增长 5.49%；实现净利润 1.46 亿元，同比增长 7.96%。长江期货实现"新三板"挂牌。

3. 基金业实力持续增强

截至 2017 年末，在中国证券投资基金业协会登记注册地为湖北省的私募基金管理机构达到 318 家，已备案的私募基金 563 只，管理基金规模 911 亿元。私募基金投资项目 3084 个，涉及机械制造、环保、制药等 70 个细分行业。

（三）保险业保持较快发展态势

1. 行业规模持续扩大

年内新增 2 家保险省级分公司，全省保险公司和省级分公司数量达到 77 家，其中，全省保险公司 3 家、省级分公司 74 家。省级分公司中，财产险公司 32 家、人身险公司 42 家。年末，全省保险业总资产 2658.54 亿元，同比增长 8.19%。

2. 业务增长稳步加快

全年全省累计实现保费收入 1346.77 亿元，排名全国第 10 位、中部六省第 2 位（仅次于河南）；保费收入同比增长 28.05%，较上年提高 3.38 个百分点，高于全国 9.89 个百分点。其中，财产险公司保费收入同比增长 18.25%；人身险公司保费收入同比增长 31.76%。全年保险业累计赔付支出 406.53 亿元，同比增长 9.18%。其中，财产险公司赔款支出同比增长 10.7%；人身险公司赔付支出同比增长 8.08%。

3. 保险保障程度持续提升

保险业渗透力继续增强，2017 年，全省保险深度 3.69%，较上年提高 0.43 个百分点；保险密度 2288.64 元/人（根据 2016 年的人口数据计算），较上年增加 501.44 元/人。

二、促进金融服务经济社会发展情况

（一）持续加大对重点领域和薄弱环节的支持

一是保障重大项目的资金需求。全省企业中长期贷款新增 3064 亿元，同比多增 803 亿元。二是支持培育新动能。截至年末，全省银行业战略性新兴产业贷款余额 611.2 亿元，较年初增加 97.2 亿元，增幅为 18.9%。三是持续加大对小微、"三农"等薄弱环节的支持力度。截至年末，全省小微企业贷款增幅为

22.6%，高于全省各项贷款增幅 8.0 个百分点；涉农贷款增幅为 14.35%。

（二）促进实体经济直接融资

一是推动企业上市和挂牌融资。全年上市公司通过首发募集资金 13.8 亿元，实现再融资 64.5 亿元；"新三板"挂牌企业实现定向增发融资 36.33 亿元，居中部第 1 位；武汉股权托管交易中心新增股权直接融资 26.40 亿元。二是大力发展债券融资。全年省内企业通过企业债券、债权（含公司债、可交换债、可转换债、资产证券化、政府债）、债务融资工具等实现直接融资 2565.23 亿元。三是促进保险资金直接投资。全年保险资金对重点基础设施建设和棚户区改造等领域的直接投资超过 200 亿元。

（三）为经济社会发展提供风险保障

一是大力发展科技保险。全年为 316 家次科技型企业提供 177.68 亿元风险保障；为首台（套）重大技术装备提供 18.17 亿元风险保障；为新材料生产企业提供 2600 万元风险保障。二是服务小微企业融资。全年通过小额贷款保证保险共支持 5.38 万个小微企业及个人融资 64 亿元。小额贷款保证保险业务的市（州）覆盖面达 100%。三是服务支农惠农。全年农业保险提供风险保障金额 294 亿元，同比增长 41.16%。四是服务民生保障和社会治理。全面推开大病保险，参保群众的实际报销比例达到 55%，整体报销水平提高 12 个百分点。加快建立疫苗安全保险补偿体系；推动在高危行业领域强制实施安全生产责任保险；进一步完善校方责任保险；持续推进医疗责任保险。

三、推进金融改革创新与对外开放情况

（一）加快形成多元化金融组织体系

继续加大各类金融机构的引进、设立力度。年内新开业众邦银行（全省首家民营银行）、恒丰银行武汉分行、富邦华一银行武汉分行（外资银行）、航天科工金融租赁公司、三环集团财务公司 5 家银行业金融机构，实现民营银行破冰和全国性股份制商业银行齐聚，股份制银行、外资银行、非银行机构数量均居中部前列。年内新增 14 家证券分公司，证券业规模进一步扩大；新增 2 家保险省级分公司，全省法人保险机构数量、外资保险公司数量均居中部六省第 1 位。截至年末，全省共有银行业、证券业、期货业、保险业金融机构 341 家；拥有登记注册的股权投资机构 2127 家；拥有各类交易场所 26 家；拥有小额贷款公司、融资担保公司、典当公司、融资租赁公司等机构 1000 余家，以及商业保理、地方资产管理公司等多种类型的地方金融机构。全省金融组织体系更加多元和丰富，金融供给能力不断增强。

（二）深化科技金融改革创新

1. 深入推进投贷联动试点

支持国家开发银行湖北省分行、中国银行湖北省分行和汉口银行深化投贷联动试点。一是建立投贷联动监测评估体系，推动试点银行储备项目落地见效，打造全周期投贷联动模式。二是探索构建鼓励创新与防控风险相结合的监管新架构，在风险隔离的前提下，对符合科创企业发展、科技产业需要的创新实行尽职免责。三是制订投贷联动试点方案和风险补偿细则，推动成立风险补偿基金。年内 3 家试点银行均建立了投贷联动信贷专营机构；汉口银行投资子公司进入审批程序。3 家试点银行与 39 家投资公司开展合作，投贷联动贷款余额7.4 亿元，同比增长 84.3%。

2. 推广复制科技金融"东湖模式"

进一步完善和推广以"六个专项"为特点的科技金融改革创新模式——"东湖模式"，加快打造全国科技金融改革创新高地，为深化科技金融改革创新和金融服务实体经济探索可复制可推广的新模式和新路径。一是发挥政策引导作用和联动效应。金融管理机构、政府及职能部门相继出台支持科技金融发展的政策措施。人民银行武汉分行出台支持科技金融发展的 22 条落实政策；武汉市出台《关于进一步促进科技成果转化的意见》《武汉市科技创业投资引导基金实施细则》；宜昌市印发《关于加快发展科技金融的实施意见》并拟定实施细则。二是完善科技金融机制。鼓励金融机构建立科技金融专业化的经营组织、差异化的信贷模式和长效化的考核机制。截至年末，全省共设有科技分（支）行 9 家和科技特色支行 19 家，主营科技担保的担保公司 13 家，主营科技贷款的小额贷款公司 15 家，各类科技金融中介服务机构 200 家。三是推动科技金融产品创新，推出"富业贷""三板通"等创新信贷产品，初步形成多层次、广覆盖的科技金融产品体系。四是推进科技金融分层覆盖全省。确定武汉市为科技金融改革创新重点地区，全面推进；武汉城市圈另外 8 个市为科技金融创新主体地区，每个市进行特色创新；武汉城市圈外其他市（州）借鉴学习武汉城市圈科技金融改革创新经验自主推进，最终推广到全省。截至年末，全省科技型企业贷款余额 1867.1 亿元，同比增长 9.5%。

（三）推进自贸区金融服务创新

一是支持银行业创新发展自贸区金融。出台《湖北银监局关于做好中国（湖北）自由贸易试验区银行业改革创新工作的意见》《关于简化中国（湖北）自由贸易试验区内银行业金融机构和高管准入方式的实施细则（试行）》，构建创新引领、开放包容的"1＋X"自贸区银行业监管制度体系。支持设立银行业机构，自贸区内银行业金融机构达到 52 家。引导自贸区银行业金融机构创新推出"票据池网上质押贷款"等特色业务产品30余种，加快人民币双向资金池、自贸区"熊猫债"、跨境电商、跨境直贷和基金互认建设，推进建立科技企业全周期金融服务体系①。截至年末，自贸区内银行业金融机构累计授信2078.8亿元，贷款余额937.3亿元。二是支持开展跨境证券、基金投资业务。推动上市公司、"新三板"挂牌企业、证券期货经营机构等各类市场主体积极参与自贸区建设；积极争取并大力支持在自贸区设立合资证券公司、公募基金；支持证券经营机构利用自贸区平台"走出去"，开展境外证券投资业务。三是推进保险业服务自贸区建设。支持在自贸区内设立健康保险、科技保险和内河航运保险等专业保险机构，扩大出口信用保险覆盖面；推动保险产品研发中心、再保险中心等功能型平台建设。出台《中国（湖北）自由贸易试验区保险机构和高级管理人员审批备案管理办法》，对自贸区保险机构行政审批事项适用快速通道，由20个工作日缩短至10个工作日；对自贸区内支公司、营业部高管人员的任职资格管理由审批改为备案。

（四）深入推进县域金融工程

一是进一步完善县域普惠金融服务体系。鼓励和推动银行、证券、保险机构通过增设网点、下沉服务，形成功能互补的县域普惠金融服务体系。截至年末，全省县域及以下地区共设银行网点4369个；县域证券机构70家、县域保险机构3470家。二是进一步增加县域金融供给。进一步加大信贷投放，截至年末，全省县域贷款余额12328.66亿元，较年初新增1920.16亿元，县域贷存比首次突破50%，达到53.42%，较年初增长2.33%②。大力推进直接融资，年末挂牌"新三板"的涉农企业融资近1.3亿元；四板市场县域挂牌企业累计完成股权融资579.91亿元，占全省融资总额的76.56%；全年保险资金投资支农服务项目金额8.8亿元。推进县域农险提标扩面，大力实施农业大灾保险，农业风险保障能力持续增强。三是推进县域金融服务创新升级。深入推进"两站一点"建设，推进村级金融服务向信用信息采集评价、融资服务、"三农"保险等综合化方向迈进。打造金融服务网格化"升级版"，推进全省金融服务网格化集成网建设，建设一批"十个一"标杆网点，探索社区、乡村、企业三大

---

① "1+X"是指湖北自贸区银行业监管制度体系。"1"：关于湖北银行业自贸区改革创新工作的总体性政策文件，已经出台《湖北银监局关于做好中国（湖北）自由贸易试验区银行业改革创新工作的通知》；"X"：便捷高效的自贸区行政许可管理制度、个案突破的创新容错制度、自贸区银行业非现场信息监测制度、自贸区银行业风险评估制度，湖北银监局已经出台《关于简化中国（湖北）自由贸易试验区内银行业金融机构和高管准入方式的实施细则（试行）》《中国（湖北）自由贸易试验区银行业务创新包容机制实施办法（试行）》两项制度。

② 本文中到户扶贫小额信贷数据来源为人民银行武汉分行。

模式，全省网格覆盖率和建档面均达到 100%。推动县域金融产品创新，全省各类涉农创新近百种，实现了"一县多品""一行一品"。推进农村承包土地的经营权和农民住房财产权"两权"抵押贷款试点，"两权"抵押贷款余额同比增长 63.8%。创新开展林权、水域滩涂养殖经营权、生物资产等抵押贷款保证保险业务。

（五）创新推进金融精准扶贫

一是创新实施扶贫小额信贷。鼓励金融机构对发展产业带动贫困户增收的新型农业经营主体发放"新型农业经营主体＋建档立卡贫困户"扶贫小额信贷，享受扶贫小额信贷贴息及风险补偿政策，年末累计发放"新型农业经营主体＋建档立卡贫困户"扶贫小额信贷近 86 亿元，带动帮扶贫困户 12.8 万户；累计发放到户扶贫小额信贷 95.1 亿元，惠及贫困户 23.9 万户。二是创新运用债务融资手段。湖北省交通投资集团发行金额 25 亿元的专项扶贫超短期融资券，是全国首单募集资金全部用于扶贫用途的专项扶贫债务融资工具，也是目前市场上发行金额最大的扶贫债务融资工具。武汉农村商业银行联合东方花旗证券成功发行"宜昌长乐投资集团有限公司非公开发行社会责任公司债券（扶贫）"，是国内首单专项用于扶贫的社会责任债券。三是大力推进资本市场服务脱贫攻坚。为贫困地区企业上市、在"新三板"、四板市场挂牌开辟"绿色通道"，3 家贫困地区企业在湖北证监局辅导备案；全省贫困县域"新三板"挂牌企业达到 20 家，累计融资 7.76 亿元。全年全省贫困地区企业发行公司债等债券融资总额达 19 亿元。四是创新推进保险扶贫。开发"扶贫保"系列八个类别的保险扶贫专属产品；发展扶贫小额信贷保证保险，探索推广"保险＋银行＋政府"的多方信贷风险分担补偿机制，促进龙头企业带动贫困农户脱贫致富。发挥保险防灾减损的特殊职能，全年主要政策性农业保险共支付赔款 4.27 亿元，惠及农户 429.53 万户次，有效防止了因灾返贫。

（六）持续深化合作与交流

一是持续深化省部（行、会）战略合作，省政府与民生银行、长城资产管理公司、中国农业发展银行、建设银行、恒丰银行、中国人寿保险集团等金融机构签署战略合作协议，争取更多的金融资源配置。二是深化与全国中小企业股份转让系统开展战略合作，支持更多企业到"新三板"市场挂牌。以长江经济带产业基金为引领，加强与国家级和境内外知名股权投资机构的合作，吸引各类股权投资基金在我省设立股权投资管理机构或业务管理总部。支持湖北碳排放权交易中心与法国、美国和韩国的相关机构合作，增加交易品种，扩大交易规模，打造全国碳交易中心和碳金融中心。三是成功举办第十届中国·武汉金融博览会，以"深化科技金融改革创新，推进供给侧结构性改革"为主题，开展了主题论坛、科技金融改革创新论坛等七大论坛以及系列大型外围活动，有力地提升了武汉区域金融中心影响力。

四、加强金融风险防控情况

（一）加强和改善金融监管

1. 加强金融宏观审慎监管

一是不断完善监管协调机制，防止监管空白和监管套利。二是强化风险监测分析和评估，完善金融安全防线和风险应急处置机制，重点关注产能过剩行业、房地产行业、地方政府性债务等风险和非法集资风险。三是加强开业管理、银行业机构综合评价管理，严格执行重大事项报告制度，严把金融机构风险控制关。四是不断完善跨境资本流动宏观审慎管理和外汇市场微观监管，严密防范跨境资本流动风险。

2. 加强银行业风险防控

一是专项治理金融乱象，银行业脱实向虚势头得到初步遏制。二是推进成立债委会，化解大额授信风险；推进银团贷款，防范多头授信、过度授信风险。三是落实差别化信贷政策，加强"首付款"审查，防控房地产贷款风险；规范银行业参与新型政府性融资业务，防控平台债务风险。

3. 加强资本市场风险防控

一是防控上市公司和挂牌企业风险。加强上市公司动态风险监测，及时处置化解大股东股票质押式回购强制平仓风险，高度关注退市公司风险；及时发现并处置"新三板"挂牌公司违规风险事项。二是防控债券违约风险。重点关注信用评级调减、财务状况恶化等异常风险点，妥善化解中小企业私募债违约风险。三是防控证券期货机构各类业务风险。全面开展对资管业务、自营业务、投行业务的风险排查。四是防控私募基金非法集资风险。强化对登记备案的私募机构和产品的监管，全年未发生新增涉嫌非法集资风险事件。

4. 加强保险业风险防控

一是防控和处置新型保险业务风险。关注利用互联网技术推广、影响客户信息安全、与互联网借贷相关的各类新型保险业务风险，开展互联网保险专项整治。二是防范打击保险欺诈。建立行政执法与刑事执法高效、有序的衔接机制，加强与公安机关协作，严厉打击保险欺诈犯罪。全省未发生涉及保险欺诈的大案要案。三是严防保险非法集资风险。完善非法集资风险排查机制和监测预警机制，对于保险公司因管理失职导致经营场所、销售渠道被非法集资人利用进行非法集资的，依法从重处罚。

（二）严密防范和处置区域金融风险

一是加强地方金融监管部门与驻鄂中央金融管理部门的协调配合，建立完善信息交流平台和工作沟通渠道，增强地方金融监管合力。二是强化地方法人金融机构风险防控。会同驻鄂中央监管机构加强对地方法人机构实行综合监管，完善考核体系，引导脱虚向实。引导地方法人金融机构稳妥有序退出各类"僵尸企业"，积极开展市场化债转股。三是防范政府债务风险，推动政府债务信息共享，强化金融机构自律，建立政府债务风险应急机制。四是加强对地方类金融机构监管，建立统一监管框架，完善监管规则，加强准入管理，强化事中事后监管。五是加强对互联网金融和各类交易场所的整治，落实监管主体责任，杜绝乱办金融，健全风险防控长效机制。六是严厉打击非法"校园贷"，防范和打击非法集资，完善预警监测机制，切实打"早"打"小"，积极化解存量风险，防止引发次生风险。

（三）持续优化金融业发展环境

进一步完善金融信用市、县考评机制，加大对地方金融生态环境的考核力度，加强对地方政府的金融风险提示，督促改善金融生态环境。引导全省金融机构主动预防、化解不良资产，严厉打击逃废债等行为，维护优良的金融生态环境。

五、金融业发展面临的机遇与挑战

（一）发展机遇

一是湖北省承担的包括"一带一路"、长江经济带、中部崛起、长江中游城市群建设等在内的国家重大发展战略任务以及实施的包括国家中心城市、全面创新改革试验区、湖北自贸区、科技金融改革创新试验区等在内的多项国家重大改革试点，较大地提升了在国家改革开放新格局中的重要地位，进一步加快了金融改革开放与创新发展的步伐，为金融业发展提供了难得的机遇。二是年内湖北省出台了《省人民政府办公厅关于进一步降低企业成本振兴实体经济的意见》《中国（湖北）自由贸易试验区建设管理办法》《省人民政府办公厅关于印发湖北自贸区金融改革综合实施方案的通知》《省人民政府关于财政支持供给侧结构性改革助推经济社会发展的意见》等一系列推进金融改革创新发展的政策与措施，全省支持金融业发展的政策体系进一步完善，为金融业深化改革、与实体经济融合发展提供了更加全面有效的制度保障和广阔的空间。三是武汉区域金融中心建设步伐持续加快，成效显著，金融生态环境持续优化，区域金融中心的聚集效应和辐射带动作用日益增强，金融业的营商环境不断显著改善。四是湖北省经济保持中高速增长，转型发展迈出实质性步伐，综合实力明显提升，为金融业发展提供了坚实基础。商业航天、存储器、新能源汽车等一批国家级产业项目和基地相继落户，全省"万企万亿"技改工程深入推进，有力地推动了全省新动能加快成长和产业结构加快转型升级，为金融业转型创新发展创造了有利条件。

（二）面临的挑战

一是世界经济进入复苏新周期的诸多不确定因素和国内经济稳定增长仍面临的较大压力，不可避免地对我省经济和金融发展产生影响。二是经济结构调整和产业转型升级对金融服务数量和质量、对金融市场的广度和深度、对金融机构的风险管理能力等都提出了更高的要求，金融业适应实体经济发展需求的转型压力和发展质量提升的压力不断加大。三是金融开放全面提速，外资控股金融机构的不断增加将加剧金融行业竞争。同时，互联网技术的渗透、金融科技的加快应用以及新型金融业态的兴起，对金融业传统经营理念和业务模式造成的冲击使金融业竞争格局发生重大变化。四是金融风险点多面广，防范金融高杠杆率和流动性风险、银行不良贷款风险、影子银行风险、地方政府隐性债务风险、房地产泡沫化风险、互联网金融风险等的压力和难度加大。

六、2018 年金融改革发展重点工作

2018 年，全省将深入贯彻落实党的十九大、中央经济工作会议和全国金融工作会议精神，坚定不移推动金融服务实体经济，坚定不移防控金融风险，坚定不移深化金融改革，以金融活激发经济活，以金融稳保障经济稳，为全省加快建设现代化经济体系提供强大的金融支撑。

（一）坚定不移推动金融服务实体经济

一是做大做强地方法人金融机构。积极争取"一行三会"金融监管部门支持，申报筹建银行、证券、期货、保险等法人机构及新型金融机构。大力引进外资金融机构，支持全国性金融机构在湖北设立区域总部、分支机构。支持湖北银行、汉口银行增资扩股，推动省农信联社深化改革，加快天风证券上市步伐，促进其提升核心竞争力。二是进一步加大信贷投放力度。继续围绕"四个高于"工作目标，持续举办金融服务地方经济发展"早春行"、重点项目银企对接等活动，做好信贷投放的协调工作，着力助推"万企万亿"技改工程。协调建立财税、金融合作机制，着力重构融资担保体系。三是大力实施金融招商引资。引导长江产业基金等政府引导基金进一步加大对我省产业发展，尤其是战略性新兴产业发展的支持力度。积极推动保险资金投资我省重大项目，办好各类投融资对接会。四是大力发展多层次资本市场。深入实施上市后备企业"金种子""银种子"计划，支持企业到"新三板"、四板市场挂牌融资，切实

提升武汉股权托管交易中心服务功能。支持企业在银行间市场和交易所开展债券融资、资产证券化。五是大力推进小额贷款保证保险、科技保险、首台（套）重大技术装备保险、新材料首批次应用保险、专利质押贷款保证保险、信用保证保险、融资性保证保险等试点，有效服务地方经济发展。

（二）坚定不移防控金融风险

一是全力防范和处置非法集资、非法"校园贷"、非法证券期货以及地方交易场所和互联网金融等领域的风险。二是持续做好地方金融安全保障工作。持续推进金融领军人才培养工作。坚持不懈推进信用环境和金融生态建设，形成"政府主导、央行推动、经济金融为主体、各部门协调配合"的有效运作模式。协调公检法解决银行体系重大风险问题，会同金融机构、省网信办、金融监管部门共同做好金融声誉管理。三是切实加强地方金融机构监管。在中央制定的统一规则下，完善地方金融机构监管框架，细化中央监管部门在机构准入、监管准入、业务准入等方面政策，落实监管责任。

（三）坚定不移深化金融改革

一是贯彻落实全国金融工作会议精神。筹备组织召开全省金融工作会议，研究制定金融支持地方经济发展和防控地方金融风险的意见，印发 2018 年全省金融工作意见及责任分工。二是深入推进科技金融改革创新。进一步完善和推广科技金融创新的"东湖模式"，积极发展科技金融专营机构、科技企业知识产权质押贷款业务，着力推动投贷联动试点，不断完善科技企业的金融服务供应链。三是积极推动自贸区金融改革。充分利用优惠政策，加快自贸区金融机构分支机构的建设，完善自贸区金融组织体系。制定、落实自贸区金融政策，加强自贸区金融宣传。四是大力发展绿色金融。研究制定《绿色金融工作意见》，深化绿色金融推动工作。鼓励发展绿色信贷，加快发展绿色保险，鼓励绿色企业通过发债、上市等融资，推动建立绿色项目投融资风险补偿机制，促进形成绿色金融健康发展模式。五是实施县域金融升级工程。总结县域金融工程的推广模式，举办县域金融工程建设经验交流会，着力构建服务县域经济的金融产品体系、多层次资本市场对接体系、政策性融资担保体系和金融政策保障体系以及网格化的普惠金融服务体系。

综合篇

湖北省贯彻落实稳健中性货币政策情况

人民银行武汉分行

2017年，湖北省坚持稳中求进工作主基调，积极贯彻落实稳健中性货币政策，切实加强宏观审慎管理，为支持供给侧结构性改革、促进实体经济发展和防范化解金融风险营造了适宜的货币金融环境。

一、货币信贷运行基本情况

（一）信贷增长目标全面实现

2017年末，湖北省金融机构本外币各项贷款余额39571亿元，同比增长14.6%，高于全国平均增幅2.5个百分点。各项存款余额52352亿元，同比增长10.7%，高于全国平均增幅1.9个百分点。全年全省信贷增速高于全国平均增速、全省GDP增速，位居中部前列。小微企业贷款和县域贷款增速高于各项贷款平均增速。全省信贷增长目标全面实现。

（二）信贷结构进一步优化

1. 信贷资金对实体经济支持力度增强

2017年，随着宏观经济企稳及金融监管加强，企业生产性贷款需求增强，投机性贷款下降。全省企业中长期贷款新增3064亿元，同比多增803亿元，企业短期贷款和票据融资分别同比减少89亿元和394亿元。金融去杠杆促进了资金"脱虚向实"，信贷资金更多流入实体经济。

2. 经济薄弱环节和民生领域贷款较快增长

2017年末，全省小微企业贷款8009亿元，同比增长22.6%，高于各项贷款增速8.0个百分点；县域贷款7978亿元，同比增长20.0%，高于各项贷款增速5.4个百分点，县域余额贷存比达到48.2%，同比提高2.9个百分点；金融精准扶贫贷款余额1728亿元，同比增长42.0%，同比提高3.4个百分点[①]。

---

① 本文中县域贷款数据来源为人民银行武汉分行。

3. 个人住房贷款增速持续回落

2017 年末，全省个人住房贷款余额 7839 亿元，同比增长 27.8%，较年初下降 18.2 个百分点。全年全省个人住房贷款新增 1704 亿元，占各项新增贷款的 33.8%，占比较上年下降 4.7 个百分点。其中，武汉市个人住房贷款余额 5011 亿元，同比增长 25.2%，较年初下降 40.0 个百分点；全市个人住房贷款新增 1007.75 亿元，占各项新增贷款的 34.0%，占比较上年下降 9.6 个百分点。

二、贯彻执行稳健中性货币政策情况

（一）合理进行信贷调控

出台《关于进一步做好地方法人金融机构宏观审慎管理和信贷调控工作的通知》，明确 2017 年湖北省货币信贷调控目标。为重点支持"三农"、小微企业等实体经济发展，明确新增贷款全部用于"三农"、小微企业而突破控制总量的，可适度提高容忍度，不得因调控影响春耕备耕生产资金需求。截至年末，全省地方法人金融机构人民币贷款余额 8499 亿元，较年初增加 1187 亿元，同比少增 56 亿元。全省地方法人金融机构信贷投放总体呈现投放总量有效控制、投放节奏有效把握、投放结构有效调整的态势。

（二）加强存款准备金管理

一是认真落实"定向降准"相关政策。对省内符合条件的 14 家地方法人金融机构（城市商业银行 2 家、非县域农村商业银行 12 家）进行考核，根据考核结果对地方法人金融机构差别存款准备金率进行动态调整。其中，湖北银行和汉口银行执行低于同类机构正常标准 0.5 个百分点的存款准备金率，12 家非县域农村商业银行执行低于同类机构正常标准 1.5 个百分点的存款准备金率。

二是继续执行差别化的存款准备金率政策。认真落实《关于鼓励县域法人金融机构将新增存款一定比例主要用于当地贷款的考核办法》，对省内达标县域法人金融机构执行低于同类机构正常标准 1 个百分点的存款准备金率。对全省农业银行"'三农'金融事业部"改革试点情况进行考核，自 2017 年 3 月 27日起，对考核达标的 44 家县级农业银行"'三农'金融事业部"执行比中国农业银行低 2 个百分点的优惠存款准备金率。

（三）完善央行资金管理

一是创新扶贫再贷款管理方式。发布《关于加强扶贫再贷款管理支持贫困地区脱贫攻坚的通知》，引导金融机构加大对带动贫困户就业发展的企业、建档立卡贫困户、贫困地区特色产业以及贫困人口创业就业的信贷支持力度。截至年末，全省扶贫再贷款余额 44 亿元，较上年同期增长近 2 倍。

二是制定信贷政策支持再贷款发放。进一步完善信贷政策支持再贷款发放条件，积极引导金融机构增加涉农、小微企业贷款，降低企业融资成本。截至年末，全省信贷政策支持再贷款（包括支农和支小再贷款）余额65亿元，同比多增19亿元。

三是推进再贴现业务发展。稳步推进电子商业汇票再贴现，年末全省再贴现余额28亿元，同比增加25亿元。持续实施票据选择性再贴现，明确再贴现支持的涉农、小微及高科技企业等重点领域，对符合条件的票据优先办理再贴现。运用再贴现工具支持企业签发商业承兑汇票，鼓励优质守信企业签发和使用商业承兑汇票。

四是提升常备借贷便利操作效率。实时监测金融机构同业拆借利率情况，创新建立常备借贷便利抵押品预先抵押制度，优化常备借贷便利操作流程。全年开展43次常备借贷便利操作，累计发放金额193.6亿元，较上年增加92.4亿元。

五是推进信贷资产质押再贷款试点和抵押补充贷款监测评估。

完成对符合条件的140家地方法人机构的评级工作，以信贷资产质押方式发放再贷款7.65亿元。

（四）加强利率管理

指导金融机构完善利率定价机制建设，改进定价系统，提高定价能力。完成对全省74家地方法人机构的评估和年审工作，有54家法人金融机构成为全国市场利率自律机制的基础成员和观察成员。加强对降低社会融资成本、维护金融稳定的存款利率的定价自律管理，杜绝非理性的定价行为；对财政、社保、军队等公共资源类存款招投标定价加强自律管理，组织全省自律机制成员签订存款利率定价承诺书，约定不同存款品种浮动上限。完善利率数据信息共享制度，编制《湖北省市场利率定价自律机制工作手册》，促进对自律公约的自觉遵守。

三、加强宏观审慎管理情况

（一）加强宏观审慎评估（MPA）

一是增强宏观审慎评估的操作性。细分和完善对金融机构结构性参数调整标准的湖北特色评估方式，将MPA与信贷调控、内部控制、政策执行等有效结合。2017年，全省参与MPA评估的地方法人金融机构基本达到了ABC三类机构的纺锤形合理性分布。

二是增强宏观审慎评估效力。注重事前监测预警，督促金融机构自主掌握经营发展偏离宏观审慎要求的环节。引导金融机构及时调整广义信贷结构、控制广义信贷增速、主动提升资本充足率。按季召开人民银行地市中支和地方法人金融机构宏观审慎评估情况通报会，分析地方法人金融机构宏观审慎管理执行情况，引导金融机构加强自我约束和管理，提高稳健经营水平。

（二）加强房地产金融宏观审慎管理

一是加强房地产金融调控。坚持"分类指导、因城施策"，配合省住建厅出台《关于因城制宜实施房地产市场调控的通知》等政策文件，指导商业银行充分运用住房信贷政策工具，适度提高首付款执行比例。

二是强化住房信贷管理。落实差别化住房信贷政策，分区域做好住房贷款管理工作。联合湖北银监局下发《关于加强个人消费贷款管理防范信贷资金违规流入房地产市场的通知》，全方位执行差别化住房信贷政策。

三是加强房地产市场监测分析。建立房地产金融宏观审慎管理基础数据库和房地产金融宏观审慎监测机制，按月监测金融机构房地产贷款集中度、稳健性、信贷结构、资产质量、差别化住房信贷政策执行情况、借款人偿债能力以及市场利率定价自律机制决议执行情况等。

（三）完善全口径跨境融资宏观审慎管理

加强对地方法人金融机构全口径跨境融资的监测，按月监测地方法人金融机构的跨境融资上限、余额及比重和期限结构，对于未达到全口径跨境融资宏观审慎要求的金融机构下发预警通知。

四、2018 年货币信贷工作重点

（一）继续落实稳健中性货币政策

处理好稳增长、调结构、控总量的关系，调节好本地区货币闸门，保持货币信贷适度增长和流动性基本稳定，做好对湖北省主要法人金融机构的信贷调控。

（二）灵活运用货币政策工具

疏通货币政策传导机制，全面提升金融服务实体经济的效率和水平。加大再贷款、再贴现运用力度。进一步加强信贷资产质押再贷款试点和央行内部评级工作，充分运用常备借贷便利工具。

（三）继续加强流动性监测

重点关注金融机构流动性来源和期限结构、资产负债期限错配、表外业务发展、杠杆率水平，以及流动性覆盖率（LCR）等监管指标达标情况，及时掌握金融机构和地方法人金融机构表内和表外资金的运用、杠杆率变化情况。

（四）持续推进金融精准扶贫

加大"新型农业经营主体＋建档立卡贫困户"产业带动信贷扶贫模式的推广力度，加大扶贫再贷款额度向深度贫困地区倾斜力度，支持深度贫困地区符合条件的企业发行债务融资工具筹集资金。

（五）深入开展"两权"抵押贷款试点

大力推进农地抵押贷款试点工作，在做大总量的基础上稳步释放部分信贷风险；稳妥推进农房抵押贷款试点工作，加强贷款风险控制，稳妥探索农民住房财产权处置方式和途径，保障抵押权人合法权益。

（六）着力推进小微企业金融服务

整合小微企业产业、项目、融资需求等基本信息，探索采纳企业缴纳税费等信用信息，搭建小微企业信用信息对接平台，指导金融机构利用大数据、云计算等技术手段，加快小微企业信贷产品创新和服务机制再造，为小微企业提供低成本、便捷的综合性金融服务。

（七）持续完善房地产信贷宏观审慎管理

继续做好差别化住房信贷政策实施和重点城市个人住房信贷宏观审慎管理工作。指导金融机构切实掌握好个贷投放的节奏和尺度，优先满足居民合理自住贷款需求。

（八）积极推动跨境人民币业务增量扩面

制订出台跨境人民币新客户拓展专项行动实施方案，明确新客户培育名录、工作措施和阶段目标，采取正向激励和反向考核约束相结合的方式，推动金融机构重点挖掘跨境人民币潜在客户，有针对性地开展"一对一"上门业务营销和辅导。

湖北省银行业发展情况

湖北银监局

2017 年，全省银行业按照风险可控、商业可持续原则，坚持以供给侧结构性改革为主线，深化改革、积极创新，进一步提高服务实体经济的能力和水平，全力服务全省经济结构优化、动力转换和质量提升，较好地实现了经济金融协调、融合发展。

一、银行业运行情况

（一）机构体系持续壮大

2017 年，全省新开业 5 家银行业机构，分别是众邦银行（全省首家民营银行）、恒丰银行武汉分行、富邦华一银行武汉分行（外资银行）以及航天科工金融租赁公司、三环集团财务公司，全省银行业机构达到 202 家。其中，开发性金融机构和政策性银行 3 家，国有大型商业银行 5 家，股份制商业银行 12

家，邮政储蓄银行 1 家，城市商业银行 2 家，民营银行 1 家，农信联社 1 家，农村商业银行 77 家，村镇银行 66 家，贷款公司 2 家，金融资产管理公司 4 家，信托公司 2 家，企业集团财务公司 12 家，金融租赁公司 3 家，消费金融公司 1 家，外资银行 10 家。全省银行业机构体系进一步扩容，股份制银行、外资银行、非银行机构数量均居中部前列。

（二）运行态势总体平稳

1. 业务规模平稳增长

截至年末，全省银行业资产规模 6.67 万亿元，同比增长 11.64%；银行业负债规模 6.46 万亿元，同比增长 11.35%。其中，各项存款余额 5.24 万亿元，同比增长 10.72%，重回两位数增长水平，增幅超全国平均水平 1.9 个百分点。

2. 信贷投放稳步加大

年末，全省银行业各项贷款余额 3.96 万亿元，同比增长 14.6%，增幅超全国平均水平 2.5 个百分点；全年新增贷款 5040 亿元，居中部第 2 位，同比多增 24.2 亿元。

3. 资产质量和风险补偿能力保持稳定

年末，全省银行业不良贷款余额 602 亿元，不良贷款率为 1.52%，较年初下降 0.16 个百分点。

年末，全省法人商业银行损失抵补能力充足，资本充足率同比上升 0.7 个百分点；贷款损失准备金较年初增加 61 亿元，拨备覆盖率同比提高 1.5 个百分点；流动性比例同比增长 7.9 个百分点。

（三）发展质量持续向好

1. 资金脱虚向实趋势持续向好

随着供给侧结构性改革的深入和金融监管力度的加强，全省银行业信贷资金脱实向虚的趋势逐渐扭转。一是贷款增长低于资产增长的势头得到扭转。年末银行业各项贷款增长快于资产规模增长 2.96 个百分点。二是同业业务持续收缩。同业业务增速同比回落，同业负债同比下降 8.82%。三是银行间理财占比下降。金融同业专属理财产品期末余额 315.9 亿元，占比较年初下降 60.4 个百分点，理财资金空转现象明显扭转。四是票据业务下降明显。全省票据融资余额同比下降 25.7%，票据资金空转情况明显减少。

2. 信贷结构调整持续向好

一是更多投向小微企业。全省银行业小微贷款余额（银监局统计口径）10379.03 亿元，同比增长 17.40%，实现了“两个不低于”的目标；占各项贷款的比重为 26.23%，同比上升 0.63 个百分点。二是更多投向县域。全省县域贷款余额 12329 亿元，同比增长 18.45%，与 2011 年“县域资金回流工程”建设初期相比增幅达 200%。三是更多投向新兴产业。年末银行业战略性新兴产业贷款余额 611.2 亿元，较年初增加 97.2 亿元，增幅为 18.9%，高于同期各项贷款平均增幅 4.3 个百分点。四是信贷区域投放趋向均衡发展。从地区看，潜江、黄冈、仙桃贷款增长较快，同比分别增长 30.3%、21.3%、18.2%。此外，绿色信贷业务快速发展，年末绿色信贷余额 3703 亿元，同比增长 33%。

3. 机构盈利能力持续向好

2017 年，在息差、利差收窄的背景下，全省银行业主动调整业务结构，拓宽收入来源，截至年末，全省银行业实现利润 719 亿元，居中部六省第 1 位，同比增长 26%，盈利能力持续向好。

二、促进银行业服务实体经济情况

（一）大力支持重点领域融资需求

一是大力支持长江经济带发展。引导银行业机构大力支持基础设施互联互通等重点领域。截至年末，全省支持长江经济带（湖北）贷款余额 11780 亿元，同比增长 112%。二是积极服务"一带一路"倡议。国开行湖北省分行发挥其作为最大对外投融资银行优势，支持湖北省企业"走出去"和境内外汇项目，年末本外币贷款余额 4985.9 亿元，其中，外汇贷款余额 178.23 亿美元，在全省排名第一。中国进出口银行湖北省分行累计签约"一带一路"项目 29 个，涉及 10 个国家，年末贷款余额 103.27 亿元，较年初增长 18.37%。汉口银行助力汉欧公司等一批本土物流企业打造"一带一路"武汉品牌，加快推进武汉市建设国家商贸物流中心，年末向武汉汉欧国际物流有限公司提供授信支持 8000 万元。全省各银行机构推出有利降低企业财务成本、规避汇率和利率风险的创新产品及产品组合，拓宽外贸企业的融资渠道。

（二）持续提升"三农"和小微企业金融服务水平

稳妥推进农村集体经营性建设用地使用权、农民住房财产权、农村承包土地经营权抵押贷款试点。继续细化落实小微企业续贷和授信尽职免责制度。进一步推广"银税互动""银商合作""双基联动"等服务模式和动产抵（质）押融资等业务。进一步完善"四单"等金融扶贫工作机制，推动网格化扶贫"全覆盖"。引导银行业机构做强做优网格，用好用活网格资源，在贫困地区建设网格化工作站，努力实现扶贫项目评估、建档立卡贫困户评级授信和金融基础服务的"三个精准覆盖"。年末，全省扶贫贷款 484 亿元，同比增长 124.63%。年内武汉农商行成功发行全国首单精准扶贫公司债券，实现了金融精准扶贫的创新突破。

（三）深入推进普惠金融发展

深入实施"金融服务网格化"战略，打造普惠金融的"湖北样本"，大力支持保障和改善民生。年末，全省建立网格站 3.23 万个，发放贷款 1303 亿元，服务普惠群体 114 万户，户均贷款 11.43 万元，覆盖全省 3992 个城镇网格和 2.16 万个乡村网格，实现网格站和建档面"两个 100%"目标。县域贷存比首次突破 50%，达到 53.42%。

（四）积极发展绿色金融

制定加快推进绿色信贷发展的意见、2017 年绿色信贷考核评价办法等一系列制度，加大绿色信贷投放，重点支持低碳、循环、生态领域融资需求。截至年末，全省银行业节能环保项目及服务贷款余额 3703 亿元，较年初增长 33%。

（五）支持产业结构调整和转型升级

一是深入实施差异化信贷政策。对于长期亏损、失去清偿能力和市场竞争力的"僵尸企业"以及落后产能等不符合国家产业政策的企业，坚决压缩退出相关贷款，稳妥有序实现市场出清。对于产能过剩行业中技术设备先进、产品有竞争力、有市场、虽暂遇困难但经过深化改革和加强内部管理仍能恢复市场竞争力的优质骨干企业，继续给予信贷支持。切实贯彻落实房地产调控政策，引导银行业加大对棚户区改造、住房租赁产业的支持。二是继续推广债权人委员会制度。推动银行业机构以债委会为抓手，有序开展债务重组，最大限度地帮助企业解困。三是积极稳妥开展市场化债转股。支持引导农业银行湖北省分行、建设银行湖北省分行设立总金额 300 亿元的武钢转型发展有限合伙制基金和契约性基金，支持国有企业供给侧结构性改革，降低了资产负债率近 10 个百分点。四是积极推进金融支持"万企万亿"技改工作。紧密对接传统工业企业运用新技术、新工艺、新装备、新材料实施技术改造的融资需求，积极探索技改金融产品和服务模式创新，为企业技改提供综合金融方案。华夏银行武汉分行作为"万企万亿技改工程"的试点银行，率先设计出针对基础设施建设和设备采购的技改升级贷、针对绿色环保和节能减排项目的技改绿色贷等 10 个符合技改企业的金融产品，贷款年限从 5 年升至 10 年以上，利用"绿色通道"完成贷款手续，效率提升 60% 以上，试点工作取得较好成效。

（六）进一步降低企业融资成本

一是实行服务收费管理"四挂钩"，即将监管评级、市场准入、高管人员任职资格审核、评先表彰等与银行合规收费、减费让利情况挂钩，切实改善银行服务收费。二是加大服务收费查处力度。坚持开展银行业服务收费专项清理活动，全面贯彻银监会"七不准、四公开"和小微企业"两禁两限"要求，重点查处强制收费、强制有偿服务等违规行为，督促银行机构履行社会责任，积极减费让利。按照国家发展改革委、银监会关于取消和暂停商业银行部分基础金融服务收费的通知，督促各银行业机构取消个人异地柜台取现手续费等收费项目。全年银行业机构取消收费 9800 万元、降低收费 1.1 亿元。

三、推进银行业改革创新情况

（一）持续深化普惠金融机制改革创新

督导五大行在省分行层面设立普惠金融专门机构，推动邮储银行湖北省分行成立"'三农'金融事业部"，深化省农信联社体制改革，稳妥推进去行政化和履职规范化。引导银行业金融机构深入推进金融服务网格化，完善配套管理流程和考核机制，立足机会平等和商业可持续原则，进一步提高金融服务的覆盖率、可获得性和满意度。稳步推进校园金融服务，建立银行机构"认领"制度，截至年末，全省银行业金融机构在 129 所高校设立校园金融服务网格站 338 个。

（二）不断深化银行业资本管理

制订资本管理良好标准评估方案，对城商行资本管理开展评估，指导并推动两家城商行发行 25 亿元和 30 亿元二级资本债；引导农商行多渠道补充资本，全年共批复 6 家农商行发行了 69.8 亿元的二级资本债券。

（三）进一步完善科技金融专营机制

鼓励银行业机构建立科技金融专业化的经营组织、差异化的信贷模式和长效化的考核机制。2017 年，全省在分行层面普遍设置了科技金融专业部门，设立多家科技支行，配备科技金融人才 714 人。推进投贷联动试点银行加快完善投贷联动业务内部管理制度和流程，2 家试点银行为开展投贷联动业务建立专门的授信准入、风险评级、审查审批和贷后管理制度。

（四）推进自贸区金融服务创新

一是构建完善政策支持体系。印发《湖北银监局关于做好中国（湖北）自由贸易试验区银行业改革创新工作的意见》《关于简化中国（湖北）自由贸易试验区内银行业金融机构和高管准入方式的实施细则（试行）》等，建立创新引领、开放包容的"1+X"自贸区银行业监管制度体系。二是推进完善政策、机制。引导银行业金融机构结合自身定位，完善自贸区（支）行功能定位、部门设置、授权管理及创新政策等。三是完善机构体系，加大信贷投放。截至年末，全省三片区内共有银行业金融机构 52 家，较自贸区挂牌时新增 5 家。年末全省自贸区金融机构累计授信金额 2078.8 亿元，发放贷款余额 937.3 亿元。四是推进金融产品和服务创新。引导自贸区银行业金融机构推出"票据池网上质押贷款"等特色业务产品创新产品 30 余种。加快人民币双向资金池、自贸区

"熊猫债"、跨境电商、跨境直贷和基金互认建设，推进建立科技企业全周期金融服务体系。

四、强化银行业风险防控情况

认真贯彻落实《中国银监会关于银行业风险防控工作的指导意见》，加强信用风险、流动性风险管控；加强债券投资业务管理；加强交叉金融业务管控；规范银行理财和代销业务；防范房地产领域风险和地方政府债务风险；稳妥推进互联网金融风险治理；防止民间金融风险向银行业传递；防止出现重大案件和群体事件。一是深入开展现场检查，组织开展信用风险排查、"三违反""三套利""两会一层"等六大专项治理行动。二是持续开展非法集资风险排查处置。全年累计排查各类账户 103390 个，排查人员 20027 名，排查业务 2047.4 万笔，排查金额合计 31.55 万亿元。三是强力整治校园乱象。举办防范和打击非法"校园贷"主题宣传服务月活动，净化校园金融环境。四是深入推进案件防控工作。总结制定案防基础工作"十必做"、员工行为"十大"风险等制度，夯实案防工作基础。

五、银行业发展机遇与挑战

伴随着利率市场化、宏观经济增长放缓、互联网金融的竞争、民营银行准入放松、人民币国际化等一系列重要变革，银行业发展将进入新常态。一是金融业混业经营将成为趋势。二是银行业将逐步从粗放式发展向精细化经营转变。三是产投融结合的业务或将加速发展。四是对结算与交易业务的要求大幅提高。五是条线化垂直管理、大事业部制渐成主流。银行业发展面临着新的机遇与挑战。

（一）发展机遇

一是随着国家区域战略加速推进，区域战略布局的优化将产生新的金融业务机遇。此外，随着我国成为对外投资大国，以及人民币国际化进程加快，企业"走出去"的空间将进一步打开，为银行业推进国际化战略提供了重要契机。

二是传统行业的转型升级和经济结构调整促使行业间并购重组加快，催生了产业升级的金融需求。

三是民生改善项目融资主体将从政府平台转向政府和民间资本合作的 PPP 方式，资金来源也将从"信贷＋信托"转向"信贷＋债券"，将促进银行业务转型创新。

四是随着居民消费将从生存型向发展型转变，必然催生对信用卡、消费信贷、跨境支付等金融产品和服务的大量需求。

五是随着绿色经济的加快发展，在能效融资、碳排放权融资、绿色信贷资产证券化等方面的创新需求将更为迫切。

（二）面临的挑战

一是供给侧改革带来的挑战。随着供给侧结构性改革的深入推进，产业结构调整使得大量产能过剩行业和"僵尸企业"面临转型升级或被淘汰。从长远看，产业结构调整有利于银行业培育新的业务增长点和利润来源，但短期内也会引发局部不良贷款上升，加大风险防控压力。

二是金融格局变化带来的挑战。直接融资市场的日趋活跃，使银行面临"脱媒"和"做媒"的双重选择。利率市场化进程加速，汇率波动加大，银行的定价管理、资产负债管理、流动性管理能力面临挑战。互联网金融的兴起在加剧行业竞争的同时，也对银行风控提出了更高要求。商业银行在服务小微企业和"三农"等薄弱领域的同时，要保持良好的资产质量和稳定的盈利增长。

三是企业行为变化带来的挑战。经济"新常态"下企业的经营行为呈现诸多变化：从单一向多元转变，集团化、多元化、金融化、国际化越来越普遍；从线下向线上转变，线下生产与线上经营相结合。商业银行传统的选择客户、评判客户的标准以及营销和服务模式面临考验，急需随之转型提升。

六、2018 年重点工作

（一）稳步推进供给侧结构性改革

一是大力破除无效供给。深入推进债委会组建工作，完善议事规则，约束债务杠杆，稳步化解风险。二是大力培育新动能。围绕长江中游城市群重点工程，加强城乡统筹协调发展等领域的支持。大力支持全省"万企万亿"技改工程，积极开发技改产品和服务方案。推动银行业机构拓展消费金融业务，积极满足医疗养老、教育旅游等融资需求。三是大力降低融资成本。实行中介机构"黑名单"禁入和"白名单"互认，引导银行机构签订"降费减负公约"，督导银行机构实现小微企业贷款"两增两控"目标①。

（二）大力支持乡村振兴和精准扶贫战略

一是有力支持乡村振兴战略。大力支持农业现代化、集体经济壮大和新型农业经营主体发展，积极探索"两权"抵押贷款试点、农业设施抵押贷款等产品创新。二是精准支持脱贫攻坚。以深度贫困地区脱贫为重点，坚持新增资金优先满足深度贫困地区、新增金融服务优先布设深度贫困地区。以产业扶贫为

---

① "两增两控"：单户授信 1000 万元以下的小微企业贷款，实现增速不低于各项贷款增速、户数不低于上年同期，将贷款综合成本（利率和银行收费）和资产质量控制在合理水平。

抓手，加大对特色产业、贫困村提升工程、基础设施建设等领域的支持力度。以网格扶贫为特色，积极发展扶贫小额信贷。

（三）积极发展科技金融、普惠金融、绿色金融

一是积极推进科技金融，实施"全周期服务试点工程"。以投贷联动为抓手，选取部分银行机构和科创型企业试点开展全周期金融服务，推动服务理念、服务模式和服务机制的"三个转变"，缓解初创期、成长期企业融资难题。二是积极推进普惠金融，实施"网格化服务提质工程"。做深、做细、做实网格服务，探索"网格化＋支农、助小、扶贫"的成熟模式，实现从"量的覆盖"到"质的提升"，形成可复制、可推广的模式，为普惠金融发展提供"湖北样本"。三是积极推进绿色金融，实施"清单制服务示范工程"。围绕长江经济带大保护，实施清单对接、联合环评、绿票准入、专营管理、统计监测、考核评价"六步走"，打造绿色金融服务品牌。

（四）严密防控金融风险

一是转观念。开展"内控合规管理深化年"活动，引导银行业树立合规经营、科学发展和理性竞争理念。二是治乱象。突出压缩同业投资、严格规范交叉金融产品、抓好案件治理"三个重点"，着力祛除"顽疾"。三是控风险。着力化解大额不良贷款，建立联合授信和债权人委员会两项机制，减少多头授信和过度融资。主动配合地方政府整顿隐性债务，严肃查处违规接受担保及违规融资行为。抑制居民杠杆率，严控个人贷款违规流入股市和楼市。继续遏制房地产泡沫，引导银行业加强对棚户区改造、住房租赁产业的支持，支持武汉市开展利用集体建设用地建设租赁住房试点。四是强监管。制定银团贷款业务发展指导意见，探索联合授信管理，规范信贷市场秩序。联合有关部门建立重点企业集团融资信息平台，建立失信企业"黑名单"和从业人员受处分（罚）名单。五是严处罚。加大处罚力度，坚持罚没并举，对重大案件和风险事件依法顶格处罚。

（五）深入推进银行业改革开放

一是深化资本管理，打造安全的银行。实施"资本管理巩固提升工程"，推动资本管理从"数量达标"向"质量达标"转变。二是探索自贸区金融创新，打造有活力银行。按照湖北自贸区方案规划，完善"1＋X"自贸区银行业监管制度体系，召开银企对接会，提升服务水平。三是强化股东管理，打造公司治理良好的银行。深化股权管理，加强穿透监管，建立完善股权信息管理系统，强化股东及董监事履职考核评估，严防利益输送等行为。四是推进体制机制改革，打造可持续发展的银行。推动省农信联社改革试点，积极争取开展投资管理型村镇银行试点，深入推进普惠金融事业部制改革。积极调研外资银

行来鄂发展意向，支持优质企业在自贸区设立非银行机构，打造开放包容、海纳百川的发展格局。五是突出社会价值，打造履行社会责任的银行。深入推进校园金融服务网格化工程，广泛开展打击防范非法集资、非法"校园贷"等宣传活动，引导银行机构开发更多适合大学生特点的金融产品。

湖北省证券业、期货业、基金业发展情况

湖北证监局

2017 年，湖北省积极推进资本市场高质量发展，资本市场服务实体经济的能力不断提升，证券业、期货业、基金业转型发展的步伐持续加快，资本市场风险防控力度进一步加大，资本市场运行稳健，证券业、期货业、基金业持续保持平稳较快发展态势。

一、证券业、期货业、基金业发展基本情况

（一）上市公司发展情况

1. 首发上市公司数量稳中有升

2017 年，全省新增瀛通通信和海特生物两家上市公司，分别在深圳证券交易所中小板和创业板上市，合计募集资金 13.8 亿元。年内武钢股份与宝钢股份重组退市，全省上市公司数量净增 1 家，总数为 97 家，其中，在上海证券交易所上市的有 38 家，在深圳证券交易所主板上市的有 26 家、中小板 12 家、创业板 21 家，全省上市公司数量居全国第 11 位。

2. 并购重组资产规模保持稳定

年内有 6 家上市公司实施并购重组，通过发行股份或支付现金共计购买资产 296.4 亿元，配套融资 64.5 亿元（其中，29.23 亿元未实施）。

3. 经营质量持续稳定向好

截至年末，全省上市公司总股本 924.29 亿股，总市值 11379.11 亿元。2017 年前三个季度，全省上市公司资产总额 12908.67 亿元，较上年末增长 13.91%，其中，资产规模超过百亿元的公司有 27 家，资产总额居中部六省第 1 位；实现营业收入总额 4983.65 亿元，同比增长 20.04%；上市公司归属母公司股东的净利润总额 291.08 亿元，同比增长 41.8%。上市公司营业收入、归属于股东的净利润总额均居中部六省第 2 位。

（二）证券业发展情况

1. 行业规模稳步扩大

从机构数量来看，全年新增 14 家证券分公司、59 家证券营业部，同比增

长 20.98%。截至年末，全省共有证券经营机构 421 家，其中，证券公司 2 家、证券分公司 52 家、证券营业部 367 家。另外，全省共有证券投资咨询公司 1 家、证券投资咨询分公司 13 家、基金分公司 4 家。全年累计证券交易量 87845.19 亿元，同比增长 2.92%；年末证券账户数量 879.86 万户，同比增长 18.75%。

2. 收入结构呈现多元化

截至年末，两家证券公司实现营业收入 65.74 亿元，同比下降 1.59%，其中，经纪业务净收入 21.30 亿元，占比 32.4%，占比较上年同期增长 0.54%；投行业务净收入 11.01 亿元，占比 16.74%，占比较上年同期下降 5.61%；资产管理业务净收入 13.73 亿元，占比 20.89%，占比较全年同期增长 6.74%。

3. 法人证券公司实力和质量稳步提升

年内，长江证券非公开发行两期次级债，分别为 50 亿元和 30 亿元；天风证券非公开发行次级债 10 亿元，公开发行两期公司债，分别为 15 亿元和 5 亿元。长江证券分类评级由 BB 级晋升到 A 级，天风证券分类评级由 BBB 级晋升到 A 级。

（三）期货业发展情况

1. 行业规模保持稳定

截至年末，全省共有期货公司 2 家、期货分公司 6 家、期货营业部 49 家。期货经营机构代理交易额 6.21 万亿元，同比下降 20.35%；实现手续费收入 3.34 亿元，同比下降 1.69%；期货投资者 17.7 万户，同比增长 7.98%。

2. 法人期货公司质量稳步提高

截至年末，两家法人期货公司净资产 12.54 亿元，同比增长 17.37%；净资本 10.92 亿元，同比增长 19.73%；实现手续费收入 3.10 亿元，同比增长 5.49%；实现净利润 1.46 亿元，同比增长 7.96%。此外，长江期货实现"新三板"挂牌。

3. 法人客户套期保值程度稳步加深

截至年末，全省期货经营机构法人客户 5145 户，同比增长 1.42%，企业客户权益总额和交易总额无论是绝对数还是相对数均呈逐年上升趋势。

4. 规范化水平稳步提升

2017 年，长江期货分类评价结果为 A 类 AA 级，注册资本由 5 亿元增至 5.25 亿元；美尔雅期货分类评价结果为 B 类 BB 级。各机构在保证金管理、净资本管理、法人治理水平、信息技术管理和营业部管理等方面均实现同步提升。

（四）私募基金业发展情况

一是机构数量和管理规模稳中有升。截至年末，在中国证券投资基金业协会登记注册地为湖北的私募基金管理机构达 318 家，已备案的私募基金 563 只，管理基金规模 911 亿元。

二是投资领域更加广泛。全省私募基金共投向 3084 个项目，涉及机械制造、环保、制药等 70 个细分行业，有效推动了实体经济发展。

三是非法集资风险得到有效遏制。全年全省未发生新增涉嫌非法集资风险事件。

二、证券业、期货业、基金业发展机遇与挑战

（一）发展机遇

一是我国经济发展由高速增长阶段转向高质量发展阶段，正处在深化供给侧结构性改革、培育经济增长新动力关键时期，建设现代化经济体系是新时代我国经济发展的战略目标，对资本市场的发展提出了更高的要求。二是党的十九大报告明确提出的"深化金融体制改革，增强金融服务实体经济能力，提高直接融资比重，促进多层次资本市场健康发展"，将进一步推动现代资本市场体系建设。三是我国融资结构中间接融资比重偏大，资本市场发展明显不足，对实体经济的支持还有很大的发展空间和潜力，面临着加快发展、提档升级的机遇期。

（二）面临的挑战

资本市场金融机构的服务能力无法满足实体经济的需求，在一定程度上存在靠牌照、靠项目吃饭，专业能力不强。部分机构存在风控系统流于形式、风控体系存在盲区、风控能力落后于业务发展的问题。与银行、保险业相比，资本市场金融机构规模较小，盈利能力相对较弱。

三、2018 年重点工作

（一）持续扩大直接融资规模

鼓励上市挂牌企业充分利用现有平台，积极开展直接融资，降低融资成本，优化融资结构。加强政策宣传和业务指导，引导上市公司扩大直接融资比重，鼓励符合条件的非上市公司通过交易所发行债券。支持"新三板"挂牌公司开展定向增发募资，发行可转债。加强与交易所的沟通联系，共同开展债券品种和可转债新规培训，引导符合条件的优质企业用好用活债券工具，拓宽融资渠道。支持地方政府债券在沪深证券交易所市场发行。

（二）推动资本市场服务湖北发展战略

充分发挥资本市场专业优势，整合行业机构、上市公司和挂牌企业、协会自律组织等各方力量，有效衔接地方政府，服务湖北自贸区、长江经济带以及

武汉科技金融改革试点、区域金融中心建设等重大发展战略，推动资本市场助力扶贫攻坚战略。

（三）推动证券、期货、基金机构创新发展

大力支持天风证券首发上市，引导证券期货机构在湖北设立区域总部、后台服务中心、分支机构、新型业务机构等，丰富市场主体。支持证券期货机构在自贸区内开展金融创新，完善金融产品和服务。鼓励私募基金管理机构提升管理质效，扩大管理规模；发挥引导基金和产业基金杠杆作用，推动新兴产业和中小微企业跨越式发展；推动建立首只公募基金。支持上市公司和挂牌企业开展并购重组，利用自贸区窗口开展离岸并购、特殊目的载体收购等业务，增强自身实力。

（四）持续加大金融风险防控力度

一是加强上市公司和挂牌企业监管，重点关注风险公司和企业，督促大股东和实际控制人履职尽责。配合地方政府做好上市公司风险预防和处置，坚守不发生局部性金融风险底线。二是加强金融监管协作，坚持依法全面从严监管，持续强化对各类市场主体的风险防控，重点做好各类交易场所"回头看"后续风险处置和化解工作；加大对私募基金非法集资的整治力度，净化市场环境。

湖北省保险业发展情况

湖北保监局

2017 年，全省保险业紧紧围绕"抓服务、严监管、防风险、促发展"方针，深入推进改革创新，着力防范化解风险，行业总体实现健康快速发展。

一、保险业运行情况

（一）市场体系进一步完善

截至 2017 年末，全省共有各类保险机构 4095 家，其中，法人机构 3 家（长江财险、合众人寿、泰康在线）；省级分公司 74 家（财产险 32 家、人身险 42 家），较上年增加 2 家；中心支公司 491 家，较上年增加 21 家；支公司 1055 家，较上年增加 48 家；保险专业中介机构 716 家（含法人机构及省级分公司），较上年增加 189 家；兼业代理机构 5000 余家。全省已初步形成覆盖城乡的保险服务网络。湖北省法人保险机构数量、外资保险公司数量均位居中部六省第一。

（二）市场保持平稳较快发展

2017 年，全省累计实现保费收入 1346.77 亿元，在全国排名第 10 位、中部六省排名第 2 位（次于河南）；保费收入同比增长 28.05%，较上年提高 3.38

个百分点，高于全国 9.89 个百分点；同比增速在全国排名第 4 位、中部六省排名第 2 位。财产险公司全年累计实现保费收入 341.33 亿元，同比增长 18.25%，较上年提高 5.75 个百分点，高于全国 4.49 个百分点；人身险公司全年保费收入为 1005.44 亿元，同比增长 31.76%，较上年提高 1.77 个百分点，高于全国 11.72 个百分点。全省保险业总资产 2658.54 亿元，同比增长 8.19%。

（三）重点领域发展良好

全年全省责任险保费收入 12.95 亿元，同比增长 20.42%；企财险保费收入 12.08 亿元，同比增长 1.57%；工程险保费收入 5.3 亿元，同比增长 23.6%；农业险保费收入 9.23 亿元，同比增长 65.21%；保证险保费收入 11.55 亿元，同比增长 239.17%；意外险保费收入 35.45 亿元，同比增长 17.65%；健康险保费收入 172.72 亿元，同比增长 34.51%。

（四）业务结构不断优化

2017 年，全省财产险公司非车险占比提升，全年累计实现保费收入 91.48 亿元，同比增长 32.77%，占财产险总保费的比重为 26.8%，较上年提高 2.93 个百分点。人身险公司全年新单期交率为 42.19%，较上年提高 5.24 个百分点，高于全国平均水平 4.6 个百分点。

（五）保障程度持续提高

全省保险业渗透力继续增强，保险深度 3.69%，较上年提高 0.43 个百分点；保险密度 2288.64 元/人（根据 2016 年的人口数据计算），较上年增加 501.44 元/人。保险覆盖面继续扩大，全年全省承担的风险保额达 100.85 万亿元，同比增长 41.75%；期末有效承保人次达 1.6 亿，同比增长 2.41%。保险补偿功能有效发挥，2017 年，保险业累计赔付支出 406.53 亿元，同比增长 9.18%。其中，财产险公司赔付支出 172.96 亿元，同比增长 10.7%；人身险公司赔付支出 233.57 亿元，同比增长 8.08%。从重点险种看，健康险赔付支出 52.7 亿元，同比增长 37.21%；责任险赔付支出 6.56 亿元，同比增长 22.66%；企财险赔付支出 5.21 亿元，同比下降 32.16%。商业保险已深度融入社会民生的各个方面，丰富了社会安全保障网的层次。

二、促进保险业支持经济社会发展情况

（一）大力发展科技保险

1. 进一步完善科技保险产品

大力发展科技型企业贷款保证保险，推动建立"贷款＋保险保障＋财政风险补偿"的专利权质押融资模式，鼓励保险公司积极开展专利保险、知识产权综合责任保险等业务，不断促进保险与科技深度融合。全年科技保险实现保费

收入 3617.7 万元，累计为 316 家次科技企业提供 177.68 亿元风险保障，赔付金额 2080.08 万元。

2. 持续推进首台（套）重大技术装备保险

大力推动首台（套）重大技术装备保险补偿机制试点工作，自 2017 年开始，企业在向中央财政申请 80% 的保费补贴后，湖北省将配套 20% 的地方财政补贴，全省制造企业可免费享受首台（套）重大技术装备保险保障。全年首台（套）保险保费收入 4654.07 万元，共为 48 台重大装备提供 18.17 亿元风险保障，累计赔付 733.48 万元。

3. 积极开展新材料首批次应用保险

推动保险公司积极开展新材料首批次应用保险试点，省经信委发布《关于做好重点新材料首批次应用保险补偿机制试点工作的通知》，要求各地指导和帮助新材料企业主动与人保、平安、太保等保险公司对接，鼓励和支持企业积极投保。截至年末，全省新材料保险保费收入 73 万元，共为 11 家新材料生产企业提供 2600 万元风险保障。

（二）深入推进小额贷款保证保险

1. 推广升级小额贷款保证保险

在武汉市向科技型企业和有专利质押贷款需求的企业推出"科保贷""专利贷"等小额贷款保证保险产品，"专利贷"最高贷款金额由科技型企业贷款保证保险的最高 500 万元提高至 1000 万元，进一步满足了中小微科技型企业融资需求，提升了小额贷款保证保险服务覆盖面。

2. 推进抵押贷款保证保险产品创新

在鹤峰、仙桃、鄂州等地开展林权、水域滩涂养殖经营权、土地流转经营权、生物资产等抵押贷款保证保险创新业务，降低了企业的承保条件和融资门槛。

截至年末，小额贷款保证保险业务的市（州）覆盖面达 100%，全省 13 个市（州）、50 个县（市、区）相继出台实施方案，累计建立风险补偿基金 4.56 亿元，15 个县（市、区）出台了保费补贴政策。全年通过小额贷款保证保险共支持 5.38 万个小微企业及个人融资 64 亿元，涉及签单保费 10.5 亿元，赔付金额 1.29 亿元。

（三）大力发展农业保险

1. 推动农业保险提标扩面

2017 年，全省水稻保险每亩保额由 200 元提到 400 元，费率由 7% 降至 6%；油菜、棉花保险试点范围进一步扩大，将油菜种植面积 20 万亩以上的 35 个县、棉花种植面积 10 万亩以上的 15 个县纳入保障范围，森林保险增加 5 个试点县（市）。

2. 推进地方财政补贴型险种发展

出台《武汉市 2017 年政策性农业保险实施方案》，市级财政计划出资 2000 万元作为保费补贴。武汉市、区两级政府共同对蔬菜种植、设施农业、畜牧业、水产业、天气指数五类 20 个险种给予 70% ~ 80% 不等的财政补贴，促进现代都市农业的发展。

全年全省农业保险保费收入 9.23 亿元，同比增长 65.21%，赔款支出 5.5 亿元，提供风险保障金额 294 亿元，同比增长 41.16%。农业保险在增强保障能力、提升服务水平、助力精准扶贫等方面发挥了积极作用。

（四）积极推进保险扶贫

1. 深化保险扶贫

在十堰市创建"保险扶贫示范区"，创新推出"一县一品"特色农业保险，将柑橘、烟叶等特色种养殖业纳入保险保障。广泛探索产业保险和融资支持保险，增强贫困地区及建档立卡人口的造血功能。通过包销玉米等农产品，降低农户生产风险；通过开办扶贫小额贷款保证保险，帮助贫困地区 2.8 万个中小微企业和贫困户融资 30.8 亿元。

2. 推进健康扶贫

推进建立"基本医保 + 大病保险 + 医疗救助 + 补充保险"四位一体健康扶贫模式。将建档立卡贫困人口的大病保险起付线降至 5000 元以下，报销比例提高 5 ~ 10 个百分点。建立精准扶贫补充医疗保险制度，在提高基本医保、大病保险待遇的基础上，通过医疗救助和补充保险，确保建档立卡贫困人口住院及门诊慢性病医疗费用报销比例达 90% 以上、个人年度自付医疗费用在 5000 元以内。全省 28 个大病保险项目中，有 26 个对扶贫对象给予了政策倾斜，覆盖 78 个县（市、区）。

（五）助力改善民生保障

在全省 17 个市（州）全面推开大病保险，惠及 4688.95 万名城乡居民，有 43.19 万人次城乡居民享受大病保险赔付，赔付金额 10.83 亿元；参保居民的实际报销比例达到 55%，整体报销水平提高 12 个百分点。继续推进住房反向抵押养老保险和居民养老社区、个人税收优惠型健康保险试点，为居民健康和养老保障提供更多选择。

（六）充分发挥保险服务社会治理功能

1. 建立疫苗安全保险补偿体系

推动预防接种异常反应补偿机制由"财政补偿"向"保险补偿"转变，形成"基础保险"加"补充保险"的预防接种异常反应多层次保险补偿体系。

2. 实施安全生产强制责任保险制度

推动落实以安全生产责任保险代替安全生产风险抵押金制度，在矿山、危险化学品、烟花爆竹、交通运输、建筑施工、民用爆炸物品、金属冶炼、渔业生产等高危行业领域强制实施安全生产责任保险。

3. 完善校方责任保险

2017 年，全省中小学将研学旅行纳入了教育教学计划。为保障学生研学旅行活动安全，出台《湖北省中小学生研学旅行试点实施意见》，推动将研学旅行纳入校方责任保险范围。

4. 持续推进医疗责任保险

深入开展创建"平安医院"活动，努力实现"2017 年底前全省三级公立医院医疗责任险参保率达到100%，二级公立医院参保率达到90%以上"的目标。

（七）积极引进保险资金投资

湖北保监局与中国保险资产管理业协会建立合作机制，加强投融资项目对接，积极引进保险资金投放湖北。

鼓励保险分公司积极向总公司争取保险资金，全年全省保险业共吸引存款超过 100 亿元，投资项目资金超过 200 亿元。

截至 2017 年末，全省引入保险资金投资项目近百个，累计金额 1088.34 亿元，有力支持了重点基础设施建设和棚户区改造等项目。

三、推进保险业创新发展情况

（一）开展农业大灾保险创新试点

在京山、监利等 14 个粮食主产县（市）开办主要针对适度规模经营主体的专属农业大灾保险，保障水平覆盖"直接物化成本 + 地租"，进一步扩大全省农业保险的保障深度和广度，增强全省适度规模经营主体应对大灾风险的能力。

（二）开展建设工程履约保证综合保险试点

积极推进建设工程履约保证综合保险试点，明确保险保单与工程建设领域常规保证金或保函具备同等效力，利用保险机制有效防范和化解建设工程各个环节的风险，减轻建筑企业保证金负担，减少企业流动资金和银行授信额度的占用。

（三）创新推动保险服务自贸区建设

推进落实《中国（湖北）自由贸易试验区保险机构和高级管理人员审批备案管理办法》，鼓励保险机构在自贸区加快发展。对自贸区保险机构行政审批事项适用快速通道，由 20 个工作日缩短至 10 个工作日。对自贸区内支公司、营业部高管人员的任职资格管理由审批改为备案。在湖北保监局行政许可服务大厅设立自贸区业务窗口，实行专人专岗、专事专办。

四、保险业的机遇与挑战

（一）发展机遇

一是行业发展基础进一步夯实。保险业规模不断扩大，形成了相对完善的产品体系、市场体系和要素体系。二是保险需求进一步扩大。伴随着国家重大战略推进、经济社会转型以及人民群众生产生活方式的转变，保险将得到更广泛、更深层次的运用。三是行业风险得到有效遏制。非理性举牌、境外收购等激进投资行为和一些业务领域乱象问题得到初步遏制，为保险业高质量发展打下了坚实的基础。

（二）面临的挑战

一是业务发展面临一定的压力。2017年，中国保监会从防风险、治乱象、补短板、服务实体经济等方面对保险行业提出了新的要求，在机构设立、产品设计、销售行为等方面进行了硬性要求和限制。部分保险公司过去采取激进的业务发展和投资模式，在新的监管规定下要实现业务转型和平稳发展，面临一定的压力。二是风险防控面临较大的压力。保险业自身累积的一些矛盾和问题与外部环境叠加交织，导致风险因素更加复杂、风险传递更加隐蔽、风险防控难度加大。

五、2018年推进保险业发展重点工作

（一）进一步促进保险业服务实体经济发展

进一步加大保险服务经济重点领域和薄弱环节的力度。一是推动小额贷款保证保险发展，为小微企业提供融资支持。二是以创建湖北自贸区、武汉保险示范区为契机，大力发展科技保险、首台（套）重大技术装备保险、新材料首批次应用保险、专利质押贷款保证保险等业务，助力新动能成长和经济转型升级。三是进一步扩大森林保险覆盖面，引导信用保证保险有序发展，规范发展融资性保证保险业务，服务外贸出口。

（二）进一步推动保险扶贫工作

推进十堰保险扶贫示范区建设，鼓励和引导保险公司因地制宜开发、开办贫困地区特有的保险产品和业务，促进保险扶贫点面结合、全面推进。

（三）进一步发挥保险的社会管理作用

推动税优健康险、老年人意外险、住房反向抵押养老保险、小额人身保险等民生保险扩面。推动开展安全生产、环境污染、医疗、学校、产品质量等领域责任保险，形成具有湖北特色的责任保险运行模式。探索保险公司承办交通

事故道路救助基金的相关管理工作。进一步扩大车险警保联动在武汉市的试点区域，提供可复制可推广的经验。

（四）继续推动"险资入鄂"

充分发挥保险资金长期投资优势，积极引导保险资金对接湖北省重点领域建设项目，进一步促进"险资入鄂"，支持实体经济发展。

湖北省外汇市场发展情况

湖北省外汇管理局

一、外汇市场运行基本情况

（一）货物贸易

1. 进出口明显回升

在国内外经济回暖趋势下，全省进出口回升趋势明显，进口增速快于出口。据货物贸易外汇监测系统统计，2017 年，全省进出口总额 668.8 亿美元，同比增长 10%，其中，进口增长略高于出口 3.7 个百分点。全年实现贸易顺差 116.3 亿美元，同比增长 0.9%。从贸易方式看，一般贸易进出口同比增长 13.4%，占比 54.1%；进料加工贸易同比增长 5.6%，占比 37.5%。进出口商品主要集中在电器及电子产品、机械设备、运输设备等领域。

2. 跨境收付净流入明显增长

2017 年，全省货物贸易收付总额 575.08 亿美元，同比增长 17.7%；净流入 81.2 亿美元，同比增长 42.2%。出口收汇率为 83.6%，同比增长 7.9 个百分点；进口付汇率为 89.4%，增长 1.8 个百分点。货物贸易结售汇顺差增速放缓，售付汇率明显回升。2017 年，货物贸易结售汇总额 265.8 亿美元，同比增长 26%；结售汇顺差 74.4 亿美元，同比增长 18.8%。货物贸易收结汇率为 51.8%，较上年增长 1.7 个百分点；售付汇率为 38.8%，增长 4.4 个百分点。由于辖内大额购汇企业在 2015 年汇改期间普遍存在提前购汇的情况以及外汇管理局"控流出"政策效应，2016 年企业购汇低于正常水平，售付汇率基数较低。

（二）服务贸易

1. 服务贸易外汇收支持续上升

服务贸易的涉外收支规模呈逐年上升趋势，但收支差额基本保持逆差格局。2017 年，全省境内机构服务贸易外汇收支共计 59.8 亿美元，同比增长 20.6%。其中，收入 14.5 亿美元，同比下降 0.5%；支出 45.4 亿美元，同比增长

29.3%；收支逆差 30.9 亿美元，同比增长 50.5%。全年收入基本持平，支出逐年增加，逆差有所增长，预计短期内湖北服务贸易收支逆差状况不会改变。

2. 服务贸易结售汇保持增长

2017 年，全省境内机构服务贸易结汇 9 亿美元，同比增长 6.2%；售汇 14.9 亿美元，同比增长 31.2%；逆差 6 亿美元，同比增长 102.7%。境内机构收益和经常转移结汇 1 亿美元，同比增长 0.3%；售汇 14.9 亿美元，同比增长 72.6%；逆差 13.9 亿美元，同比增长 81.8%。

（三）外商直接投资

1. FDI 跨境资金流入增长明显

2017 年，全省新登记外商投资企业 142 家；全省外商直接投资项下跨境资金流入 23.1 亿美元，同比上升 107.4%。其中，外商投资企业资本金流入 17.2 亿美元，同比上升 68.9%。2017 年全省资金流入前 3 位的行业分别是：房地产业，实际跨境资金流入 7.1 亿美元，占比 30.7%；医药制造业，实际跨境资金流入 4 亿美元，占比 17.2%；商业服务业，实际跨境资金流入 3.2 亿美元，占比 14%。

2. FDI 跨境资金流出有所增长

2017 年，外商直接投资项下跨境资金流出 25.9 亿美元，同比上升 41.8%。其中，撤资流出 6.2 亿美元，同比上升 28.6%；利润汇出 19.8 亿美元，同比上升 46.5%。

（四）外汇债权债务

1. 外债流入激增

2017 年，全省新登记企业外债 168 笔，签约金额 44.8 亿美元，其中，涉及中资企业 40 家，登记外债笔数 61 笔，签约金额 27.8 亿美元，占比 62.1%；外资企业 63 家，登记外债笔数 107 笔，签约金额 7 亿美元，占比 37.9%；登记外债余额为 50 亿美元，同比上升 67.5%。全省外债跨境流入 35 亿美元，同比上升 120.7%；跨境流出 16.4 亿美元，同比下降 12.9%。

2. 境外放款有所放缓

2017 年，全年办理境外放款 14 笔，签约金额 2.3 亿美元，汇出金额 0.6 亿美元，同比下降 22.6%。

（五）银行间外汇市场

截至 2017 年末，银行间外汇市场共有湖北 7 家会员单位，其中，财务公司 2 家、地方性法人银行 3 家、外资银行分行 2 家。全年累计成交 283 笔，累计成交金额 7.7 亿美元，同比下降 71.8%，全部为询价交易；交易币种为：美元、日元、欧元、港元、英镑和澳大利亚元。

二、深化外汇管理改革支持对外经济发展情况

（一）支持对外贸易稳定增长

1. 深入推进"放管服"改革

一是加快落实货物贸易外汇收支电子单证审核制度，引导银行首选自贸区内符合条件的企业铺开电子单证审核；引导企业实现足不出户开展货物贸易外汇收支业务。二是指导全省银行实施报关单电子核验制度，便利付汇业务操作。

2. 大力支持自贸区及外贸新业态发展

一是推出自贸区 10 条适用措施，促进自贸区内的创新创业和实体经济发展。二是推进武汉汉口北国际商品交易中心市场采购贸易方式试点，加强省级外贸综合服务示范企业的认定和管理，在贸易外汇收支企业名录登记、经常项目外汇账户开立、相关业务资格准入、结算币种及货币兑换等方面给予政策支持。三是推进新型贸易业态向县域延伸，推动汉口北进出口服务有限公司在孝感汉川市成立区域性服务中心，为县域中小企业提供通关、融资、收结汇、退税等"一站式"服务。

3. 加大对涉外企业的贸易融资支持

建立大企业样本库，搭建企业之间、银企之间的沟通平台，帮助企业更好地了解和使用贸易融资产品，解决企业在外贸领域存在的资金短缺问题。

（二）提高投融资便利化程度

1. 拓宽外汇资金流入渠道

指导重点企业及时收回货款，全年各类重点企业收回货款（货物）金额共计 7.6 亿美元。贯彻落实全口径跨境融资宏观审慎管理政策以及外债、境内外汇贷款结汇、内保外贷、跨国公司外汇资金集中运营等政策，鼓励企业从境外融资，扩大银行和企业举借外债的空间，促进跨境资金流动趋于平衡。全年共有 38 家企业根据全口径跨境融资政策借用外债 58 笔，累计签约金额 35.6 亿美元，其中，34 家中资企业借用外债 52 笔，累计金额 23 亿美元，占比 64.61%。

2. 着力解决财务公司资金需求

积极争取外债资金结汇政策，解决财务公司成员单位资金需求。经国家外汇管理局同意，武钢财务公司将不超过 6000 万美元的结汇额度用于成员企业生产经营。

3. 保障企业真实合规用汇

省外汇局与省商务厅建立境外直接投资管理协作机制，相互通报境外直接投资项目复审流程、要求和金额较大的存量项目。着力保障国家重点建设、国际产能合作、产业转型升级及重要能源资源开发利用项目的用汇需求。

（三）推动外汇服务创新

1. 改进服务手段扩大外汇有效供给

对于符合现行外汇管理规定、有助于实体经济发展的资金结汇需求，提供更加便捷的服务；对于真实合规的，但与现行规定不一致的个案业务，坚持实事求是、一事一议的原则，通过集体审议特事特办。

2. 推进实施湖北自贸区金融新政

出台金融支持湖北自贸区建设的系列政策措施，内容涵盖扩大金融对外开放、增强金融服务功能、推动科技金融创新、建立健全金融风险防控体系等方面，促进自贸区内的创新创业和实体经济发展。

3. 支持企业"走出去"发展

积极支持境内有能力、有条件的企业开展真实、合规的对外投资活动，落实直接投资简政放权的系列改革政策，便利企业境外投资，支持企业"走出去"，积极参与"一带一路"建设和国际产能合作。全省企业对外直接投资逐年走高，截至 2017 年末，累计登记境外放款 68 笔、额度 17.9 亿美元，累计汇出 6.8 亿美元。

（四）加强外汇市场监管

1. 推动银行外汇自律机制建设

强化自律机制建设，有效开展监测评估、政策解读与分析、尽职审查、培训调研、政策宣传等工作；建立银行自律约束和举报核查机制。各银行机构均能较好地按照真实性合规性要求开展外汇业务尽职审查，展业自律水平整体明显提高。

2. 稳定和引导外汇市场预期

建立季度银企座谈会制度，稳定和引导外汇市场预期；进一步加强与市场主体的沟通，积极开展舆情监测，增强外汇服务实体经济的能力。

3. 加大监测分析和核查力度

进一步完善外汇形势分析时间序列数据库和分析报告框架，形成湖北分析特色。从"重大额"向"重异常"监测转变，加强重点企业货物贸易外汇资金缺口分析，建立分银行的主体监测指标体系和框架，对异地业务高比例银行、结售汇逆差规模较大银行开展同步分析，定期监测购付汇重点企业、银行和个人。

4. 严厉打击外汇违法违规行为

开展打击逃骗汇、非法套汇、非法套利等外汇违法违规行为专项行动；开展集中打击地下钱庄专项工作，对银行个人分拆等进行专项检查。加大对外汇违法违规行为的处罚、通报和警示教育力度，充分发挥外汇检查的震慑作用，坚决守住不发生系统性金融风险的底线。

三、外汇市场发展的机遇与挑战

(一) 发展机遇

一是国内经济稳中向好的基本面更加稳固，市场信心得到提振。外贸进出口和利用外资回稳向好，外汇储备持续 11 个月回升，外汇收支形势持续好转，外界对中国经济稳定发展的预期更加稳固，外汇收支稳中向好态势更加牢靠。二是基础性贸易投资顺差仍然是我国外汇稳定流入的重要来源。充足的外汇储备、良好的财政状况和健康的金融体系都为人民币汇率保持稳定和外资持续流入提供了有力支撑。三是人民币加入 SDR 成为全球金融资产配置的重要组成部分，人民币作为稳定安全的国际货币得到越来越多的主要经济体认可。四是市场对美联储退出量化宽松货币政策的适应性不断增强，尤其是央行调整人民币中间价形成机制，对促进人民币汇率保持稳定、抑制跨境资金非理性波动发挥了积极作用。

(二) 面临的挑战

一是当前内外部环境仍存在较多的不稳定、不确定性因素，有可能引起外汇市场出现较大波动，对国内部分传统出口行业造成较大影响。二是出口基本面下滑，资金流入放缓。2017 年，全省纺织服装、钢材、塑料制品出口金额同比出现大幅下降。三是出口企业资金回笼周期拉长。企业面对不利、不公的贸易条件，只能被动接受出口账期延长。四是由于出口收汇能力下降，中小出口企业获取境内外贸易融资难度增加。

四、2018 年重点工作

(一) 持续促进贸易投资便利化

一是加大金融支持湖北自贸区力度。积极向国家外汇管理局争取更多支持湖北自贸区创新发展的优惠政策，推进湖北自贸区金融改革政策措施落地实施。二是支持符合"一带一路"等国家战略规划和能够促进国内产业结构升级、技术进步的境外直接投资和跨境并购，满足企业合理的用汇需求。三是深化外汇管理"放管服"改革。力争实现"审批更简、监管更强、服务更优"，为内、外资企业创造更加开放、公平、公正、便利、透明的营商环境。四是继续支持外贸新业态发展，稳定外贸发展的良好势头。

(二) 持续提升外汇服务水平

一是深入开展调查研究，及时了解和解决市场主体的涉汇需求和难题。二是不断提高外汇服务质量。坚持完善"一站式"外汇服务，简化优化外汇服务流程；坚持实施"大企业外汇服务直通车"制度，为大企业、大项目提供更加便利的外汇服务；坚持实行"特事特办""因企施策"，持续畅通外汇"绿色通道"。三是加强外汇管理政策宣传，合理引导市场预期。

（三）严密防范跨境金融风险

一是强化外汇监测分析，密切关注国内外经济金融环境变化对湖北跨境资金流动的影响与传导机理，形成湖北分析特色。完善跨境资金流动监测预警和响应机制，做到早识别、早预警、早发现、早处置。二是加强真实性合规性监管，督促银行按照"展业三原则"规范开展外汇业务，加大对大额、异常结售汇业务的核查力度。三是积极转变外汇管理方式，提升事中事后监管质效。关注大额、异常跨境收支，密切监测重点主体跨境金融结构和数据变化。充分发挥外汇市场自律机制作用，推动各项展业规范有效落地，督促金融机构切实承担起风险管理责任。四是加大业务检查力度，严厉打击外汇违法违规行为。

专题篇

湖北省推进实施县域金融工程情况

湖北省政府金融办　人民银行武汉分行

湖北银监局　湖北证监局　湖北保监局

2017 年，湖北省大力推进县域金融服务全覆盖，进一步做大县域金融总量，持续改善和优化县域金融环境，县域金融工程提档升级步伐加快，支持县域经济发展取得显著成效。

一、全面提升县域金融服务水平

（一）推进农村金融服务全覆盖

一是进一步完善县域金融组织体系。鼓励和推动银行、证券、保险机构通过增设网点、下沉服务，立足自身定位和优势，开展差异化竞争；通过金融资源的均衡配置，形成功能互补的县域普惠金融服务体系。5 家大型商业银行省分行设立普惠金融事业部，邮储银行设立"'三农'金融事业部"湖北分部，省农信联社和武汉农商行成立普惠金融部，村镇银行向金融服务不充分的乡镇延伸网点。截至年末，全省县域及以下地区共设银行网点 4369 个、证券机构 70 家、保险机构 3470 家。二是不断扩大农村基础金融服务覆盖面。全省持续保持无基础金融服务空白乡镇和行政村，农村基础金融服务"村村通"建档（评级）农户数（个）占全省农户数（个）的 78%。截至年末，全省农村地区共设 ATM、POS 机分别为 1.34 万台、27.55 万台，较年初分别增加 1077 台、13259 台。

（二）深化村级金融服务平台建设

深入推进"两站一点"（金融精准扶贫工作站、村级惠农金融服务站、村级惠农金融服务联系点）建设，进一步提升服务质效，实现村级金融服务向信用信息采集评价、融资服务、"三农"保险等综合化方向发展。截至年末，全省共建立金融精准扶贫工作站 4821 个，为 35.46 万户贫困户评级，其中，授信 25.2 万户贫困户；依托工作站累计发放扶贫小额贷款 23.76 亿元，惠及 9.37 万户贫困户，累计发放产业带动扶贫贷款 22.27 亿元，惠及 4.66 万户贫困户；建立村级惠农金融服务站 13910 个，覆盖 70.67% 的非贫困村，超额完成年度目标；村级惠农金融服务联系点 4.76 万个，保持行政村全覆盖；乡村金融服务网格化工作站 2.77 万个，覆盖率 100%。

（三）打造金融服务网格化"升级版"

引导银行业金融机构建设全省银行业金融服务网格化集成网，推动提高网格化覆盖率和建档面，建设一批"十个一"标杆网点，探索社区模式、乡村模式、企业模式"三大经营模式"，建立高效的信息共享机制、灵活的积分考核机制、差异化的监管机制、跨部门的协作机制。年末，全省金融服务网格化完成"三年三步走"目标，共建立普惠金融网格化工作站 32314 个，覆盖 3992 个城镇网格和 2.16 万个乡村网格，全省网格覆盖率和建档面均达到 100%。各地金融服务网格化工作站贷款授信金额达到 1732.43 亿元，发放贷款 1302.83 亿元，涉及城市居民 61.33 万户、商户和小微企业 6.57 万户、"三农"客户 46.27 万户，建立信贷档案 1735.39 万份。

二、持续做大县域金融总量

（一）发挥信贷融资主渠道作用

引导银行业金融机构不断加大对"三农"和小微企业的信贷投入，引导县域资金回流。2017 年末，全省县域贷款余额 12328.66 亿元，较年初新增 1920.16 亿元；县域贷存比 53.42%，较年初增长 2.33%，连续四年保持增长。

1. 充分发挥货币政策工具功效

积极运用支农再贷款、扶贫再贷款、差异化存款准备金等政策工具，增强金融机构服务"三农"能力。截至 2017 年末，全省支农再贷款余额近 63.1 亿元，同比增加 22 亿元；扶贫再贷款余额近 44 亿元，较上年同期增长近 2 倍。全省县级财政共出资 16.16 亿元建立扶贫小额贷款风险补偿金。

2. 稳步推进"两权"抵押贷款试点

加快推进形成"政府主导、人行推进、部门协作、银行参与"的试点工作机制，深化"两权"抵押贷款试点。一是推进"两权"确权。全省 12 个试点县（市、区）已全部建立相关工作平台，农地经营权确权率达 100%；农房所有权确权基本完成。二是引导建立风险补偿机制。协调推动各试点县（市、区）政府统筹安排财政性资金，加快设立"两权"抵押贷款风险补偿基金，明确贷款损失分担比例，由风险补偿基金和金融机构共同承担"两权"抵押贷款风险。全省试点县（市、区）设立贷款风险补偿基金 2.3 亿元。三是推进开展"两权"抵押贷款产品和服务方式创新。推出"欣农贷""组合贷""农房贷"

等贷款产品以及"'两权'直接抵押""'两权'抵押＋"等综合抵押融资方式。截至 2017 年末，全省"两权"抵押贷款余额 15.2 亿元，较年初增加 5.9 亿元，同比增长 63.8%。

3. 积极推进涉农金融创新

一是加强服务模式创新。引导银行机构下沉服务力量、简化贷款流程、下放贷款权限，通过延时服务、上门服务、亲情服务，打造网格服务"新常态"。湖北大冶泰隆村镇银行探索"两有一无"网格化贷款模式，为有劳动意愿、有劳动能力、无不良嗜好的乡村居民提供纯信用贷款。二是加强特色产品创新。发挥"一县一品"县域金融创新评审机制的导向作用，围绕农民工金融需求推出"打工贷款"，围绕弱势群体需求推出公益性贷款，积极推广"银税互动""银税保互动"等产品，有效释放信贷供给。恩施州各银行机构开发"农宅贷""生猪养殖贷""茶户贷""果农贷"等特色贷款产品。全省各类涉农创新产品近百种，实现了"一县多品""一行一品"。

（二）推动与多层次资本市场对接

1. 建立县域上市企业后备资源培育机制

实施上市后备企业"金种子"计划，全年推动多家县域企业入选"金种子"上市后备企业库。

2. 推动县域优质企业到多层次资本市场上市和挂牌

截至年末，全省县域共有上市公司 15 家，占上市公司总数（97 家）的 15.46%；共有县域"新三板"挂牌企业 64 家，占挂牌企业总数（406 家）的 15.76%。全年 6 家涉农企业登陆"新三板"，7 家企业实现融资近 1.3 亿元。

推动更多县域企业在四板市场挂牌。县域挂牌企业覆盖全省 103 个县级行政区域中的 100 个，覆盖率 97.09%；县域挂牌企业达到 3841 家，占全省挂牌企业总数的 91.39%；县域企业累计完成股权融资 579.91 亿元，占全省融资总额的 76.56%。全省已陆续形成 92 个县（市）域特色产业板块。

3. 鼓励县域企业债券融资

鼓励地方政府探索建立县域企业私募债券增信体系和债券融资风险补偿机制，引导县域企业积极利用债券市场融资。长江证券为各县级市、县发行企业债共计 88.1 亿元，债券品种包括城投债、养老债、专项债等；天风证券累计主承销区、县级融资平台企业债券、公司债券逾 24 只，累计发行总额度逾 158.50 亿元，发行成功率 100%。

4. 发挥基金支持作用

引导县域企业对接各类金融要素市场，吸引风险投资基金、产业投资基金、产业互助基金等投资；推进设立产业培育基金，长江证券分别在郧阳、丹江口、监利、松滋、潜江、远安等地通过当地政府引导基金出资设立并管理产业培育基金 6 只，认缴总规模 15 亿元。

5. 运用期货工具助力县域企业发展

长江期货在秭归县开展"生猪养殖饲料价格场外期权"生猪养殖产业扶贫项目；为阳新市、谷城县企业提供 13 笔场外期权业务，总赔付额 13.9 万元；完成湖北首单"保险 + 期货"扶贫项目落地。

（三）加快发展农村保险市场

全年全省农业保险保费收入 9.23 亿元，赔款支出 5.5 亿元，其中，财政补贴型农业保险保费收入 7.51 亿元，赔款支出 4.27 亿元，农业保险的保障深度和广度进一步提升。

1. 大力提高农业保险保障程度

一是推动农险提标扩面。全省水稻基础保险每亩保额翻倍（200 元提高到 400 元），费率降低（由 7% 降至 6%）。水稻保险覆盖 85 个县（市），能繁母猪保险覆盖 79 个县（市），油菜、棉花、森林等保险覆盖程度均大幅提升。二是开展农业大灾保险试点。在京山、监利、襄州等 14 个粮食主产县（市）开办主要针对适度规模经营主体的专属水稻、小麦农业大灾保险，保障水平覆盖"直接物化成本 + 地租"，保险责任中增加了高温热害与低温冷害等责任，降低了免赔率。三是推进保险扶贫。推动保险公司成立保险扶贫事业部，开发"扶贫保"系列保险产品。四是开展大灾理赔，补偿农业生产损失。全年支付灾害赔款 1.61 亿元。

2. 积极推进小额贷款保证保险

全省 13 个市（州）、50 个县（区）相继出台实施方案，累计建立风险补偿基金 4.56 亿元。全省 15 个县（区）出台保费补贴政策，其中，武汉市高新区、汉阳区、江夏区、黄陂区等区政府给予全额保费补贴和贷款贴息政策。在鹤峰、仙桃、鄂州等地开展林权、水域滩涂养殖经营权、生物资产等抵押贷款保证保险创新业务，降低了企业的承保条件和融资门槛。2017 年，小额贷款保证保险业务市（州）覆盖面达 100%。全年全省通过小额贷款保证保险共支持 5.38 万个小微企业及个人融资 64 亿元，涉及签单保费 10.5 亿元，赔付金额 1.29 亿元。

3. 推进保险资金直接投资

2017 年，险资机构与襄阳市政府、武汉市农委、红安县政府、十堰郧阳区政府、恩施利川市政府、荆州公安县政府及省农担公司共签署 8.8 亿元"政融保""政保担"险资支农服务项目协议，直接融资成本在 6.5% ~ 7.5%，部分项目由地方财政给予配套财政补贴支持政策，实际融资成本远低于市场成本。全年共向 18 家种养殖户和农业大户放款 3655 万元，单笔融资金额最高为 1500

万元。

三、持续优化县域金融生态环境

（一）实施信用企业主体培植工程

采取县级政府职能部门主动挖掘培植与商业银行跟进审批培植相结合的模式，积极培育有效信贷企业主体。以企业征信系统为依托，指导商业银行加强企业信息采集和信用系统建设，各商业银行指定专门部门和人员指导县域企业规范财务管理和经营活动，对其进行信用配置。建立激励机制，对金融机构培植 A 级信用企业效果突出的，给予适当奖励。

（二）深化农村信用信息平台建设

统筹推动县域地区搭建以"数据库＋网络"为核心的农村信用信息平台。全省有 42 个县已建成，28 个县在建。截至 2017 年末，全省共评定信用农户 652.75万户，占比 66.2%；信用村 17745 个，占比 79.77%；信用乡镇 1008 个，占比 97.86%。

（三）完善信用考评机制

完善金融信用市（州、区、直管市）、县（市、区）考评机制。持续加强监测评价系统数据质量建设，将日常各地自查、半年度严格筛查和年度全面核查相结合，将数据质量与年度考评结果相挂钩。将"十三五"农村金融服务全覆盖"升级版"各类主要工作及"两站"建设要求纳入年度考评体系，充分发挥考评机制对各地政府的引导监督作用。进一步完善"信用环境指数"评分标准，调整县域经济考核中的"信用环境指数"评分方式，以适当拉开分差、体现正向激励为原则，鼓励各地积极优化金融生态环境。2017 年，全省有 76 个县（市、区）获得 2016 年度金融信用市（州、区、直管市）、县（市、区）表彰；28 个县（市、区）获得 2017 年县域保险工作成效突出单位表彰。严防逃废债和"三乱、四类"案件①，加大防范非法集资和金融诈骗等知识的宣教力度，在基层搭建起防范非法集资的"情报网"，切实防范农村地区金融风险。

湖北省推进普惠金融网格化工作情况

湖北银监局

2017 年是全省金融服务网格化工作的"巩固提升年"，也是金融服务网格

---

① "三乱、四类"案件：乱集资、乱设金融机构、乱办金融业务；金融盗窃、金融抢劫、金融诈骗、金融涉枪等。

化战略三年规划的"收官之年"。全省积极开展"网格化＋"行动，继续深入实施金融服务网格化战略，推进形成普惠金融"湖北样本"。截至年末，全省共建立普惠金融网格化工作站 32314 个，发放贷款 1302.83 亿元，覆盖全省 3992 个城镇网格和 2.16 万个乡村网格，服务"三农"、小微企业和城镇低收入居民共 114.17 万户。全省基本完成金融服务网格化"三年三步走"，实现行政村（社区）金融服务网格化覆盖面和网格内客户建档面"两个百分之百"的工作目标。

一、深化网格平台建设

围绕金融服务网格化平台的信息集成与共享、拓宽信息资源应用领域和最大化实现信息价值，进一步深化网格平台建设。一是深化金融服务信息平台建设。截至 2017 年末，全省银行机构共建立网格信贷档案 1735.39 万份，搭建全省农商行系统金融服务网格化集成信息网并实现向其他银行机构拓展，服务客户数量大幅增长，解决了普惠金融风险大、成本高、收益低的发展瓶颈。二是深化社会综治预警平台建设。借助网格站排查非法集资线索，开展防范非法集资宣传教育，构筑监测预警非法金融活动的"防火墙"。三是深化基层党建服务平台建设。基层党组织通过网格站参与对企业、居民的授信监督，开展金融知识宣传活动，拓展了服务功能，密切了党群干群关系。年末全省银行共聘请社区、村组党员干部网格员 1.8 万人。

二、推动网格助力实施重大发展战略

一是助力实施精准扶贫战略。通过金融网格确定精准扶贫人员名录，实现扶贫项目评估、贫困户评级授信和金融基础服务的"三个精准覆盖"。截至年末，全省银行业扶贫开发贷款余额 484.09 亿元，同比增长 124.63%，其中，到户扶贫小额信贷余额 103.58 亿元，同比增长 248.12%，实现扶贫开发贷款余额和到户扶贫小额信贷余额"两个百分之百"增长。国开行湖北省分行和农发行湖北省分行大力支持易地扶贫搬迁工作，提供融资 313.5 亿元支持 50 万名建档立卡贫困人口实施搬迁。全省农行、邮储银行、农村中小金融机构等涉农主力银行加大扶贫产业支持和小额信贷投放力度，帮扶带动贫困人口近 30 万人。二是助力实施长江经济带战略。通过实施金融服务网格化带动银行网点和资金下沉，促进区域金融资源均衡配置、经济协调发展。全年全省县域贷存比首次突破 50%，达到 53.42%，比实施金融服务网格化前提高了 4.05 个百分点。三是助力实施乡村振兴战略。通过金融服务网格化支持农村现代化，助力农业强省建设。截至年末，全省金融服务网格化工作站发放的贷款惠及"三农"客户

46.27 万户，农民足不出村就能享受到高效、便捷、优质的现代金融服务。

三、提升网格普惠金融功能

践行普惠金融理念，以"小网格"服务"大民生"，为"湖北版"普惠金融发展注入动力和活力。一是服务"三农"。全省农村地区共建成 2 万余个网格站，占比超过网格站总数的 80%，发放贷款占比达到 89.8%。二是服务小微企业。截至 2017 年末，全省小微贷款余额（银监局统计口径）10379.03 亿元，同比增长 17.40%，较 2015 年 6 月（实施网格化当年）增加 4048.9 亿元，增幅 64%。小微贷款增速比各项贷款增速高 2.83 个百分点；贷款户数 43.03 万户，同比增加 5.49 万户；申贷获得率 96.53%，同比增长 0.68%，实现了"三个不低于"目标。据不完全统计，全省银行机构持续对小微企业减费让利，累计少收利息 2.2 亿元，减免费用 1.6 亿元。三是服务高校大学生。推进校园金融服务网格化，实施金融服务网格化校园工作站全覆盖工程。指导全省银行机构按照"每 5000 名学生一个工作站、每名学生授信不少于 5000 元"标准，加大校园工作站建设和信贷投放力度。年末全省银行业金融机构在 129 所高校设立校园金融服务网格站 338 个，实现金融服务网格化全覆盖。

四、发挥网格促银行转型作用

通过实施金融服务网格化战略，持续打造安全、有活力、公司治理良好、可持续发展、履行社会责任的银行，促进银行机构转型发展。全省银行业金融机构转变经营理念，扎根基层、延伸服务，借助网格信息库，设计个性化、多样化的服务和产品，有效满足居民金融需求。

湖北省推进金融扶贫工作情况

湖北省政府金融办　人民银行武汉分行
湖北银监局　湖北证监局　湖北保监局

一、加大信贷扶贫力度，发挥金融扶贫主渠道作用

（一）夯实金融精准扶贫服务基础，增强精准性和有效性

1. 深化金融精准扶贫工作站建设

深化贫困村"金融精准扶贫工作站"建设，强化村委会、政府部门、金融管理部门及金融机构的共同管理，推进开展评级授信、支付结算及扶贫宣传等工作，搭建金融服务到村到户的有效平台。截至 2017 年末，全省已建立金融精

准扶贫工作站 4821 个，覆盖全部建档立卡贫困村（部分工作站同时覆盖多个贫困村）。

2. 提升金融服务网格扶贫效能

通过提高贫困村网格建设标准、将网格建设与金融扶贫分片包干责任有机结合、打造网格线上服务功能等方式，进一步增强网格推进金融精准扶贫的平台作用，以金融"小网格"助力扶贫"大战略"。截至 2017 年末，全省贫困村金融服务网格化工作站建站率达到 100%。

3. 创新推广贫困户信用评级办法

积极推广贫困户"六看五老"信用评级方法，促进贫困户与金融机构信息对称，实现信贷有效投放①。截至年末，全省金融机构通过"金融精准扶贫工作站"，运用"六看五老"信用评级方法，共完成贫困户信用评价 35.46 万户，授信贫困户 25.2 万户。

（二）强化政策激励和监管督导，促进扶贫信贷投放

1. 发挥政策激励导向作用，引导扶贫资金投入

一是通过运用货币政策工具向金融机构注入一定的低成本央行资金，撬动金融机构涉农扶贫信贷投放。截至年末，全省支农再贷款余额近 63.1 亿元，同比增加 22 亿元；扶贫再贷款余额近 44 亿元，较上年同期增长近 2 倍。二是引导国开行湖北省分行和农发行湖北省分行用好易地扶贫搬迁专项金融债发债资金，加强易地扶贫搬迁服务。截至年末，两家银行累计发放易地扶贫搬迁贷款 315 亿元，其中，资金来源于专项金融债的贷款 207 亿元，占比 65.7%。三是出台《关于推进扶贫小额信贷健康发展的意见》，进一步明确扶贫小额信贷利率和贴息奖补等措施。截至年末，全省金融机构累计发放到户扶贫小额信贷 95.1 亿元，惠及贫困户 23.9 万户。四是建立全省金融精准扶贫政策效果评估制度，对相关县（市）及金融机构金融扶贫工作情况进行评价，激励县（市）政府优化金融扶贫政策实施环境，督促金融机构有效落实金融扶贫各项政策。

2. 强化银行业扶贫"四单"管理，促进扶贫信贷增量提质②

一是优先单列扶贫信贷资金资源。推动扶贫信贷资源向贫困地区和贫困人口倾斜，保障扶贫信贷资金投入的快速增长。推动恩施州辖区银行机构在 2016—2019 年单列扶贫资金共计 300.5 亿元，专项用于扶贫贷款。二是强化扶贫单设机构建设。推动成立政策性银行扶贫事业部、大型银行普惠金融事业部，

---

① 六看"：一看房、二看粮、三看劳动力强不强、四看有没有读书郎、五看围绕什么产业忙、六看是否诚信和善良；"五老"：老支书（老主任）、老党员、老模范、老妇联主任和老族长。

② "四单"管理：单列信贷资源、单设扶贫机构、单项考核两个覆盖率、单独研发扶贫金融产品。

进一步增强扶贫单设机构（牵头部门）从事扶贫金融业务的专门作用。三是推动落实单独考核机制。单项考核建制乡镇的机构网点覆盖率和行政村的金融服务覆盖率，完善贫困地区普惠金融服务体系。四是创新单独的扶贫产品。全省银行业围绕抵押品、产业链、政府增信等积极创新单独扶贫产品。据不完全统计，全省开发扶贫创新金融产品近百种，进一步满足了贫困地区和人群的金融服务需求。

3. 建立健全融资风险分担和补偿机制，消除扶贫信贷掣肘

推进建立风险补偿机制，以扶贫资金撬动信贷资金，确保贷款放得出、收得回。推动各县（市）按照"省级整合、市级协调、县级统筹的原则"，由县级政府统筹安排资金，建立扶贫信贷风险补偿金，截至年末，全省共有94个县建立风险补偿金16.16亿元，金融机构按不低于7倍的比例放贷。

4. 创新实施扶贫小额信贷，发挥新型农业经营主体带动作用

创新扶贫小额信贷的实施方式，有效解决部分贫困户内生发展动能不足、不符合扶贫小额信贷政策要求的难题。鼓励金融机构对以发展产业带动贫困户增收的新型农业经营主体发放"新型农业经营主体 + 建档立卡贫困户"扶贫小额信贷，并享受扶贫小额信贷贴息及风险补偿政策。推动新型农业经营主体与建档立卡贫困户建立稳定的就业、订单、土地入股、资金入股等利益联结机制，发挥新型农业经营主体对贫困户脱贫致富的带动作用。截至年末，全省金融机构累计发放"新型农业经营主体 + 建档立卡贫困户"扶贫小额信贷近86亿元，带动帮扶贫困户12.8万户。

（三）有效运用债务融资手段，创新扶贫融资渠道

1. 创新运用银行间市场债务融资工具

充分利用银行间市场债务融资工具创新产品，通过直接融资工具引导贫困地区拓宽融资渠道。成功发行湖北省交通投资集团专项扶贫超短期融资券，金额25亿元，全部用于归还起始于恩施州的扶贫高速公路项目借款。该债券是全国首单募集资金全部用于扶贫用途的专项扶贫债务融资工具，也是目前市场上发行金额最大的扶贫债务融资工具。十堰市郧阳区扶贫社会效益债券已进入注册操作阶段。

2. 发行首单精准扶贫公司债

武汉农村商业银行联合东方花旗证券成功发行"宜昌长乐投资集团有限公司非公开发行社会责任公司债券（扶贫）"，期限7年，金额5亿元，首期发行3亿元，募集资金全部用于宜昌市五峰土家族自治县的精准扶贫项目。该债券是国内首单专项用于扶贫的社会责任债券，实现金融机构在推进金融精准扶贫上的创新突破。

二、推进资本市场服务脱贫攻坚，增强贫困地区直接融资能力

（一）推进贫困地区企业上市挂牌，扩大直接融资

为贫困地区企业上市、在"新三板"和四板市场挂牌开辟"绿色通道"。制定贫困县域拟上市企业名录；督促中介机构加快贫困地区拟上市企业辅导培育，切实提高辅导工作质量。全省有 3 家贫困地区企业在湖北证监局辅导备案。对注册地在贫困地区的拟挂牌"新三板"企业实行"专人接待、专人解答"，开展"监管第一课"培训。2017 年贫困县域新增"新三板"挂牌企业 4 家，总数达到 20 家，累计融资 7.76 亿元。

（二）发挥资本市场主体专业优势，形成精准扶贫合力

1. 鼓励上市公司支持贫困地区产业发展

重点支持农业产业化龙头企业并购重组项目，为贫困地区产业结构优化升级创造市场条件。人福医药、三特索道等上市公司积极参与利川市医药、旅游等产业开发，通过产业扶贫增强贫困地区自我发展能力。

2. 鼓励资本市场主体开展专业帮扶

引导资本市场各类主体履行社会责任，通过结对帮扶贫困县、帮助企业规范治理、设立或参与产业投资基金和扶贫公益基金、开展"保险＋期货"试点等多种形式，增强贫困地区产业自我发展能力。年内上交所 45 万元公益基金项目落地利川市；长江证券结对帮扶红安、郧阳、利川，天风证券结对帮扶房县、神农架、利川，全年两家证券公司服务湖北贫困地区业务融资金额超过 35 亿元。

全省券商发挥专业优势，为贫困地区企业发行债券提供专业支持，全年贫困地区企业发行公司债等债券融资总额达 19 亿元。

三、发挥保险优势，增强贫困地区风险保障

（一）推进农业保险，增强抗风险能力

1. 推进农业保险提标扩面

2017 年起，新增省级财政预算 1.5 亿～1.6 亿元，支持全省农业保险提标、扩面。其中，水稻保险每亩保额由 200 元提高到 400 元，费率由 7% 降至 6%；油菜保险、棉花保险的覆盖率将达到 75%～77%。

2. 创新扶贫涉困保险产品和服务

根据贫困地区资源优势和产业特色，因地制宜开发和开办种植、养殖生产、加工、经营活动等领域的保险产品和服务，满足贫困农户多样化、多层次的保险需求。人保财险湖北省分公司开发"扶贫保"系列 8 个类别的保险扶贫专属

产品，覆盖人群 350 万人次，保障额度 13049 亿元，赔付人次 19.6 万次。

3. 完善保险理赔服务

发挥保险防灾减损的特殊职能，最大限度地帮助受灾贫困农户尽早恢复生产。全年全省主要政策性农业保险共支付赔款 4.27 亿元，惠及农户 429.53 万户次，有效防止了贫困农民因灾返贫。

（二）推进大病保险，防止因病致贫

在全省建立"基本医保＋大病保险＋医疗救助＋补充保险"四位一体的健康扶贫模式。截至 2017 年末，全省 28 个大病保险项目中，有 26 个对扶贫对象给予了政策倾斜，覆盖 78 个县（区），承保 491 万人次。在全省开展各类健康保险（不含大病）项目 54 个，覆盖 49 个县（区），承保 352.72 万人次。全年全省大病保险共承保 4688.95 万人，大病患者医疗费用实际报销比例达 55%，最高单人赔付金额达到 40 万元，有效缓解了"因病致贫""因病返贫"。

（三）推进产业扶贫，增强贫困人口脱贫致富能力

一是发挥保险增信功能。积极发展扶贫小额信贷保证保险，探索推广"保险＋银行＋政府"的多方信贷风险分担补偿机制。中华联合财险湖北分公司在武穴、宜城等地开展农业供应链融资保证保险业务，促进当地龙头企业带动贫困农户脱贫致富。

二是提供扶智支持。积极开展贫困家庭大学生助学贷款保证保险、乡村教师和对口支援教师意外保险，帮助经济困难家庭学生就学，助力贫困地区教育发展。推进贫困家庭子女保险职业教育、销售技能培训和定向招聘，推动靠技能脱贫。

（四）开展定点扶贫和对口帮扶，增强扶贫实效

一是开展驻村扶贫。湖北保监局通过产业扶贫、保险扶贫、教育扶贫、公益扶贫等多种形式，为驻点村十堰市竹溪县汇湾乡荣玉村筹集帮扶资金累计345 万元，推动产业发展到村到户。

二是打造十堰市保险扶贫示范区。湖北保监局与十堰市政府签订《关于创建十堰保险扶贫示范区的合作备忘录》，通过推进健康保险扶贫、农业保险扶贫、融资方式创新、定向定点扶贫，探索湖北保险业助力精准扶贫的新方法、新模式。

三是开展"一对一"帮扶。全省保险公司积极参与扶贫工作，成立了领导小组和扶贫专班。截至年末，保险扶贫工作覆盖全省所有乡镇、90% 以上的贫困村，惠及贫困人口近 500 万人。

四、2018 年重点工作

（一）进一步加大对贫困地区的信贷支持

1. 加大产业扶贫信贷政策引导力度

大力推进"新型农业经营主体 + 建档立卡贫困户"产业扶贫信贷模式，引导全省金融机构加强产业扶贫信贷工作。推动地方政府加强对扶贫产业的规划、布局和培育，引导贫困户拓宽创业就业路径，为金融机构发放贷款搭建载体；完善贷款风险补偿机制，降低贷款风险；按照一定比例对产业扶贫贷款给予贴息支持。

2. 用好扶贫再贷款等货币信贷政策

争取更多的扶贫再贷款、支农再贷款以及支小再贷款限额，支持全省地方法人金融机构借用再贷款资金加大贫困地区信贷投放力度。加强再贷款资金限额在各市（州）的调配，合理满足金融机构再贷款的借款需求。加大扶贫再贷款额度向深度贫困地区倾斜力度，每个深度贫困县每年安排不低于 1 亿元的扶贫再贷款。

3. 推进债务工具融资

重点推进贫困地区债务融资工具发行，优先支持贫困地区通过发行扶贫社会效益债券、扶贫专项债务融资工具等直接融资产品融资，不断拓宽深度贫困地区融资渠道，满足贫困地区农田水利、道路交通、农技推广等各项基础建设资金需求，提高扶贫产业科技水平、综合生产能力和抵御自然灾害风险能力，提升贫困地区的内生发展动力。

4. 持续强化政策协调联动与督办考核

建立政府职能部门、金融管理与监管机构的联合考核督察及通报制度，对县（市、区）、金融机构金融精准扶贫工作情况进行考核通报，探索将县（市、区）考核结果作为贫困县党政领导班子扶贫实绩考核的重要依据，将金融机构考核结果作为金融机构执行信贷政策效果导向效果评估、综合评价以及 MPA 的重要依据，督促各县（市、区）、金融机构加强金融精准扶贫各项工作。

（二）推进资本市场与贫困地区有效对接

1. 加快贫困地区企业上市挂牌进程

引导中介机构发挥专业优势，对贫困地区后备企业加强辅导规范，帮助贫困地区企业抢抓 IPO "即报即审、审过即发"和"新三板"挂牌"即报即审、审过即挂"的"绿色通道"机遇，加快上市挂牌进程。

2. 促进贫困地区多元化直接融资

畅通多元化融资渠道，充分利用债权融资、并购重组、资产证券化等多种途径，充分发挥资本市场对贫困地区的融资支持作用。

3. 扶持贫困地区产业优化升级

进一步推动资本市场主体以招商引资、并购重组、项目培育、股权投资、财务顾问等多种形式，助力贫困地区产业优化升级，增强贫困地区自我发展能力。

4. 加大融智扶贫力度

继续组织专家到贫困地区开展金融政策和知识培训，加强当地党政干部、企业家对资本市场和扶贫政策的理解，提升利用资本市场直接融资能力。

（三）提高贫困地区保险密度和深度

1. 大力推进农业保险

一是全力做好农业保险提标扩面工作，提高贫困地区农业保险保障程度。二是创新发展保险产品，提高贫困地区农业风险保障水平。

2. 大力推进大病保险

一是完善补充医疗保险制度。引导各保险公司积极承办由地方财政出资、为当地扶贫对象购买的补充医疗保险，解决基本医保、大病保险及民政救助报销后仍然需要个人自付部分的医疗费用。二是大力开发面向贫困人口的商业健康保险产品，参与医疗救助经办服务。积极探索大病保险向贫困人口倾斜的有效措施。

3. 大力推进产业扶贫

一是发展扶贫小额信贷保证保险，为贫困户融资提供增信支持，增强贫困人口获取信贷资金发展生产的能力。引导贫困居民通过农业保险保单质押、土地承包经营权抵押贷款保证保险、农房财产权抵押贷款保证保险等方式，拓宽保险增信路径，低成本盘活资产。二是促进农业新业态发展。结合贫困地区实际，开发物流保险、仓储保险、农产品质量保险等保险产品，促进农村电商、乡村旅游、休闲农业等农业新业态的形成，帮扶贫困地区脱贫。

4. 加大保险服务投入力度

一是加强网点建设，提高贫困地区保险机构网点服务能力。二是探索开发保险业精准扶贫产品。针对建档立卡贫困人口以及留守儿童、留守妇女、留守老人、失独老人、残疾人等特殊人群，定制扶贫产品。三是积极开展农村治安保险、自然灾害公众责任保险、巨灾保险、民生保险试点，为贫困地区提供全方位的风险保障。四是争取保险总公司在资金运用等方面的支持，争取更多的资源投入湖北脱贫攻坚工作。五是加大人才培养。积极吸纳贫困地区大学生就业，优先考虑贫困人口作为农业保险协保员。大力推动贫困地区"员工属地化"，为贫困地区培养"留得下、稳得住"的专业人才。

（四）加强贫困地区金融生态环境建设

在贫困地区优先实施农村金融宣传教育，逐步实现贫困村金融宣传教育全覆盖。加强对贫困地区基层干部的金融知识培训，提升金融风险防范意识和识别能力。强化贫困地区金融消费者权益保护，严厉打击金融欺诈、非法集资、制售使用假币等非法金融活动；规范金融机构业务行为，净化贫困地区金融消费环境。严格扶贫项目贷款审批管理，严防假借扶贫名义违法违规举债融资，切实防范金融风险。

湖北省推进科技金融发展情况

湖北省政府金融办　　人民银行武汉分行　　湖北省科技厅

湖北银监局　　湖北证监局　　湖北保监局

自《武汉城市圈科技金融改革创新专项方案》获批、《省政府关于武汉城市圈科技金融改革创新的实施意见》出台以来，通过政府主导、部门联动、分层推进、主动创新等方式，初步形成了以"六个专项"为特点的科技金融改革创新模式，并在此基础上形成"东湖模式"[①]。2017 年，湖北省进一步完善和推广"东湖模式"，加快打造全国科技金融改革创新高地，为我国深化科技金融改革创新和金融服务实体经济探索可复制可推广的新模式和新路径。

一、科技金融改革创新主要成效

（一）进一步加大科技信贷投入

截至年末，全省科技型企业贷款余额 1867.1 亿元，同比增长 9.5%。推动招商银行武汉分行、汉口银行、建设银行湖北省分行、中国银行湖北省分行、农业银行湖北省分行、武汉农商行等 8 家银行共为科技成果转化授信 2100 亿元。

（二）推动科技型企业上市和挂牌

全年实现 2 家科技型企业上市、71 家科技型企业在"新三板"挂牌。在新增的 12 家报会拟上市企业中，近九成为高新技术企业。武汉股权托管交易中心"科技板"挂牌企业达到 1665 家。

（三）持续增强科技型企业风险保障

截至年末，全省科技保险实现保费收入 3617.7 万元，为 316 家次科技型企业提供风险保障 177.68 亿元，赔付金额 2080.08 万元。

---

① "六个专项"：设立科技金融专营机构、建立科技金融专项机制、推出科技金融专项产品、搭建科技金融信息信用专业平台、出台科技金融直接融资专项措施、构建科技金融专门监管制度。

二、推进科技金融发展主要举措

（一）发挥政策引导作用和联动效应

人民银行武汉分行出台支持科技金融发展的 22 条落实政策；湖北银监局明确提出"四项"总体目标和"五项创新"工作举措；湖北证监局提出以科技金融创新为主线，实现科技资源与资本市场有效对接政策；湖北保监局与武汉市政府联合出台保险业促进科技金融发展的财政、税收优惠政策，与省知识产权局、武汉市科技局、人民银行武汉分行营业管理部等单位联合出台科技研发类、成果转化类、促进出口贸易类 3 个科技保险类文件；省科技厅与省国税局、省地税局及省财政厅联合拟定全省科技型中小企业评价工作指引，首次为科技型企业划型提供权威界定，建立了国家—省—市三级联动的工作体系。各地相继制定出台一系列加强金融产品和服务创新的政策措施。武汉市成立全国首个科技成果转化局，出台《关于进一步促进科技成果转化的意见》《武汉市科技创业投资引导基金实施细则》；宜昌市印发《关于加快发展科技金融的实施意见》并拟定实施细则；襄阳高新区印发《高新区天使基金管理暂行办法》《高新区高新技术产业发展基金实施细则（试行）》；随州市出台《随州市鼓励自主创新和促进科技成果转化实施细则》《随州市专利权质押贷款管理暂行办法》等一系列政策。荆门、黄冈、孝感、鄂州、咸宁、天门、仙桃等地积极探索，形成特色鲜明的区域科技投融资政策体系，促进科技与金融资本有机结合。通过政策引导和联动效应，全省科技金融改革创新工作稳步有效推进。

（二）深入推进投贷联动试点

一是引导试点银行建立投贷联动业务专门的授信准入、风险评级、审查审批和贷后管理制度。二是出台《武汉市投贷联动信贷风险专项补偿基金实施细则（试行）》，聚集政府、银行、创投、担保等多方力量，建立多层次风险分担机制。三是鼓励 3 家试点银行积极探索开展投贷联动业务。国家开发银行湖北省分行联合国开金融与东湖管委会签订协议，确立了产品模式、风险补偿、收益分配等总体框架。中国银行湖北省分行为科技型企业提供"新三板"挂牌、转板和做市券商辅导服务。汉口银行针对不同成长阶段科技型企业，分别建立"初创期""成长期""成熟期"项目库，提供定制服务。截至 2017 年末，3 家试点银行累计为 94 家企业发放投贷联动项下贷款 7.4 亿元，同比增长 84.3%，有力扶持了一批种子期、初创期、成长期的科创企业。

（三）完善和推广科技金融"东湖模式"

1. 完善以"六个专项"为特点的"东湖模式"

进一步完善"设立科技金融专营机构、建立科技金融专项机制、推出科技金融专项产品、搭建科技金融信息信用专业平台、出台科技金融直接融资专项措施、构建科技金融专门监管制度"科技金融的"六个专项"。一是健全科技金融专业化经营组织。截至 2017 年末，全省科技分（支）行达到 9 家、科技特色支行达到 19 家，配备科技金融人才 714 人；全省经济技术开发区的产险支公司达到 11 家；全省主营科技担保的担保公司达到 13 家，主营科技贷款的小额贷款公司达到 15 家，各类科技金融中介服务机构达到 200 家。武汉市创投机构达到 700 余家，资本规模超过 1000 亿元。二是完善和丰富科技金融专项产品。年末全省共 10 家银行机构、15 家保险公司合作开展"科贷保"业务，保费补贴和贷款贴息标准分别提高到 60% 和 50%，企业贷款成本仅为 3.81%，业务承保面同比提升 14.95%。武汉市全面开展"科贷保""专利贷"等科技型企业贷款保证保险业务，费率不高于贷款本息的 2.6%，探索出专利权质押融资新模式。宜昌市发放财政科技创新贷款 1.2 亿元、保证保险贷款 2073 万元。襄阳高新区开展财政科技保险试点，帮助科技型小企业获得知识产权质押贷款 2370 万元。全省创业创新公共服务平台在全国首创推出专属科技金融产品"科技验收贷"，定向为通过省级科技计划项目验收以及获得科技系统专项科技经费的企业提供最高 500 万元的纯信用贷款。在全省探索开展省级首台（套）重大技术装备推广应用试点，试行由省级财政和县级财政各按 50% 给予保费补贴，业务承保面同比提升 84.62%。探索开展新材料首批次应用保险，签订新材料首批次应用保险全国第一单。三是丰富和完善科技金融信用服务平台、大数据金融信息服务平台、创新创业服务平台、科技型企业直接融资平台等科技金融信息信用专业平台。四是完善科技金融直接融资专项措施。健全创投引导基金体系，发挥省级创投引导基金的示范带动作用，全省政府引导基金总规模超过 1000 亿元；东湖高新区设立政府引导、多主体合作的光谷瞪羚成长基金，金额 10 亿元，为单个企业提供不超过 2000 万元补贴；设立湖北集成电路产业投资基金，推动集成电路产业发展。推动债券融资发展，人民银行武汉分行建立由 7000 家企业组成的武汉城市圈银行间债券市场融资后备企业库，年内多家科技型企业在银行间债券市场实现融资。五是创新引入境外融资渠道。继续推进湖北碳排放权交易中心碳排放质押贷款创新试点和跨国公司外汇资金集中运营试点扩容。六是建立完善科技金融统计监测监管平台和"科技金融指数"。2017 年，武汉科技金融 4 项指数总体得分为 4.652，多个分项指标居全国前列。

2. 推动"东湖模式"分层推进覆盖全省

按照武汉市、武汉城市圈和湖北省三个层次推进科技金融改革创新。武汉市为科技金融改革创新重点地区，全面推进；武汉城市圈另外 8 个城市为科技金融创新主体地区，每个市进行特色创新；武汉城市圈外其他市（州），借鉴学习武汉城市圈科技金融改革创新经验，自主推进，最终推广到全省。

三、2018 年重点工作

（一）建立专营性质的法人科技金融组织和市场体系

继续增加兼营性科技金融机构，探索成立集商业银行和投资银行于一体的专业性法人科技银行——光谷银行，为各个成长阶段的科技型企业提供全生命周期科技金融服务。推进设立科技保险公司等新型金融机构，鼓励保险公司设立科技保险专营机构和服务团队，为科技型企业提供更优质的保险服务。鼓励社会资本成立科技金融担保公司、知识产权质押贷款公司、科技型企业动产抵押贷款公司、科技型企业票据交易中心等，满足科技型企业多元化、多层次金融需求。

（二）加强科技信贷创新

扩大知识产权、股权、订单等动产质押规模；依托应收账款融资服务平台，积极发展科技型企业应收账款质押贷款业务；利用"东湖企业信用信息数据库"和"光谷信用网"，全方位做好科技型企业信用贷款服务。围绕创新驱动战略，以投贷联动为抓手，探索实施"全周期金融服务试点工程"，着力推动商业银行转变服务理念、服务模式、服务机制，为初创期、成长期、成熟期和退出期企业提供多元化的金融服务。

（三）推进科技型企业直接融资

探索发行科技金融债券，建立科技型企业上市"绿色通道"制度，支持科技型企业 IPO 和再融资，支持非上市科技型企业通过发行债券拓宽融资渠道。畅通科技风险投资和信贷资金退出渠道，为科技型企业筹集稳定的长期资金。支持符合条件的科技型企业在银行间市场或交易所发行债务融资工具。不断完善武汉股权托管交易中心"科技板"的服务功能，促进科技型、创新型中小微企业与资本市场有效对接。积极推进创投引导基金运作，加大引导和培育创业风险投资基金的力度，引导设立天使投资基金、创业风险投资基金更多投向初创期科技型企业。

（四）推进发展科技保险

进一步完善和落实科技保险各项政策，健全科技保险制度和风险补偿机制，充分发挥财政资金的引导和放大作用，积极营造科技保险发展环境。深入推进科技型企业贷款保证保险，持续扩大"科贷保"、首台（套）重大装备保险及新材料首批次应用保险承保面，增强对科技研发和科技成果转化的保险保障。引导保险公司加大创新服务力度，推广履约保证保险、出口信用保险等新型保险产品，促进科技型企业长效发展。

（五）优化科技金融监管政策

探索对科技金融改革创新试点机构和地区试行差异化监管政策。适当调低科技型小微企业贷款的风险权重，提高不良贷款率容忍度，提高科技金融不良贷款税前核销比例。简化科技金融创新产品审批程序，强化科技金融服务评审工作，促进科技金融服务水平不断提升。出台投贷联动监管细则，细化投贷联动风险容忍度标准，对试点区域的科创企业投贷联动业务给予一定的风险权重优惠。

（六）整合政府支持科技金融发展资金

聚集政府、金融、科技、社会等多方力量，共同推动科技金融改革创新。整合政府支持科技金融发展资金，通过委托贷款、科技贷款贴息、创业投资支持等方式，实现财政扶持资金市场化运作；通过建立风险补偿基金、科技信用担保公司等方式，引导金融机构投放更多科技信贷资金。

武汉东湖国家自主创新示范区科技金融发展情况

武汉东湖高新区管委会

2017 年，武汉东湖高新区实施自贸区与自主创新示范区"双自联动"，坚持创新驱动和开放驱动"双轮驱动"发展战略，抢抓自贸区发展机遇，全力推进科技金融改革创新，努力打造全球领先的科技金融创新中心。

一、深入推进科技金融创新

（一）推动创新金融资源加速集聚

贯彻落实武汉市招商引资"一号工程"要求，全力推进金融招商引资，以资本招商、以资本引智，围绕高新区"5＋2"战略性新兴产业集群发展需求，重点引进创新型金融机构，打造科技金融机构集聚区①。

1. 推动产业基金落户

发挥金融对重大产业项目的支撑和引领作用，以资本的力量推动和支持一大批重大产业项目落户高新区，促进高新区产业整合和转型升级。2017 年，新引进国家创新基金、小米基金、蔚来基金等产业基金 16 只，基金总规模超过1000 亿元，其中，高新区出资超过 150 亿元，有力地支持了国家存储器基地、小米第二总部等一批重大产业招商项目落地。

---

① "5＋2"：光电子信息产业、生物医药、高端装备制造、节能环保、现代服务业 5 大支柱产业；半导体和新网络两大新兴产业。

2. 推动设立创新金融机构

推动工行、农行、中行、建行、交行、汉口银行设立自贸区分（支）行，推动浦发、招商、华夏、邮储等银行设立自贸区分行。推动设立科技证券公司和科技保险公司。推动三环集团设立财务公司并落户高新区。推动湖北省宏泰国资投资运营集团设立湖北首家商业保理公司。全年新增融资租赁公司 20 多家，新增股权投资机构 300 家。截至 2017 年末，高新区各类科技金融机构超过 3000 家、资本总量超过 3000 亿元，初步形成与科技型企业融资需求相匹配的科技金融机构体系。

（二）推动自贸区金融创新突破

按照《中国湖北自由贸易试验区总体方案》及《武汉片区实施方案》要求，以产业发展需要为出发点，以制度创新为目标，大胆开展科技金融改革创新，全力落实自贸区改革任务。

从"扩大金融领域对外开放""提升金融服务功能""推进科技金融创新""建立健全金融风险防范监测体系"四个方面全力推进 49 项金融改革创新事项，2017 年全面完成 25 项改革任务，取得一批重要的突破性成果，如推动完成湖北首单融资租赁资产证券化（ABS）业务、设立湖北首家商业保理公司、推出湖北首单"双创"专项债券、完成全国自贸区首单"银关保"业务等。

（三）积极对接多层次资本市场

联合交易所、券商等机构为高新区企业提供全方位辅导培育和政策支持，全力推动高新区企业登陆多层次资本市场。

一是启动上市"金种子"培训，搭建上市后备企业互帮共促平台。2017年，新增微创光电、帝尔激光等 6 家公司上市报会，颂大教育、云传媒等 3 家企业报辅导。截至年末，高新区上市公司达到 36 家，在会排队企业达到 8 家，报辅企业 7 家。

二是推动企业挂牌"新三板"。新增经纬视通、光驰教育等 21 家企业在"新三板"挂牌。高新区"新三板"挂牌企业总数达到 132 家，位居全国高新区前列。璟泓科技、华奥科技等一批"新三板"公司启动上市进程。

三是推动企业挂牌四板市场。制定企业挂牌四板市场奖励实施细则，进一步明确和优化对挂牌企业的支持政策，促进挂牌企业进一步提高质量。推出全国首个四板"海外留学归国人员创新创业板"，打造培育上市后备企业的新"苗圃"。全年新增四板挂牌企业 120 家，总数超过 350 家。

四是支持上市和挂牌企业再融资。人福医药、国创高新、华工科技等上市公司通过定增、发债等方式实现再融资超过 200 亿元。路德科技、易维科技等一批"新三板"企业实现再融资超过 20 亿元。高新区企业累计完成资本市场融资超过 2000 亿元。

（四）持续推进中小企业金融服务创新

1. 持续创新和推广科技金融产品

推广"集合贷""三板贷""萌芽贷""投贷联动""保证保险""税易贷"等系列创新产品，累计发放贷款 60 多亿元，惠及 800 多家科技型中小企业。引导金融机构开展信用贷款、股权质押、知识产权质押等创新型贷款，累计发放贷款 1000 多亿元，惠及 8000 多家次科技型中小企业。

2. 不断完善科技金融服务环境

搭建新型产、学、研、融平台，促进企业技术和产品发展。搭建"金种子"培训平台，为企业上市挂牌提供全方位服务。搭建咨询服务平台，开展知识产权信息服务，为企业对接国际国内专业技术。搭建交流合作平台，鼓励企业参加金博会、经贸会等活动。搭建智慧金融平台，为企业提供成果遴选、评价、融资、交易等"一站式"在线投融资服务。成立光谷科技金融研究院，汇聚国内外知名专家学者，发布光谷科技金融指数，为光谷科技金融发展提供智力支持。

3. 加快推动信用体系建设

进一步完善光谷信用平台建设，截至 2017 年末，光谷信用平台覆盖企业 7 万多家，征集信息数据 300 多万条，出具信用评级报告 1000 多份，信用评价报告 15000 多份，支持 1000 多家企业获得信用融资超过 13 亿元。

（五）全面启动"金谷"建设

贯彻落实武汉市委、市政府关于全面推进光谷、药谷、智谷、金谷、才谷"五谷共建"战略部署，全面启动"金谷"建设。

一是编制"金谷"发展规划。对标硅谷、中关村、前海等国内外发达地区，按照国际标准、突出武汉特色，编制"金谷"发展规划，建设全球领先的科技金融创新中心。"金谷"建设将围绕高新区"5＋2"产业发展需求，坚持面向科技创新，促进科技成果转化；坚持面向自贸区建设，促进外向型经济发展；坚持面向产业集群，促进核心产业做大做强。到 2020 年，初步建成"武汉金谷"，形成三个国内领先的"先行区"，即新金融聚集发展先行区、资本融通便利先行区、资本市场创新先行区。

二是以光谷科技金融发展有限公司为基础，全面整合高新区金融资源，组建光谷金融控股集团，注册资本金 200 亿元。成立总规模 500 亿元的光谷产业发展引导基金，围绕"5＋2"战略性新兴产业集群引导设立母基金。

三是举办"五谷共建"推进会"金谷"发展专场活动，邀请国内外知名经济金融专家、学者和战略性新兴产业领域专家为"金谷"建设献智献策。集聚全球知名投资机构，遴选光谷产业基金合作伙伴，共同参与"金谷"建设，支持高新区"引进来"和"走出去"。开展"上市公司光谷行"活动，加强高新区上市和拟上市企业的对外交流，为"金谷"建设提供产业和项目支持。

二、2018 年重点工作

（一）加快推进"金谷"建设

以"金谷"建设统筹科技金融改革和自贸区先行先试工作，加快打造国际科技金融创新中心。制定"金谷"发展规划，出台"金谷"专项政策，推进"金谷"的"一谷多中心"空间布局建设。

（二）进一步聚集金融资源

以 500 亿元光谷产业基金为依托，引导设立一批产业基金，为高新区重大产业项目提供有力支撑，实现金融对产业布局的有效引领。完善全牌照科技金融机构体系，推动光谷民营银行、光谷科技证券、光谷科技保险公司申报工作，加速集聚股权投资、融资租赁、商业保理等新型金融机构。

（三）大力发展多层次资本市场

开展"金谷"大讲坛等活动，推进上市"金种子"培育工程，为企业提供全方位辅导培育和综合服务，推动一批企业登陆多层次资本市场。力争新增上市和"新三板"挂牌企业 20 家、股权投资机构 300 家。

（四）大力推进科技金融产品和服务创新

加大对新型信贷、天使投资、科技保险等创新产品的支持力度，加强对科技型中小企业金融支持。扩大光谷智慧金融平台覆盖面，提升其线上、线下资源对接能力，为创新创业提供全方位、更有效的金融和行业资源对接服务。

湖北省推进自贸区金融开放创新情况

人民银行武汉分行　湖北省外汇管理局　湖北银监局
湖北证监局　湖北保监局

一、扩大金融领域对外开放

（一）开展经常项目集中收付汇、轧差净额结算、集中结售汇等试点

允许银行审核真实、合法的电子单证办理经常项目集中收付汇、轧差净额结算等业务，便利企业的收付汇操作，减少实际资金汇划，降低操作成本和财务成本。积极推进跨国公司外汇资金集中运营试点扩容，优化"三集中一轧差"政策。

（二）支持跨国企业集团开展跨境双向人民币资金池业务

进一步提高跨国企业集团境内外关联企业自有资金集中调度和统一使用的便利性，支持和鼓励符合条件的跨境企业集团根据自身经营和管理需要，开展跨境双向人民币资金池业务，为符合条件的区内跨国企业集团优先办理跨境双向人民币资金池业务备案。探索放宽自贸区内跨国企业集团人民币资金池业务准入条件，提高跨境人民币资金净流入额度，引导企业直接将运营总部放至区内经营，便于跨国企业积极利用境内、境外两个市场，灵活调拨境内外成员企业之间的外汇资金，提升资金管理水平，降低企业融资成本。2017 年，湖北自贸区武汉片区有 2 家企业已备案开展跨境双向人民币资金池业务。

（三）探索开展自贸区退更免业务电子化

在自贸区试点开展退更免业务电子化。一是在宜昌片区探索起步，实施出口退税业务电子化处理。二是在襄阳片区完善成熟。全面实现了退更免业务全部电子化，从出口退税拓展到退库、更正和免抵调（库）业务，从局部电子化拓展到全流程电子化，从人民银行经理国库扩展到商业银行代理国库，从国税部门扩展到地税部门，从局部地区扩展到全部市、区、县，实现了国库机构、征收机关、业务种类和辖内县市的"四个全覆盖"。三是在武汉片区深化推进。实现代理支库 TBS 系统与银行行内系统对接，在代理支库层面实现业务处理全流程的电子化，系统已正式上线运行。截至年末，湖北自贸区共办理电子化退更免业务 608 笔，涉及金额 18.4 亿元。

（四）鼓励、引导开展本外币跨境支付业务

鼓励法人支付机构申请跨境支付服务许可，引导全国性支付机构分支机构开展跨境支付业务。年内 1 家法人支付机构获得互联网支付业务许可，15 家获得跨境支付许可的支付机构在湖北省设立分公司。15 家机构中，已有通联支付、财付通、支付宝 3 家提供跨境支付服务。截至年末，非银行支付机构已为 10 家自贸区企业提供跨境支付服务，共办理跨境外汇业务 28 笔、金额 185.76 万美元，办理跨境人民币业务 7 笔、金额 133.26 万元。

二、增强金融服务功能

（一）支持银行业创新发展自贸区金融

一是构建政策支持体系。出台《湖北银监局关于做好中国（湖北）自由贸易试验区银行业改革创新工作的意见》《关于简化中国（湖北）自由贸易试验区内银行业金融机构和高管准入方式的实施细则（试行）》，着力构建创新引领、开放包容的"1 + X"自贸区银行业监管制度体系。二是支持设立银行业机构。支持中外资银行在自贸区新设分行或专营机构，将区内现有银行网点升格为分行。支持符合条件的境内中资民营企业在武汉片区发起设立民营银行。支持外资在自贸区内设立金融机构。支持在自贸区内设立金融租赁、汽车金融、消费金融公司和企业集团财务公司等非银行金融机构。年末全省自贸区内新增5家银行业金融机构，总数达到52家，累计授信2078.8亿元，发放贷款余额937.3亿元。三是不断丰富金融产品。自贸区银行业金融机构创新推出"票据池网上质押贷款"等特色业务产品30余种。加快人民币双向资金池、自贸区"熊猫债"、跨境电商、跨境直贷和基金互认建设，推进建立科技型企业全周期金融服务体系。四是支持自贸区内银行业金融机构开展信贷资产证券化业务。将自贸区内符合条件的金融机构纳入优先发行大额可转让存单的机构范围，在自贸区内开展大额可转让存单发行试点。鼓励金融机构积极开展动产融资业务，利用动产融资统一登记平台，服务中小企业发展。支持商业保理业务发展，探索适合商业保理业务发展的监管模式。

（二）支持开展跨境证券、基金投资业务

一是出台自贸区金融支持政策。湖北证监局出台《湖北资本市场落实中国（湖北）自由贸易试验区总体方案的指导意见》，推动上市公司、"新三板"挂牌企业、证券期货经营机构等各类市场主体发挥自身优势，积极参与自贸区建设。二是不断丰富市场主体。积极争取并大力支持在自贸区设立合资证券公司、公募基金，创造条件引导证券期货机构在武汉设立区域总部、后台服务中心、分支机构、新型业务机构等，支持证券经营机构在自贸区内注册成立分公司或专业子公司，以湖北自贸区建设为契机，大力发展总部金融。三是支持证券经营机构利用自贸区平台"走出去"，取得合格境内机构投资者（QDII）和人民币合格境内机构投资者（RQDII）资格，开展境外证券投资业务；支持其境外子公司取得合格境外机构投资者（QFII）和人民币合格境外机构投资者（RQFII）资格；支持境外股权投资基金作为合格境外有限合伙人（QFLP）开展跨境投资相关业务。

（三）推进保险业服务自贸区建设

一是支持在自贸区内设立健康保险、科技保险和内河航运保险等专业保险机构，扩大出口信用保险覆盖面。二是完善保险市场体系，推动保险产品研发中心、再保险中心等功能型平台建设。三是出台监管制度，简化行政审批。湖北保监局出台《中国（湖北）自由贸易试验区保险机构和高级管理人员审批备案管理办法》，对自贸区保险机构行政审批事项适用快速通道，由20个工作日缩短至10个工作日；对自贸区内支公司、营业部高管人员的任职资格管理由审批改为备案。

（四）发展融资租赁业务

积极推进内资融资租赁企业试点。支持融资租赁企业在自贸区设立地区总部或项目子公司；支持开展跨境融资租赁服务，支持租赁业境外融资，鼓励各类租赁公司扩大跨境人民币资金使用范围，允许自贸区内融资租赁机构依法合规开展跨境双向人民币资金池业务。在飞机、船舶、工程机械等领域，培育一批具有国际竞争力的融资租赁企业。年内，落户在襄阳片区的湖北骆驼融资租赁有限公司成为湖北自贸区内首家内资融资租赁试点企业。

三、推进科技金融创新

完善自贸区内股权、技术等资本或要素交易市场，允许外资参与投资。允许外资股权投资管理机构、外资创业投资管理机构在自贸区内发起管理人民币股权投资和创业投资基金。鼓励境外天使投资、创业投资等风险投资机构在自贸区内开展业务，鼓励"内投外"和"外投内"双向股权投资基金发展，试点开展合格境外有限合伙人（QFLP）和人民币合格境外有限合伙人（RQFLP）业务。

鼓励在自贸区内设立成套设备进出口保理公司等中介服务机构，有条件的可探索设立并规范发展科技型融资担保公司。支持科技型企业通过外资金融机构开展海外上市、离岸并购、特殊目的载体收购。支持武汉股权托管交易中心在依法合规的前提下创新发展，引导支持四板市场创新服务、完善功能，增强区域要素集聚能力；推动建立武汉股权托管交易中心与全国中小企业股份转让系统之间的合作对接机制。建立知识产权质押融资市场化风险补偿机制，按照风险可控、商业可持续的原则，开展知识产权质押融资。加快发展科技保险，推进专利保险试点。积极引进海外创新投资机构落户自贸区开展相关业务。持续推进湖北碳排放权交易中心开展碳排放质押贷款创新试点项目。2017年，湖北碳排放权交易中心积极与法国、美国和韩国的相关机构合作，增加交易品种，扩大交易规模。

四、建立健全金融风险防控体系

建立金融监管协调机制，完善跨行业、跨市场的金融风险监测评估机制，加强对重大风险的识别和对系统性金融风险的防范。完善对持有各类牌照金融机构的分类监管机制。探索建立跨境资金流动风险监管机制，对企业跨境收支进行全面监测评价，实施分类管理。强化外汇风险防控，实施主体监管，建立合规评价体系，以大数据为依托开展事中、事后监管。加强反洗钱、反恐怖融资、反逃税工作，防范非法资金跨境、跨区流动。

五、2018 年重点工作

（一）推进自贸区金融试验政策落地实施

根据《中国（湖北）自由贸易试验区总体方案》制定的时间表和任务分工路线图，扎实有序推进湖北自贸区各项金融改革事项的实施。密切关注和切实跟进金融政策的执行情况，及时分析和解决政策执行过程中遇到的问题和困难，对政策实施情况和效果进行总结和评估，力争形成可复制可推广的经验。

（二）完善金融支持政策和监管制度体系

进一步加大对自贸区市场主体的调研力度，评估湖北自贸区金融政策实施效果，逐步完善现有金融支持政策，研究出台后续金融支持政策。完善"1＋X"自贸区银行业监管制度体系，建立自贸区银行业发展督导、信息通报等制度。

（三）加大自贸区金融创新力度

继续深化武汉东湖高新区科技金融改革创新的"东湖模式"，进一步完善科技金融相关支持政策，加大科技金融创新力度，力争成为湖北自贸区金融创新的品牌。积极推动期货保税交割，鼓励证券经营机构在自贸区新设分支机构，支持基金产品互认，引导要素市场和区域性股权市场规范创新发展。

（四）完善金融风险防控体系

探索建立金融风险监测、评估和防范机制，以大数据为依托开展事中、事后监管。加强跨境资金流动风险监测，对企业跨境收支进行全面分析评价，实施分类管理。强化外汇风险防控，实施主体监管，建立合规评价体系。

湖北省推进企业上市挂牌工作情况

湖北省上市工作领导小组办公室　湖北省上市工作指导中心

一、企业上市及"新三板"挂牌情况

（一）报会和报辅导企业数量创新高

全年共有 12 家企业向证监会提交 IPO 申报材料，报辅导企业数量达 27 家，新增报会报辅导企业数量为近 5 年之最。全年新增境内上市公司 2 家，分别在中小板和创业板上市。截至 2017 年末，全省上市公司总数为 97 家，居中部第 3 位。

从上市公司在全省地区分布来看，武汉市的上市数量仍居首位，为 52 家，占比 53.61%；其次是襄阳市、荆州市和黄石市，分别为 8 家、7 家、7 家（见

表 1)。2017 年，武汉市新增上市公司 1 家，武钢股份退市，上市公司总数保持不变。咸宁市实现了上市公司数量零的突破。

表 1　　　　　　　　2017 年末湖北省境内上市公司区域分布情况

序号	地区	数量（家）	占比（%）	序号	地区	数量（家）	占比（%）
1	武汉市	52	53.61	8	孝感市	3	3.09
2	襄阳市	8	8.25	9	潜江市	2	2.06
3	荆州市	7	7.22	10	黄冈市	1	1.03
4	黄石市	7	7.22	11	仙桃市	1	1.03
5	宜昌市	6	6.19	12	十堰市	1	1.03
6	荆门市	4	4.12	13	咸宁市	1	1.03
7	鄂州市	3	3.09	14	随州市	1	1.03

注：本表按各地上市公司数量的降序排列。

（二）"新三板"挂牌企业数量稳居中部首位

2017 年，湖北省"新三板"挂牌数量继续保持高速增长，新增挂牌企业 71 家，增幅为 20.5%，挂牌企业总数达到 406 家，在全国占比为 3.5%，数量居全国第 7 位，继续保持中部第一（见表 2）。

表 2　　　　　　　2017 年末湖北省"新三板"挂牌企业区域分布情况

序号	地区	数量（家）	占比（%）	序号	地区	数量（家）	占比（%）
1	武汉市	279	68.72	9	荆门市	8	1.97
2	宜昌市	21	5.17	10	仙桃市	5	1.23
3	黄冈市	20	4.93	11	咸宁市	5	1.23
4	襄阳市	14	3.45	12	天门市	5	1.23
5	十堰市	12	2.96	13	黄石市	4	0.99
6	荆州市	9	2.22	14	随州市	3	0.74
7	鄂州市	9	2.22	15	恩施州	3	0.74
8	孝感市	9	2.22		总数	406	100

注：本表按各地"新三板"挂牌企业数量的降序排列。

从区域分布来看，"新三板"挂牌企业主要集中在武汉市、宜昌市和黄冈市，合计 320 家，占全省挂牌企业总数的 78.82%。其中，武汉市挂牌企业数量最多，达到 279 家，占全省挂牌企业总数的 68.72%。2017 年，荆门市"新三板"挂牌企业数量新增 6 家，是除武汉市以外挂牌新增数量最多的城市。

二、上市及"新三板"挂牌后备企业培育情况

(一) 持续推进"金种子""银种子"工程

2017 年，全省金融办（上市办）系统增补了 10 家"金种子"企业，"金种子"企业达到 60 家，同时推出了两批共计 294 家"银种子"企业。为继续推进上市后备企业"金种子""银种子"计划，增强组织保障，完善"绿色通道"制度，全省各市（州）、各区（县）逐步将企业上市相关工作由原来的发改系统移交到金融系统，明确了职能职责，统一对外服务窗口，大部分地区开始实施"一站式"服务，对个性化问题实行"一企一策、一事一议"，切实解决企业上市难题。

(二) 完善省级上市后备企业资源库

持续加强省级上市后备企业资源库建设，充分发挥行业管理部门、金融机构和中介机构发掘上市资源的优势，建立多渠道、多主体的上市后备资源发掘与推进机制，全年推荐上市后备企业超过 800 家，实现了重点企业全覆盖。引导地方金融办按照动态管理制度建立地方后备企业资源库，逐步实现"省—市—县"三级联动机制，确保条件成熟的企业及时向省级资源库推荐。

(三) 强化拟上市企业服务

省上市指导中心会同深交所、上交所，组织有关机构的专家团队，深入全省 15 个市（恩施州、神农架林区未调研）对种子企业进行考察调研，了解企业经营情况、上市工作进展情况以及企业上市筹备过程中遇到的困难，并帮助企业协调解决有关难题。

三、2018 年重点工作

(一) 推进企业上市"一站式"服务

研究出台《省人民政府关于进一步推进企业上市工作的意见》，修订完善"绿色通道"制度。进一步细化企业上市过程中政府服务和扶持政策，针对审批证明、奖励补贴、税收优惠、土地支持等事项，明确"服务事项、办理条件、办理流程、办理时限、办理方式、办理结果"，将每项工作落实到人，形成"一站式"服务。

(二) 开展上市后备企业资源全面摸排

对全省上市后备企业资源进行一次全面摸底排查，筛选一批竞争力较强、盈利水平较好、具有发展潜力的重点企业，建立分层次、分行业、分梯队的上市后备企业库。

（三）建立企业上市专项全程跟踪服务机制

建立重点培育企业专项全程跟踪服务机制。对进入辅导期以上程序的公司，逐一建立工作台账，定点定人全程跟踪指导服务，落实"绿色通道"制度。以实施"金种子"计划为主线，进一步加强重点后备企业现场服务与指导。对于"新三板"重点种子企业，做好中介机构的协调与沟通工作，并积极支持、协助、指导各市（州）上市办做好推进工作。建立重点证券公司保荐代表人联系市（州）工作制度。

（四）构建上市企业培育平台

联合上海证券交易所、深圳证券交易所，建立企业上市培育基地，通过专业培训、联合走访调研、座谈交流、高管沙龙等方式培育优质拟上市企业，为省内企业对接资本市场提供一站式、全方位、个性化、高效率的服务。

湖北省推进区域性股权交易市场发展情况

武汉股权托管交易中心

2017 年，湖北省区域性股权交易市场坚持规范发展，加强风险防控，继续保持稳健、快速发展的良好态势，市场主要指标稳居全国第一，平台服务能力持续提升，行业影响力进一步增强。作为市场平台的武汉股权托管交易中心（以下简称武汉股交中心）成为在全国区域性股权交易市场具有广泛影响力的运营机构。

一、市场运行基本情况

2017 年，武汉股交中心挂牌企业总数（不含展示）、股份公司数量、"科技板"企业数量、县域特色产业板块和股权融资额（不含备案债券）五项主要指标均排名全国第 1 位，在中部地区明显领先。

（一）托管企业大幅增长

全年新增托管登记企业 1865 家，同比增长 76.78%；新增托管股本 230.15亿股，同比增长 60.70%。截至年末，累计托管登记企业 4736 家，托管总股本1464.28 亿股。

（二）挂牌企业保持较快增长

全年新增挂牌企业 1636 家，同比增长 15.29%。截至年末，累计挂牌交易企业 3869 家、挂牌项目 6 个，挂牌企业总股本 459.22 亿股，总市值 1697.98 亿元。其中，"股份公司板" 2090 家、"科技板" 1665 家、"青创板" 84 家、"海创板" 30 家。

（三）股权融资作用有效发挥

全年共为 135 家企业完成股权融资 486 笔，实现融资总金额 142.53 亿元。其中，股权直接融资 26.40 亿元，股权质押融资 116.13 亿元。截至 2017 年末，累计为 341 家企业完成股权融资 1545 笔，实现融资总金额 745.18 亿元，其中，股权直接融资 319.70 亿元，股权质押融资 425.48 亿元。

二、推进市场创新发展情况

（一）推进板块和业务创新

一是推出全国首个"海创板"，助力海外留学回国人员创新创业。年内全国首个"海外留学回国人员创新创业板"在湖北四板启动，首批 30 家战略性新兴产业企业集体挂牌。二是探索推进私募可转换公司债券业务。根据《区域性股权市场监督管理试行办法》（中国证监会第 132 号令）关于四板可为挂牌企业备案发行私募可转换公司债券的规定，武汉股交中心制定《可转换债券业务指引》等制度，报批后推进实施。三是保理融资业务取得突破。完成挂牌企业首单应收账款保理融资业务。四是积极推进设立"二孩"战略产业希望基金等主要投向四板挂牌企业的基金，开展"股权众筹""私募基金份额转让"等业务试点研究。

（二）打造县域金融工程板块"升级版"

继续深耕县域、市域资本市场，服务基层小微企业。截至年末，全省四板挂牌企业区域分布已覆盖全省 17 个市（州），覆盖率 100%；县域挂牌企业覆盖全省 103 个县级行政区域中的 100 个，覆盖率 97.09%；县域挂牌企业 3841 家，占全省挂牌企业总数的 91.39%；县域企业共完成股权融资 579.91 亿元，占全省融资总额的 76.56%。全省已陆续形成 92 个县（市）域特色产业板块。湖北四板市场对接县域金融工程、服务基层小微企业的普惠金融模式，被多个兄弟省市复制和推广。

（三）积极开展精准扶贫

积极推动贫困地区企业挂牌融资，助力企业做大做强，带动当地农民脱贫。截至年末，全省贫困县共有 965 家企业在武汉股交中心挂牌，覆盖全省 37 个贫困县中的 36 个，覆盖率 97.30%；累计成交 3.52 亿股，成交总额 4.22 亿元；共为 65 家贫困县四板企业完成股权融资 279 笔，融资总额 24.82 亿元，其中，股权直接融资 3.35 亿元，股权质押融资 21.47 亿元。

三、加强市场风险防控情况

严格遵守《国务院关于清理整顿各类交易场所切实防范金融风险的决定》

（国发〔2011〕38 号）、《国务院办公厅关于清理整顿各类交易场所的实施意见》（国办发〔2012〕37 号）、《国务院办公厅关于规范发展区域性股权市场的通知》（国办发〔2017〕11 号）和《区域性股权市场监督管理试行办法》（中国证监会第 132 号令）等文件规定，坚持依法经营、规范运作，不断强化风险防控意识和行为，未发生违法违规经营行为和金融风险事件。

（一）坚持依法合规运行

武汉股交中心的全部交易制度、各类交易产品，在实施和上线前均报湖北省金融要素市场发展战略与风险控制委员会审核批准。所有经中心挂牌审核专家委员会审核通过的拟挂牌企业，挂牌前均向省政府金融办、省上市办和省国资委报备。

严格执行相关规定，坚决杜绝将权益拆分为均等份额公开发行、采取竞价和做市等集中交易方式进行交易、将权益按照标准化交易单位持续挂牌交易、权益持有人累计超过 200 人等情况。截至 2017 年末，武汉股权托管交易中心未在湖北省外的地区设立任何营业性分支机构，也未接受任何省外企业挂牌。

（二）实行合格投资者制度

制定专门的合格投资者管理制度，执行严格的投资者准入管理，规定挂牌公司股份转让的对象限定于公司原有股东及具备相应风险识别和承担能力的合格投资者。

（三）持续强化风险防控

持续加强对区域性股权交易市场的风险防范与管理，不断加强对会员机构、挂牌企业等市场主体的培训和督导，促进其提高守法合规意识。持续完善内部管理机制，梳理风险节点，排查风险隐患，强化中心整体规范治理能力，建立了较为完善的风险防控机制。

四、2018 年重点工作

（一）进一步规范市场运行和发展

按照《国务院办公厅关于规范发展区域性股权市场的通知》（国办发〔2017〕11 号）和《区域性股权市场监督管理试行办法》（中国证监会第 132 号令）的规定，尽快出台专项政策，将湖北区域性股权交易市场建设成为"融资功能完备、服务方式灵活、运行安全规范、投资者合法权益得到充分保护"的市场。

（二）深化板块和业务创新

一是加快打造县域金融工程板块"升级版"，实行省、市、县三级联动，力争 2018 年新增 30 个县域特色产业板块、10 个市域板块，实现四板企业全省

103 个县级行政区域的全覆盖。二是尽快推出为全省重点上市"金种子"和"银种子"企业专门设立的"种子企业板",综合运用配套政策,整合相关金融资源,为全省拟申报上市和挂牌"新三板"的企业提供确权登记、股份制改造、财务规范及信息披露等预规范服务,打造企业上市"预科班"。三是依法依规探索开展股权众筹、私募基金份额转让、中小企业集合债券等金融创新产品业务。

（三）强化市场服务功能

一是探索设立湖北四板商学院。为地方政府干部、从业人员、中介机构、四板挂牌企业等提供常态化的培训和咨询。强化挂牌企业融智服务,帮助企业增强获得融资的能力,为企业提供创业咨询、管理咨询、上市前辅导等,提升企业规范管理水平。二是搭建挂牌企业产品销售平台。进一步发挥区域性股权交易市场要素资源的聚集优势与配置功能,发挥平台公信力优势,在产品供需双方个性化需求匹配中牵线搭桥,通过搭建挂牌企业优质产品销售平台,帮助挂牌企业获取更广泛的资金来源和销售渠道,进一步提升区域性股权交易市场的综合增值服务能力。

湖北省促进各类交易场所规范发展情况

湖北省政府金融办

2017 年,湖北省认真贯彻落实清理整顿各类交易场所部际联席会议第三次会议精神,深入开展清理整顿各类交易场所"回头看"工作,清理整顿大批未经批准开展交易场所业务的机构,稳妥推进经批准设立交易场所整改规范和风险处置,促进各类交易场所合规发展,切实维护投资者合法权益和社会稳定。

一、市场运行基本情况

（一）行业规模稳中有升

2017 年,全省暂停批设交易场所,经批准设立的交易场所为 26 家,与上年持平。其中,经工商登记注册的有 25 家。25 家中,3 家交易场所未正式开业运营,2 家停业整顿,正常运营的交易场所为 20 家,较上年增加 4 家。除 2 家停业整顿的交易场所外,23 家交易场所注册资本总额为 13.49 亿元,较上年增长 19.5%。23 家交易场所中,注册资本在 1 亿元以上的有 9 家,占比 39.13%。其中,注册资本最大的为武汉光谷联合产权交易所,注册资本 1.82 亿元。

（二）经营规模稳步增长

截至年末,各类交易场所资产总额为 29.29 亿元,平均资产 1.46 亿元,分别较上年增长 50. 27% 、19. 67% 。总资产达到 1 亿元以上的有 7 家，占资产总额的 85. 90% 。资产规模最大的是武汉光谷联合产权交易所，达到 10. 18 亿元，同比增长 31. 19% ；资产规模增长最快的是湖北华中棉纺交易中心，资产规模为 3. 65 亿元，同比增长 395% 。

（三）经营效益稳步提升

截至 2017 年末，各类交易场所实现营业收入合计 48. 54 亿元，同比增长 135. 40% ，有 11 家交易场所营业收入较上年增长，占总营业收入的 97. 38% ，其中，增幅最大的是湖北华中棉纺交易中心，营业收入 45. 78 亿元，同比大幅增长 1471% 。

截至年末，各类交易场所实现净利润合计 0. 53 亿元，同比下降 32. 05% 。有 10 家交易场所实现盈利，较上年增加 2 家。净利润总额排名前 3 位的依次是武汉光谷联合产权交易所，0. 34 亿元；武汉股权托管交易中心，0. 23 亿元；武汉金融资产交易所，0. 19 亿元。3 家交易所合计净利润占比达 46. 95% 。

二、市场创新发展情况

全省各类交易场所围绕提升服务实体经济的广度和深度，以提升市场核心功能为目标，积极开展业务和服务创新，推进转型发展。

（一）开展业务创新

武汉光谷联合产权交易所创新金融资产交易服务，成功引入厦门国际银行 1 亿股股权、总金额 4. 8 亿元项目挂牌交易，实现了国有金融交易业务"走出去"的目标。武汉股权托管交易中心积极开展业务板块创新，推出"海创板"。武汉金融资产交易所举办银行处置资产业务推介会，实现工商银行等 10 余家金融机构不良资产业务落单，完成首例破产重整项目，与中能建、中核建等央企的对接取得进展，开辟了服务央企的新业务领域。武汉航运交易所创新特色服务，联合银行、保险等金融机构推出"加油宝""船东贷""运费宝""航保宝"等一系列深受市场欢迎的金融产品。武汉华中药品交易中心创新供应链金融服务，实现信息流、票据流、资金流"三流合一"，引入金融机构为药品交易主体提供个性化金融服务，优化回款周期，提高市场流通的效率。

（二）推进平台建设

湖北碳排放权交易中心试点工作成效显著，全国碳交易市场注册登记系统落户湖北，填补了湖北省国家级金融交易市场的空白。武汉华中药品交易中心药品带量采购管理系统为医院、医联体、政府招投标机构提供药品、器械的带量采购招标服务，平台系统获得专利。武汉航运交易所建成国内首个基于区块链技术的航交所综合物流信息平台，长航货运、中外运等大型航运企业率先入驻；发起成立滚装运输运价指数编制委员会，成功发布"中国长江商品汽车滚装运输综合运价指数"。

（三）加强交流与合作

武汉知识产权交易所与国家知识产权运营公共服务平台对接，作为发起单位之一参与组建了中国知识产权发展联盟，并当选为第一届理事会理事单位。湖北华中文化产权交易所积极探索非公资产交易，成为淘宝网资产处置平台湖北区域总授权服务机构，与省内各大资产管理公司、金融机构、产业园区合作，通过淘宝网平台，为客户提供房产、股权、金融不良资产处置租售等综合服务。

三、促进市场规范发展情况

2017 年，湖北省继续深入开展各类交易场所清理整顿，持续净化交易场所发展环境。

（一）健全完善各类交易场所监管体制机制

进一步强化对各类交易场所监管工作的分工和统筹，健全完善监管体制机制，探索建立交易场所行业自律组织和统一登记结算平台，增强监管合力和风险防范处置效力。

（二）深入开展清理整顿各类交易场所"回头看"工作

开展对经批准设立交易场所的现场检查，做到全领域覆盖、全过程督导，集中整治、切实解决交易场所存在的违法违规问题，防范和化解金融风险。全省共清理排查"微盘"、外省（市）交易场所分支机构 957 家，依照违规性质和情节轻重分类施策，采取责令整改、工商注销、列入工商异常名录、公安立案调查等方式进行处置。

（三）推动交易场所合规创新发展

以不断拓展各类交易场所服务实体经济的广度和深度为目的，以防范金融风险为要务，支持各类交易场所合规创新，做大做强，有效发挥市场的核心功能。贯彻落实国务院、证监会关于区域性股权市场规范发展的要求，研究制定湖北省相关实施细则；启动全省农村产权流转交易市场申报设立工作；进一步规范湖北碳排放权交易中心市场运营，推动全国碳交易市场注册登记系统落户湖北。

四、2018 年重点工作

（一）持续深入开展各类交易场所清理整顿

巩固清理整顿各类交易场所"回头看"工作成果，结合对互联网金融风险的专项整治，进一步加强对各类交易场所的清理整顿和监管，落实交易场所基本情况和业务信息报送常态化机制，定期组织开展现场检查，稳妥化解存量风险。加强对未经批准设立交易场所和外省（区、市）交易场所分支机构的排查，强化风险防控。

（二）加快完善各类交易场所监管体制机制

进一步完善交易场所监管政策体系和协同监管体制机制，细化交易场所准入、退出、评价（星级管理）等监管细则，拟定全省交易场所发展规划。推进交易场所行业自律组织和统一登记结算平台筹建工作取得实质性进展。

（三）充分激活各类交易场所服务实体经济功能

对现有交易场所经营情况和风险管控进行评估，做好分类指导和协调服务。重点做好区域性股权交易市场监管、全国碳交易市场注册登记系统筹建运维、金融资产类交易场所风险管控以及持续整改交易场所转型发展等工作。

（四）审慎审批设立交易场所

在全面防范化解风险的前提下，审慎审批设立适应实体经济发展需要和监管能力的交易场所，加快推进农村产权流转交易市场体系建设。

湖北省促进股权投资基金发展情况

湖北省政府金融办

2017 年，湖北省股权投资基金业继续保持较快发展的良好势头，股权投资市场主体数量大幅增长，股权投资项目和投资金额稳步提升，各项指标均位居中部前列，较好地支持了产业转型升级和实体经济发展。

一、股权投资基金发展基本情况

据省工商局统计数据显示，截至年末，全省登记注册股权投资基金类企业2127 家，同比增长 100.66%；新登记股权投资基金类企业 537 家，同比增长 65.23%。

截至年末，全省已在中国证券投资基金业协会登记的私募基金管理机构318 家，其中，私募证券投资基金 91 家，私募股权、创业投资基金管理人204家，其他私募投资基金管理人23家；已备案的私募基金563只，管理基金规模911 亿元，私募基金管理机构数量居全国第 13 位、中部第 1 位。从投资行业看，全省私募基金投向机械制造、环保、制药等70个细分行业共计3084个项目，有效推动了实体经济发展。

据清科研究中心私募通统计，全年全省股权投资市场发生投资299笔，同比增长 8.7%；投资总量 243 亿元，同比增长近 50%；占全省 GDP 的比重为

0.67%，较上年提高 0.17 个百分点（见表 1）。

表 1　　　　　　　　　2017 年末湖北省股权投资情况

指标类别	投资案例数（笔）	全国排名（位）	中部排名（位）	投资金额（亿元）	全国排名（位）	中部排名（位）
早期投资	121	5	1	1	10	2
创业投资	99	8	1	32	10	3
私募股权投资	79	9	1	210	8	2
合计	299	6	1	243	9	2

资料来源：清科研究中心私募通。

二、政府引导基金发展情况

以长江经济带产业基金为引领，加强与国家级和境内外知名股权投资机构合作，吸引各类股权投资基金依法依规在湖北省设立股权投资管理机构或业务管理总部，发起设立各类股权投资基金。加大对境内外知名股权投资基金的招商力度，鼓励其在全省各市（州）设立各类基金及管理机构。支持武汉东湖国家自主创新示范区打造"金谷"，支持有条件的市（州）加快股权投资基金业集聚发展。据清科研究中心私募通统计，截至 2017 年末，全省已设立政府引导基金 54 只，居全国第 8 位、中部第 1 位。全省共有 39 家企业获得 PE/VC 投资 28.55 亿元，居中部第 1 位。

（一）湖北省长江经济带产业基金

2017 年，长江经济带产业基金（以下简称长江产业基金）积极打造人才、资本、项目、政策等各类资源整合平台，主动延伸服务链条，积极推动金融资本、产业资本与湖北省对接，为项目落地提供全方位、全过程服务。与大批知名投资机构展开合作，吸引了包括国家创投引导基金在内的国家级投资机构以及国内外知名投资机构落户湖北。长江产业基金作为国内规模最大、市场化程度最高的政府引导基金形象获得市场的高度认同，逐步成为湖北招商引资、政策宣介和形象展示的平台和窗口。

1. 完善顶层制度设计

编制出台《湖北省长江经济带产业基金投资规划》，起草《湖北省长江经济带产业引导基金风险管理办法》《湖北省长江经济带产业引导基金绩效评价管理办法》和长江产业基金政策审查委员会议事规则等一系列制度，不断完善顶层制度设计，促进长江产业基金健康运营，有效推动战略性新兴产业在湖北取得突破性发展。

2. 加快设立母基金

截至 2017 年末，长江产业基金已通过基金管委会核准基金 30 只，基金总规模 1076.26 亿元，引导基金认缴总额 290.39 亿元，实现放大倍数 3.47 倍；已出资基金 21 只，基金总规模 825.96 亿元，其中，引导基金累计出资 102.34 亿元。

3. 加快引进重大项目

长江产业基金已储备战略性新兴产业项目 36 个，总投资 1400 多亿元，其中，投资额 50 亿元以上项目 8 个、10 亿元以上项目 25 个。按照"储备一批、锁定一批、开工一批"的梯度安排，锁定 15 个项目进行重点推进，其中，华星光电 T4 项目、长江黄冈国家废旧纺织品循环综合再生产基地、航天科工火箭武汉生产基地、长江荆门金六环新能源动力电池材料产业基地、长江威马（湖北）新能源汽车产业园、吉利亿咖通车联网项目、9.5GWh 波士顿电池（湖北）有限公司建设项目、易美芯光（湖北）生产基地建设项目、长江清华氢能源交通项目、长江清华氮化铝陶瓷生产基地 10 个项目年内实现开工，并逐步建立产业项目配套的专项基金。

（二）湖北省创业投资引导基金

2017 年，湖北省创投引导基金新设立珞珈梧桐、智启临空、硅谷天堂 3 只子基金，总规模近 5 亿元。子基金新增投资项目 84 项，投资金额 2.8 亿元，投资项目瀛通通讯成功上市，新增东智科技等"新三板"挂牌企业 14 家。截至年末，省创投引导基金累计出资 5.95 亿元参股设立子基金 23 只，子基金总规模达 50 亿元，实现财政资金放大效应近 9 倍。参股子基金累计完成项目投资近 400 项，投资总额约 27 亿元，其中，投资于省内初创期及早中期创新型项目占比超过 70%，已投企业中 12 家成功上市，40 家在"新三板"挂牌。

（三）湖北省省级股权投资引导基金

2017 年，省级股权引导基金共受理子基金申报 149 只，其中，经过专家评审、尽职调查并报请决策委员会批复的子基金 29 只，总规模 126.76 亿元。完成子基金设立 19 只，认缴规模 69.7 亿元，实缴规模 50.41 亿元，其中，引导基金认缴规模 15.11 亿元，实缴规模 10.76 亿元；社会资本认缴规模 54.59 亿元，实缴规模 39.66 亿元，杠杆放大效应明显。全年参股子基金开展项目投资共 102 项次，投资总额 21.19 亿元，新增产值 150.7 亿元，提供就业岗位 3 万多个。

（四）湖北省养老服务业和农产品物流政府引导基金

全年通过养老服务业发展引导基金专家评审子基金共 7 只，完成尽职调查并报请引导基金管理委员会批准 5 只，子基金总规模 22.5 亿元，引导基金已向子基金拨付 2.53 亿元；子基金完成项目投资 16 次，投资金额 4.86 亿元。

全年通过农产品引导基金专家评审子基金共 7 只，完成尽职调查并报请引导基金管理委员会批准 1 只，子基金总规模 5 亿元，引导基金已向子基金拨付 1 亿元；子基金完成项目投资 2 次，投资金额 2.95 亿元。

三、2018 年重点工作

一是鼓励私募基金提升管理质效，扩大管理规模，发挥引导基金和产业基金杠杆作用，带动更多社会资本投向实体经济。二是积极推动长江产业基金健康高效运行。修订完善长江产业基金管理办法和实施细则，不断优化顶层制度设计，确保基金合规运作；推动长江产业基金与各市（州）对接，提高产业落地效率；督促长江产业基金加强投后管理，提升运行质量。三是研究设立省长江经济带绿色发展产业投资基金等专项基金，支持实体经济发展。

湖北省促进债券融资发展情况

湖北省发展改革委　人民银行武汉分行　湖北证监局

2017 年，湖北省鼓励企业综合运用企业债券、公司债券、中期票据、短期融资券、非公开定向债务融资工具等债券品种进行融资，进一步拓宽直接融资渠道，增强金融服务实体经济能力，促进产业转型升级。全年省内企业通过企业债券、债权（含公司债、可交换债、可转换债、资产证券化、政府债）、债务融资工具等实现直接融资 2565.23 亿元。

一、债券融资基本情况

（一）企业债券融资规模再创历史新高

全年全省向国家发展改革委新申报企业债券共 31 只、金额 479.1 亿元，核准企业债券 33 只、金额 366.45 亿元，发行企业债券 47 只、融资 475.8 亿元。发行规模较上年增长 16.59%，占全国发行总规模的 12.75%，在全国的位次由上年的第 3 位升至第 2 位。

（二）公司债和政府债融资规模大幅增长

全年全省债权（含公司债、可交换债、可转换债、资产证券化、政府债）融资总额 1337.03 亿元，同比大幅增长 147.69%。全年上市公司债权融资 138.52 亿元，同比下降 58.46%。

其中，公开发行公司债融资 12.5 亿元；非公开发行证券公司短期债券融资 30 亿元；发行次级债融资 50 亿元；发行可转债融资 17.75 亿元；发行可交换债融资 3 亿元；通过资产证券化融资 25.27 亿元。非上市公司通过交易所债券融资 249.51 亿元，同比增长 20.95%。其中，非公开发行公司债 57 亿元；公开发行公司债 106.6 亿元；发行次级债融资 10 亿元；发行资产证券化产品融资 75.91 亿元。全年全省累计发行 30 只政府债，共计 949 亿元。

（三）非金融企业债务融资工具融资稳步推进

2017 年，全省非金融企业累计发行债务融资工具 103 只、融资 752.4 亿元，较上年减少 233.06 亿元，同比下降 23.6%。从品种来看，债务融资工具发行主要集中于超短期融资债券、短期融资债券、中期票据和定向债务融资工具，发行金额分别为 256 亿元、134.2 亿元、139.6 亿元和 222.6 亿元，占比分别为 34.0%、17.8%、18.6% 和 29.6%。从地区来看，全省共有 6 个市发行债务融资工具。

二、促进债务融资发展情况

（一）推动企业债拓展领域和创新

一是推动县域企业债券融资。促进发债企业与融资担保公司对接，通过担保增信提升企业的发债条件；鼓励企业发行符合条件的创新型企业债券。全年新申报县域企业债 20 只、金额 192.1 亿元。2013 年至 2017 年末，全省共发行县域企业债券 60 只、融资 617 亿元。二是持续开展债券品种创新。积极开展城市停车场建设、城市地下综合管廊建设、养老产业、战略性新兴产业、配电网建设改造、双创孵化、绿色债券、创投企业债、项目收益债、可续期债券、超长期含权债等创新型债券品种的研究策划和申报发行，通过品种创新不断拓展企业融资的空间。全年共发行创新品种债券 18 只，规模共计 181.2 亿元，较上年增长 79.05%，占全省发行总量的 38.08%，创新品种债券发行首次超过三分之一。

（二）引导推动公司债券融资

引导和鼓励符合条件的公司以公开发行或非公开发行方式发行公司债券。支持符合条件的上市公司发行可转换公司债券、分离交易的可转换公司债券融资；支持符合条件的上市公司股东发行可交换公司债券融资。鼓励公司债券创新，年内全国首单扶贫专项公司债券——宜昌长乐投资集团有限公司非公开发行社会责任公司债券（扶贫）在上交所挂牌。

（三）促进银行间债券市场非金融企业债务融资

充分发挥银行间债券市场非金融企业债务融资工具积极作用，引导和鼓励拟发债企业结合自身情况灵活选择发行中期票据、短期融资券、非公开定向债务融资工具在银行间市场融资。推动新型债务融资工具使用与优质企业融资需求相结合，支持重点工程项目建设和运营通过中期票据、项目收益票据融资；围绕产业链企业融资，推动供应链票据发行。年内，由国家开发银行牵头主承销的湖北省交通投资集团有限公司专项扶贫超短期融资券成功发行，募集资金25亿元。该债券是全国首单募集资金全部用于扶贫用途的专项扶贫债务融资工具，也是市场上发行金额最大的扶贫债务融资工具。

三、2018 年重点工作

（一）进一步扩大优势债券品种融资规模

一是围绕经济发展新常态、企业融资新需求、国家发展改革委新政策，策划、申报、发行一批在募投、融资、还款方式上有创新的债券品种，力争企业债券融资申报发行规模稳定在 300 亿元以上。二是及时传导公司债券和资产证券化的最新政策，鼓励债券发行人运用政策红利，扩大公司债券和资产证券化融资规模。三是进一步拓展中期票据、短期融资券和定向债务融资工具等品种的发行空间，扩大在全省的发行覆盖面。

（二）积极培育发债主体

一是推动拟发债企业规范化改制，提升企业管理水平，提高企业核心竞争力，具备更好的发行债券条件。二是建立债券融资后备企业资源库。对行业龙头骨干企业、创新创业型中小企业、重点建设项目等进行全面摸底，遴选符合国家产业政策及发债条件的企业和项目，分类建立债券融资后备企业资源库，实行重点辅导、动态管理，为扩大债券融资打好基础。完善武汉城市圈银行间债券市场融资后备企业库建设，促进更多非金融企业在银行间债券市场融资。三是强化对发债主体的中介服务。推动券商、评估等中介机构深入市（州）和重点发债企业，做好企业债券融资的服务工作；对符合公司债发行条件且有发行意向的公司进行重点辅导。

（三）加强债券融资宣传培训

通过债券产品推介会、专题培训、实地指导、媒体报道等多种形式，加大对债券政策法规的宣传和各类债券融资工具的推介力度，加深企业对各债券品种融资条件、程序、特点的认知程度，增强企业发债融资的积极性。加强对各级债券相关部门的业务培训，强化专业队伍建设，提高政府对债券融资工作的指导和服务能力。鼓励证券公司、商业银行、发债企业积极引进和培养债券专业人才。

（四）加强债券风险防范

一是推进完善债券信息披露。督导发债企业及其他信息披露义务人及时、公平地履行披露义务，加强对所披露或者报送信息的真实性、准确性、完整性管理。二是加强债券风险防范与处置。加强对重点发债企业的风险监测，充分评估企业经营情况、募投项目建设情况和偿债压力，提前部署、定期摸底、及时督促，建立债券市场突发事件快速反应机制，及时化解和处置各类违约风险，防止引发区域性、系统性风险。三是推动债券市场信用体系建设。完善各级政府和债券监管部门协作机制，加快实现对发债企业的信用信息共享。加大债券市场守信激励和失信惩戒力度，将发债企业、中介机构及相关责任人的信用记录逐步纳入省级公共信用信息平台，督促发债企业、中介机构重视信用形象，树立信用意识，运用市场化机制促进债券市场的良性发展。

武汉区域金融中心建设情况

武汉市金融工作局

2017 年，武汉市紧紧围绕服务实体经济、防控金融风险、深化金融改革三项任务，聚焦现代化、国际化、生态化大武汉建设，对标一线城市的全国和区域金融中心建设发展水平，抓住多重国家战略叠加机遇，加快推进武汉区域金融中心建设，并取得显著成效。武汉区域金融中心的金融聚集效应更加凸显，开放度进一步提高，影响力和贡献度大幅提升。根据权威智库发布的中国金融中心指数显示，武汉金融业综合竞争力在全国区域性金融中心城市排名第 8 位，在中部六省省会城市中，金融产业绩效、金融机构实力、金融市场规模、金融生态环境等指标排名均稳居第 1 位，武汉已经成为事实上的中部金融中心。

一、武汉区域金融中心建设成效

（一）金融聚集效应更加凸显，金融开放度进一步提高

截至年末，全市共有各类持牌金融机构 251 家，类金融机构超过 1500 家，全年新增富邦华一武汉分行、长城证券武汉分公司、鲁证期货武汉分公司、史带财产保险湖北分公司、锦泰财产保险湖北分公司 5 家区域性金融总部，新增天乾资产管理公司、东西湖扬子村镇银行、航天科工金融租赁公司、武汉众邦银行 4 家地方法人金融机构。年内，恒丰银行武汉分行正式开业，标志着 12 家全国性股份制商业银行在武汉的战略布局全部完成；富邦华一银行获湖北银监局正式批准筹建武汉分行，成为继汇丰银行、法兴银行、东亚银行、渣打银行、瑞穗银行、三菱东京日联银行、企业银行、台湾土地银行、台湾中小企业银行之后，落户武汉的第 10 家外资银行；武汉金控集团完成国通信托股权收购，实现本土最大的信托公司控股权重新回归国资。武汉正成为各类金融业态投资兴业的洼地和聚集地，金融辐射力和影响力不断增强。

（二）金融贡献度日益提升，金融业成为新千亿产业

在防控金融风险、金融去杠杆大环境下，全市金融业继续保持稳中向上的发展态势。2017 年，全市金融业增加值为 1097.58 亿元，首次突破千亿元，成为新的千亿元产业，占全市 GDP 比重为 8.2%，占全省金融业增加值比重为 41.6%；同比增长 8.9%，高于全市 GDP 增长 0.9 个百分点；同比增加 123.26 亿元，圆满完成全年新增 100 亿元的目标。截至年末，武汉地区金融机构本外币各项存贷款余额为 48447.17 亿元，同比增长 12.2%，增幅在全国 19 个副省级以上城市中排名第 1 位。其中，本外币各项存款余额 24499.41 亿元，同比增长 10.38%，新增存款占全省比重为 45.45%；本外币各项贷款余额 23947.76 亿元，同比增长 15.38%，较年初增加 2959.67 亿元，新增贷款占全省比重为 58.72%。全年完成直接融资 1689.69 亿元，同比增长 15.74%。全年实现保费收入 554.03 亿元，同比增长 30.13%。全市金融业固定资产投资完成 25.77 亿元，同比增长 199.9%，超额完成全年目标。根据 2017 年中国金融中心指数评价，武汉区域金融中心综合竞争力在中部排名第 1 位、在副省级以上城市排名第 10 位。

（三）金融风险有效防控，金融生态环境持续改善

2017 年，武汉地区银行不良贷款率保持在 1% 以内，信贷资产质量持续保持稳定。全市互联网金融从业机构底数和风险程度基本摸清，对重点清理整顿对象开展了专项整治。全市处非工作取得阶段性成效，管控处置工作逐步有序推进，非法集资态势总体平稳，全市涉嫌非法集资案件、涉案金额和涉案人数呈现下降趋势。进一步加大宣传教育力度，"处非宣传文艺轻骑兵""武汉处非百场公众宣讲"等活动深入社区，引导社会公众自觉抵制和远离非法集资。

"信用武汉"建设取得新成效，全市企业、个人信用征信体系建设工作有序推进，信用社区创建试点逐步扩大，金融生态环境持续优化。武汉市连续 15 年被评为"湖北省金融信用市"，武汉市新洲区、黄陂区被评为"保险先进县（市）"。

二、推进武汉区域金融中心建设情况

（一）发挥政策引领和推动作用

制订武汉金融业"超越计划"，依靠不断创新补齐发展短板，重塑金融发展新优势。修订完善金融招商引资部分政策，使政策优于全国同类城市，成为一流的支持政策。对各类金融机构在武汉设立（迁入）总部或者区域总部，最高支持金额为 4000 万元。购买自用办公用房给予一次性最高补贴 500 万元。对在武汉任职的金融机构高级管理人员，前 3 年按个人收入对市级财政贡献度的

50%给予支持。给予境内外上市企业 300 万元支持；对在"新三板"挂牌的企业给予 200 万元支持。对在武汉设立（迁入）的要素市场，最高给予一次性奖励资金 1000 万元。启动 2017 年武汉金融"十大工程"，在重点领域精准发力。

（二）深化科技金融改革创新

根据《科技金融改革创新 2017 年重点工作和责任分工表》安排的十项重点工作任务，着力推进金融产品、金融服务、金融市场和金融组织体系创新，多项改革任务取得突破，在全国、全省实现十个"率先"。截至年末，国开行湖北省分行、中国银行湖北省分行和汉口银行 3 家试点银行先后与 39 家内外部投资公司开展合作，支持科创企业 94 户，投贷联动发放额达到 36.64 亿元。全年实现科技保险保费 5489.12 万元，保险金额 172.11 亿元。

（三）深入推进政银企合作

进一步深化金（融）地（方）战略合作，多家银行机构与武汉市政府签署战略合作协议，增加授信、开展融资融智合作。推动银政对接、银企对接，缓解小微企业融资难、融资贵，组织全市 24 家银行开展"百名行长联系服务百家企业活动"，136 名省行副行级以上负责人深入企业，与企业家共商融资对策，充分发挥了"融资、融智、融制"的作用，相关银行给予联系服务企业综合金融支持 17 亿元，综合资金成本在 6% 以内。举办"百名行长服务百家小微企业融资对接"专场活动，搭建银政企沟通交流的平台。截至年末，武汉地区金融机构小微企业贷款余额 3286.06 亿元，同比增长 23.4%。

（四）深化多层次资本市场建设

积极挖掘上市、挂牌后备企业资源，全年共推荐上市、挂牌后备企业近 400 家，遴选省级"金种子"上市后备企业 26 家，评选"银种子"上市后备企业 82 家。截至年末，全市共有上市公司 70 家（境内 52 家、境外 18 家），新增 1 家；"新三板"挂牌企业 287 家，新增 49 家。武汉股权托管交易中心累计挂牌交易企业 3869 家，融资总金额 745.18 亿元，挂牌企业总数、股份公司数量、科技板企业数量、县域特色产业板块和股权融资额等主要指标跃居全国前列。资本市场实现平稳较快发展，较好地发挥了扩大直接融资、促进"去杠杆"的作用。

（五）加快推进武汉保险示范区建设

武汉东湖高新区、洪山区、武昌区、江岸区和硚口区依托自身优势，分别创建科技保险示范区、保险创新示范区、保险资金运用项目集聚区、综合保险示范区和健康保险创新示范区，并初见成效。保险资金新增武汉地铁项目（100 亿元）、武汉中央商务区项目（40 亿元）、花山生态新城还建房建设项目（30 亿元）等一批重大项目，有力地支持了武汉市重点基础设施建设和棚户区改造。

年内武汉市开具全国首份适用于跨境电商业务的"银关保"保函，进一步盘活电商运营资金。

（六）积极推进金融对外开放与合作

举办外资银行"江城行"活动，邀请美国花旗银行、德国德意志银行、瑞士银行、新加坡星展银行等22家外资银行来武汉考察，是中部地区外资银行近5年来规模最大、参与范围最广、规格最高的一次外资银行考察活动，多家外资银行表达落户意向。举办"第二届长江中游城市群金融论坛"，按照"优势互补、互帮互助、协同合作，齐抓共管"的原则，提出了防范金融风险区域合作的"武汉共识"。

举办第十届中国·武汉金融博览会，以"深化科技金融改革创新，推进供给侧结构性改革"为主题，开展了主题论坛、科技金融改革创新论坛等七大论坛以及系列大型外围活动，武汉区域金融中心在国内外的影响力进一步扩大。

三、2018 年重点工作

（一）持续提升金融贡献度和金融聚集效应

一是持续加大金融业贡献度。加大统筹协调力度，力争金融业增加值在2017年基础上继续新增100亿元以上，增速超过第三产业平均增速，进一步提升金融业在全市 GDP 中的比重；力争人民币存贷款余额增长率不低于10%，其中，存款余额增长率不低于9%，贷款余额增长率不低于13%；推动证券交易量、保费收入、金融业固定资产投资等金融指标继续保持平稳增长。把扩大直接融资作为金融去杠杆的重要举措，力争全年直接融资达到10%以上增长，进一步提升直接融资占社会融资比重。强化银企对接，不断拓宽中小微企业融资渠道，力争使小微企业贷款增速、贷款户数、申贷获得率进入全国同类城市前列。二是持续加强金融聚集效应。持续开展金融招商，力争全年引进金融机构8家以上，重点关注和跟进自贸区民营银行、烽火金融租赁、九州通财务公司、超越公募基金等地方法人金融机构以及南洋商业银行、台湾永丰银行等金融机构的设立进度和意向。

（二）着力提升企业上市工作成效

加强全市上市工作的统筹协调，充分发挥各相关职能部门合力作用，畅通"绿色通道"，确保企业上市工作顺利推进。制订上市工作"双倍增"计划，科学设定目标，细化任务分工，压实各区、相关部门责任，力争实现10家以上企业上市，争取三年内全市上市企业数量、市值实现翻倍增长。做好"三个一"工作，即成立一个全市企业上市工作专班，召开一次全市企业上市工作推进会，出台一份武汉市推进企业上市工作意见。建立和完善"四个库"，即"金种子、银种子"企业库、优质后备企业库、中介服务机构库、股权投资机构库。探索成立企业上市发展基金，帮助企业解决在股改上市过程中周期性资金短缺问题。加强宣传引导，开展"走进沪深交易所"活动以及各类培训和沙龙，营造积极上市氛围。

（三）全面纵深推进科技金融改革

按照科技金融改革 3 年行动计划安排，统筹推进各项重点工作，做好 3 年行动计划的总结收官工作。梳理和提炼若干武汉科技金融改革可复制的成功模式和经验，向武汉城市圈内推广。继续深入推进投贷联动试点，完善"五个机制、三个库"①，引导试点银行健全投贷联动业务架构，创新金融产品和服务，做大业务规模。按照高标准、高水平建设"金谷"的要求，推动东湖高新区科技金融政策创新、机构创新、产品创新、服务创新和环境创新。积极引进创投企业，大力发展创业投资，推动成立武汉创投协会。探索成立股权投资基金份额报价转让市场，丰富股权资本退出通道。积极争取更多的保险业改革项目在武汉先行先试，争取将武汉科技保险示范区上升到国家级保险示范区。成立武汉科金联盟，建设科技研发资金银政企合作项目库。

（四）创新发展普惠金融、绿色金融、自贸区金融

一是认真落实国家建设普惠金融体系和推进金融精准扶贫决策部署，在有效防控风险的前提下，积极开展扶贫小额信贷推广工作，健全多层次、广覆盖、可持续的农村金融服务体系，助力武汉"三乡工程"战略②。推广《武汉中小微企业信贷指南》，进一步提升对中小微企业的金融服务覆盖率和信贷支持率。做好面向中小企业的一站式投融资信息服务相关工作，通过政府引导、市场化运作，有效整合各类资源，鼓励各类主体成立专注服务中小企业的金融创新服务平台。二是推动建立绿色金融服务体系，制定绿色信贷准入标准和绿色金融专营机制，创新绿色信贷产品，鼓励金融支持节能环保、新能源新材料、循环再生资源利用等绿色产业和项目，为绿色经济注入充足的金融"活水"。三是强化产融结合，加快自贸区金融创新实践，争取在全国创建独特的、有影响力的自贸区金融模式。

（五）改革创新地方金融监管体制机制

以体制机制改革创新解决地方金融发展过程中的"关键问题"，按照全国金融工作会议的要求，在中央统一规划下，争取出台《关于进一步推进武汉地

---

① "五个机制、三个库"：打造投贷联动的风险分担机制、信息沟通机制、项目推荐机制、专家评审机制和联合服务机制五个机制，着力打造信息库、项目库和专家库三个库。

② "三乡工程"：市民下乡、能人回乡、企业兴乡。

方金融监管体制机制改革创新的实施意见》，强化属地金融风险防范责任。探索地方类金融业态的统一归口监管，切实增强履职保障能力，提高地方金融治理水平。发挥武汉地方法人金融企业管理工作领导小组作用，完善推动地方法人金融企业发展机制，加强市属金融企业考评管理。建立健全与省政府金融办、"一行三局"和在武汉金融机构的沟通交流机制，协调推进各项改革试点工作。

（六）持续加强金融风险防范和处置

进一步加强各领域的金融乱象整治，督促各金融机构进一步强化风险管理意识。持续深入推进P2P、小额贷款公司的专项整治，建立健全互联网金融监管长效机制，分类施策做好重点对象清理整顿工作，防止发生次生风险。探索利用互联网手段构建金融预警信息平台，上线小额贷款公司实时监管系统、非法集资舆情上报系统、互联网金融监测预警系统。协调公、检、法等相关单位，建立每季度非法集资重点案件会商及全市案件进展通报机制，依法推进案件快侦、快审、快判，加快资产处置进度。加强对涉嫌非法集资企业事前、事中的监控与管理，力争"打早、打小"。进一步加大处非宣传力度，以"武汉处非"微信公众号为阵地，不断拓展互联网宣传新渠道，提高网络宣传覆盖面。提高"处非公益讲师团""文艺轻骑兵"宣传频率，调动各区主动性，力争实现社区全覆盖。

湖北省小额贷款公司发展情况

湖北省政府金融办　湖北省小额贷款公司协会

2017年，湖北省持续强化对小额贷款公司的规范管理与监管服务，加大风险防控力度，促进小额贷款公司坚持服务"三农"和小微企业的发展方向，全省小额贷款公司发展总体平稳、风险可控。

一、行业运行基本情况

（一）机构数量和注册资本增长趋缓

截至2017年末，全省共有小额贷款公司400家（不含分支机构），其中，股份有限公司68家、有限责任公司332家；机构数量较上年减少14家，数量连续两年呈下降趋势。截至年末，全省小额贷款公司注册资本总额463.03亿元，同比增长2.27%；总户均注册资本金1.16亿元。全省小额贷款公司资金规模由快速增长期进入平稳发展期。

（二）小额贷款公司分布及规模仍存在地域差异

从公司数量上看，全省400家小额贷款公司中，武汉市有小额贷款公司114

家，占全省总数的 28.5%；襄阳市 47 家、宜昌市 35 家、孝感市 34 家，以上 4 市的小额贷款公司数量占全省总数的 57.5%。从公司资本规模看，武汉市小额贷款公司户均注册资本 1.63 亿元；鄂州、襄阳、十堰等地户均注册资本在 1.1 亿元以上；咸宁、仙桃、潜江等地户均注册资本在 6000 万元以下。

（三）服务"三农"和小微企业作用持续发挥

全省小额贷款公司坚持"小额、分散"的原则，以当地特色产业的小微企业、个体工商户和农户为贷款发放主要对象，对产品有市场、急需资金的客户给予及时支持，较好地发挥了"金融毛细血管"功能以及对农村金融体系的补充作用。据初步统计，全省小额贷款公司贷款余额 428.8 亿元，贷款户数 3.57 万户，其中，涉农贷款 76.22 亿元，占全部贷款余额的 17.8%，与上年基本持平；小微企业贷款 191.91 亿元，占全部贷款余额的 44.8%，较上年提升 2.2 个百分点。

（四）贷款业务持续收缩，逾期催收进一步强化

随着经济下行压力增大，一方面社会投资意愿降低、贷款需求减少，另一方面逾期贷款逐渐增多。2017 年，全省小额贷款公司累计发放贷款 21488 笔、金额 265.86 亿元，同比分别下降 12.6%、13.1%。全省大部分小额贷款公司进一步加大逾期催收力度，收紧放贷业务数量和规模，严把风控关口。

二、促进行业健康发展情况

（一）加大政策扶持，优化发展环境

一是认真贯彻落实《财政部、税务总局关于小额贷款公司有关税收政策的通知》，推进落实相关税收优惠政策，促进小额贷款公司进一步发挥贴近基层、贴近农村的优势，有效满足小微企业、农村企业等"草根群体"的融资需求。二是加大对小额贷款公司的扶持力度，推进建立和完善对小额贷款公司的涉农业务实行与村镇银行同等的财政补贴政策，探索制定和实施对小额贷款公司涉农贷款、弱势群体创业贷款的风险补偿措施，支持其健康发展。

（二）支持商业模式创新，促进业务转型

鼓励小额贷款公司积极应对经济下行压力，建立特色经营模式。支持打造产业链金融服务模式，选择受经济周期影响不大的行业，围绕行业核心大企业，为其供应链上下游企业提供信贷服务，鼓励建立科技和数据驱动业务模式，通过对企业采购数据、外部交易数据等进行大数据分析，实现快速放贷。湖北福星小额贷款公司打造的"客户定制模式"，扎根基层村镇，依托上下游产业集团客户优势，为乡镇现代农业产业链客户提供量身定制的信贷服务，被中国小额贷款公司协会评为"全国优秀商业模式"。

（三）加强监管服务，促进规范发展

一是健全监管机制。进一步健全省、市、县三级监管体系，充实监管力量，落实监管责任。进一步强化县级政府对小额贷款公司日常监管与风险处置的第一责任。落实分类监管要求，支持监管评级较高的小额贷款公司创新发展。加强对监管评级较低的小额贷款公司的现场监管。督促小额贷款公司充分运用监测管理系统，及时、准确、如实上报各类信息。二是建立退出机制。各级监管部门对存在违规行为的小额贷款公司，采取风险提示、诫勉谈话、通报批评、向社会公示其不良信息、限制业务开展等措施，及时予以处置。对确实经营不善、风险较大且长期不开展业务的，依法实施关闭清算、工商注销等市场退出措施，及时予以清退。三是加强行业自律。发挥小额贷款公司协会加强行业自律作用，不断加大宣传力度，全面提升行业整体形象。加强对小额贷款公司股东、高管及业务人员的培训，明确经营理念，强化专业技能，提高从业人员素质。督促小额贷款公司加强行业自律，规范经营管理行为。四是防范行业风险。加强行业风险排查，对存在违规行为的，及时采取措施予以处置。对发现有非法集资、暴力催收或者洗钱等违法行为的，根据属地管理原则，责令停业整顿或收回小额贷款公司备案登记证、吊销营业执照。构成犯罪的，由监管机构依法移交司法部门，追究法律责任；对有重大违法违规的责任人实行行业禁入。

三、2018 年重点工作

（一）加大政策支持力度

解决小额贷款公司资金瓶颈问题，在防控风险的前提下鼓励银行向经营稳健的小额贷款公司发放贷款，缓解小额贷款公司融资难；支持小额贷款公司开展资产证券化业务以及到"新三板"挂牌。

（二）加强行业风险管理

一是建立健全风险管理制度。督促小额贷款公司建立健全公司治理结构，制定稳健有效的议事规则、决策程序和内审制度，严格内控管理，建立健全贷款管理制度和风险识别、计量、监测、控制制度，实行发起人企业与小额贷款公司资金、业务隔离，确保小额贷款公司稳健发展。二是落实风险管控责任。各市（州）政府切实加强监督管理，督促小额贷款公司依法合规经营，防范不良贷款风险。三是提升从业人员素质。严格执行高管准入制度，切实加强指导和培训，全面提升小额贷款公司高管人员和从业人员的经营理念、风险意识、专业素质和道德素质。

（三）完善小额信贷综合信息服务管理平台

加快推进省小额信贷综合信息服务管理平台的统一应用，各级监管部门和小额贷款公司统一使用该平台在线作业，充分发挥平台在线监测和监管功能，做到应用尽用，实现信息数据全面准确、业务流程安全流畅，促进小额贷款公司提高运营管理水平。

（四）有效运用社会信用信息

一是完善企业和个人信用信息数据库，采取有效措施推动信息共享、强化失信惩戒，加快构建以公共信用、企业信用和个人信用为主要内容的社会信用体系，为小额贷款公司发展营造良好的市场经营环境。二是积极推动小额贷款公司接入人民银行的征信系统，共享征信信息，有效降低小额贷款公司的经营风险。

（五）充分发挥行业协会作用

一是继续完善省小额贷款公司协会的事业架构，成立新的专业委员会，以"秘书处＋委员会"的运营模式，推动协会工作深化、细化、专业化，辐射更多的小额贷款行业专业领域，增强行业凝聚力和影响力。二是继续做好协会日常工作，加强行业交流、培训和宣传工作，搭建好政府与小额贷款公司之间的桥梁，促进小额贷款公司规范化发展。三是充分发挥协会促进行业自律的作用，引导小额贷款公司依法合规经营，加强自律管理和相互监督，促进行业健康发展。

湖北省融资担保业发展情况

湖北省经信委

2017 年，湖北省融资担保行业努力克服经营困难，回归服务实体经济本源，全行业"减量增质"稳步推进，形成"政府主导、龙头支撑、覆盖县域"的发展格局，再担保体系加快完善。

一、行业运行基本情况

（一）行业运行保持稳定

全省融资担保行业贯彻落实国家"减量增质、做精做强"要求取得明显成效。全省融资担保机构由上年的 356 家减少到 268 家；净资产 676.5 亿元，户均 2.5 亿元，较上年增加 0.4 亿元；注册资本 605.3 亿元，户均 2.3 亿元，同比增加 0.35 亿元；在保余额 1206 亿元，在机构数量减少 25% 的情况下，在保余额仅下降 8%，户均在保余额 4.5 亿元，同比增加 0.82 亿元。行业运行总体保持稳定。

（二）国有资本和龙头公司成为中坚力量

全省国有和政府出资控股的融资担保公司达到 101 家，其中，省直 7 家、市（州、区）20家、县（市、区）74家。101家融资担保公司的注册资本总计386.6亿元（其中政府或国有出资341.6亿元），占全行业注册资本的63.9%，在保余额占全省在保余额的70.8%，是全省融资担保行业的主力军。

全省在保余额5亿元以上的融资担保公司59家，合计在保余额876亿元，占全省在保余额的72.6%；10亿以上融资担保公司23家，合计在保余额633亿元，占全省在保余额的52.5%。在59家龙头骨干融资担保公司中，国有控股融资担保公司42家，占比71.2%；在保余额721.8亿元，占骨干融资担保公司在保余额的82.4%，占全省在保余额的59.9%。湖北省担保集团在保余额231.3亿元，较上年增加45亿元，占全省在保余额的19.2%。

（三）再担保体系进一步完善

湖北省再担保集团逐步完成管理体制调整，以省政府出资为主、省国资委履行出资人职责、实行独立核算，省财政筹措50亿元资本金，进一步壮大实力。2017年，省再担保集团主动对接全省银行业金融机构，获得实质性授信规模297亿元，与17个市（州、区）和县（市、区）地方政府建立战略合作关系，36家政府性融资担保公司纳入再担保体系，合计授信规模66.6亿元，再担保基本实现市（州、区）全覆盖，全省再担保体系建设稳步推进。

（四）服务"三农"和小微作用持续发挥

1. 扶持小微企业和"三农"

全省融资担保公司进一步聚焦小微企业和"三农"，年末小微企业在保余额492亿元，"三农"在保余额36.2亿元，支持小微企业与"三农"业务占总在保余额的43.8%，占比较上年提升0.5个百分点。

2. 降低担保费率

全省融资担保公司最大限度地降低担保费率，国有担保公司费率控制在1%~1.8%，民营担保公司费率控制在3%以内，全省担保业务综合费率为1.2%，有效降低小微企业和"三农"的融资成本。

3. 履行代偿责任

2017年，全省融资担保公司全力履行代偿责任，代偿金额34.2亿元，为维护企业信用、分担银行风险、保障产融合作、促进经济发展发挥了重要作用。

（五）风控能力不断增强

全省融资担保公司进一步建立健全内部管理制度和风险预警机制，增强自我防范风险的能力与意识，足额提取风险拨备，2017年共提取"三金"46.9亿元，存出保证金126.7亿元。

二、促进行业健康发展情况

各级监管部门围绕"服务实体、严防风险"的要求，认真履行监管职责，以打击非法集资、防范行业风险为着力点，建立"规范有序、适度竞争、安全高效、合作共赢"的行业秩序，推动行业规范健康平稳发展，更好地服务小微企业、"三农"和"双创"。

（一）完善配套政策，推动行业高质量发展

2017年8月，省政府出台《关于发挥财政资金杠杆作用撬动社会资本支持实体经济发展的意见》（鄂政办发〔2017〕63号），明确了六条精准政策措施，加强和推动政府性融资担保体系建设，努力缓解小微企业、"三农"融资难。

（二）搭建再担保体系，推动行业转型发展

重构再担保体系，支持省再担保集团调整管理体制，明确省再担保集团"提供准公共产品"的功能定位，突出再担保的增信、分险、规范、引领功能。加快组建全省统一协作的政府性融资担保体系，增强各市（州）、县（市、区）融资担保公司的担保业务能力与抗风险能力，推动和引导行业转型发展，扩大小微、"三农"业务规模，更好地服务实体经济。

（三）加强行业监管，严防行业风险

一是建立健全监督管理工作制度，与相关部门建立监督管理协调机制和信息共享机制，根据融资担保公司的不同情况实施分类监管。

二是严防行业风险。组织开展全省融资担保行业防范非法集资风险排查，努力化解潜在风险。在全省开展以保证金和关联担保为重点的风险排查与问题整改，对武汉市等6个市（州）进行重点督察。召开全省融资担保行业风险防范工作座谈会，研究行业风险状况以及风险防范措施。审慎应对群众举报投诉，妥善处理来信来访，努力维护社会稳定。

三、2018年重点工作

（一）贯彻落实融资担保监管新政

加大《融资担保公司监督管理条例》（中华人民共和国国务院令第683号）及配套制度的宣传贯彻力度，多层次、多形式地开展对全系统监管人员与融资担保公司高管人员的培训；建立变更事项备案制度，强化"两级备案"管理；制定湖北省相关实施管理办法。

（二）推进政府性担保体系高质量发展

按照"政府主导、专业管理、市场运作"原则，推动建立以省再担保集团为核心和龙头、以股权投资和再担保业务为纽带、覆盖全省各市（州）、县

（市、区）的政府性融资担保体系；探索建立省级再担保集团、合作担保公司、银行业金融机构、政府担保基金共同分担风险的机制；与银行系统建立"系统对系统"的新型银担合作关系和规模化合作机制；推进政府性融资担保体系高质量发展与运行，有效促进实体经济融资。

（三）提升行业监管质量与效能

探索建立行业监管工作考核评价机制，提升各级监管部门监管责任意识，加强监管队伍建设，推进全省监管体系建设。强化事中事后监管，以"经营许可证"管理为抓手，强化日常审批和备案工作。推广使用"综合信息管理系统"，充分发挥管理系统持续监测业务动态的功能，逐步实现网上实时监控、风险预警和远程管理，着力强化非现场监管手段，提升监管质量与水平。

（四）强化行业风险防控

坚持对风险事件和隐患保持高度警惕和高压态势，加强对行业风险趋势的研判，及时摸清风险底数，严格控制风险增量，加快处置存量风险。综合运用现场检查、非现场监管、随机抽查、现场检查、集体约谈公司高管等措施防范风险隐患，督促融资担保公司规范经营，严厉打击非法集资、合伙骗贷、暴力催债、乱收滥用客户保证金等违法违规经营行为，守住不发生区域性、系统性风险的底线。

湖北省典当业发展情况

湖北省商务厅

一、行业运行基本情况

（一）行业规模进入平台期

据全国典当信息管理系统显示，截至 2017 年末，全省共有典当行 273 家、分支机构 21 家；注册资本总额 72 亿元，较上年末增长 0.4%；平均注册资本为 2637 万元，同比下降 3.93%；从业人员 1551 人，同比下降 11.4%。2017 年新增设典当行 9 家、分支机构 1 家，其中，武汉市 4 家，黄石市、宜昌市、襄阳市、恩施州、咸宁市各 1 家。全年新增设典当行注册资本金合计 1.15 亿元，同比下降 35.7%。年内有 6 家典当行申请注销典当经营许可资格，部分典当行申请变更减少注册资本金，全省典当行业规模进入平台期。

（二）行业经营指标持续下降

据全国典当信息管理系统显示，截至 2017 年末，全省正常营运并上报数据的典当行有 222 家，业务笔数 20111 笔，同比下降 28%；典当余额 329900.52

万元，同比下降 5%。全年发放贷款总额（典当总额）464511.98 万元，同比下降 98.6%。其中，动产典当 92032.08 万元，同比下降 16.7%；房地产典当 260272.69 万元，同比下降 99.2%；财产权利典当 112207.21 万元，同比下降 46.8%。全年实现营业收入 22023.53 万元，同比下降 16.6%。其中，利息和综合费用净收入 20197.07 万元，同比下降 19.2%。实现利润总额 774.29 万元，同比下降 77.2%。

（三）业务发展酝酿转型

从典当业务结构看，房地产典当占 56%，较上年提高 3 个百分点，仍居典当业务量首位；财产权利典当占 24%，与上年持平；动产典当占 20%，较上年提高 1 个百分点。

由于经济下行，行业增长承压促使部分典当行回归主业，在积极开拓传统的金银、手表、珠宝、字画等民品典当业务的同时，对创新业务模式进行有益探索。

一是创新典当借款模式，探索办理最高额抵押，尝试推行"典当融资一卡通"，随借随还、循环周转，减少了客户的时间成本和融资成本。

二是充分发行典当特有的救急解难服务功能和业务优势。据全国典当信息管理系统显示，2017 年，全省典当业平均每笔业务金额 13.8 万元，最低金额为 120 元，平均当期 25 天，近一半业务当期在 30 天内，最短当期为 1 天。

（四）经营风险持续承压

2017 年，典当行业向商业银行贷款的比例大幅减少，银行贷款余额为 327.83 万元，同比下降 20.3%。逾期贷款余额 42833.82 万元，逾期金额增大。绝当金额（指发生额）14155.37 万元，同比下降 2.1%，其中，动产质押贷款绝当金额 601.31 万元，同比下降 51.8%；财产权利质押贷款绝当金额 1000 万元，同比下降 53.9%；房地产抵押贷款绝当金额 12554.06 万元，同比增长 18.5%。绝当物品和"坏账"风险的增加导致典当行及时处理绝当物品的压力增大。典当行借鉴商业银行"三查"（贷前调查、贷时审查、贷后检查）制度，加强风险管控。一是加强准入管理，对当户资格信用、当物合法性、当物权属、当物价值等进行认真核实和科学定价。二是建立业务授权和分级审批制度，严禁越权操作。三是建立当物他项权利登记制度，对国家明确规定的房地产、机动车辆、机器设备等当物，按规定到有关登记部门进行查询并登记，确保抵押权利有效。

二、促进行业健康发展情况

（一）持续优化营商环境

一是下放审批权限，优化市场准入条件。认真贯彻落实省政府办公厅印发的《省人民政府关于取消和调整行政审批项目等事项的决定》（鄂政发〔2017〕20 号），将全省典当行及分支机构设立审批权限下放至市级商务局。深入推进"放管服"改革，严格按照《典当管理办法》《典当行业监管规定》的要求，积极引导和支持经营规范、实力雄厚、资本充足的企业进入典当行业，并放宽典当市场准入门槛，对注册资本金和经营门面不再另作要求，降低企业的经营成本。二是实施优惠政策。年内出台典当行办理股权（股东）、地址变更可以减少注册资本和不再对经营店面面积及位置另作要求的规定，切实为典当行减负。三是积极协调相关职能部门，解决典当行在办理房地产抵押登记业务中的问题。四是引导企业提升服务能力。引导典当行转变经营思路，在防控风险的前提下实行人性化操作，尽量压缩放款时间，适当提供优惠或其他增值服务，提升客户融资体验。

（二）有效发挥服务中小微企业融资作用

引导典当行借鉴和引入商业银行资金运营、信贷管理和风险防控机制，建立健全内部管理制度，积极为中小微企业提供融资服务。一是深入了解中小企业运营和融资需求特点，创新典当产品，让中小微企业"用得上、用得起"。二是建立资产优良、经济效益处于上升期的优质客户群，在防控风险的前提下，满足中小企业融资需求。全年为中小企业提供的应急融资金额占典当总额的80% 以上，有效缓解了中小微企业融资难。

（三）加强行业监管

一是做好年审检查工作。开展 2017 年度典当年审工作，在全省重点开展典当行资金来源和流向的检查，对典当行填报的全国典当行业监督管理信息系统信息的真实性进行核实。做好年审结果的备案工作，对年审不合格典当行终止其经营许可。二是开展专项检查。开展典当行专项检查工作，各市（州）商务局结合典当行业监管系统数据对典当行及分支机构进行专项检查，引导典当行完善内部管理制度，提高风险防范意识和风险管控能力。三是加强防范与处置非法集资的宣传教育，严厉打击非法集资和违规变相信贷活动，守住不发生系统性、区域性风险底线。

三、2018 年重点工作

（一）提高企业发展质量

积极引导典当行坚持主业、做强主业，实现专业化、特色化、差异化发展。一是引导突出"短、小、快、灵"优势，坚持"随时、随地、随客"的经营理念，培育一批信用良好、管理先进、服务意识强的龙头企业。二是引导拓展新兴业务领域。引导和鼓励典当行在风险可控、能力允许的前提下，拓展丰富当物品种，拓展绝当物品销售方式和渠道。三是引导创新发展。以市场为导向，以提高服务能效为根本目的，加快创新发展，提升行业软实力，形成新优势。

（二）增强行业风险管控能力

督促典当行进一步完善内部管理，加强公司治理、业务规则、人才培育、内部控制、安全防范和风险管理等方面的制度建设，建立健全客户风险评估机制，强化资产管理，增强风险管控能力。

（三）持续加强行业监管

一是加强典当业务合规性检查。利用监管信息系统提供的风险预警指引，对发现的苗头性和倾向性问题，及时督促整改。二是利用会计师事务所等中介机构的专业优势，开展有针对性的现场检查；进一步完善现场检查工作机制，将现场检查和非现场监管有效结合。三是坚持监管报告制度，强化对典当行市场行为的监管，加大对典当行违法违规行为处罚力度。四是建立监管联动工作机制，与银监、公安、工商等部门形成监管合力，提高监管工作能效。五是加大对违规经营典当业务的寄售行的整治力度。开展寄售行违规经营典当业务专项治理行动，引导有意开展典当业务的寄售行申请典当资质。

湖北省融资租赁业发展情况

湖北省商务厅

2017 年，湖北省融资租赁行业规模不断扩大，业务稳步增长，风险防控能力进一步增强，实现了规模与质量发展的同步提升。

一、行业运行基本情况

（一）企业数量快速增长

截至年末，全省登记在册的融资租赁企业共计 90 家，较上年末增加 43 家，增幅为 91.49%。据融资租赁企业管理信息系统显示，经审批注册成立的外商投资融资租赁企业和不报告的内资融资租赁企业共 82 家，获得内资试点资格的融资租赁企业共 11 家。

（二）注册资本持续增加

截至年末，全省融资租赁企业注册资本总额为 126.4 元，同比增长 26%。全省内资试点企业注册资本超过 1 亿元的企业有 11 家，注册资本最高为 10 亿元；外资租赁企业注册资本超过 1 亿元的企业有 11 家，注册资本最高为 9.45 亿元。

（三）资产规模实现新突破

2016 年全省融资租赁企业资产总额突破 200 亿元，2017 年全省融资租赁企业资产总额达到 220 亿元，增幅 9.73%。其中，内资试点企业资产总额 70 亿元，较上年同期增长 63%；外资企业资产总额 46.65 元，增长 21%。从单个企业来看，总资产超过 1 亿元的企业有 31 家。2017 年，全省融资租赁企业总负债 670 亿元，资产负债率 304.55%。

（四）业务范围不断扩大

全省融资租赁业务所涉及的行业和领域持续扩大，主要涵盖设备制造、工程机械、医疗器械、城市建设、现代农业、节能环保和新能源等。

（五）经营效益持续提升

2017 年，全行业实现融资总额 500 亿元，较上年增加 352.5 亿元，大幅增长 238.98%；实现营业收入 85 亿元、利润总额 14.45 亿元，分别较上年大幅增长 219.04% 和 238.98%。

二、促进行业健康发展情况

（一）持续优化政策环境

在 2016 年出台《省人民政府关于加快融资租赁业发展的实施意见》基础上，2017 年，省商务厅联合省国税局发布《省商务厅、省国税局关于中国（湖北）自由贸易试验区内资融资租赁试点企业确认有关问题的通知》，鼓励符合条件的企业申报内资融资租赁试点，并在申报流程等方面做出明确规定。

（二）推动企业加快聚集

推动全省融资租赁行业加快发展，持续加大对融资租赁企业聚集的支持力度，企业数量由 2013 年末的 18 家快速增至 2017 年末的 90 家。武汉市的聚集优势凸显，年末融资租赁企业为 68 家，在全省占比为 75.56%（见表 1），大部分注册于东湖高新区。

表 1　　　　　2017 年末湖北省融资租赁企业地区分布表

序号	注册地	企业数量（家）	占比（%）	序号	注册地	企业数量（家）	占比（%）
1	武汉市	68	75.56	6	咸宁市	1	1.11
2	恩施州	6	6.67	7	黄石市	1	1.11
3	襄阳市	6	6.67	8	鄂州市	1	1.11
4	随州市	4	4.44	9	荆门市	1	1.11
5	荆州市	2	2.22		合计	90	100.00

注：本表按各地融资租赁企业数量的降序排列。

从注册资本和资产规模来看，2017 年末，武汉市融资租赁企业注册资本

118.4 亿元，同比增长 2.59%，占全省比重为 93.52%；资产规模 153.92 亿元，同比增长 12.08%，占全省比重为 91.37%。

年内航天科工金融租赁公司落户武汉市，全省金融租赁公司达到 3 家；武汉市成为全省融资租赁业聚集地。

（三）加快行业创新发展

一是支持融资租赁企业在湖北自贸区设立地区总部或项目子公司，在飞机、船舶、工程机械等领域，培育一批具有国际竞争力的融资租赁企业。年内光谷租赁完成空客 H125 接机，正式进军航空租赁市场，是省内融资租赁公司（不含金租）首单飞机租赁业务。二是积极探索融资渠道创新，优化融资结构。年内光谷租赁成功发行一期规模 10.01 亿元的租赁 ABS（企业资产支持专项计划），资产池加权平均利率 6.13%，处于同期利率较低水平。三是开展内资融资租赁企业试点。2017 年 6 月 15 日起，商务部、国家税务总局针对第三批 7 个自贸区下发通知，将注册在自贸区内的内资租赁企业融资租赁业务试点确认工作委托给各省级商务主管部门和国家税务局。湖北省率先制定了企业申报、确认程序，湖北骆驼融资租赁有限公司通过确认，湖北自贸区首家内资融资租赁试点企业在襄阳片区诞生。

三、2018 年重点工作

一是进一步完善配套政策，更好地发挥自贸区"走出去"和服务实体经济的功能，为企业提供更加优惠便利的财税政策。二是积极组织银企交流活动，加强行业互动与协作，提高社会认知度和认可度。三是积极探索创新合适的 PPP 合作模式、联合租赁模式等融资租赁经营模式。四是加快发展中小微企业融资租赁服务，对接中小微企业的融资需求。五是加强行业组织和人才队伍建设，充分发挥协会作用，开展信息咨询、业务交流等。推动与武汉大学和湖北经济学院的合作，"定向""定单"为行业发展培养急需人才。针对从业人员积极开展法律、销售、税收、财务、会计等方面的基础培训。六是加强监管，提高风险防范能力。

湖北省推进金融生态环境建设情况

人民银行武汉分行

2017 年，湖北省以"夯平台、促投入、防风险"为工作主线，稳步推进金融生态环境建设，金融生态环境优化进一步取得成效。

一、推进信用平台建设提质增效

（一）强化信用创建机制

一是以"乡镇政府＋涉农金融机构"为模式深化信用乡镇创建。修订评价指标，落实乡镇政府支持金融发展、防范化解金融风险的主体责任。2017年，全省共评定信用乡镇1008个，占比97.86%。二是以"社区＋主管部门＋银行"为模式优化信用社区评价。将小额（创业）担保贷款的社区覆盖面作为核心指标，鼓励各地因地制宜有效推进。截至年末，全省小额（创业）担保贷款余额48.70亿元，社区覆盖面80%。三是以"企业＋主管部门＋银行"为模式强化企业信用培植。截至年末，全省贷款企业5.79万家，同比增长8.12%；A级以上信用企业4.54万家，同比增长11.09%。四是开展年度信用考评。组织全省各市（州）、县和十余家成员单位共同完成数据统计审核、"金融创新奖"评选、"一票否决"申报及处置等评选工作，评定17个市（州、区）、76个县（市、区）为"金融信用市、县"，评分结果作为当年县域经济重要考核内容。

（二）深化政银企多方合作

持续深入开展"早春行"等政银企对接活动，全年全省金融机构共与9509家企业签订授信协议、贷款合同金额3851亿元，支持企业数量和签约金额同比分别增长16.84%和18.29%，签订银政战略合作协议797亿元，再创历史新高。对协议履约情况实行按季统计和半年通报，促进协议落实。截至年末，银企协议实际到位资金3511.04亿元，综合履约率91.18%，超额完成年度履约85%的目标。

（三）实施任务清单责任制

一是在市、县层面按职能部门对各项指标任务进行原则性分解，在全省各地发布"金融生态建设工作任务清单"，进一步增强成员单位合力和具体工作主体责任。二是将各地落实情况纳入年度信用考评，鼓励有条件的地方纳入地方政府履职考核，或建立专项考核、奖励办法，营造良好工作氛围。三是强化实施。多个市、县充分运用清单责任制开展整改，成效显著。

（四）完善融资增信工作

一是建立统计考核制度。对全省五类政府融资增信①的实际出资情况进行半年度统计监测分析，同时纳入年度信用考评体系，加强考核引导。二是不断推动各地健全完善融资增信工作，合理加大资金投入，提升小微企业和"三

---

① 五类政府融资增信：风险缓释或补偿金、政府担保、续贷过桥类基金、各类贴息资金和其他类。

农"等弱质群体的融资可获得性。截至年末,全省五类政府融资增信出资总额达841.86亿元,其中,政府为降低企业融资成本出资总额121.47亿元,较年初分别增加410.01亿元和46.51亿元。

二、推进金融生态环境监测系统升级运用

(一)完善信用考评指标体系

一是出台《湖北省金融信用市州县评定指标修订方案》,进一步完善信用考评指标体系。二是强化"信用+信贷"工作要求。发挥考评"指挥棒"作用,明确在信用主体培植、信用市场建设、增信平台发展、信用风险防范等工作中围绕"信用"发力。信用考评体系调整和半年金融生态环境监测评价通报得到充分重视,部分指标在短期内大幅改善。第四季度全省不良贷款余额增速同比下降15.95个百分点;金融债权案件执结金额较第二季度增加82.47亿元;贷款企业和A级以上信用企业数量实现快速增长。

(二)完成监测系统升级

升级改造"湖北省金融生态环境监测评价系统",组织部分市(县)开展报数检测和模拟运行。修订编撰2017年版《湖北省金融生态环境监测评价系统操作手册》《湖北省金融生态环境监测评价指标统计说明》,组织市、县两级生态办负责人和系统操作人员开展专项培训,保障新版系统在省政府电子政务网、互联网和人民银行业务网如期上挂、功能升级、稳定运行。

(三)严格进行金融生态环境评价

对全省金融生态环境监测评价情况进行通报,对薄弱环节和相关单位及时预警,指导限期整改。强化市(州)属地管理责任,对各县(市)开展监测分析预警指导。

三、切实防范金融风险

(一)化解大额不良贷款

一是加强不良贷款动态监测。将"不良贷款"等风险指标作为监测和考评的高权重、关键性指标;坚持开展大额不良贷款监测,加强突出个体关注,点面结合强化监测实效。二是加强重点区域督办。对不良贷款过高或增长过快的区域强化整改督办。三是用好"一票否决"机制,化解潜在风险。对省级金融机构申报的疑似"一票否决"项目,向相关地方政府下发"处置化解通知书",促进和协调金融机构与相关企业有效协作化解处置风险。

(二)推进金融债权执结

一是调高金融债权案件指标权重。推动各地加快执结进度,筑牢金融司法

安全底线。二是坚持开展按季度监测考核。对执结进度较慢的地区予以通报。三是推动开展专项行动。推动加强银法联系机制，组织全省金融机构联合人民法院等相关部门开展金融案件"飓风行动"、打击"老赖""百日攻坚"等金融维权行动。截至年末，全省执结积案金额为102.47亿元，较上年增加64.02亿元；武汉市共执结56.48亿元，占全省全部执结金额的76.12%；随州市新增金融案件执结率达74%，同比上升46个百分点；十堰市、鄂州市等7个市（州）执结率超过40%。

（三）开展失信企业整治

一是组织开展失信企业摸底调查，将金额较大、性质恶劣的失信企业作为专项活动整治对象。二是配合开展全省涉金融领域失信问题专项治理，履行指导督察治理职责，推进全省社会信用体系建设。三是开展各类失信企业整治专项行动。武汉市探索开展"执行悬赏保险"追查"老赖"；黄石市、荆门市等地初步建成失信企业联合惩戒机制，通过开展金融失信"黑名单"管理，对黑名单企业的银行开户、招投标、连锁加盟、工商联选举等进行限制，营造"失信寸步难行"的社会效应；通过电视、广播、报纸、网络等媒体强化对负面典型的警示，培养全社会对"金融失信必受惩戒"的共识。

四、2018年重点工作

（一）完善信用体系建设

加快征信平台建设，加强金融信用信息平台与中小企业服务中心、金融精准扶贫工作站、惠农金融服务站联动，推动中小企业和农村信用体系建设。加强增信体系建设，壮大国有控股担保公司实力和再担保体系，提升融资担保能力。充分发挥风险补偿基金作用，帮助更多小微企业和农户获得资金支持。

（二）促进金融服务实体经济

继续深入开展金融"早春行"等活动，推进银政企合作。搭建常态化资本市场路演平台，促进上市后备企业与中介机构和股权投资基金的对接，拓宽中小企业直接融资渠道。

（三）着力化解不良贷款

引导各银行积极向上级行争取不良贷款"控新化旧"的政策支持，加快不良资产打包转让。支持金融资产管理公司批量承接不良贷款，通过综合手段盘活资产和化解不良贷款。大力推进并购重组，化解潜在不良贷款。进一步加强银法合作，提高司法处置效率。

（四）持续加强金融知识普及宣传

持续开展社会公众金融知识普及教育，充分发挥报纸、网络、电视等媒体作用，加强防范非法集资宣传教育，严控新增非法集资案件，做好存量非法集资案件风险缓释。

（五）维护良好金融市场秩序

严厉打击恶意逃废债行为，继续开展打击恶意逃废银行债务专项行动。依法打击非法投资中介、贷款中介、保险中介、信用卡中介等非法金融中介，整治超范围经营、无照经营、欺诈消费者、非法集资、扰乱市场秩序等违法违规行为。重点清理各类投资咨询、财富管理、互联网金融等机构的非法金融广告行为。

（六）强化考核与监测

继续深入开展金融信用市（州）和金融信用县（市、区）创建，健全金融生态建设考核机制，完善金融生态环境的监测体系，密切关注金融风险重点领域，坚决守住不发生系统性、区域性金融风险底线。

湖北省加强金融监管防范金融风险情况

湖北省政府金融办　人民银行武汉分行　湖北省外汇管理局
湖北银监局　湖北证监局　湖北保监局

一、加强宏观审慎监管

切实强化基层央行金融稳定职能，将主动防范化解系统性金融风险放在更加重要的位置，进一步完善金融稳定工作机制，不断深化金融风险监测分析和评估，着力完善金融风险应急处置机制，牢牢守住不发生系统性金融风险底线。

（一）强化风险监测、分析、评估

1. 加强风险状况调研与分析

一是开展课题研究，摸清风险底数，找出风险隐患，提出应对策略。二是开展对全省大型企业的融资状况、风险状况和处置措施的调查研究，将相关数据及信息及时报送总行；配合总行稳定局开展湖北省金融风险的快速排查，对全省总体金融风险状况进行全面梳理和分析，形成《湖北省金融风险排查报告》。三是定期召开湖北省"一行三局"金融风险分析例会，分析国内外经济金融形势变化对湖北省金融业的影响，探讨有效开展金融风险定期监测、分析和评估工作，切实防范和化解金融风险，形成《湖北省银证保风险分析报告》。

2. 开展重点领域风险监测和排查

进一步加强区域性金融风险监测，定期对金融领域风险隐患进行排查，及时报告排查结果，向地方政府、有关部门和机构提示风险。关注实体经济存在的风险隐患，重点关注产能过剩行业、房地产、地方政府性债务等领域风险。

3. 加强金融稳定监测与评估

严格执行风险监测定期报告制度，按月收集城商行、农商行、村镇银行、信托公司、财务公司、金融租赁公司、消费金融公司等法人机构的经营数据和风险状况，编制《湖北省银行业地方法人金融机构监测月报》，及时报告数据异常或风险苗头。

（二）依法规范开业管理

进一步规范新设银行业金融机构申请加入人民银行金融管理与服务体系流程，坚持依法合规、高效服务原则，开展新设银行业机构加入人民银行金融管理与服务体系管理工作。全年受理并辅导包括恒丰银行武汉分行、交通银行湖北自贸区武汉片区分行、航天科工金融租赁公司、三环集团财务有限公司等多家银行分支机构和其他金融机构加入人民银行金融管理与服务体系，把好金融机构风险关。全年对101家新设金融机构进行风险提示，督促其完善风险管理制度，新设机构未发生风险事项。

（三）加强银行业金融机构综合评价管理

一是对全省银行业金融机构在2016年度执行有关金融法律法规、规章和规范性文件以及区域金融政策措施等情况进行全面评估、类别评定，向所有参加综合评价的银行业金融机构公布评价结果，启动政策咨询和回复工作，强化对综合评价结果排名靠后银行机构的约束力度。二是调整完善评价指标，开展2017年湖北省银行业金融机构综合评价，不断提高综合评价质效。

（四）严格执行重大事项报告制度

进一步规范银行业金融机构金融稳定重大事项报告行为，全面及早掌握风险苗头，有效延伸风险监测。全年共受理重大事项报告1279件，涉及银行同业理财、国有企业债务、涉嫌非法集资等多个领域。及时报送相关风险事件调查报告，防范发生金融风险。

（五）做好金融系统防范和处置非法集资工作

一是出台《中国人民银行武汉分行关于进一步做好防范和处置非法集资工作的意见》，加强对全省金融机构防范和处置非法集资工作的指引、部署，扎实开展各项风险防范和处置工作。二是开展金融系统风险防范主题宣讲，提高干部职工防范非法集资的意识和能力，自觉远离非法集资；组织开展主题宣传月和"进机关、进乡村、进社区、进学校、进企业、进市场"的"六进"活动，帮助社会公众提高识别、防范、抵御非法集资的能力。三是加强监测分析和线索追踪，加大案件协查力度。加强对涉众型可疑交易的监测，完善线索追踪机制，对发现的存在资金链隐患的集资、传销、P2P 平台或利用高息噱头虚假宣传的线索和带有集资性质的非法传销线索，及时移送公安机关，有效遏制非法集资和洗钱风险的扩散蔓延。

（六）防范跨境资本流动风险

不断完善跨境资本流动宏观审慎管理和外汇市场微观监管，维护健康有序的外汇市场秩序。

一是加强日常监测与重点核查相结合。对重点企业、银行和个人实行"按月监测＋按季报告"工作制度，全面把握跨境收支形势。根据样本库企业未来资金流情况进行货物贸易外汇资金缺口分析，确定重点企业监测范围形成监测梯度；运用货物贸易事中事后监测指标以及银行主体监测指标，在全省范围内筛选一批高风险主体进行监测核查。

二是优化监测体系，推动关口前移。探索并建立银行主体非现场监测框架，涵盖涉及银行收支规模、资金流向、业务占比等评价指标，涉及异地购付汇、转口贸易、加工贸易、退汇等较为特殊业务的风险预警指标以及涉及银行违规业务监测的合规性指标。定期对银行主体开展监测分析，通过综合分析和现场核查实现对银行主体货物贸易项下外汇业务的有效监管。

三是加强电子系统银行风险管理。完善对购汇当事人信息、购汇人民币资金来源、购汇用途明细、境外收款人账号等信息采集，增加系统信息校验功能，及时进行违规行为识别和异常提示。加强对银行数据采集质量的考核。要求银行定期对电子银行境外收（付）款人等关键要素进行排查。

四是加强大额购付汇监测。按照"专人专岗、每日监测、每周汇总、按月报告"要求，每月监测全省排名前十的资本项下大额购付汇企业，关注多次上榜的排名前十企业的交易真实性，全面掌握企业大额购汇用途、动机及趋势。

五是探索建立银行主体监测指标体系和框架。建立包括结售汇、跨境收支总量、结售汇和收付汇差额占比、结售汇偏离值等指标，及时掌握银行国际业务开展情况和外汇收支变动情况。

二、加强银行业风险防控

全省银行业风险防控坚持底线思维、分类施策、稳妥推进、标本兼治，切实防范化解突出风险，严守风险底线。

（一）平稳治理金融乱象

围绕"治乱、化险、合规、支实"八字方针，有序开展"三三四十"检查①。通过专项治理，银行业经营趋于规范，市场乱象逐步减少，脱实向虚势头得到初步遏制。截至 2017 年末，全省银行业同业负债余额较年初下降 8.8%；主要法人银行理财业务余额较年初下降 4.9%。

（二）全力防控大额信用风险

一是积极推进债委会组建工作。制定债委会工作意见，成立债委会 92 家，涉及债权 1295 亿元，有效化解多个大额授信风险，促进银企合作共赢。二是大力推进银团贷款。组织召开全省银团贷款推进工作会议，规范信贷市场秩序，营造良性竞争氛围，切实防范多头授信、过度授信风险。三是加大不良贷款处置力度。推进不良率较高的市、县政府采取有力压降措施。

（三）有效防控房地产贷款及地方政府债务风险

下发防止违规消费贷款的风险提示，督促银行业机构落实差别化信贷政策，加强"首付款"审查。开展对融资平台贷款专项调研，密切关注财政新规影响，规范参与新型政府性融资业务，平台贷款余额和贷款质量保持稳定。

（四）强化案件风险处置

开展"内控合规管理年""亮剑行动"等活动，组织内控合规知识竞赛，召开案防工作会，重点防控银行业"十大风险"，督导银行业机构落实案防要求，加强"双基"（基层机构、基层人员）管理，妥善处置案件风险②。

（五）坚守区域金融稳定底线

一是深入推进校园金融网格工程。截至年末，全省银行业金融机构在 129 所高校设立校园金融服务网格站 338 个，发放信用卡 10.5 万张，授信金额 8.1 亿元，实现金融服务网格化全覆盖。

二是严防 P2P、非法"校园贷"和非法集资风险。开展 P2P 专项整治，严厉打击非法"校园贷"，开展非法集资排查，建立非法集资监测预警机制，积极化解存量风险。

三是全面落实综治工作责任。成立社会治安综合治理领导小组，落实目标

---

① "三三四十"：指银行业存在的"三违反""三套利""四不当""十个方面"的问题。"三违反"：违反金融法律、违反监管规则、违反内部规章；"三套利"：监管套利、空转套利、关联套利；"四不当"：不当创新、不当交易、不当激励、不当收费；"十个方面"：股权和对外投资方面、机构及高管方面、规章制度方面、业务方面、产品方面、人员行为方面、行业廉洁风险方面、监管履职方面、内外勾结违法方面、涉及非法金融活动方面。

② "十大风险"：信用风险、流动性风险、房地产领域风险、地方债务违约等传统领域风险，债券波动、交叉金融产品、理财业务、互联网金融、外部冲击等非传统领域风险以及重大案件和群体事件风险。

管理责任制。完成孝感孝南区综治联系点 3 年规划验收考评。

四是正式启动流动性互助机制。组建湖北楚银流动性互助联盟和"一盟一委"，推动建立 9.32 亿元专项资金，调剂余缺①。

五是着力夯实信息科技保障。开展网络安全攻防演练竞赛，3 家机构获银监会信息科技风险管理二、三等奖。

三、加强资本市场风险防控

大力推进资本市场风险监测和应对能力建设，对各类违法违规行为持续保持高压态势，全力维护资本市场稳定。

（一）推进风险防控机制建设

成立风险防控工作领导小组，印发《湖北证监局应急处置工作指导意见》《湖北证监局关于进一步加强和改进舆情工作的通知》等文件，完善制度安排。

明确风险报告制度，建立健全舆情监控应对机制。组织梳理全省市场和监管工作面临的主要风险隐患，形成《关于当前防范风险维护辖区市场稳定工作的意见》，制定有针对性的风险应对措施，加强对全省市场风险防控工作的指导。

（二）防控上市、挂牌公司风险

加强对上市公司的动态风险监测，重点关注上市公司诚信缺失、因重大违法违规被立案调查、控制权之争、股权质押、资金"脱实向虚"、股价异常波动、财务状况恶化、商誉较大、密集信访投诉等风险，划分退市、经营、财务、信访投诉四类主要风险类型，从风险发生的可能性和相关危害后果两个维度，实施风险矩阵管理。密切关注高风险上市公司动态，及时处置化解证券公司托管的大股东股票质押式回购强制平仓风险。高度关注退市公司风险，督促由主板退市挂牌"新三板"的公司成立维稳工作专班，制订维稳风险防范应急预案，做好与投资者的沟通与安抚工作。及时发现并处置"新三板"挂牌公司违规风险。

（三）防控债券违约风险

与交易所建立协同高效的风险监测与处置体系，重点关注信用评级调减、财务状况恶化等异常风险，妥善化解中小企业私募债违约风险。全面开展债券发行人自查工作，举办债券发行人培训，增强合规守法和风险防范意识。针对债券市场违约中暴露的问题及处置难点开展调研，形成《我国债券市场违约的特征及监管建议》的报告。

---

① "一盟一委"：湖北小微法人银行流动性互助联盟和湖北省银行业协会法人银行工作委员会。

（四） 防控证券期货机构业务风险

紧盯证券期货公司业务重点领域、重点人员，全面开展对资管业务、自营业务、投行业务的风险排查，督促相关机构强化合规风险管理。严查投资咨询机构风险隐患，对相关投资咨询分支机构采取行政监管措施。

（五） 防控私募基金非法集资风险

强化对登记备案的私募机构和产品的监管，督促私募机构对发布的融资类广告资讯进行清理和管控，落实主体责任。深化监管协作，建立风险事项协调处理机制，形成风险防范合力。全年未发生新增涉嫌非法集资风险案件。

（六） 防控各类交易场所违规风险

完善风险监测手段，密切关注风险较为集中的重点交易场所，及时提示风险。认真开展清理整顿"回头看"工作，完成对全部经批设交易场所的现场检查。向全省各类证券期货经营机构下发书面通知，提示交易场所违规风险，要求各机构不得参与或向各类交易场所提供人员、资金和技术支持，并配合开展相关的投资者教育工作。

（七） 防控信访涉稳事件风险

建立信访投诉风险台账制度，将重点关注的投诉人和被投诉机构列入台账名单，对相关机构负责人进行"一对一"的谈话督导，督促落实投诉处理的主体责任和维稳责任。

四、加强保险业风险防控

进一步增强保险业风险防范的前瞻性、有效性、针对性，严守不发生系统性风险底线，维护保险业持续稳定、健康发展。

（一） 防控和处置新型保险业务风险

关注利用互联网技术推广、影响客户信息安全、与互联网借贷相关的各类新型保险业务风险。关注财产险公司、人身险公司、保险中介机构与第三方网络平台合作开展保险业务的风险隐患。采取有效措施汇总并评估各类互联网保险业务风险。开展互联网保险业务专项整治，及时化解处置风险。

（二） 防范打击保险欺诈

建立行政执法与刑事执法高效、有序的衔接机制，加强与公安机关协作，严厉打击保险欺诈犯罪。湖北保监局与湖北省公安厅经侦总队联合开展"安宁2017"反保险欺诈专项行动，发现欺诈线索并成功拒赔1214笔，为行业挽回经济损失5447.73万元。全省未发生涉及保险欺诈的大案要案。

（三） 防范化解非法集资风险

完善非法集资风险排查机制和监测预警机制，密切关注保险从业人员兼职、代销第三方理财等重点领域风险。对保险机构及保险从业人员组织或参与的非法集资案件，督促保险公司严格依据制度规定进行问责；对于保险公司因管理失职导致经营场所、销售渠道被非法集资人利用进行非法集资的，对相关保险公司和责任人依法从重处罚。

五、严密防范和处置区域金融风险

按照"属地管理、权责统一"的原则，加强地方政府金融监管能力建设，推动地方金融工作职能加快向服务和监管并重转变，有效防范和处置地方金融风险，维护区域金融稳定。

一是加强地方金融监管部门与驻地中央金融管理部门的协调配合，建立并不断完善信息交流平台和工作沟通渠道，加快形成条块结合、运转高效、无缝衔接、全面覆盖的区域性金融管理和风险防范机制，增强地方金融监管合力。二是强化地方法人金融机构风险防控。支持地方法人机构增资扩股，引入战略投资者，补充核心资本，鼓励符合条件的金融机构在境内外上市；会同监管机构加强对地方法人机构实行综合监管，完善考核体系，引导脱虚向实；重构融资担保体系，做强、做大省再担保集团，构建全省统一融资担保体系，促进银担合作。三是防范政府债务风险。推动政府债务信息共享，强化金融机构自律，建立政府债务风险应急处置机制。四是加强对地方类金融机构监管。建立统一监管框架，完善监管规则，加强准入管理，强化事中事后监管。五是加强对互联网金融和各类交易场所的整治。落实监管主体责任，杜绝乱办金融，健全风险防控长效机制。六是严厉打击非法"校园贷"，防范和打击非法集资。完善监测预警机制，切实打"早"打"小"，强化信息收集、宣传教育、广告清理、涉稳风险排查、重点人员管控，按照"三统两分"① 原则加快案件处置，积极化解存量风险，防止引发次生风险。

---

① "三统两分"：统一指挥协调、统一办案要求、统一资产处置、分别侦查诉讼、分别落实维稳。

政策法规篇

省人民政府办公厅关于印发湖北自贸区
金融改革综合实施方案的通知（摘录）

鄂政办函〔2017〕42号　　2017年7月20日

一、主要任务

（一）扩大金融领域对外开放

探索建立与自贸试验区相适应的本外币账户管理体系。在风险可控前提下，时机成熟时，开展以资本项目可兑换为重点的外汇管理改革试点。拓宽自贸试验区内企业资本项下外币资金结汇用途。自贸试验区内企业可根据自身经营和管理需要，开展集团内跨境双向人民币资金池业务。放宽跨国公司外汇资金集中运营管理准入条件。进一步简化资金池管理，允许经银行审核真实、合法的电子单证办理经常项目集中收付汇、轧差净额结算业务。进一步简化经常项目外汇收支手续，在真实、合法交易基础上，自贸试验区内货物贸易外汇管理分类等级为A类企业的外汇收入无须开立待核查账户。银行按照"了解客户、了解业务、尽职审查"的展业三原则办理经常项目收结汇、购付汇手续。提高自贸试验区内企业跨境投资便利化程度。允许自贸试验区内企业的境外母公司按照有关规定在境内发行人民币债券。支持自贸试验区内银行发放境外人民币贷款。允许自贸试验区内银行和已获相应业务许可的非银行支付机构与境外银行和支付机构开展跨境支付合作。鼓励取得互联网支付业务许可的法人支付机构申请本外币跨境支付业务许可，支持已获得本外币跨境支付业务许可的全国性支付机构在自贸试验区内设立分支机构，按规定为跨境电商交易提供本外币资金收付及结售汇业务。支持自贸试验区内符合互认条件的基金产品参与内地与香港基金产品互认。逐步允许境外企业参与商品期货交易。

（二）增强金融服务功能

允许中资、外资银行立足当地实际需求，依据监管政策导向，在自贸试验区内新设分行或专营机构、将区内现有银行网点升格为分行。支持符合条件的境内纯中资民营企业在武汉片区设立民营银行，服务长江经济带发展。在符合法律法规及政策导向的前提下，支持外资在自贸试验区内设立金融机构。支持符合条件的发起人在自贸试验区内设立金融租赁、汽车金融、消费金融公司和企业集团财务公司等非银行金融机构。支持自贸试验区内银行业金融机构按有关规定开展信贷资产证券化业务。将自贸试验区内符合条件的金融机构纳入优先发行大额可转让存单的机构范围，在自贸试验区内开展大额可转让存单发行试点。鼓励金融机构积极开展动产融资业务，利用动产融资统一登记平台，服务中小企业发展。支持商业保理业务发展，探索适合商业保理业务发展的监管模式。支持证券经营机构在自贸试验区内注册成立分公司或专业子公司。支持在自贸试验区内设立健康保险、科技保险和内河航运保险等专业保险机构，扩大出口信用保险覆盖面。完善保险市场体系，推动保险产品研发中心、再保险中心等功能型平台建设。取消对自贸试验区内保险支公司高级管理人员任职资格的事前审批，由省级保险机构实施备案管理。

大力发展融资租赁业务。进一步推进内资融资租赁企业试点，注册在自贸试验区内的内资融资租赁试点企业由省级商务主管部门和同级国家税务局审核；加强事中事后监管，探索建立融资租赁企业设立和变更的备案制度、违反行业管理规定的处罚制度、失信和经营异常企业公示制度、属地监管部门对企业定期抽查检查制度。允许符合条件的融资租赁业务收取外币租金，简化船舶、飞机等大型融资租赁项目预付款手续。支持符合条件的金融租赁公司和融资租赁公司设立专业子公司。对注册在自贸试验区海关特殊监管区域内的融资租赁企业进出口飞机、船舶等大型设备涉及跨关区的，在确保有效监管和执行现行相关税收政策前提下，按物流实际需要，实行海关异地委托监管。支持租赁业境外融资，鼓励各类租赁公司扩大跨境人民币资金使用范围。

（三）推进科技金融创新

推广"六个专项"科技金融新模式：设立科技金融专营机构、建立科技金融专营机制、推出科技金融专项信贷产品、制定科技企业直接融资专项措施、搭建科技金融信息信用专业平台、构建科技金融专门监管政策。探索银保联动模式。推广应用应收账款融资服务平台，推动科技企业应收账款抵押贷款业务发展，扩大动产质押、知识产权质押、股权质押、订单质押、仓单质押、保单质押、纳税信用贷和萌芽贷等贷款规模。促进金融和互联网的融合发展。推动更多符合条件的科技型企业在交易所、"新三板"和区域性股权交易市场上市、挂牌融资，鼓励上市公司建立市值管理制度，并通过增发、配股、发行公司债等方式开展再融资。支持科技型企业通过外资金融机构开展海外上市、离岸并购、特殊目的载体收购。支持武汉股权托管交易中心在依法合规的前提下创新发展，支持武汉股权托管交易中心设立海外归国人员创新创业企业板，推动建立武汉股权托管交易中心与全国中小企业股份转让系统之间的合作对接机制。加快发展科技保险，推进专利保险试点。积极引进海外创新投资机构落户自贸试验区开展相关业务。

（四）完善金融投融资机制

完善自贸试验区内股权、技术等资本或要素交易市场，允许外资参与投资，打造要素集聚与流通中心。支持证券经营机构取得合格境内机构投资者（QDII）和人民币合格境内机构投资者（RQDII）资格，开展境外证券投资业务；支持其境外子公司取得合格境外机构投资者（QFII）、人民币合格境外机构投资者（RQFII）资格。允许外资股权投资管理机构、外资创业投资管理机构在自贸试验区发起管理人民币股权投资和创业投资基金。打造一流的天使投资集群，鼓励境外天使投资、创业投资等风险投资机构在自贸试验区开展业务，鼓励“内投外”和“外投内”双向股权投资基金发展，试点开展合格境外有限合伙人（QFLP）和人民币合格境外有限合伙人（RQFLP）业务。支持融资租赁公司等开展跨境融资租赁服务，开展主营业务相关的福费廷业务，开展跨境双向人民币资金池业务。支持自贸试验区内保险机构开展境外投资。鼓励在自贸试验区内设立成套设备进出口保理公司等中介服务机构。

（五）建立健全金融风险防控体系

建立金融监管协调机制，完善跨行业、跨市场的金融风险监测评估机制，加强对重大风险的识别和对系统性金融风险的防范。完善对持有各类牌照金融机构的分类监管机制。探索建立跨境资金流动风险监管机制，对企业跨境收支进行全面监测评价，实施分类管理。强化外汇风险防控，实施主体监管，建立合规评价体系，以大数据为依托开展事中事后监管。做好反洗钱、反恐怖融资、反逃税工作，防范非法资金跨境、跨区流动。

二、工作措施

（一）成立湖北自贸区金融改革领导小组

领导小组负责组织协调湖北自贸区金融改革创新发展，研究解决重大问题，推动实施各项金融改革试验任务，确保各项自贸区金融创新政策落地。

（二）建立工作联动机制

一是建立工作会商机制。省政府金融办、“一行三局”不定期召开会议，对自贸区金融改革创新工作进行会商，通报交流工作推进情况，研究解决工作中存在的困难和问题，统筹安排和部署下一阶段工作。二是建立信息报送机制。加强信息沟通交流，“一行三局”每月向省政府、省自贸办报送工作进展情况；

各金融机构支持自贸区建设的经验做法、意见建议可随时向省政府金融办、"一行三局"报送。

（三）建立分工负责机制

一是出台具体落实方案。人民银行武汉分行、湖北银监局、湖北证监局、湖北保监局分别研究制订金融业支持湖北自贸区建设的具体落实方案，明确工作机制、支持政策、落实措施、完成时间及责任部门、责任人，推动金融政策落地实施。各金融机构积极参与自贸区建设，找准定位、突出特色，探索体制机制创新，出台支持自贸区建设的实施意见，在机构设立、管理模式、服务内容、产品创新等方面提出有针对性、操作性的具体措施。二是分解落实总体方案任务分工。针对湖北自贸区总体方案任务分工列出的46条金融事项，省政府金融办、"一行三局"严格按照分工安排，制定具体的落实措施，进行任务分解，明确进度安排。牵头单位、责任单位充分履行职责，加强协作配合，共同把相关改革试验任务落实好。

（四）建立金融政策发布和宣传机制

一是建立金融政策创新推进工作机制。各金融机构支持自贸区建设开展的各项创新试点，尤其是适应市场需求、取得实际效果的，可向相关监管部门报送，由监管部门研究后报上级审批，在自贸区内复制推广。二是定期开展金融政策宣传、培训活动。金融监管部门积极开展自贸区政策宣传与培训，推广湖北自贸区金融改革创新的优势与特色，指导和规范市场主体用足用好政策，最大限度地发挥政策红利。各金融机构密切关注研究自贸区建设中产生的新的金融需求，提高金融供给的针对性、有效性，开展银企对接活动，深化金融同业合作，宣传推广特色业务和体制机制优势。

（五）建立检查督办评估和问责机制

一是省政府金融办、"一行三局"定期共同组织对各金融机构自贸区工作情况进行检查、督办，并通报相关结果。二是积极参与省自贸办组织的各项检查评估活动，尤其是涉及金融工作任务落实的，认真总结梳理，及时回应反馈。三是建立工作问责机制。将金融系统自贸区金融改革创新工作与支持地方经济发展突出贡献奖挂钩，建立奖励与问责相结合的工作机制，对实施进度缓慢、落实工作不力的进行重点督导督办，推动各项政策落地、任务落实。

中国银监会湖北监管局办公室
关于印发《湖北银监局关于做好中国（湖北）自由贸易试验区银行业改革创新工作的意见》的通知（摘录）

鄂银监办发〔2017〕211 号　2017 年 7 月 10 日

一、创新监管方式

（一）构建契合实际的自贸区监管架构。研究建立符合区内银行业创新实际的监管架构，贴近市场提供监管服务，在支持创新发展的同时有效防控风险。针对湖北自贸区银行业的特色业务和风险，设计个性化的监控指标体系，强化事中事后监管，严守风险底线。

（二）简化市场准入方式。构建高效的市场准入模式。将区内银行分行级以下（不含分行）的机构、高管和部分业务准入事项由事前审批改为事后报告。设立区内银行业准入事项绿色快速通道，建立准入事项限时办理制度，提高准入效率。

（三）建立自贸区银行业非现场信息监测体系。探索建立独立的自贸区银行业非现场信息监测体系，与相关金融机构对接，实现对全省自贸区特色业务宽口径、广覆盖的风险监测，并根据业务实际适时予以完善，为做好事中事后监管奠定数据基础。

（四）探索建立自贸区业务创新包容制度。借助自贸区试验平台，鼓励银行业金融机构自主创新、先行先试。针对监管规制未及时覆盖或规定不清晰的领域，支持辖内银行业机构通过与监管部门充分沟通，以"监管无异议"的形式实现个案突破，实行创新包容。

二、完善组织体系

（五）支持中外资银行入区发展。扩大银行业对内对外开放水平。允许全国性中资商业银行、政策性银行、湖北本地法人银行立足当地实际需求，依据监管政策导向，在区内新设分行或专营机构，将区内现有银行网点升格为分行或支行。国有商业银行、股份制商业银行、湖北本地法人银行在区内增设或升格银行分支机构不受年度新增网点计划限制。允许符合条件的外资银行在区内设立支行、分行、专营机构和中外合资银行。允许区内外资银行支行升格为分行。

（六）支持非银行金融机构发展。支持区内符合条件的大型企业集团设立企业集团财务公司；支持符合条件的各类发起人或出资人（包括符合国家政策导向的外资企业）在区内设立金融租赁公司、汽车金融公司、消费金融公司；支持湖北辖内信托公司迁址区内发展；支持全国性金融资产管理公司在符合相关规定的前提下在区内设立分公司。

（七）支持民间资本进入区内银行业。原则支持符合条件的境内纯中资民营资本在区内发起设立自担风险的民营银行，支持符合条件的民营资本参股与中、外资金融机构在区内设立中外合资银行。

（八）完善科技金融组织机构。鼓励银行业金融机构在东湖国家自主创新示范区内设立服务科创企业的科技金融专营机构及其分支机构，或以新设、改造等方式建立从事科创企业金融服务的专业或特色分（支）行，开展科创企业信贷及相关金融服务。

三、推动业务创新

（九）鼓励开展跨境投融资服务。支持区内银行业金融机构发展跨境融资业务，包括但不限于大宗商品贸易融资、全供应链贸易融资、离岸船舶融资、现代服务业金融支持、外保内贷、商业票据等。支持区内银行业金融机构推进跨境投资金融服务，包括但不限于跨境并购贷款和项目贷款、内保外贷、跨境资产管理和财富管理业务等。通过创新投融资服务模式，为跨境资本流入提供更好的金融服务。

（十）支持区内开展离岸业务。允许符合条件的中资银行在区内开展离岸银行业务。

（十一）支持物流与供应链金融创新。鼓励银行业金融机构依托武汉国家物流中心建设，集成大数据平台，提升对企业交易数据分析和交易场景融合能力。支持银行业金融机构将相关业务重心从单一环节向供应链全过程发展，从供应链核心企业向上下游企业发展，从主体债项评级向交易评级发展，从供应链金融向产业链金融发展，实现物流与供应链金融内外贸、本外币一体化发展，打造交易生态金融平台。

（十二）支持金融租赁业发展。支持金融租赁公司境外融资及开展跨境融资租赁服务；支持符合条件的金融租赁公司设立专业子公司；允许区内金融租赁公司在依法合规、商业可持续的前提下，与相关机构开展业务合作，拓展业务渠道。

（十三）支持符合条件的银行业机构开展投贷联动业务。支持投贷联动试点银行在东湖国家自主创新示范区内设立投资子公司对科创企业开展投贷联动业务，支持银行集团内部投资子公司在东湖国家自主创新示范区内设立分支机构，立足投贷联动本土服务。支持符合条件的银行业金融机构基于发展战略、资源优势与风险偏好，通过先投后贷、先贷后投、投贷并行等联动方式，在东湖国家自主创新示范区探索适应科创企业需求的投贷联动业务模式。鼓励非试点银行参照试点要求，与其他外部投资公司开展投贷联动业务。

四、推动金融服务功能创新

（十四）拓展金融服务方式。在依法合规、风险可控、商业可持续的前提下，支持区内银行业金融机构开展信贷资产证券化业务；鼓励银行业金融机构积极开展动产融资业务，利用动产融资统一登记平台，服务中小企业发展；鼓励银行业金融机构按照风险可控、商业可持续原则开展知识产权质押融资。

五、强化资源配置

（十五）鼓励发展特色化业务。各银行业金融机构应制定科学的自贸区业务经营策略和创新发展策略，合理区分自贸区机构、区外辖内其他机构经营试验区业务的功能定位和发展定位，优化银行业功能布局与资源支持，尽快形成特色化的自贸区业务创新发展模式，有效支持自贸区实体经济发展。

（十六）优化自贸区银行业业务管理机制。经营自贸区业务的各银行业金融机构应积极争取总行或总部的充分支持，为业务的探索与创新发展预留足够的空间。包括但不限于：适当调整对自贸区业务和机构的绩效考核标准；在自贸区业务开展初期不对自贸区业务和区内分支机构下达单独的贷存比考核指标；对于按有关规定以自求平衡为原则的账户，建立相对独立的流动性风险管理体系，并从资金来源方面给予必要的支持；在遵循总行统一业务管理政策的前提下，授权试验区业务归口管理机构更多业务自主权，在风险可控的前提下自主开展资金交易业务、单独区内或境外平盘；协调经营自贸区业务的区内外经营网点和境内外机构的协同运作，加强资源共享，共同支持自贸区业务的创新发展和风险管理。

六、完善风险管理

（十七）强化风险管理的主体责任。经营自贸区业务的各银行业金融机构应遵循中国银监会现行各项审慎监管要求。对于自贸区业务中可能更为突出的风险管理领域，如流动性风险、市场风险、交易对手信用风险、国别风险、法律合规风险以及金融消费者保护等，银行业金融机构应适用更为审慎的管理标准。监管部门将坚持法人为本的监管理念，强调并表管理要求，强化行为监管，防止重大风险事件。

（十八）加强风险监管协调。支持建立金融监管协调机制，完善跨行业、跨市场的金融风险监测评估机制，加强对重大风险的识别和系统性金融风险防范。配合做好反洗钱、反恐怖融资、反逃税工作，防范非法资金跨境、跨区流动，切实加强风险管控。

（十九）构建多元化风险分担机制。充分利用自贸区内政府扶持小微企业、科创企业等方面的优惠政策和风险补偿机制，与政府、担保机构、保险公司、投资公司等多方合作，实现业务风险多渠道分担，增强持续创新能力。

省人民政府办公厅关于转发人民银行武汉分行等部门《湖北省小微企业应收账款融资专项行动工作实施方案（2017—2019 年）》的通知（摘录）

鄂政办函〔2017〕64 号　2017 年 9 月 22 日

二、主要目标

（一）小微企业应收账款融资长效机制初步建立。平台推广应用机制不断完善，供应链核心企业、金融机构与平台对接顺畅，初步形成全流程、高效率的线上应收账款融资模式，应收账款融资渠道日益丰富，应收账款融资逐步成为全省小微企业融资的主要方式之一。

（二）小微企业应收账款融资规模稳步增长。平台推广应用成效明显，2017—2019 年全省小微企业应收账款融资规模每年保持不低于 20% 的增长速度。2019 年底，全省实现 60 家以上核心企业加入平台，带动供应链上小微企业依托平台实现年度在线融资规模达到 300 亿元以上，应收账款融资年度总融资规模达到 2000 亿元。

（三）企业商业信用环境明显优化。依托平台进一步拓展企业商业信用信息采集渠道，完善企业信用档案，建立健全守信激励和失信惩戒机制，初步形成企业债务及时还款约束机制，促使恶意拖欠账款行为明显减少，有效缓解企业间"三角债"问题，提高全省企业资金运营效率。

三、工作任务及职责分工

（一）组织开展应收账款融资宣传推广活动

1. 加强对应付账款较多的国有大企业、大型民营企业、大型零售企业等供应链核心企业的宣传培训，引导供应链核心企业提高供应链管理意识和水平，以增强供应链黏度，扩大应收账款融资知晓度。（省国资委、省经信委、省商务

厅、人民银行武汉分行）

2. 向小微企业普及应收账款融资知识，加大对平台服务小微企业融资的宣传推广应用力度。（省经信委、人民银行武汉分行）

3. 多方联动，共同全方位开展组织、宣传、动员活动，促进更多国有大企业、大型民营企业、大型零售企业等供应链核心企业，金融机构、商业保理公司、信用担保与信用保险机构等融资服务机构和小微企业，主动在平台注册、开通用户，打通小微企业通过平台实现融资的"入口"，夯实平台推广应用的社会基础。（省国资委、省经信委、省商务厅、人民银行武汉分行、湖北银监局）

（二）大力推动供应链核心企业加入平台

积极组织动员国有大企业、大型民营企业、大型零售企业等供应链核心企业以系统对接的方式加入平台，实现应付账款及时、自动、批量上传与确认，为供应链上小微企业依托平台开展应收账款在线融资提供便利和基础，以点带链，以链带面，形成规模业务模式和示范效应，惠及更多的小微企业融资。

1. 大力推动湖北省内国有大型企业（集团）及其成员企业加入平台，及时、主动推送应付账款信息，具备技术条件的应以系统对接的方式加入平台，实现应付账款信息及时、自动、批量上传。原则上，除资本运营管理类以及金融类的国有企业外，各地其他类型的国有企业均应加入平台。（省国资委）

2. 大力推动湖北省内大型零售企业加入平台，原则上，省内年度销售规模前15位的大型零售企业应加入平台。（省商务厅）

3. 重点推动湖北省内年度应付账款超过5亿元的大型民营企业加入平台。（省经信委、人民银行武汉分行）

（三）大力支持政府采购供应商依法依规开展融资

1. 推动地方政府为中小企业开展政府采购项下融资业务提供便利，加强政银企对接，鼓励中小企业在签署政府采购合同前明确融资需求，在签署合同时注明收款账号等融资信息。（省财政厅、省经信委、人民银行武汉分行、省政府金融办）

2. 政府采购部门应依法在政府采购指定媒体上公开政府采购合同等信息，确保相关信息真实、公开、有效。各级财政部门应加大对政府采购信息公开情况的监督检查。（省财政厅）

3. 金融机构开展融资服务时，要及时通过在中国政府采购网和中国湖北政府采购网核对合同信息等方式确认合同真实性，原则上不得另行要求供应商提供担保。（人民银行武汉分行、湖北银监局）

（四）引导金融机构等资金提供方依托平台优化应收账款融资服务

1. 督导金融机构完善应收账款融资管理制度，优化应收账款融资业务流程，改进小微企业应收账款融资风险评估机制，建立健全内部考核激励机制，引导金融机构改进服务，扩大小微企业应收账款融资规模。（人民银行武汉分行、湖北银监局）

2. 督导金融机构等资金提供方依托平台加快建立健全在线应收账款融资流程及业务系统，及时回应企业通过平台推送的融资需求信息，在做好贸易背景真实性调查基础上，合理确定融资期限和授信额度；加强贷款管理和企业现金流监管，通过平台确定回款路径，及时锁定债务人到期付款现金流。（人民银行武汉分行、湖北银监局）

3. 通过国有大型企业集团所属财务公司对其集团公司加大平台推广应用的宣传、动员力度，推动集团公司以系统对接的方式加入平台，开展线上供应链应收账款融资。（湖北银监局）

4. 鼓励、支持出口信用保险机构、融资租赁公司和商业保理公司依托平台更好地为小微企业提供专业化的应收账款融资服务，积极拓展贸易融资、保单融资、销售分户账管理、客户资信调查与评估、应收账款管理与催收等综合服务。（省商务厅）

5. 鼓励、支持信用担保、信用保险机构依托平台参与应收账款融资业务，协助确认应收账款真实性，合理控制应收账款风险。（人民银行武汉分行、省经信委、湖北银监局）

6. 整合湖北省中小企业公共服务平台中的投融资服务平台（以下简称投融资平台）与应收账款融资服务平台的资源，实现技术对接、数据互通、信息共享，支持投融资平台为应收账款融资服务平台推送符合条件的企业融资需求，鼓励在投融资平台注册的应收账款类服务机构在应收账款融资服务平台注册登记，共同做好应收账款融资业务的推广。（人民银行武汉分行、省经信委）

（五）推进应收账款质押和转让登记

1. 不断优化面向金融机构、商业保理公司等应收账款融资主体的登记和查询服务，指导金融机构、商业保理公司等资金提供方根据《物权法》《应收账款质押登记办法》等相关规定办理应收账款质押查询、登记，确认相关权利，进一步健全应收账款质押登记公示制度。支持应收账款融资主体开展金融产品和融资方式创新，在人民银行征信中心动产融资统一登记系统办理保理项下小微企业应收账款转让登记、资产证券化项下小微企业应收账款类基础资产转让登记、资产转让交易项下小微企业应收账款类资产转让登记，避免权利冲突，防范交易风险。（人民银行武汉分行）

2. 借鉴天津市经验，推动湖北省高级人民法院出台相关指导意见，明确通过人民银行征信中心动产融资统一登记系统登记公示的应收账款转让、保证金质押、存货和仓单质押等业务在湖北省辖区内的司法效力，为进一步扩大小微企业应收账款融资提供司法制度保障。（人民银行武汉分行、省经信委）

（六）优化企业商业信用环境

1. 加强企业信用体系建设，引导企业通过平台每月报送债务人付款信息，丰富企业信用档案，建立应收账款债务人及时还款的约束机制，规范应收账款履约行为，推动优化社会整体商业信用环境。（人民银行武汉分行、省经信委）

2. 组织、动员加入平台的国有大企业、大型民营企业、大型零售企业等供应链核心企业及时上传、确认应付账款信息，按时履行付款义务。推动建立健全守信激励和失信惩戒机制，夯实商业信用环境基础。（人民银行武汉分行、省经信委、省国资委、省商务厅）

中国银监会湖北监管局关于印发
《湖北银行业加快推进绿色信贷发展的意见》的通知（摘录）

鄂银监发〔2017〕7号　2017年3月27日

工作目标：充实绿色信贷发展理念；补强绿色信贷工作制度短板；营造绿色信贷发展有利环境；绿色信贷发展能力明显增强；绿色信贷余额每年同比增长快于贷款增幅2个百分点以上。

二、持续提升绿色信贷工作能力

（三）建立健全绿色信贷组织管理机制。各银行业金融机构要成立"绿色信贷工作领导小组"，实行"一把手负责制"（董事长、理事长以及行长），各单位"一把手"任组长。同时，要明确高管人员及牵头管理部门，配备相应资源，组织开展并归口管理绿色信贷服务工作。

（四）科学制订绿色信贷发展工作计划。各银行业金融机构要深刻研究湖北经济社会发展现状，紧密结合国家生态文明建设、湖北省生态建设规划纲要等政策要求，组织制订好本单位绿色信贷发展战略规划和年度实施计划，稳步推进绿色信贷工作，确保绿色信贷业务与全行业务融合发展、可持续发展。

（五）加强绿色信贷工作能力建设。各银行业金融机构要加强绿色信贷理念的宣传、教育和引导，提高全行对绿色信贷认识水平和重视程度，加强绿色信贷业务的培训和专门人才的引进，不断提高全系统绿色信贷工作能力和水平。

三、健全完善绿色信贷管理机制

（六）加强绿色信贷制度建设。各银行业金融机构应严格按照《绿色信贷指引》要求，根据国家环保法律法规、产业政策、行业准入政策等规定，建立并不断完善环境和社会风险管理的政策、制度和流程，明确绿色信贷支持的方向和重点领域，对国家重点调控的限制类以及有重大环境和社会风险的行业制定专门的授信指引，实行有差别、动态的授信管理政策。

（七）完善信贷合同管理。各银行业金融机构应当通过完善合同条款督促客户加强授信环境和社会风险管理，订立客户加强环境和社会风险管理的声明和保证条款，在已授信项目的设计、准备、施工、竣工、运营、关停等各环节，设定客户接受贷款人监督等承诺条款。对出现重大风险隐患的，可以中止直至终止信贷资金拨付。

（八）加强对环境和社会风险的评估。各银行业金融机构应当制定针对客户的环境和社会风险评估标准，对客户的环境和社会风险进行动态评估与分类，相关结果嵌入授信审批、管理等业务流程中，作为其评级、信贷准入、管理和退出的重要依据，并在贷款定价、经济资本分配等方面采取差别化的风险管理措施。

（九）建立健全绿色信贷的考评制度。各银行业金融机构要将绿色信贷纳入考核范围，研究制定绿色信贷工作的激励措施和惩戒手段，提高相关工作人员对绿色信贷的执行力度。对违反绿色信贷工作要求发放贷款并酿成重大环境和社会风险的，应严肃追究相关工作人员的责任。

四、织密绿色信贷流程防控风险安全网

（十）做好绿色信贷尽职调查。各银行业金融机构应当加强授信尽职调查，根据客户及其项目所处行业、区域特点，明确环境和社会风险尽职调查的内容，确保调查全面、深入、细致，全面掌握企业及其重要关联方在建设、生产、经营活动中可能给环境和社会带来的危害及相关风险。

（十一）做好绿色信贷合规审查。各银行业金融机构要针对不同行业的客户特点，制定环境和社会方面的合规文件清单和合规风险审查清单，确保客户对相关风险点有足够的重视和有效的动态控制。对涉及重大环境和社会风险的客户，在合同中应当要求客户提交环境和社会风险报告，确保合规风险得到有效防控。

（十二）做好绿色信贷准入审批。各银行业金融机构要强化行业信贷政策中的绿色信贷要求，将企业环保守法情况作为授信的前提条件。对所有贷款项

目和贷款企业实行环评一票否决，对未通过环评审批或者环保设施验收的新建项目、限制和淘汰类新建项目以及列入加工贸易禁止类目录的企业，不予任何形式的授信支持。

（十三）严格绿色信贷贷后管理。对有潜在重大环境和社会风险的客户，制定并实行有针对性的贷后管理措施。密切关注国家政策对客户经营状况的影响，加强动态分析，并在资产风险分类、准备计提、损失核销等方面及时做出调整。

五、营造加快绿色信贷发展的外部环境

（十四）加强与全省绿色发展规划对接。跟踪对接湖北长江经济带生态保护和绿色发展"1＋5＋N"①规划编制和实施工作，广泛收集信息，加强项目储备，对涉及环境保护、改善生态的项目抓紧实施推进，对环境污染性项目或企业要协助相关部门做好风险管控甚至债务处理、资产保全和授信退出等工作。鼓励有条件的银行机构积极开展排污权抵押、碳排放权抵押、节能服务商（EMC）融资等高技术含量的绿色信贷产品。

六、推进绿色信贷工作向纵深发展

（十九）开展绿色信贷年度考核评比工作。研究制定绿色信贷年度考核评价指标体系，开展年度绿色信贷考核评比工作，并将结果作为监管评级、机构和业务准入、高管履职评价等的重要参考内容，同时纳入良好银行评比范畴。

省人民政府办公厅关于加快发展
商业养老保险的实施意见（摘录）

鄂政办发〔2017〕80号　2017年11月13日

一、总体要求

（三）主要目标。到2020年，基本建立与湖北省经济社会发展和人民群众需求相适应的，运营安全稳健、产品形态多样、服务领域较广、专业能力较强、

---

① "1"是湖北长江经济带生态保护和绿色发展规划；"5"是5个专项规划，即《湖北长江经济带绿色生态廊道建设专项规划》《湖北长江经济带综合立体交通走廊建设专项规划》《湖北长江经济带现代产业走廊建设专项规划》《湖北长江经济带绿色宜居城镇建设专项规划》《湖北长江经济带文化建设专项规划》。"N"是按照新要求，对既有专项规划进行修编，《中国制造2015湖北行动纲要》《湖北生态省建设规划》《湖北省湖泊保护总体规划》《湖北省现代农业发展规划》《湖北省湿地保护利用规划》和《湖北省长江流域防护林建设总体规划》《湖北省文化产业发展战略规划》等多个现有规划。

持续适度盈利、经营诚信规范的商业养老保险体系，全省商业养老保险的覆盖面显著提高。商业养老保险成为个人和家庭商业养老保障计划的主要承担者、企业发起的商业养老保障计划的重要提供者、社会养老保障市场化运作的积极参与者、养老服务业健康发展的有力促进者、金融安全和经济增长的稳定支持者。

二、创新商业养老保险产品和服务

（四）丰富商业养老保险产品供给，为个人和家庭提供个性化、差异化养老保障。支持商业保险机构开发多样化商业养老保险产品，满足个人和家庭在风险保障、财富管理等方面的需求。积极发展安全性高、保障性强、满足长期或终身领取要求的商业养老年金保险。支持辖区内符合条件的商业保险机构参与个人税收递延型商业养老保险试点。针对独生子女家庭、无子女家庭、"空巢"家庭等特殊群体养老保障需求，探索发展涵盖多种保险产品和服务的综合养老保障计划。允许商业养老保险机构依法合规发展具备长期养老功能、符合生命周期管理特点的个人养老保障管理业务。

（五）加快企业（职业）年金业务发展。推动商业保险机构提供企业（职业）年金产品和服务。鼓励商业保险机构发展与企业（职业）年金领取相衔接的商业保险业务，强化基金养老功能。支持符合条件的商业保险机构积极参与湖北省企业（职业）年金基金管理，在基金受托、账户管理、投资管理等方面提供优质高效服务。鼓励商业保险机构面向创新创业企业就业群体的市场需求，丰富商业养老保险产品供给，优化相关服务，提供多样化养老保障选择。

（六）鼓励商业保险机构充分发挥行业优势，提供商业服务和支持。充分发挥商业保险机构在精算管理和服务资源等方面的优势，为湖北省基本养老保险提供经办服务，并为养老保险制度改革提供技术支持和相关服务。

三、促进养老服务业健康发展

（七）鼓励商业保险机构投资养老服务产业。发挥商业养老保险资金长期性、稳定性优势，遵循依法合规、稳健安全原则，以投资新建、参股、并购、租赁、托管等方式，积极兴办养老社区以及养老养生、健康体检、康复管理、医疗护理、休闲康养等养老健康服务设施和机构，增加养老床位特别是护理型养老床位的供给，为相关机构研发生产老年用品提供支持，增加养老服务供给。支持险资养老机构积极开展养老护理员培训，扩大养老护理员供给，提升养老护理服务水平。鼓励保险资金在湖北省投资开设护理机构，扩大护理服务供给。鼓励商业保险机构积极参与湖北省养老服务业综合改革试点，加快推进试点地区养老服务体系建设。

（八）支持商业保险机构为养老机构提供风险保障服务。探索商业保险机构与各类养老机构合作模式，发展适应养老机构经营管理风险要求的综合责任保险，提升养老机构运营效率和稳健性。支持商业保险机构发展针对社区日间照料中心、老年活动中心、托老所、互助型社区养老服务中心等老年人短期托养和文体休闲活动机构的责任保险。

（九）建立完善老年人综合养老保障计划。针对老年人养老保障需求，坚持保障适度、保费合理、保单通俗原则，大力发展适老性强的商业保险。坚持市场主体原则，不断完善商业养老保险服务，进一步扩大老年人意外伤害保险覆盖面。加快推进荆门市长期护理保险制度试点，逐步建立覆盖全省的长期护理保险制度。积极探索商业保险机构以委托管理的方式经办长期护理保险，提高产品开发、基金管理、失能等级评定、日常咨询和理赔服务工作水平。积极发展商业护理保险，满足老年人多层次、多样化的护理保障需求。积极推广老年人住房反向抵押养老保险，多渠道扩大养老资金来源。完善保单贷款、多样化养老金支付形式等配套金融服务。逐步建立老年人长期照护、康养结合、医养结合等综合养老保障计划，健全养老、康复、护理、医疗等服务保障体系。鼓励商业保险机构运用自身优势，与基层医疗卫生机构合作，共同为老年人提供以健康信息采集、健康检测、健康评估及健康指导为内容的专业化健康管理服务。

四、推进商业养老保险资金安全稳健运营

（十）发挥商业养老保险资金长期投资优势。坚持风险可控、商业可持续原则，推进商业养老保险资金稳步有序参与国家重大战略实施。支持商业养老保险资金通过债权投资计划、股权投资计划、不动产投资计划、资产支持计划、保险资产管理产品等形式，参与湖北省重大基础设施、棚户区改造、新型城镇化建设等重大项目和民生工程建设，服务科技型企业、小微企业、战略性新兴产业、生活服务新业态等发展，助力湖北省国有企业混合所有制改革。

（十一）促进商业养老保险资金与资本市场协调发展。发挥商业保险机构作为资本市场长期机构投资者的积极作用，依法有序参与股票、债券、证券投资基金等领域投资，为资本市场平稳健康发展提供长期稳定资金支持，规范有序参与资本市场建设。

（十二）审慎开展商业养老保险资金境外投资。在风险可控前提下，稳步发展商业养老保险资金境外投资业务，合理配置境外资产，优化配置结构。支持商业养老保险资金通过湖北自贸试验区开展境外市场投资；按照商业可持续

原则，有序参与丝路基金、亚洲基础设施投资银行和金砖国家新开发银行等主导的投资项目，更好服务国家"走出去"战略。

五、提升管理服务水平

（十四）提升服务质量。制定完善商业养老保险服务标准，构建以保险消费者满意度为核心的服务评价体系。深入推进以客户为中心的运营管理体系建设，运用现代技术手段，促进销售渠道和服务模式创新，为保险消费者提供高效便捷的服务。突出销售、承保、赔付等关键服务环节，着力改进服务质量，提升保险消费者消费体验，巩固培育商业品牌和信誉。

（十五）发展专业机构。提升商业养老保险从业人员职业道德和专业素质，加大专业人才培养和引进力度，完善职业教育。鼓励在湖北省设立专业养老保险公司总部，支持湖北省各类专业养老保险分支机构的设立和发展，拓宽民间资本参与商业养老保险机构投资运营渠道，允许专业能力强、市场信誉度高的境外专业机构在湖北省投资商业养老保险机构。

（十六）强化监督管理。完善商业养老保险监管政策，加强监督检查，规范商业养老保险市场秩序，强化保险消费者权益保护。落实偿付能力监管制度要求，加强商业养老保险资金运用监管，健全风险监测预警和信息披露机制。督促商业保险机构加强投资能力和风险管控能力建设，强化资产负债匹配管理和风险控制，防范投资运用风险，实现商业养老保险资金保值及合理回报，提升保险保障水平。

六、完善支持政策

（十八）完善保障支持政策。落实好国家支持现代保险服务业和养老服务业发展的税收优惠政策，对商业保险机构一年期以上人身保险保费收入免征增值税。鼓励符合条件的商业保险机构投资养老服务业，对险资养老服务机构提供的养老服务免征增值税，对非营利性养老机构自用房产、土地免征房产税、城镇土地使用税。落实好险资养老服务设施的用地保障政策。支持商业保险机构依法依规在投资开办的养老机构内设置医院、门诊等医疗机构，符合条件的可按规定纳入基本医疗保险定点范围。鼓励各地根据保障需求和基金承受能力，试点将"医养结合"定点医疗机构发生的符合规定的医疗费用纳入医保或长期护理保险支付范围。支持符合条件的险资养老机构积极申请养老护理员培训基地的资质。支持商业保险机构开展住房反向抵押养老保险业务，在房地产交易、登记、公证等机构设立绿色通道，降低收费标准，简化办事程序，提升服务效率，并根据需要为老人提供法律援助。建立健全商业养老保险专业人才激励机制，对湖北省从事养老保险业的专业技术人员按专业贡献评聘相应的专业技术职称，对急需紧缺人才给予住房、落户、配偶工作调动、子女入学以及补贴等政策支持。研究制定商业养老保险服务实体经济的投资支持政策，完善风险保障机制，为商业养老保险资金服务国家和湖北省战略、投资重大项目、支持民生工程建设提供绿色通道和优先支持。

省人民政府关于规范政府举债融资行为防范和化解债务风险的实施意见（摘录）

鄂政发〔2017〕38 号　2017 年 8 月 13 日

二、全面落实政府性债务管理政策规定

（一）严格执行限额管理政策。省本级和市州县的政府债务限额由省财政厅根据债务风险、财力状况等因素测算，并报经省人民政府审定后下达，各级政府债务年末余额不得突破省人民政府审定下达的限额。政府债务余额超过限额的地方，其重点工程项目建设资金由本级政府通过调整支出结构、统筹相关资金、盘活存量资金等方式筹集，不得申请转贷新增政府债券。

（二）分类纳入政府预算管理。各地各部门要严格落实政府债务预算管理要求，将一般债务收支纳入一般公共预算管理，将专项债务收支纳入政府性基金预算管理，将政府和社会资本合作项目中的财政补贴等支出按性质纳入相应政府预算管理。对未按要求纳入预算管理的政府债务，不得安排财政性资金偿债。各级政府所属部门（单位）要将债务收支纳入部门（单位）预算管理。政府债务预算应当全面反映债务"借、用、还"整体情况，并汇总反映政府债务余额、结构、债务资金安排使用以及偿债资金来源等情况。

（三）明确限定举债资金用途。各地各部门举借的政府债务，只能用于公益性资本支出和适度归还存量债务，不得用于支付利息，不得用于经常性支出，不得用于竞争性项目，不得用于楼堂馆所等中央明令禁止的投资项目，不得用于提前偿还以后年度到期的政府债券、外债、国债以及政府专项借款。

（四）严格执行政府担保规定。除转贷的外国政府和国际经济组织贷款外，各地各部门不得为任何单位和个人的其他债务以任何方式提供担保，不得承诺为其他任何单位和个人的融资承担偿债责任。市州县政府可根据自身财力状况出资设立或参股担保公司（含各类融资担保基金公司），构建市场化运作的融资担保体系，依法依规提供融资担保服务，政府依法在出资范围内对担保公司承担责任。

（五）建立完善举债融资机制。市州县政府只能通过省人民政府代理发行政府债券举债，除此之外不得以任何形式违规举债。各地各部门不得以文件、纪要、领导批示等任何形式，要求或决定融资平台公司等企业为政府举债或变相为政府举债。市州县政府不得以借贷资金出资设立各类投资基金，严禁利用政府和社会资本合作、政府出资的各类投资基金等方式违法违规变相举债。除国务院另有规定外，各级政府及其所属部门参与政府和社会资本合作项目、设立政府出资的各类投资基金时，不得以任何方式承诺回购社会资本方的投资本金，不得以任何方式承担社会资本方的投资本金损失，不得以任何方式向社会资本方承诺最低收益，不得对有限合伙制基金等任何股权投资方式额外附加条款变相举债，也不得通过违规扩大政府购买服务范围和期限等方式变相融资举债。

三、加强各类融资平台公司融资管理

（一）加快推进融资平台公司转型。各级政府及其所属部门要加快政府职能转变，处理好政府和市场的关系，不得干预融资平台公司的日常运营，加快推动融资平台公司转型为市场化运营的国有企业。除国家另有政策规定外，主要承担公益性项目融资功能、没有实质性经营活动的融资平台公司，应在妥善处置存量债务、资产和人员等基础上依法清理注销；对于兼有政府融资和公益性项目建设运营职能的融资平台公司，应在剥离其政府融资功能并妥善处置存量债务的基础上，通过兼并重组等方式整合同类业务，转型为公益性事业领域市场化运作的国有企业；对于具有相关专业资质、市场竞争力较强、规模较大、管理规范的融资平台公司，在剥离其政府融资功能并妥善处置存量债务的基础上，转型为一般企业。

（二）分类处理融资平台公司存量债务。对融资平台公司属于政府债务的存量债务，在规定期限内置换为政府债券；对符合政策规定的存量或有债务，可按照规定程序报经省人民政府批准后转化为政府债务；融资平台公司新增的企业债务，应当由其统筹自身经营收入等资金妥善偿还，各级政府以出资额为限承担责任。涉及政府违法违规提供担保的，按照预算法和国务院有关文件规定处理。要依法依规保护金融机构合法权益，严禁以处理融资平台公司存量债务和新增债务名义逃废责任。各地各部门违规注入融资平台公司的资产，应当按照规定程序划转收回；属于以注册资本形式注入的资产，应当依法承担补足资本的法律责任；对存量政府债务形成的非经营性资产，应当通过政府债券置换债务收回。

（三）规范融资平台公司举债融资行为。各地各部门要进一步规范融资平台公司的举债融资行为，使其依法合规开展市场化融资，不得将公益性资产、储备土地注入融资平台公司，不得承诺将储备土地预期出让收入作为融资平台公司偿债资金来源。融资平台公司在境内外举债融资时，应当健全信息披露机制，向债权人主动书面声明不承担政府融资职能，并明确其新增债务不属于政府债务。各级政府及所属部门不得以担保函、承诺函、安慰函等任何形式为融资平台公司等企业的融资提供担保。

四、建立健全政府性债务风险防控机制

（一）完善政府债务风险预警机制。市州县政府要全面掌握政府资产负债、政府债务还本付息和本地经济财政运行等情况，完善政府债务风险预警机制，根据债务率、新增债务率、偿债率、逾期债务率、或有债务代偿率等指标，及时分析和评估政府债务风险状况。要强化预算约束，健全管理制度，将政府及所属部门与其他主体签署协议承诺用以后年度财政资金支付的事项纳入监测范围。省财政厅要建立地方政府性债务风险评估和预警机制，定期评估各地政府性债务风险情况并做出预警。

（二）做好债务风险防范和化解工作。政府性债务规模较大、债务风险较高的地方，要制定中长期债务风险化解规划，明确降低债务率的目标和任务，细化时间表和路线图，努力降低债务率。市州县政府出现偿债困难时，要通过控制项目规模、压缩一般性支出、盘活存量资金、引入社会资本、处置政府存量资产等方式，多渠道筹措偿债资金。对政府性债务风险较高的地方，省财政在重大改革、重要政策和重点工作试点以及新增债务限额分配、转移支付安排等方面建立约束机制。

（三）建立健全债务风险应急处置机制。各地要抓紧制订政府性债务风险应急处置预案，完善应急处置工作机制。市州县政府难以自行偿还政府债务、发生债务风险事件时，要及时启动应急处置预案和责任追究机制，切实化解债务风险，并追究相关人员责任。

（四）全面清理整改违法违规举债融资行为。各地各部门要对照相关法律和政策规定，全面清理各类违法违规举债融资担保行为，并在规定期限内完成整改工作。各级财政部门要会同发展改革委、人民银行、银监会、证监会和审计等部门，对违法违规举债融资问题进行专项检查，对债务规模大、风险高的部门和地方开展专项督察，提早防范隐性债务风险。

金融数据篇

2017 年湖北省各市（州）本外币存贷款情况统计表

单位：亿元、%

项目 地区	各项存款	比年初增减数	增幅	各项贷款余额	比年初增减数	增幅
武汉市	24499.41	2303.21	10.38	23948.00	2960.00	15.38
黄石市	1660.09	117.72	7.63	1111.63	98.80	9.75
襄阳市	3348.06	274.93	8.95	2028.53	219.26	12.12
荆州市	2910.24	356.96	13.98	1391.14	205.22	17.30
宜昌市	3494.13	364.11	11.63	2745.00	391.59	16.64
十堰市	2266.31	231.51	11.38	1292.33	155.19	13.65
孝感市	2293.02	214.13	10.30	1138.45	115.01	11.24
荆门市	1892.74	225.48	13.52	990.52	117.96	13.52
鄂州市	656.26	74.71	12.85	453.27	61.80	15.79
黄冈市	3046.54	365.12	13.62	1407.89	247.23	21.30
咸宁市	1393.45	186.03	15.41	847.63	126.36	17.52
随州市	1238.81	136.44	12.38	605.06	77.66	14.73
恩施州	1381.92	148.30	12.02	903.59	132.24	17.14
仙桃市	648.08	65.38	11.22	268.66	45.69	20.49
潜江市	615.89	69.72	12.77	233.58	54.25	30.25
天门市	577.21	55.89	10.72	185.84	32.07	20.85
神农架林区	60.40	7.04	13.19	20.22	0.39	1.95
省本部	369.88	−129.17	−25.88			
湖北省	52352.43	5067.49	10.72	39571.11	5040.39	14.60

注：本表以湖北省行政区划排列。

资料来源：人民银行武汉分行。

2017 年全国各省市（含外资）人民币存款增长情况统计表

单位：亿元、% 、位

项目 地区	余额	余额位次	比年初增减数	同比增速	增速位次	新增存款位次
广东省	184779.60	1	14280.27	8.04	16	1
北京市	137952.12	2	5134.36	3.89	27	5
江苏省	129942.89	3	8836.31	7.30	20	2
上海市	105098.80	4	1934.86	1.88	30	22
浙江省	104000.60	5	7562.43	7.84	18	3
山东省	88531.71	6	5116.83	6.13	24	6
四川省	71591.42	7	5953.26	9.07	11	4
河北省	60033.04	8	4519.77	8.14	14	11
河南省	59068.66	9	5089.73	9.43	10	7
辽宁省	53227.24	10	2486.74	4.95	25	17
湖北省	51708.34	11	4928.77	10.54	7	8
湖南省	46437.72	12	4743.18	11.38	5	10
安徽省	45608.85	13	4752.65	11.63	4	9
福建省	42794.79	14	3518.97	8.96	12	12
陕西省	37784.01	15	2528.54	7.17	21	14
重庆市	33718.98	16	2502.52	8.02	17	16
山西省	32480.55	17	2109.18	6.94	22	21
江西省	32324.91	18	3431.81	11.88	3	13
云南省	29989.98	19	2243.33	8.09	15	20
天津市	29746.16	20	704.80	2.43	29	26
广西	27714.24	21	2455.68	9.73	9	18
贵州省	26088.89	22	2318.09	9.75	8	19
黑龙江省	23615.10	23	1436.13	6.48	23	24
内蒙古	22952.80	24	1787.18	8.44	13	23
吉林省	21562.67	25	558.77	2.66	28	28
新疆	21257.36	26	2509.72	13.39	1	15
甘肃省	17660.82	27	238.17	1.43	31	31
海南省	10016.62	28	1017.97	11.31	6	25
宁夏	5848.45	29	406.91	7.48	19	29
青海省	5826.63	30	256.46	4.60	26	30
西藏	4952.51	31	580.96	13.29	2	27
人民银行总行	76727.79	——	29175.79	63.15	——	——
全国	1641044.22	——	135120.12	8.98	——	——

注：本表以全国各省、自治区、直辖市人民币存款余额的降序排列。

资料来源：人民银行武汉分行。

2017 年全国各省市（含外资）人民币贷款增长情况统计表

单位：亿元、%、位

项目 地区	余额	余额位次	比年初增减数	同比增速	增速位次	新增贷款位次
广东省	118978.62	1	15328.83	14.79	8	1
江苏省	102113.27	2	11005.66	12.08	16	2
浙江省	88606.47	3	8680.43	10.86	24	3
山东省	67575.96	4	5849.08	9.48	28	6
北京市	63382.55	5	6763.68	11.95	17	5
上海市	61188.87	6	7203.78	13.34	11	4
四川省	48124.44	7	5292.97	12.37	14	8
河北省	42891.15	8	5538.91	14.83	7	7
河南省	41743.31	9	5242.14	14.36	9	9
福建省	40484.93	10	4128.88	11.36	21	13
辽宁省	40063.67	11	2773.10	7.44	30	17
湖北省	38154.95	12	5024.83	15.17	6	10
安徽省	34481.20	13	4300.47	14.25	10	12
湖南省	31532.69	14	4317.17	15.86	5	11
天津市	30103.05	15	2735.08	9.99	27	19
重庆市	27871.89	16	3086.70	12.45	13	15
陕西省	26679.06	17	2757.31	11.53	19	18
江西省	25712.56	18	3990.79	18.37	2	14
云南省	25440.47	19	2351.17	10.18	26	21
广西	22781.81	20	2606.04	12.92	12	20
山西省	22463.90	21	2235.32	11.05	23	23
内蒙古	21456.03	22	2095.01	10.82	25	24
贵州省	20860.34	23	3002.54	16.81	3	16
黑龙江省	19208.43	24	1483.41	8.37	29	26
吉林省	17959.69	25	818.62	4.78	31	28
甘肃省	17404.56	26	1754.08	11.21	22	25
新疆	16871.00	27	2318.29	15.93	4	22
海南省	7376.55	28	797.06	12.11	15	29
宁夏	6332.61	29	664.72	11.73	18	30
青海省	6222.49	30	642.73	11.52	20	31
西藏	4041.44	31	995.67	32.69	1	27
人民银行总行	63213.05	—	9493.34	17.67	—	—
全国	1201320.99	—	135277.81	12.69	—	—

注：本表以全国各省、自治区、直辖市人民币贷款余额的降序排列。

资料来源：人民银行武汉分行。

2017 年湖北省跨境收付各季度统计表　　　　单位：万美元

项目 ＼ 时间	第一季度	第二季度	第三季度	第四季度
跨境收付总额	1631253	1462297	1664297	1592610
跨境收入	718942	793605	893002	893461
跨境支出	912310	668692	771295	699149
跨境收付差额	－ 193368	124913	121707	194312

资料来源：湖北省外汇管理局。

2017 年湖北省银行结售汇各季度统计表　　　　单位：万美元

项目 ＼ 时间	第一季度	第二季度	第三季度	第四季度
结售汇总额	1019789	1060770	1101460	1070102
银行结汇	505606	549470	567738	560618
银行售汇	514183	511300	533722	509484
结售汇差额	－ 8577	38170	34016	51134

资料来源：湖北省外汇管理局。

2017 年湖北省外债期限结构各季度统计表　　　　单位：万美元

项目 ＼ 时间	第一季度	第二季度	第三季度	第四季度
中长期余额	265486	273645	294414	330542
短期余额	106050	144504	178876	169573
总外债余额	371537	418150	473289	500115

资料来源：湖北省外汇管理局。

2017 年中部六省证券业基本情况统计表

项目 ＼ 地区	湖北省	河南省	安徽省	江西省	湖南省	山西省
总资产（亿元）	1434.69	359.54	930.18	321.32	1575.56	514.84
净资产（亿元）	350.03	100.82	363.92	136.23	509.81	137.11
净资本（亿元）	334.17	78.68	267.24	110.78	374.83	90.67
注册资本（亿元）	101.91	39.24	69.86	66.81	153.57	35.59
营业收入（亿元）	65.74	14.35	46.49	20.95	62.84	18.58
净利润（亿元）	17.10	4.31	16.00	8.70	19.81	4.95
客户交易结算资金（亿元）	217.27	62.48	149.64	86.74	271.66	87.63

续表

项目＼地区	湖北省	河南省	安徽省	江西省	湖南省	山西省
管理客户资产（亿元）	10254.07	1699.24	6699.12	3758.59	10019.62	3450.71
资产管理业务规模（亿元）	1597.65	209.61	2110.09	141.63	3748.77	614.18
证券公司法人机构（家）	2	1	2	2	3	2
分公司（家）	52	5	11	9	19	19
营业部（家）	367	401	336	353	412	217
证券投资咨询机构（家）	14	1	2	0	2	0

注：本表数据来源于 CISP 机构监管综合信息系统行业概览，主要为法人数据。

资料来源：湖北证监局。

2017 年湖北省证券经营机构经营情况统计表　　　　单位：家

项目＼指标	本月新增数	年末数
证券营业部家数	4	367
证券分公司家数	0	52
证券投资咨询分公司	0	13
证券投资咨询公司	0	1

2017 年注册地在湖北省的证券经营机构经营情况统计表

指标	总资产（亿元）	同比（％）	净资产（亿元）	同比（％）
长江证券	1031.32	3.05	250.47	2.44
天风证券	403.37	6.34	99.57	5.07

2017 年湖北省证券营业部基本经营情况统计表

指标	年末数（亿元）	环比（％）	同比（％）
分支机构资产总额	310.77	−14.83	−17.64
分支机构资产净值	23.50	−10.90	6.15
资金账户数（户）	8798555	1.57	18.75
其中：机构账户数	13790	1.23	11.43
客户交易结算资金余额	275.19	−16.06	−19.77
期末指定与托管市值	6159.66	−0.06	28.01
客户总资产	6434.85	−0.87	24.83

资料来源：湖北证监局。

2017 年湖北省期货经营机构经营情况统计表 单位：家

项目 \ 指标	本月新增数	本年累计新增数	年末数
基本情况			
期货营业部	1	2	49
期货分公司	0	1	6

2017 年注册地在湖北省的期货经营机构经营情况统计表

指标	净资产（万元）	环比（%）	净资本（万元）	环比（%）
长江期货	87084.57	− 0.06	70665.17	0.19
美尔雅期货	38358.23	− 0.57	38503.21	− 1.57

2017 年湖北省期货分公司客户权益统计表

指标	年末数	环比（%）	同比（%）
期货公司客户权益（亿元）	50.34	− 9.96	0.24

2017 年湖北省期货分公司经营情况统计表

指标	年末数	环比（%）
代理交易量（万手）	805.34	− 7.42
代理交易额（亿元）	5041.08	− 10.95
手续费收入（万元）	3487.47	− 29.47
净利润（万元）	− 251.82	− 109.54
代理交易量（万手）	9307.44	− 34.5
代理交易额（亿元）	56393.23	− 16.56
手续费收入（万元）	30953.91	5.49
净利润（万元）	14607.22	7.96

2017 年湖北省期货营业部经营客户权益统计表

指标	年末数	环比（%）	同比（%）
期货营业部客户权益（亿元）	56.92	− 10.74	− 22.19

2017 年湖北省期货营业部经营情况统计表

指标	年末数	环比（%）
代理交易量（万手）	849.66	−0.83
代理交易额（亿元）	5001.98	−3.69
手续费收入（万元）	3295.46	3.96
净利润（万元）	1511.74	−6.19
指标	本年累计	同比（%）
代理交易量（万手）	10906.43	−34.83
代理交易额（亿元）	62088.88	−20.35
手续费收入（万元）	33409.89	−1.69
净利润（万元）	17048.82	10.52

注：本表百分数正数为同比、环比增长，负数为同比、环比下降。

资料来源：湖北证监局。

2017 年湖北省保险业经营情况统计表   单位：万元

项目	金额
一、原保险保费收入	13467693.70
（一）财产险	3085312.03
（二）人身险	10382381.67
1. 人身意外伤害保险	354498.81
2. 健康险	1727212.97
3. 寿险	8300669.89
二、原保险赔付支出	4064727.17
（一）财产险	1532956.08
（二）人身险	2531771.09
1. 人身意外伤害保险	88375.51
2. 健康险	527041.97
3. 寿险	1916353.61

注：1. "原保险保费收入"为按《企业会计准则（2006）》设置的统计指标，指保险企业确认的原保险合同保费收入。

2. "原保险赔付支出"为按《企业会计准则（2006）》设置的统计指标，指保险企业支付的原保险合同赔付款项。

3. 原保险保费收入、原保险赔付支出为本年累计数。

4. 上述数据来源于各公司报送的保险数据，未经审计。

资料来源：湖北保监局。

2017 年湖北省小额贷款公司发展情况统计表　　单位：家、万元

序号	地区	数量	注册资本	贷款余额
1	武汉市	114	1964140	1862030
2	黄石市	17	132100	124196
3	襄阳市	47	590189	560212
4	荆州市	22	231280	235785
5	宜昌市	35	336558	343958
6	十堰市	21	275000	244834
7	孝感市	34	266000	230504
8	荆门市	22	226456	168703
9	鄂州市	4	53000	36923
10	黄冈市	17	131200	120135
11	咸宁市	12	61000	32338
12	随州市	14	105000	93478
13	恩施州	26	157500	183322
14	仙桃市	5	27900	20833
15	潜江市	3	18000	17364
16	天门市	5	42000	10394
17	神农架林区	2	13000	2987
	合计	400	4630323	4287996

注：本表以湖北省行政区划排列。

资料来源：湖北省政府金融办。

2017 年湖北省融资担保公司发展情况统计表

项目	年末数
一、机构与人员情况	
1. 机构数量（家）	268
其中：法人机构数量（家）	266
分支机构数量（家）	2
2. 注册资本（万元）	6053281
3. 融资担保行业从业人数（人）	5860
二、资产负债情况	
1. 资产总额（万元）	10214448
2. 负债总额（万元）	3449889
3. 净资产（万元）	6764559

续表

项目	年末数
三、担保公司收益情况	
1. 担保业务收入（万元）	148522
2. 担保业务成本（万元）	79626
3. 担保业务利润（万元）	68896
四、担保业务情况	
1. 在保责任总额（万元）	12065962
2. 代偿金总额（万元）	342272
3. 损失金总额（万元）	—
五、担保公司风险情况	
1. 担保准备金（万元）	469214
2. 担保代偿余额（万元）	342272
3. 拨备覆盖率（%）	137

资料来源：湖北省经信委。

2017 年湖北省典当业发展情况统计表　　单位：家、万元、%

序号	地区	数量	注册资本	典当余额	同比增长
1	武汉市	96	325654	158499.82	-7.49
2	黄石市	14	23500	13890.97	-3.73
3	襄阳市	25	57180	22036.09	-28.72
4	荆州市	18	41350	34021.35	-0.72
5	宜昌市	12	34500	10728.66	0.49
6	十堰市	18	41882	12719.95	5.96
7	孝感市	10	24380	8695.36	46.49
8	荆门市	10	27486	8068.90	-24.16
9	鄂州市	7	13590	8012.99	-5.03
10	黄冈市	14	29294	9816.96	-26.26
11	咸宁市	11	16100	5882.00	-30.04
12	随州市	9	19000	3834.50	-21.21
13	恩施州	18	40500	41624.32	-5.40
14	仙桃市	3	7000	1608.00	-9.81
15	潜江市	4	7600	713.00	-4.03
16	天门市	4	7500	693.66	110.56
合计		273	716516	340846.53	-8.40

注：本表以湖北省行政区划排列。

资料来源：湖北省商务厅。

金融大事记篇

2017 年湖北省金融大事记

1 月

1 月 5 日　副省长曹广晶主持研究 2017 年金融改革工作，明确 2016 年金融业"十件大事"和 2017 年工作要点。

1 月 8 日　省政府与中国华融资产管理公司签署战略合作协议。

1 月 11 日　副省长曹广晶出席十堰市企业四板市场集中挂牌仪式。

1 月 13 日　副省长曹广晶出席"2017 资本市场 + 县域经济东湖论坛"并致辞。

1 月 23 日　省政府印发《关于 2016 年度金融支持湖北经济发展突出贡献单位的通报》。

1 月 24 日　副省长曹广晶主持召开全省清理整顿各类交易场所"回头看"工作动员会。

2 月

2 月 8 日　省政府在黄冈市举行金融支持地方经济发展"早春行"活动，召开银政企对接会，副省长曹广晶出席并讲话。

2 月 9 日　副省长曹广晶主持召开全省金融形势分析会，总结、分析 2016 年金融工作，研判经济金融形势，部署 2017 年工作。

2 月 13 日　副省长曹广晶到湖北银监局调研并慰问干部职工。

2 月 13 ~ 14 日　省政府在十堰、襄阳市举行金融支持地方经济发展"早春行"活动，召开银政企对接会，副省长曹广晶出席并讲话。

2 月 15 日　副省长曹广晶会见日本 G2M 株式会社社长小间裕康一行，商谈与长江产业基金合作事宜。

省扶贫办、省金融办、湖北保监局、十堰市人民政府在十堰召开保险扶贫调研座谈会，研讨在十堰市创建保险扶贫示范区事宜。

2 月 16 日　副省长曹广晶会见中国长城资产管理公司副总裁周礼耀一行。

2 月 22 日　省政府与中国太平洋保险（集团）公司签署战略合作协议，省委书记蒋超良、省长王晓东、副省长曹广晶、省政府秘书长王祥喜等会见中国太平洋保险（集团）公司董事长王滨、副总经理王廷科一行并见证签约。

2月23日　副省长曹广晶会见浙商银行董事长沈仁康、副行长张长弓一行，商谈进一步加强资本市场合作事宜。

2月27～3月1日　中央农村工作领导小组副组长袁纯清一行到湖北省调研，对仙桃市黄鳝养殖保险试点工作予以充分肯定。

2月28日　副省长曹广晶主持召开全省IPO扶贫工作座谈会。

2月28～3月1日　省政府在宜昌市、荆州市举行金融支持地方经济发展"早春行"活动，召开银政企对接会，副省长曹广晶出席并讲话。

3月

3月2日　副省长曹广晶主持召开2017年全省打击和处置非法集资暨互联网金融风险专项整治工作领导小组会议。

3月8～9日　省政府在黄石市、咸宁市举行金融支持地方经济发展"早春行"活动，召开银政企对接会，副省长曹广晶出席并讲话。

3月10日　副省长曹广晶主持召开省金融体制改革领导小组2017年第一次全体会议，总结2016年金融改革工作，研究部署2017年金融改革和投贷联动试点工作。

3月14日　副省长曹广晶出席省企业上市发展促进会第四届常务理事会第二次会议暨促进湖北多层次资本市场建设论坛。

3月15日　省政府在孝感市举行金融支持地方经济发展"早春行"活动，召开银政企对接会，副省长曹广晶出席并讲话。

3月16日　副省长曹广晶会见中金启元国家新兴产业创投基金管理公司董事长丁玮一行，商谈湖北省参与国家创业投资引导基金相关事宜。

3月20日　省委书记蒋超良、省长王晓东、省委秘书长傅德辉、副省长曹广晶等会见中国人民银行副行长潘功胜、行长助理张晓慧及部分金融机构总部负责同志。

湖北保监局与省农业厅、民政厅、财政厅、林业厅联合印发《湖北省2017年农业保险工作实施方案的通知》（鄂农发〔2017〕4号），从2017年起，新增省级财政预算支持农业保险提标、扩面工作。

3月21日　全国"两权"抵押贷款试点工作座谈会在武汉召开，中国人民银行副行长潘功胜、行长助理张晓慧出席会议。

中国人民银行在武汉召开金融支持湖北经济转型升级座谈会，副省长曹广晶、中国人民银行副行长潘功胜、行长助理张晓慧，以及全国性金融机构负责人参加会议。

3月24日 省政府与交通银行签署战略合作协议,省委书记蒋超良、省委秘书长傅德辉、副省长曹广晶等会见交通银行董事长牛锡明、行长彭纯、副行长沈如军一行并见证签约。

3月27日 副省长曹广晶会见中国人民银行副行长范一飞一行。

3月28~29日 中国人民银行2017年货币金银工作会议在武汉召开,中国人民银行副行长范一飞出席会议并讲话。

3月30日 副省长曹广晶赴京拜会中国证监会副主席李超,商谈在武汉自贸区设立合资证券公司与长江证券分拆上市等事宜。

4月

4月1日 副省长曹广晶出席中国银行武汉自贸区支行挂牌仪式。

4月5日 副省长曹广晶出席中国建设银行武汉光谷自贸区分行挂牌仪式,并见证中国建设银行湖北省分行与武汉东湖新技术开发区管委会签订"双自联动"银政战略合作协议。

4月11日 省政府与中国民生银行签署战略合作协议,省委书记蒋超良、省长王晓东、省委秘书长傅德辉、副省长曹广晶、省政府秘书长王祥喜等会见中国民生银行董事长洪崎、行长郑万春一行并见证签约。

4月18日 副省长曹广晶主持召开2017年第一季度金融形势分析会。

4月19日 省长王晓东、副省长曹广晶、省政府秘书长王祥喜等到人民银行武汉分行调研并召开金融系统座谈会,研究推进供给侧结构性改革工作。

4月21日 省委书记蒋超良、省长王晓东、省委秘书长梁伟年、副省长曹广晶、省政府秘书长王祥喜等会见中国邮政集团公司总经理、中国邮政储蓄银行董事长李国华一行。

4月26日 常务副省长黄楚平、副省长曹广晶组织召开专题会议,听取长江产业基金管委会办公室和长江产业基金管理公司工作情况汇报,研究下一步推进长江产业基金发展的具体措施。

4月27日 长江产业基金管理公司与BOE公司签订基金合作及产业落地协议和备忘录,省委书记蒋超良、省长王晓东、省委秘书长梁伟年、副省长曹广晶、省政府秘书长王祥喜等出席并见证签约。

5月

5月3日 长江产业基金管理公司与小米通讯技术有限公司签订合作协议,省委书记蒋超良、省长王晓东、武汉市委书记陈一新、省委秘书长梁伟年、副省长曹广晶等会见小米通讯技术有限公司董事长雷军一行并见证签约。

5月4日　省政府与国家开发银行签署"十三五"开发性金融战略合作协议，省委书记蒋超良、省长王晓东、省委秘书长梁伟年、副省长曹广晶、省政府秘书长王祥喜等会见国家开发银行董事长胡怀邦、副行长周清玉一行并见证签约。

5月7日　省委书记蒋超良、省长王晓东、省委秘书长梁伟年、副省长曹广晶、省政府秘书长王祥喜等会见中国证监会主席刘士余一行。

5月8日　副省长曹广晶主持召开专题会议，贯彻学习习近平总书记系列重要讲话精神，研究维护金融稳定工作。

5月10日　人民银行武汉分行联合湖北省发展改革委召开2017年重点项目银企对接会，副省长曹广晶出席。

5月12日　省政府与中国农业发展银行签署战略合作协议，省委书记蒋超良、省长王晓东、省委秘书长梁伟年、副省长曹广晶、省政府秘书长王祥喜等会见中国农业发展银行董事长解学智、副行长林立一行并见证签约。

5月16日　副省长曹广晶会见TCL集团董事长李东升一行，商谈与长江产业基金合作事宜。

湖北保监局出台《湖北保险业"十三五"发展规划》（鄂保监发〔2017〕10号）。

5月17日　副省长曹广晶主持研究加强担保再担保改革工作。

5月18日　副省长曹广晶、武汉市市长万勇出席全省首家民营银行——武汉众邦银行开业暨项目签约仪式。

省扶贫办与人保财险湖北省分公司联合印发《湖北省人保财险"扶贫保"工作实施方案》（鄂政扶发〔2017〕13号），设计开发"农房保""产业保"等八大类别的保险扶贫专属产品。

5月23日　副省长曹广晶出席荆州市先进制造业、现代农业板块在四板市场启动暨企业股权挂牌仪式。

5月24日　副省长曹广晶到襄阳市调研金融支持实体经济工作。

5月26日　省政府与中泰证券签署战略合作协议，副省长曹广晶会见中泰证券董事长李玮一行并见证签约。

5月27日　副省长曹广晶出席长江产业基金2017年合伙人大会暨第一届长江产业发展论坛开幕式并致辞。

6月

6月1日　省政府与中国建设银行签署战略合作协议，省委书记蒋超良、省长王晓东、省委秘书长梁伟年、副省长曹广晶、省政府秘书长王祥喜等会见中国建设银行行长王祖继、副行长章更生一行并见证签约。

6月7日　省政府与恒丰银行签署战略合作协议，省长王晓东、副省长曹广晶、省政府秘书长王祥喜等会见恒丰银行主要负责人并见证签约。

副省长曹广晶出席四板市场湖北省"海外留学回国人员创新创业板"启动暨首批30家企业集体挂牌仪式。

6月8日　副省长曹广晶出席恒丰银行武汉分行开业暨项目签约仪式。

6月13日　湖北保监局联合省政府金融办印发《关于开展2017年保险先进县市区创建活动的通知》（鄂金办发〔2017〕9号），启动创建活动。

6月15日　推进全省农业保险规范发展会议在武汉召开，副省长曹广晶出席会议并讲话。

6月16日　副省长曹广晶出席2017年金融高峰论坛暨国通信托揭牌仪式。

6月20日　副省长曹广晶主持召开2017年全省打击和处置非法集资工作领导小组第二次（扩大）会议。

6月21日　副省长曹广晶到湖北银行、省农信联社调研。

6月22日　湖北保监局与省财政厅、地税局联合印发《关于做好商业健康保险个人所得税有关问题的通知》（鄂财税发〔2017〕8号），明确商业健康保险个人所得税政策在全省推广。

6月23日　副省长曹广晶到华中科技大学调研，与华中科技大学党委书记路钢进行工作会谈。

6月30日　长江产业基金管理公司与BOE公司签订项目落地协议，省长王晓东、副省长曹广晶、省政府秘书长王祥喜等会见BOE公司董事长王东升一行并见证签约。

7月

7月3日　省长王晓东、武汉市委书记陈一新、省委常委王祥喜、副省长曹广晶等会见蔚来汽车董事长李斌一行。

7月19日　副省长曹广晶会见由中国人民银行、国务院参事室组成的科技金融联合调研组成员。

7月21日　副省长曹广晶主持召开2017年上半年金融形势分析会，传达学习全国金融工作会议、省委常委（扩大）会议精神。

7月24日　湖北保监局出台《中国（湖北）自由贸易试验区保险机构和高级管理人员审批备案管理办法》（鄂保监发〔2017〕13号），进一步简化行政审批，推动保险业更好地参与和服务湖北自贸区建设。

8月

8月3日　湖北保监局与十堰市政府联合召开十堰市创建省级保险扶贫示

范区工作推进会，双方签署共建保险扶贫示范区合作备忘录。

湖北保监局与省卫计委、民政厅、财政厅、人社厅、扶贫办联合印发《湖北省健康扶贫"三个一批"行动方案的通知》（鄂卫生计生发〔2017〕17 号），确立了包含大病保险、精准扶贫补充医疗保险在内的"四位一体"健康扶贫模式。

8 月 8 日　史带财产保险股份有限公司湖北分公司获准开业。

副省长曹广晶出席金融支持随州经济转型升级和创新驱动示范城市建设战略合作签约仪式。

8 月 18 日　副省长曹广晶主持召开专题会议，研究部署进一步防范和打击非法"校园贷"工作。

副省长曹广晶主持召开专题会议，研究化解宜化集团债务风险有关事宜。

8 月 21 日　省委书记蒋超良、省长王晓东、省委秘书长梁伟年、副省长曹广晶、省政府秘书长别必雄等会见中国进出口银行董事长胡晓炼一行。

长江产业基金管理公司与百度公司签订人工智能基金合作协议，省长王晓东、副省长曹广晶、省政府秘书长别必雄等会见百度公司董事长李彦宏一行并见证签约。

8 月 25 日　副省长曹广晶主持召开挂职金融副市（州）长工作总结座谈会。

9 月

9 月 14 日　省长王晓东、副省长周先旺、省政府秘书长别必雄等会见中国工商银行董事长易会满一行。

9 月 18 日　副省长周先旺主持召开中国武汉金融博览会暨中国中部（湖北）创业投资大会筹备会。

9 月 20 日　湖北保监局与人民银行武汉分行营管部、武汉市科技局、财政局联合印发《武汉市科技型企业保证保险贷款业务操作办法》（武银营〔2017〕66 号），将武汉市东湖高新区"证银保"模式在全市进行推广。

9 月 26 日　副省长周先旺会见国家外汇管理局副局长张新一行。

省政府办公厅印发《关于落实推进普惠金融发展规划（2016—2020 年）的实施意见》。

9 月 28 日　省长王晓东、副省长周先旺、省政府秘书长别必雄等会见中国农业发展银行董事长解学智、副行长鲍建安一行。

常务副省长黄楚平会见中国建设银行副行长章更生一行。

9 月 29 日　省长王晓东、副省长周先旺、省政府秘书长别必雄等会见华夏银行董事长李民吉、副行长关文杰、王一平一行。

10 月

10 月 12 日　副省长周先旺、省政府秘书长别必雄组织召开金融助推全省"万企万亿"技改工作专题座谈会。

10 月 20 日　省政府召开金融支持"万企万亿"技改工作暨 2017 年第三季度全省金融形势分析会。

湖北保监局与省农业厅、财政厅联合印发《关于开展农业大灾保险试点工作的通知》（鄂农发〔2017〕20 号）。

11 月

11 月 7 日　全国小微企业金融服务电视电话会议在北京召开，副省长曹广晶代表湖北省做典型发言。

国家互联网金融风险专项整治现场督察组进驻湖北并召开座谈会。

11 月 9 日　副省长曹广晶出席 2017 湖北武汉创新驱动发展高峰论坛暨信中利 CEO 年会并致辞。

副省长曹广晶出席汉德工业 4.0 跨境促进基金联合湖北人福医药对美国 RiteDose 投资收购境内项目交割仪式并讲话。

11 月 10 日　中国建设银行及十大子公司支持武汉建设国家中心城市和长江新城重点项目对接暨揭牌签约活动在武汉举办，副省长曹广晶、中国建设银行副行长黄毅出席。

11 月 13 日　副省长曹广晶出席台湾富邦华一银行武汉分行开业暨支持湖北经济发展签约仪式。

省政府办公厅印发《关于加快发展商业养老保险的实施意见》。

湖北省政府办公厅下发《关于加快发展商业养老保险的实施意见》（鄂政办发〔2017〕80 号），鼓励商业保险机构投资养老产业，商业养老保险助力"老有所养"。

11 月 14 日　省政府印发《关于 2017 年县域保险工作考评情况的通报》（鄂政函〔2017〕150 号），对全省 28 个县（市、区）予以通报表彰。

副省长曹广晶主持召开重点提案办理工作座谈会，研究推进"关于举全省之力将武汉打造成中部金融中心的建议"办理工作。

11 月 15~16 日　副省长曹广晶在京拜会中国人民银行、中国银监会、中国证监会、中国保监会负责同志。

11 月 17 日　省长王晓东、副省长曹广晶、省政府秘书长别必雄等会见吉利集团董事长李书福一行。

11 月 22 日　第四届东湖保险论坛暨保险资金运用项目对接会在武汉举行。

11 月 22～23 日　第十届中国·武汉金融博览会暨中国中部（湖北）创业投资大会在武汉举行，省长王晓东、副省长郭生练、曹广晶，武汉市市长万勇，省政府秘书长别必雄等出席大会开幕式、主题论坛及相关专题论坛。

11 月 28 日　副省长曹广晶会见兴业银行行长陶以平一行。

副省长曹广晶会见 IDG 资本全球董事长熊晓鸽一行。

12 月

12 月 1 日　湖北保监局与省民政厅、财政厅、人社厅、卫计委、扶贫办联合印发《关于进一步加强医疗救助与城乡居民大病保险有效衔接的实施意见》（鄂民政发〔2017〕38 号）。

12 月 5 日　锦泰财产保险股份有限公司湖北分公司获准开业。

省长王晓东、省政府秘书长别必雄会见中国太平洋保险（集团）公司董事长孔庆伟一行。

12 月 6 日　副省长曹广晶出席推进吉利汽车落户武汉经济技术开发区新滩合作区协调会并讲话。

12 月 8 日　副省长曹广晶出席 2017 湖北金融知识大赛决赛暨"十佳优质文明服务金融机构""十佳创投基金"评选颁奖活动。

12 月 12 日　全省银行业金融服务网格化总结通报大会在武汉召开，副省长曹广晶出席。

12 月 13 日　省政府办公厅印发《关于金融助推"万企万亿"技改工程的指导意见》。

12 月 19 日　国家发展改革委宣布以发电行业为突破口启动全国碳排放权交易体系，由湖北省牵头承建全国碳交易注册登记系统。

12 月 26 日　中国人民银行副行长陈雨露、副省长曹广晶出席人民银行武汉分行主要负责人调整宣布大会。

12 月 28 日　副省长曹广晶主持召开湖北省暨武汉市防范和打击非法"校园贷"推进会。

副省长曹广晶出席 IDG 资本向武汉大学捐赠签约仪式并讲话。

湖北保监局与省林业厅、财政厅联合印发《关于做好 2018 年森林保险试点工作有关事项的通知》（鄂林改〔2017〕228 号）。

金融表彰篇

2017 年度金融支持湖北经济发展突出贡献单位名单

湖北省人民政府

鄂政函〔2018〕12 号　2018 年 1 月 30 日

中国人民银行武汉分行、湖北银监局、湖北证监局、湖北保监局、国家外汇管理局湖北省分局；

国家开发银行湖北省分行、中国进出口银行湖北省分行、中国农业发展银行湖北省分行、中国工商银行湖北省分行、中国农业银行湖北省分行、中国银行湖北省分行、中国建设银行湖北省分行、交通银行湖北省分行、中国邮政储蓄银行湖北省分行、湖北银行、湖北省农村信用社联合社、汉口银行、武汉农村商业银行、兴业银行武汉分行、华夏银行武汉分行、东风汽车财务公司、湖北金融租赁公司；

长江证券股份有限公司、天风证券股份有限公司、中信证券股份有限公司湖北分公司、华泰证券股份有限公司湖北分公司、海通证券股份有限公司湖北分公司、国泰君安证券股份有限公司湖北分公司、长江期货有限公司、美尔雅期货有限公司、武汉股权托管交易中心；

中国人民财产保险股份有限公司湖北省分公司、中国出口信用保险公司武汉营管部、中国太平洋财产保险股份有限公司湖北分公司、中国太平财产保险股份有限公司湖北分公司、中国人寿保险股份有限公司湖北省分公司、中国太平洋人寿保险股份有限公司湖北分公司、中国平安人寿保险股份有限公司湖北分公司、中国太平人寿保险股份有限公司湖北分公司。

2016 年度湖北省金融信用市（州、区、直管市）、县（市、区）名单

湖北省人民政府办公厅

鄂政函〔2017〕39 号　2017 年 4 月 5 日

一、金融信用市（州）（17 个，按综合得分排名、下同）

恩施州、宜昌市、武汉市、咸宁市、黄石市、随州市、荆门市、荆州市、黄冈市、襄阳市、十堰市、鄂州市、孝感市、仙桃市、潜江市、神农架林区、天门市。

二、最佳金融信用县（市、区）（20 个）

大冶市、武汉市江夏区、赤壁市、武汉市新洲区、阳新县、武汉市黄陂区、石首市、咸丰县、利川市、嘉鱼县、宜城市、谷城县、长阳县、恩施市、麻城市、枝江市、远安县、老河口市、秭归县、随州市曾都区。

三、金融信用县（市、区）（56 个）

鄂州市梁子湖区、巴东县、孝昌县、崇阳县、丹江口市、荆州市荆州区、江陵县、当阳市、宜都市、英山县、应城市、沙洋县、钟祥市、竹溪县、十堰市郧阳区、红安县、鹤峰县、公安县、来凤县、襄阳市襄州区、广水市、枣阳市、武穴市、松滋市、京山县、通城县、孝感市孝南区、房县、宣恩县、通山县、蕲春县、黄梅县、监利县、鄂州市鄂城区、兴山县、大悟县、团风县、咸宁市咸安区、武汉市蔡甸区、汉川市、武汉市汉南区、随县、荆门市东宝区、浠水县、安陆市、竹山县、云梦县、郧西县、鄂州市华容区、建始县、保康县、罗田县、南漳县、宜昌市夷陵区、五峰县、洪湖市。

2017 年度湖北省县域保险工作成效突出的 28 个县（市、区）名单

湖北省人民政府办公厅

鄂政函〔2017〕150 号　2017 年 11 月 14 日

武汉市新洲区、黄陂区，襄阳市谷城县、宜城市，宜昌市宜都市、枝江市、兴山县，黄石市大冶市，十堰市竹山县、竹溪县、房县，荆州市江陵县，荆门

市掇刀区，鄂州市鄂城区、梁子湖区、华容区，孝感市应城市，黄冈市红安县、武穴市，咸宁市通山县、赤壁市，随州市广水市，恩施州鹤峰县、巴东县、建始县，仙桃市，天门市，潜江市。

机构名录篇

湖北省金融管理机构及分支机构名录（77 家）

序号	名称	地址	负责人	电话	邮编
1	中国人民银行武汉分行	武汉市武昌中南路 69 号	王玉玲	027 – 87327300	430071
2	中国人民银行武汉分行营业管理部	武汉市江汉区建设大道 741 号	占再清	027 – 85789185	430015
3	中国人民银行黄石市中心支行	黄石市团城山桂林南路 5 号	冯爱林	0714 – 6353315	435003
4	中国人民银行襄阳市中心支行	襄阳市襄城区胜利街 9 号	夏洪涛	0710 – 3627305	441021
5	中国人民银行荆州市中心支行	荆州市沙市区江津西路 258 号	石明悦	0716 – 8256091	434000
6	中国人民银行宜昌市中心支行	宜昌市西陵区发展大道 33 号	陈 玥	0717 – 6323401	443000
7	中国人民银行十堰市中心支行	十堰市茅箭区朝阳中路 53 号	陈万和	0719 – 8676088	442000
8	中国人民银行孝感市中心支行	孝感市孝南区长征路 15 号	吴安斌	0712 – 2846073	432000
9	中国人民银行荆门市中心支行	荆门市掇刀区深圳大道（东）16 号	李容成	0724 – 6088333	448124
10	中国人民银行鄂州市中心支行	鄂州市鄂城区滨湖东路 52 号	刘伟林	0711 – 3708085	436005
11	中国人民银行黄冈市中心支行	黄冈市黄州区黄州大道 52 号	赵 涛	0713 – 8352532	438000
12	中国人民银行咸宁市中心支行	咸宁市咸安区温泉双鹤路 9 号	朱 华	0715 – 8158053	437100
13	中国人民银行随州市中心支行	随州市曾都区明珠路 18 号	尹 峰	0722 – 3318178	441300
14	中国人民银行恩施州中心支行	恩施州施州大道 26 号	吴剑峰	0718 – 8222093	445000
15	中国人民银行仙桃市支行	仙桃市桃源大道东段 1 号	李 敬	0728 – 3222454	433300
16	中国人民银行潜江市支行	潜江市湖滨路 4 号	刘亚龙	0728 – 6243286	433199
17	中国人民银行天门市支行	天门市竟陵西寺路 17 号	赵建平	0728 – 5223332	431700
18	中国人民银行神农架林区支行	神农架林区松柏镇常青路 11 号	李 锋	0719 – 3332912	442400
19	国家外汇管理局湖北省分局	武汉市武昌中南路 69 号	王玉玲	027 – 87327080	430071
20	国家外汇管理局黄石市中心支局	黄石市团城山桂林南路 5 号	冯爱林	0714 – 6368566	435000
21	国家外汇管理局襄阳市中心支局	襄阳市襄城区胜利街 9 号	夏洪涛	0710 – 3627226	441021
22	国家外汇管理局荆州市中心支局	荆州市沙市区江津西路 258 号	石明悦	0716 – 8514320	434000
23	国家外汇管理局宜昌市中心支局	宜昌市西陵区发展大道 33 号	陈 玥	0717 – 6300366	443005
24	国家外汇管理局十堰市中心支局	十堰市茅箭区朝阳中路 53 号	陈万和	0719 – 8661142	442000
25	国家外汇管理局孝感市中心支局	孝感市孝南区长征路 15 号	吴安斌	0712 – 2831609	432000

续表

序号	名称	地址	负责人	电话	邮编
26	国家外汇管理局荆门市中心支局	荆门市掇刀区深圳大道（东）16 号	李容成	0724 - 6088301	448124
27	国家外汇管理局鄂州市中心支局	鄂州市鄂城区滨湖东路 52 号	刘伟林	0711 - 3708188	436000
28	国家外汇管理局黄冈市中心支局	黄冈市黄州区黄州大道 52 号	赵 涛	0713 - 8353450	438000
29	国家外汇管理局咸宁市中心支局	咸宁市咸安区温泉双鹤路 9 号	朱 华	0715 - 8158166	437100
30	国家外汇管理局随州市中心支局	随州市曾都区明珠路 18 号	尹 峰	0722 - 3323088	441300
31	国家外汇管理局恩施州中心支局	恩施市施州大道 26 号	吴剑峰	0718 - 7933106	445000
32	国家外汇管理局仙桃市支局	仙桃市桃源大道东段 1 号	李 敬	0728 - 3222382	433300
33	国家外汇管理局潜江市支局	潜江市湖滨路 4 号	刘亚龙	0728 - 6296266	433199
34	国家外汇管理局天门市支局	天门市竟陵西寺路 17 号	赵建平	0728 - 5226034	431700
35	国家外汇管理局神农架林区支局	神农架林区松柏镇常青路 11 号	雷明忠	0719 - 3335641	442400
36	中国银行业监督管理委员会湖北监管局	武汉市武昌区东湖南路 7 号	赖秀福	027 - 85565129	430072
37	中国银行业监督管理委员会湖北监管局黄石银监分局	黄石市团城山桂林南路 3 号	王国强	0714 - 6355867	435000
38	中国银行业监督管理委员会湖北监管局襄阳银监分局	襄阳市襄城区新街 4 号	黄 超	0710 - 3611361	441021
39	中国银行业监督管理委员会湖北监管局荆州银监分局	荆州市荆州区荆中路 12 号	徐 中	0716 - 8445975	434020
40	中国银行业监督管理委员会湖北监管局宜昌银监分局	宜昌市西陵区西陵一路 7 号勤业大厦 14 - 16 楼	何庭见	0717 - 6773816	443000
41	中国银行业监督管理委员会湖北监管局十堰银监分局	十堰市茅箭区北京北路 95 号	郭瑞华	0719 - 8128936	442000
42	中国银行业监督管理委员会湖北监管局孝感银监分局	孝感市孝南区长征路 283 号	郑中发	0712 - 2885027	432000
43	中国银行业监督管理委员会湖北监管局荆门银监分局	荆门市东宝区金虾路 41 号	杨小华	0724 - 2380306	448000
44	中国银行业监督管理委员会湖北监管局鄂州银监分局	鄂州市鄂城区凤凰路 51 号	李 静	0711 - 3890977	436000
45	中国银行业监督管理委员会湖北监管局黄冈银监分局	黄冈市黄州区赤壁一路 1 号	刘 峰	0713 - 8365669	438000
46	中国银行业监督管理委员会湖北监管局咸宁银监分局	咸宁市温泉淦河大道 31 号	万晓春	0715 - 8270306	437100

序号	名称	地址	负责人	电话	邮编
47	中国银行业监督管理委员会湖北监管局随州银监分局	随州市曾都区烈山大道58号	李德平	0722 - 3223699	441300
48	中国银行业监督管理委员会湖北监管局恩施银监分局	恩施市施州大道155号金安建设大厦B座6-9楼	李佐钦	0718 - 8463364	445000
49	中国银行业监督管理委员会湖北监管局蔡甸监管办事处	武汉市蔡甸区蔡甸大道985号	何 翔	027 - 69812978	430100
50	中国银行业监督管理委员会湖北监管局江夏监管办事处	武汉市江夏区纸坊街熊廷弼路47号	彭建国	027 - 87919880	430200
51	中国银行业监督管理委员会湖北监管局黄陂监管办事处	武汉市黄陂区前川街黄陂大道99号	熊忠桥	027 - 61003920	430300
52	中国银行业监督管理委员会湖北监管局新洲监管办事处	武汉市新洲区龙腾大街153号	蔡 军	027 - 89361070	430400
53	中国银行业监督管理委员会湖北监管局仙桃监管办事处	仙桃市桃源大道东段1号	杨 尚	0728 - 3200838	433000
54	中国银行业监督管理委员会湖北监管局潜江监管办事处	潜江市章华中路7号	尹述新	0728 - 6234988	433100
55	中国银行业监督管理委员会湖北监管局天门监管办事处	天门市竟陵鸿渐大道145号	尹修毅	0728 - 5246125	431700
56	中国银行业监督管理委员会湖北监管局神农架监管办事处	神农架林区松柏镇青杨街	海 柱	0719 - 3336611	442400
57	中国证券监督管理委员会湖北监管局	武汉市洪山区珞喻路540号	李秉恒	027 - 87460020	430079
58	中国保险监督管理委员会湖北监管局	武汉市武昌区友谊大道2号2008新长江广场A座19-22楼	王 斌	027 - 88937700	430062
59	中国保险监督管理委员会湖北监管局宜昌监管分局	宜昌市伍家岗区沿江大道182号首信财富中心22楼	王 勤	0717 - 6576700	443000
60	湖北省人民政府金融管理领导小组办公室	武汉市武昌区洪山路7号	段银弟	027 - 87238648	430071
61	武汉市金融工作局	武汉市江岸区胜利街261号	刘立新	027 - 82826877	430014
62	黄石市人民政府金融办公室	黄石市下陆区杭州东路1号	陈志尧	0714 - 6359293	435000
63	襄阳市人民政府金融办公室	襄阳市襄城区北街126号	郝国胜	0710 - 3611505	441000
64	荆州市人民政府金融管理领导小组办公室	荆州市沙市区江津西路262号	余剑平	0716 - 8278375	434000

续表

序号	名称	地址	负责人	电话	邮编
65	宜昌市人民政府金融发展办公室	宜昌市伍家岗区沿江大道 102 号	吴正新	0717－6256981	443000
66	十堰市人民政府金融办公室	十堰市茅箭区北京中路 8 号	彭　直	0719－8116616	442000
67	孝感市人民政府金融管理领导小组办公室	孝感市孝南区城站路 71 号（原市委大院）市政府金融办公楼	叶建	0712－2854605	432000
68	荆门市人民政府金融工作办公室	荆门市东宝区象山大道 53 号	陈新民	0724－2372302	448000
69	鄂州市人民政府金融工作办公室	鄂州市鄂城区人民政府办公大楼 3 楼	王品文	0711－3830170	436000
70	黄冈市人民政府金融工作局	黄冈市黄州区七一路 8 号	江冠华	0713－8876268	438000
71	咸宁市人民政府金融领导小组办公室	咸宁市咸安区双鹤路 16 号	王能强	0715－8126149	437100
72	随州市人民政府金融工作领导小组办公室	随州市城南新区迎宾大道市政大楼	朱　睿	0722－3596676	431300
73	恩施州金融工作办公室	恩施市舞阳大街一巷 21 号	张绪华	0718－8420719	445000
74	仙桃市财税金融领导小组办公室	仙桃市沔州大道特 1 号	郤立海	0728－3238775	433000
75	潜江市人民政府金融管理领导小组办公室	潜江市潜阳东路 62 号	罗大广	0728－6491197	433100
76	天门市金融协调领导小组办公室	天门市竟陵办事处陆羽大道 31 号	董波胜	0728－5243225	431700
77	神农架林区人民政府金融协调办公室	神农架林区松柏镇常青路 51 号	詹古月	0719－3338562	442400

注：本表由湖北省政府金融办、人民银行武汉分行、湖北省外汇管理局、湖北银监局、湖北证监局、湖北保监局提供。

湖北省银行业机构名录（202 家）

序号	名称	地址	负责人	电话	邮编
政策性银行（3 家）					
1	国家开发银行湖北省分行	武汉市武昌区东湖大道 181 号	梁庆凯	027－86759555	430077
2	中国农业发展银行湖北省分行	武汉市武昌区中北路 229 号	胡世财	027－87252248	430077
3	中国进出口银行湖北省分行	武汉市武昌区中北路 108 号附 2 号楼	张劭辉	027－87112369	430077
大型商业银行（5 家）					
4	中国工商银行湖北省分行	武汉市武昌区中北路 31 号	王芝斌	027－69908000	430071
5	中国农业银行湖北省分行	武汉市武昌区中北路 66 号津津花园 A 座	陈金焱	027－68875561	430071

序号	名称	地址	负责人	电话	邮编
6	中国银行湖北省分行	武汉市江汉区建设大道 677 号	葛春尧	027 – 85562866	430022
7	中国建设银行湖北省分行	武汉市江汉区建设大道 709 号	林顺辉	027 – 65776111	430015
8	交通银行湖北省分行	武汉市江汉区建设大道 847 号	高新华	027 – 85487388	430015
股份制商业银行（12 家）					
9	招商银行武汉分行	武汉市江汉区建设大道 518 号招银大厦	文行赤	027 – 85495888	430022
10	中国光大银行武汉分行	武汉市江岸区沿江大道 143 号	袁 敢	027 – 82796288	430014
11	中国民生银行武汉分行	武汉市江汉区新华路 396 号民生银行大厦	王恭敬	027 – 85736666	430022
12	华夏银行武汉分行	武汉市武昌区民主路 786 号华银大厦	陈传龙	027 – 87267629	430071
13	中信银行武汉分行	武汉市江岸区建设大道 747 号中信银行大厦	徐晓华	027 – 85355111	430015
14	兴业银行武汉分行	武汉市武昌区中北路 108 号兴业银行大厦	曾晓阳	027 – 86795566	430077
15	上海浦东发展银行武汉分行	武汉市江汉区新华路 218 号浦发银行大厦	黄旭东	027 – 85566333	430022
16	广发银行武汉分行	武汉市江汉区建设大道 737 号广发银行大厦	陶建全	027 – 85358038	430022
17	平安银行武汉分行	武汉市武昌区中北路 54 号宏城金都 1 – 3 楼	李中文	027 – 86657233	430070
18	浙商银行武汉分行	武汉市江汉区新华路 296 号 IFC 国际金融中心	张克祥	027 – 85331999	430015
19	恒丰银行武汉分行	武汉市武昌区友谊大道 219 号福莱中心恒丰银行	邢秀生	027 – 88608163	430070
20	渤海银行武汉分行	武汉市江汉区新华路 29 号伟业国际（庭瑞大厦）1 – 3 楼、10 – 15 楼	陈任武	027 – 85563999	430022
邮政储蓄银行（1 家）					
21	中国邮政储蓄银行湖北省分行	武汉市江汉区新华小路 41 号	卜东升	027 – 65778598	430022
城市商业银行（3 家）					
22	湖北银行	武汉市武昌区水果湖街中北路 86 号汉街总部国际 8 栋	刘志高	027 – 87139003	430071

序号	名称	地址	负责人	电话	邮编
23	汉口银行	武汉市江汉区建设大道 933 号	陈新民	027 – 82656110	430015
24	武汉众邦银行	武汉市黄陂区盘龙城经济开发区汉口北大道 88 号汉口北国际商品交易中心 D2 区 1 – 2 楼、22 – 23 楼	楼晓岸	027 – 61881163	430300
农村信用社（1 家）					
25	湖北省农村信用社联合社	武汉市武昌区水果湖街中北路 86 号 7 栋（汉街国际总部 G 栋）	李亚华	027 – 87119693	430077
农村商业银行（77 家）					
26	武汉农村商业银行	武汉市江岸区建设大道 618 号	徐小建	027 – 85497080	430015
27	黄石农村商业银行	黄石市黄石港区磁湖路 55 号时代·仁智山水 S06 号、S07 号楼	陈贻文	0714 – 6249378	435000
28	湖北阳新农村商业银行	阳新县兴国镇陵园大道 62 号	邓伟祥	0714 – 7323939	435200
29	湖北大冶农村商业银行	大冶市观山路 28 号	程正洋	0714 – 8766673	435100
30	湖北襄阳农村商业银行	襄阳市襄城区檀溪路 116 号	徐　超	0710 – 3691102	441022
31	湖北南漳农村商业银行	南漳县城关镇水镜大道 299 号	马冠峰	0710 – 5231082	441500
32	湖北谷城农村商业银行	谷城县城关镇粉阳路 70 号	镇汉东	0710 – 7333409	441700
33	湖北保康农村商业银行	保康县城关镇光千路 5 号	付向党	0710 – 5812335	441600
34	湖北老河口农村商业银行	老河口市中山路 21 号	谭东明	0710 – 8220930	441800
35	湖北枣阳农村商业银行	枣阳市人民路 62 号	陈文山	0710 – 6313604	441200
36	湖北宜城农村商业银行	宜城市振兴大道 262 号	梁志刚	0710 – 4212839	441400
37	湖北荆州农村商业银行	荆州市江津中路 255 号	柯国良	0716 – 8515913	434000
38	湖北江陵农村商业银行	江陵县郝穴镇荆洪路 215 号	王俊治	0716 – 4733949	434100
39	湖北公安农村商业银行	公安县斗湖堤镇荆江大道 152 号	朱远伦	13627173238	434300
40	湖北监利农村商业银行	监利县容城镇江城路 57 号	杨诗涛	0716 – 3328931	433300
41	湖北石首农村商业银行	石首市中山街 51 号	姚春明	0716 – 7288445	434400
42	湖北洪湖农村商业银行	洪湖市宏伟北路 8 号	杨　刚	0716 – 2211260	433200
43	湖北松滋农村商业银行	松滋市新江口镇民主路 213 号	桑茂芳	0716 – 6222926	434200
44	湖北三峡农村商业银行	宜昌市夷陵区平云一路 64 号	朱杰斌	0717 – 6915962	443100
45	湖北秭归农村商业银行	秭归县茅坪镇平湖大道 15 号	张小平	0717 – 2882332	443600
46	湖北远安农村商业银行	远安县鸣凤大道 73 号	薛先武	0717 – 3813881	444299
47	湖北兴山农村商业银行	兴山县古夫镇昭君路 20 号	王　雄	0717 – 2585400	443711

序号	名称	地址	负责人	电话	邮编
48	湖北长阳农村商业银行	长阳土家族自治县龙舟坪镇龙舟大道 52 号	王保国	0717 – 5328006	443500
49	湖北五峰农村商业银行	五峰土家族自治县渔洋关镇东西路 9 号	邓 红	0717 – 5759379	443413
50	湖北宜都农村商业银行	宜都市陆城清江大道 29 号	陈 颂	0717 – 4821440	443300
51	湖北当阳农村商业银行	当阳市长坂路 146 号	李天龙	0717 – 3223052	444100
52	湖北枝江农村商业银行	枝江市友谊大道 59 号	杨国祥	0717 – 4210952	443200
53	湖北十堰农村商业银行	十堰市朝阳中路 15 号武当国际园 A 座	朱思爽	0719 – 8659129	442000
54	湖北郧县农村商业银行	十堰市郧阳区城关镇金沙路 23 号	周 文	0719 – 7232052	442500
55	湖北郧西农村商业银行	郧西县郧西大道 74 号	李 涛	0719 – 6234588	442600
56	湖北竹山农村商业银行	竹山县城关镇人民路 15 号	辛明宏	0719 – 4225208	442200
57	湖北竹溪农村商业银行	竹溪县城关镇鄂陕大道 1884 号	汤志勇	0719 – 2729010	442300
58	湖北房县农村商业银行	房县城关镇南大街 47 号	黄太平	0719 – 3230489	442100
59	湖北丹江口农村商业银行	丹江口市均州二路 19 号	马 勇	0719 – 5235452	442700
60	湖北武当山农村商业银行	武当山旅游经济特区玉虚路 37 号	卜兴林	0719 – 5665794	442714
61	湖北孝感农村商业银行	孝感市长征路 21 号	钟红涛	0712 – 2853255	432100
62	湖北孝昌农村商业银行	孝昌县花园大道 120 号	张从涛	0712 – 4768036	432900
63	湖北云梦农村商业银行	云梦县楚王城大道 187 号	肖作平	0712 – 4222755	432500
64	湖北大悟农村商业银行	大悟县城关镇发展大道 2 号	付严冬	0712 – 7232287	432800
65	湖北应城农村商业银行	应城市广场大道 2 号	黄自芳	0712 – 3223904	432400
66	湖北安陆农村商业银行	安陆市碧涢路 78 号	谢武林	0712 – 5258793	432600
67	湖北汉川农村商业银行	汉川市西湖大道 7 号	王义斌	0712 – 8281422	431600
68	湖北荆门农村商业银行	荆门市金龙泉大道 8 号办公楼 1 – 3 楼	梅素益	0724 – 2389767	448000
69	湖北沙洋农村商业银行	沙洋县沙洋镇荷花大道 40 号	钟 炜	0724 – 8596403	448200
70	湖北京山农村商业银行	京山县新市镇新市大道 261 号	孙绪平	0724 – 7328549	431899
71	湖北钟祥农村商业银行	钟祥市莫愁大道 55 号	张铁雄	0724 – 4261309	431900
72	湖北鄂州农村商业银行	鄂州市鄂城区古城路 75 号	邹家勇	0711 – 3224323	436000
73	湖北黄冈农村商业银行	黄冈市黄州区黄州大道 46 号	汪自国	0713 – 8663671	438000
74	湖北团风农村商业银行	团风县团风大道 14 号	史爱斌	0713 – 6150806	438800
75	湖北浠水农村商业银行	浠水县清泉镇车站大道 302 号	黄爱平	0713 – 4221853	438200

序号	名称	地址	负责人	电话	邮编
76	湖北蕲春农村商业银行	蕲春县漕河镇蕲春大道211号	柯云霞	0713－7263582	435300
77	湖北黄梅农村商业银行	黄梅县黄梅镇黄梅大道498号	刘志勇	0713－3353301	435500
78	湖北英山农村商业银行	英山县温泉镇金石路（大桥北端）	李德才	0713－7010172	438700
79	湖北罗田农村商业银行	罗田县凤山镇义水北路	周卫东	0713－5059708	438600
80	湖北红安农村商业银行	红安县城关镇将军大道53号	王汝青	0713－5243537	438400
81	湖北麻城农村商业银行	麻城市金桥大道17号	匡凯旋	0713－2910521	438300
82	湖北武穴农村商业银行	武穴市广济大道东10号	王　巍	0713－6225041	435400
83	湖北咸宁农村商业银行	咸宁市长安大道166号	杨　柳	0715－8233912	437100
84	湖北通山农村商业银行	通山县通羊镇九宫大道406号	林　耘	0715－2362128	437600
85	湖北崇阳农村商业银行	崇阳县天城镇沿河大道345号	谭晓彬	0715－3325406	437500
86	湖北通城农村商业银行	通城县隽水镇隽水大道262号	姜功平	0715－4866666	437400
87	湖北嘉鱼农村商业银行	嘉鱼县鱼岳镇沙阳大道93号	冯　勇	0715－6352729	437200
88	湖北赤壁农村商业银行	赤壁市河北大道267号	汪全州	0715－5355252	437300
89	湖北随州农村商业银行	随州市舜井大道89号	杨东升	0722－3246663	441300
90	湖北广水农村商业银行	广水市永阳大道46号	何　进	0722－6261020	432700
91	湖北恩施农村商业银行	恩施市施州大道52号	林　忠	0718－8411741	445000
92	湖北利川农村商业银行	利川市清源大道84号	谭文凯	0718－7286015	445400
93	湖北建始农村商业银行	建始县业州镇广润路17号	李　毅	0718－3223523	445300
94	湖北咸丰农村商业银行	咸丰县高乐山镇营屏寨路43号	刘志会	0718－6822464	445600
95	湖北巴东农村商业银行	巴东县信陵镇金堂路	敖　晗	0718－4226197	444300
96	湖北宣恩农村商业银行	宣恩县珠山镇兴隆大道155号	熊朝杰	0718－5820297	445500
97	湖北来凤农村商业银行	来凤县翔凤镇解放大道211号	康绍军	0718－6268683	445700
98	湖北鹤峰农村商业银行	鹤峰县容美镇溇水大道806号	王　敏	0718－5282798	445800
99	湖北仙桃农村商业银行	仙桃市仙桃大道2A号	万君明	0728－3221469	433000
100	湖北潜江农村商业银行	潜江市江汉路36号	文　森	0728－6232660	433199
101	湖北天门农村商业银行	天门市竟陵人民大道（中）126号	王文涛	0728－5222549	431700
102	湖北神农架农村商业银行	神农架林区松柏镇中心街7号	秦　斌	0719－3333830	442400
村镇银行（66家）					
103	武汉江夏民生村镇银行	武汉市江夏区纸坊街文华路水务局亲水大厦	童元平	027－81810566	430200

序号	名称	地址	负责人	电话	邮编
104	武汉东西湖扬子村镇银行	武汉市东西湖区吴家山街东吴大道 1018 号	曹晓飞	027 – 83290825	430040
105	阳新汉银村镇银行	阳新县兴国镇陵园大道 15 号	杨双明	0714 – 7338067	435200
106	大冶中银富登村镇银行	大冶市大冶大道 104 号	喻翠平	—	435100
107	湖北大冶泰隆村镇银行	大冶市观山路 27 号	李丹阳	0714 – 8868789	435100
108	南漳中银富登村镇银行	南漳县水镜大道 566 号（原行政服务中心）	王 军	0710 – 5665666	441500
109	谷城中银富登村镇银行	谷城县城关镇银城大道 34 号	汤明中	0710 – 7566666	441700
110	保康楚农商村镇银行	保康县城关镇清溪路 17 号	何 林	0710 – 5103225	441600
111	老河口中银富登村镇银行	老河口市胜利路 31 号	段玉盛	0710 – 8233555	441800
112	枣阳中银富登村镇银行	枣阳市光武路 42 号	周俊峰	0710 – 6238308	441200
113	宜城中银富登村镇银行	宜城市紫阳观路一阳精品街 11 栋 140 至 148 号	熊 俊	0710 – 4221000	441400
114	江陵楚农商村镇银行	江陵县江陵大道 125 号	秦忠民	0716 – 4728618	434100
115	公安中银富登村镇银行	公安县斗湖堤镇荆江大道 5 号	陈 杰	0716 – 5109888	434300
116	监利中银富登村镇银行	监利县容城大道东 28 号	刘仲凡	13886582280	434200
117	石首楚农商村镇银行	石首市解放西路 12 号	姚志兵	0716 – 7890855	434400
118	洪湖融兴村镇银行	洪湖市文泉大道 23 号中央花园	郎志强	15904607878	433200
119	松滋中银富登村镇银行	松滋市新江口镇飞利浦路 16 号	王晓林	13873270333	434200
120	宜昌夷陵兴福村镇银行	宜昌市夷陵区夷兴大道 209 号	朱红伟	0717 – 7532902	443100
121	秭归兴福村镇银行	秭归县茅坪镇桔颂路 43 号	陈 磊	0717 – 2820001	443600
122	远安金谷村镇银行	远安县鸣凤镇解放路 68 号	郭家炳	13986821565	444200
123	兴山本富村镇银行	兴山县古夫镇高阳大道 29 号	李秀伟	15845930999	443700
124	长阳兴福村镇银行	长阳土家族自治县龙舟坪镇向王街 28 号	汪军红	0717 – 5328168	443500
125	五峰金谷村镇银行	五峰土家族自治县渔洋关镇茶城 22 号	杨 军	0717 – 5759928	443413
126	宜都民生村镇银行	宜都市长江大道名都华庭	胡小康	0717 – 4839587	443300
127	当阳兴福村镇银行	当阳市环城南路 64 号	梅 平	0717 – 3231198	444100
128	枝江汉银村镇银行	枝江市马家店街道办事处团结路 34 号	梁守义	0717 – 4202556	443200
129	郧县楚农商村镇银行	十堰市郧阳区城关镇解放南路 9 号	徐蔚林	0719 – 7209188	442500

序号	名称	地址	负责人	电话	邮编
130	郧西楚农商村镇银行	郧西县城关镇学苑路 18 号	熊强武	0719－7209189	442600
131	竹山楚农商村镇银行	竹山县城关镇纵横大道 18 号	胡 奎	0719－4229938	442200
132	竹溪楚农商村镇银行	竹溪县城关镇光明西路 48 号	石思辉	0719－2720006	442300
133	房县楚农商村镇银行	房县城关镇房陵大道 331 号	胡秀涛	0719－7209189	442100
134	丹江口楚农商村镇银行	丹江口市丹江大道 52 号	刘朝东	0719－7209189	442700
135	孝昌本富村镇银行	孝昌县花园镇祥瑞景城 G5 栋 01－08 号商铺	乐文景	18972667856	432900
136	云梦楚农商村镇银行	云梦县城关镇楚王城大道京都名城 2 号楼	王 佩	0712－7585588	432500
137	大悟楚农商村镇银行	大悟县兴华路	汪少儒	0712－7585588	432800
138	应城融兴村镇银行	应城市古城大道世纪名居 A 栋 1 楼	黄锦洲	0712－3310999	432400
139	安陆楚农商村镇银行	安陆市解放大道东路 1 号	黎 鹏	0712－7140854	432600
140	湖北汉川农银村镇银行	汉川市新河镇工业园路 70 号	胡郡灵	0712－8412338	431600
141	荆门东宝惠民村镇银行	荆门市东宝区象山大道 82 号	杜成宝	0724－2354724	448000
142	湖北荆门掇刀包商村镇银行	荆门市龙井大道 98 号	朱旭东	0724－8688299	448000
143	沙洋中银富登村镇银行	荆门市沙洋县荷花中路 26 号	吴 波	0724－6109099	448200
144	京山中银富登村镇银行	荆门市京山县新市大道 183 号	肖 静	0724－7599555－601	431800
145	钟祥民生村镇银行	钟祥市郢中镇莫愁大道 1 号	廖可俊	0724－4331688	431900
146	团风楚农商村镇银行	团风县团风大道世纪华府 1 楼	丁 强	18972345888	438000
147	浠水楚农商村镇银行	浠水县丽文大道 420 号	孔志斌	18972345888	438000
148	蕲春中银富登村镇银行	蕲春县漕河镇齐昌大道 272 号	刘双喜	0713－7230918	435300
149	黄梅中银富登村镇银行	黄梅县人民大道 289 号	余 俊	13971745920	435500
150	湖北英山长江村镇银行	英山县温泉镇金石路 20 号	龙雄杰	13307155076	438700
151	罗田楚农商村镇银行	罗田县凤山镇万密斋大道广源商城	晏 哲	13872020375	438600
152	湖北红安长江村镇银行	红安县城关镇红坪大道 15 号华府名城	金寿林	0713－5975555	438400
153	湖北麻城汇丰村镇银行	麻城市玉融街 56 号	刘 宁	0713－2938388	438300
154	武穴中银富登村镇银行	武穴市永宁大道西 69 号	郑 嵘	13872006186	435400
155	湖北咸安长江村镇银行	咸宁市银泉大道 542－6 号	谢中意	0715－8212385	437100
156	通山楚农商村镇银行	通山县通羊镇九宫大道 460 号	焦成照	0715－2366066	437600

序号	名称	地址	负责人	电话	邮编
157	崇阳楚农商村镇银行	崇阳县天城镇城北新区金三角花城大厦	藏文芳	0715 – 3358668	437500
158	通城惠民村镇银行	通城县隽水镇解放东路 59 号	刘 丰	0715 – 4867999	437400
159	湖北嘉鱼吴江村镇银行	嘉鱼县鱼岳镇人民大道 42 号	李海波	0715 – 6318333	437200
160	湖北赤壁长江村镇银行	赤壁市陆水湖大道 245 号	张紫明	0715 – 5331122	437300
161	湖北随州曾都汇丰村镇银行	随州市曾都区烈山 205 大道号	张 彬	0722 – 3068058	441300
162	广水楚农商村镇银行	广水市应十大道翡翠山湖 888 号 A1 栋	戢 浩	0722 – 6282999	432700
163	随县楚农商村镇银行	随县神农社区华源盛世商住中心 7 号楼	陈文波	18971900669	431500
164	恩施兴福村镇银行	恩施市航空路 94 号	汤世辉	0718 – 8205001	445000
165	湖北仙桃京都村镇银行	仙桃市仙桃大道东段南侧供电大楼附楼	李飞鹏	0728 – 3319221	433000
166	潜江中银富登村镇银行	潜江市园林潜阳中路 15 号	陈春平	18907221822	433100
167	湖北天门汇丰村镇银行	天门市竟陵鸿渐大道 89 号	詹关楠	0728 – 5299088	431700
168	神农架楚农商村镇银行	神农架林区木鱼镇木鱼路 71 号偏桥湾神农御景	黄德华	0719 – 3452111	442421
贷款公司（2 家）					
169	湖北荆州公安花旗贷款有限责任公司	荆州市公安县屠陵大道 86 号	刘 杰	15926551555	434300
170	湖北咸宁赤壁花旗贷款有限责任公司	赤壁市陆水湖大道 199 号众城国际 1 楼	李四臻	0715 – 5360101	437300
外资、台资银行（10 家）					
171	汇丰银行（中国）有限公司武汉分行	武汉市江汉区建设大道 568 号新世界国贸大厦 18 楼	李 宁	027 – 65779866	430022
172	渣打银行（中国）有限公司武汉分行	武汉市江岸区中山大道 1627 号 11 楼 11 – 7 室、11 – 8 室、11 – 9 室	钟 文	027 – 59353811	430015
173	东亚银行（中国）有限公司武汉分行	武汉市江岸区中山大道 1628 号武汉天地企业中心 5 号	夏文娟	027 – 82261688	430010
174	瑞穗银行（中国）有限公司武汉分行	武汉市硚口区解放大道 634 号新世界中心 A 座 5 楼	苏志龙	027 – 83425150	430032

序号	名称	地址	负责人	电话	邮编
175	法国兴业银行（中国）有限公司武汉分行	武汉市江岸区中山大道 1628 号武汉天地企业中心 5 号 33 楼 3303 室、3304 室	钟志东	027 - 82655688	430010
176	三菱东京日联银行（中国）有限公司武汉分行	武汉市江岸区中山大道 1628 号	高桥和宏	027 - 82200888 - 100	430010
177	企业银行（中国）有限公司武汉分行	武汉市武昌区公正路 216 号平安国际金融大厦 18 楼	李尚珉	027 - 87258885 - 203	430060
178	台湾土地银行股份有限公司武汉分行	武汉市武昌区积玉桥临江大道 96 号万达中心 41 楼	郭常龙	027 - 59606939 - 101	430060
179	台湾中小企业银行股份有限公司武汉分行	武汉市武昌区中北路 108 号中国进出口银行大厦 17 楼	郭明祥	027 - 59817171 - 111	430071
180	富邦华一银行有限公司武汉分行	武汉市武昌区中北路 9 号长城汇 T1 - 8 室	陈文价	027 - 87369558	430071
资产管理公司（4 家）					
181	中国华融资产管理公司湖北省分公司	武汉市武昌区体育街特 1 号	龙志林	027 - 88398108	430060
182	中国长城资产管理公司湖北省分公司	武汉市武昌区东湖路 155 号	李 鹏	027 - 86772788	430077
183	中国东方资产管理公司湖北省分公司	武汉市硚口区武胜路泰和广场 34 楼	邬君宇	027 - 85713020	430033
184	中国信达资产管理公司湖北省分公司	武汉市武昌中南路 1 号	王季明	027 - 87832715	430071
信托公司（2 家）					
185	交银国际信托有限公司	武汉市江汉区建设大道 847 号瑞通广场 B 座 16 - 17 楼	赵 炯	027 - 85487833	430015
186	国通信托有限责任公司	武汉市江汉区长江日报路 77 号投资大厦 11 - 14 楼	周全锋	027 - 85565758	430015
财务公司（12 家）					
187	武汉钢铁集团财务有限责任公司	武汉市武昌区友谊大道 999 号武钢集团办公大楼 B 座 11 - 13 楼	姚文中	027 - 86219198	430080
188	东风汽车财务有限公司	武汉经济技术开发区东风大道 10 号	徐光超	027 - 84305233	430056

序号	名称	地址	负责人	电话	邮编
189	湖北能源集团财务有限公司	武汉市洪山区徐东大街137号湖北能源大厦29楼	邹　正	027－88606800	430062
190	中国电力财务有限公司华中分公司	武汉市洪山区徐东大街133号	刘和平	027－86768310	430062
191	中国石化财务有限责任公司武汉分公司	武汉市江汉区建设大道709号建银大厦2809室	王浩清	027－85495936	430020
192	航天科工财务有限责任公司武汉分公司	武汉市江汉区建设大道737号广发银行大厦41楼	黄国错	010－58930299	430020
193	中国能源建设集团财务有限公司	武汉市硚口区解放大道558号葛洲坝大厦	邹定波	027－59270616	440030
194	湖北宜化集团财务有限责任公司	宜昌市沿江大道52号	柴国志	0717－8868342	443002
195	三峡财务有限责任公司宜昌分公司	宜昌市西陵区东山大道80号	毕家俊	0717－6767438	443002
196	湖北交投集团财务有限公司	武汉市洪山区珞瑜路1077号东湖广场交投大楼2楼	谢继明	027－87574896	430070
197	三环集团财务有限公司	武汉东湖新技术开发区佳园路33号	宋　斌	027－87702601	430079
198	大冶有色金属集团财务有限责任公司	黄石市下陆区下陆大道2号金花小区五期5－9号	谭耀宇	0714－5398299	435000
金融租赁公司（3家）					
199	光大金融租赁股份有限公司	武汉市江岸区沿江大道143号中国光大银行武汉分行办公楼附楼4楼	潘明忠	010－68098705	430014
200	湖北金融租赁股份有限公司	武汉市江汉区建设大道737号广发银行大厦33－35楼	谌赞雄	027－85510777	430015
201	航天科工金融租赁有限公司	武汉市东西湖区金银湖路18号财富大厦4－5楼	李东峰	027－59392601	430040
消费金融公司（1家）					
202	湖北消费金融股份有限公司	武汉市武昌区中北路9号长城汇写字楼T1栋第37楼	周　楠	027－88313511	430071

注：本表由湖北银监局提供。

湖北省证券期货业机构名录（81 家）

序号	名称	地址	电话	邮编
证券公司、分公司（54 家）				
1	长江证券股份有限公司	武汉市江汉区新华下路特 8 号	027 – 65799880	430020
2	长江证券股份有限公司武汉分公司	武汉市江汉区新华路特 8 号 1 楼	027 – 65799969	430020
3	长江证券股份有限公司湖北自贸区分公司	武汉东湖新技术开发区光谷大道 777 号	027 – 87271322	430079
4	长江证券股份有限公司黄石分公司	黄石市经济技术开发区桂林北路 16 号 11 号、12 号楼 201 室	0714 – 6261235	435000
5	长江证券股份有限公司襄阳分公司	襄阳市襄城区檀溪路 152 号南山宾馆楼内	0710 – 3481855	441000
6	长江证券股份有限公司荆州分公司	荆州市荆州区北京西路荆州万达广场商务写字楼 1 单元 7 楼 706 室、707 室	0716 – 8452041	434000
7	长江证券股份有限公司宜昌分公司	宜昌市西陵区云集路 45 – 1 号	0717 – 6484317	443000
8	长江证券股份有限公司十堰分公司	十堰市茅箭区人民北路 1 号	0719 – 8665795	442000
9	长江证券股份有限公司孝感分公司	孝感市天仙北路 26 号全洲盛世城综合体 10 楼 1005 室	0712 – 2108905	432000
10	长江证券股份有限公司荆门分公司	荆门市漳河新区天山路 1 号（国华汇金中心）1 栋 7 楼	0724 – 2345162	448000
11	长江证券股份有限公司黄冈分公司	黄冈市黄州区八一路 46 号	0713 – 8611088	438000
12	长江证券股份有限公司咸宁分公司	咸宁市温泉淦河大道 25 号	0715 – 8159153	437100
13	天风证券股份有限公司	武汉市武昌中南路 99 号保利大厦 A 座 37 楼、38 楼	027 – 87618867	430070
14	天风证券股份有限公司襄阳分公司	襄阳市樊城区人民公园盈曦楼 2 楼	0710 – 3084558	441000
15	爱建证券有限责任公司湖北分公司	武汉市武昌区公正路 216 号安顺月光广场 16 号楼平安国际金融大厦 4 楼 C 区	027 – 87256091	430060
16	安信证券股份有限公司湖北分公司	武汉市江岸区胜利街 115 号楚天实业大厦 3 楼	027 – 82779862	430010
17	长城证券股份有限公司武汉分公司	武汉东湖新技术开发区光谷三路 777 号 A 办公楼 4 楼 401 – 35 室	027 – 85777108	430079
18	东北证券股份有限公司湖北分公司	武汉市江汉区香港路 257 号	027 – 85517822	430020
19	东莞证券股份有限公司湖北分公司	武汉市武昌区中北路 126 号德成中心裙楼 3 楼 B 区	027 – 87268625	430070

续表

序号	名称	地址	电话	邮编
20	方正证券股份有限公司湖北分公司	武汉市武昌区中北路与东沙大道交汇处武汉中央文化区 K1 地块一期一区 K1－2 栋 20 楼 9 室、10 室	027－87256085	430070
21	光大证券股份有限公司武汉分公司	武汉市武昌区中北路 9 号长城汇 T2 写字楼 20 楼	027－87832666	430070
22	广发证券股份有限公司湖北分公司	武汉市江岸京汉大道 1268 号汇金广场办公写字楼 34 楼 6－8 室	027－82763246	430010
23	广州证券股份有限公司湖北分公司	武汉市洪山区书城路 26 号洪山创业中心科技园 B 栋 101 室	027－87115762	430070
24	国海证券股份有限公司武汉分公司	武汉市江汉区台北街新华路 392 号 A 座 5 楼	0755－83716973	430020
25	国开证券股份有限公司湖北省分公司	武汉市武昌区东湖大道 181 号楚天传媒大厦 10 楼	027－86759547	430060
26	国信证券股份有限公司华中分公司	武汉市江岸区沿江大道 159 号时代广场 1 栋 16 楼 1－7 室、17 楼 1－7 室	027－85851314	430010
27	国元证券股份有限公司湖北分公司	武汉市洪山区珞喻路 10 号 28 楼 13－20 室	027－87501810	430070
28	海通证券股份有限公司湖北分公司	武汉市江岸区二七街赵家条 144 号	027－82431505	430010
29	宏信证券有限责任公司湖北分公司	武汉市江岸区江汉路 250 号武汉船舶国际广场 2 楼 R7 室、R8 室	027－82307219	430010
30	华福证券有限责任公司华中分公司	武汉市武昌区中北路 108 号兴业银行大厦 10 楼	027－87335786	430070
31	华融证券股份有限公司湖北分公司	武汉市武昌区中北路 31 号知音广场 9 楼	027－87836128	430070
32	华泰证券股份有限公司湖北分公司	武汉市武昌区水果湖街中北路 109 号武汉·1818 中心（二期）6－7 栋 6 单元 24 楼	027－87300868	430060
33	江海证券有限公司湖北分公司	武汉市武昌区中北路 9 号长城汇 T2 号写字楼 25 楼 R6 室	027－87306838	430070
34	九州证券股份有限公司湖北分公司	武汉市武昌中南路 99 号武汉保利文化广场 16 楼 1602 室	027－87115662	430070
35	联讯证券股份有限公司武汉分公司	武汉市武昌区中北路 31 号办公大楼 24 楼（西北区）	027－87319659	430070

序号	名称	地址	电话	邮编
36	申万宏源证券有限公司湖北分公司	武汉市武昌区武珞路 5 巷 46 号凯乐花园 7 栋 2 楼	027 – 88850926	430060
37	太平洋证券股份有限公司武汉分公司	武汉市武昌区东湖路 181 号湖北日报传媒集团楚天 181 文化创意产业园 6 号楼 1 楼	027 – 87639508	430060
38	万和证券股份有限公司湖北分公司	武汉市武昌区和平大道 336 号金宁国际商厦 21 楼 2 – 6 室	0710 – 3084558	430060
39	西部证券股份有限公司湖北分公司	武汉市洪山区珞瑜路 10 号 15 楼 1 – 6 室	027 – 87866683	430070
40	西藏东方财富证券股份有限公司湖北分公司	武汉市武昌区徐东大街西侧联发九都国际 7 栋 20 楼 2 – 4 室	027 – 85830925	430070
41	西南证券股份有限公司湖北分公司	武汉市武昌区中北路 31 号办公大楼（2009 – 093）18 楼西侧部分	027 – 59713631	430070
42	兴业证券股份有限公司湖北分公司	武汉市武昌区公正路 216 号平安国际金融大厦 5 楼 A 区	027 – 87311687	430060
43	中国银河证券股份有限公司湖北分公司	武汉市武昌区武珞路 456 号新时代商务中心西裙楼 2 楼 1 室	027 – 87841733	430060
44	招商证券股份有限公司湖北分公司	武汉市武昌区中北路 236 号	027 – 86776831	430070
45	中泰证券股份有限公司湖北分公司	武汉市硚口区宝丰路 6 号香溢大酒店 2 楼	027 – 59307281	430030
46	中国中投证券有限责任公司湖北分公司	武汉市武昌区徐东大街 20 号福星惠誉国际城 8 栋 4 楼 1 室	027 – 86815558	430070
47	中信建投证券股份有限公司湖北分公司	武汉市武昌区中北路 24 号龙源大厦 A 座 3 楼	027 – 87890128	430070
48	中信证券股份有限公司湖北分公司	武汉市江汉区建设大道 737 号广发银行大厦 1 栋 51 楼	027 – 85355300	430020
49	中银国际证券股份有限公司武汉分公司	武汉市江岸区黄孝河路 148 号 2 楼	027 – 82622806	430010
50	中邮证券有限责任公司湖北分公司	武汉市江汉区江汉经济开发区江旺路 22 号湖北邮政专业生产指挥中心大楼 1 楼	027 – 83594500	430020
51	国泰君安证券股份有限公司湖北分公司	武汉市洪山区徐东大街 137 号 7 楼	027 – 87300533	430070
52	民生证券股份有限公司武汉分公司	武汉市江汉区中央商务区泛海国际中心 A 单元 45 楼 1 室	027 – 83633506	430020

序号	名称	地址	电话	邮编
53	申港证券股份有限公司武汉分公司	武汉市江岸区中山大道 1627 号企业天地 3 号 36－1 室、36－2A 室、36－9A 室、36－10 室、36－11 室	027－82960610	430010
54	平安证券股份有限公司武汉分公司	武汉市武昌区水果湖街中北路与东沙大道交汇处武汉中央文化区 K1 地块一期一区 K1－2 栋 28 楼 1 室、9 室、10 室	027－87718586	430060
期货公司、分公司（8 家）				
55	长江期货股份有限公司	武汉市武昌区中北路 9 号长城汇 T2 号写字楼第 27 楼、28 楼	027－65799997	430070
56	美尔雅期货有限公司	武汉市江汉区新华路 218 号浦发银行大厦 B 座 9 楼	027－68851562	430020
57	长江期货股份有限公司武汉分公司	武汉市江汉区亚洲广场 A 栋 3 楼 A 室	027－85865598	430020
58	海通期货股份有限公司华中分公司	武汉市武昌中南路 99 号武汉保利文化广场 A 座 27 楼 05 室	027－87115710	430070
59	华信期货股份有限公司华东分公司	武汉市江汉区泛海国际 SOHO 城 1 栋 1305 室、1306 室	027－85740699	430020
60	中国国际期货有限公司武汉分公司	武汉市江汉区建设大道 566 号新世界国贸大厦 2 座 908－909 室	027－85267956	430020
61	中信期货有限公司中南分公司	武汉市武昌中南路 99 号武汉保利文化广场 A 座 16 楼 1602－E 室	027－87115278	430070
62	鲁证期货股份有限公司武汉分公司	武汉市青山区青翠苑 1－2 号 601 室、602 室、609 室	027－86681096	430080
咨询机构（14 家）				
63	上海世基投资顾问有限公司武汉分公司	武汉市武昌区和平大道 336 号咸宁大厦 16 楼	027－87138878	430060
64	湖南金证投资咨询顾问有限公司武汉分公司	武汉市江汉区常青路与后襄河北路交汇处海马中心 1 栋 1 单元 7 楼 0405 室	027－65332781	430020
65	上海证券通投资资讯科技有限公司湖北分公司	武汉市江岸区建设大道与澳门路交汇处浙商国际大厦/栋/单元 23 楼办公 5 室、6 室	027－65685281	430010
66	深圳君银证券投资咨询顾问有限公司武汉分公司	武汉市江汉区新华街 296 号汉江国际第 1 栋 1 单元 15 楼 9 室	027－59499066	430020

序号	名称	地址	电话	邮编
67	大连华讯投资股份有限公司武汉分公司	武汉市江汉区中央商务区泛海国际SOHO城（一期）7栋33楼4号	027-82725918	430020
68	成都汇阳投资顾问有限公司武汉分公司	武汉市江汉区武汉天街20楼08号09号房	027-83880822	430020
69	四川大决策证券投资顾问有限公司武汉分公司	武探市青山区冶金大道54号青山火炬大厦1栋1单元11楼1106室	027-83880575	430080
70	上海新兰德证券投资咨询顾问有限公司武汉分公司	武汉市东湖新技术开发区光谷大道金融港B17栋15楼01室	027-59397380	430070
71	深圳市优品投资顾问有限公司湖北分公司	武汉市东湖新技术开发区软件园东路1号软件产业4.1期B2栋1002室	027-88877696	430070
72	上海证券之星综合研究有限公司湖北分公司	—	18602751521	430000
73	河北源达证券投资顾问股份有限公司武汉分公司	武汉东湖新技术开发区关山大道111号武汉光谷国际商务中心B栋10楼22室	027-87490198	430070
74	深圳市国诚投资咨询有限公司武汉分公司	武汉东湖新技术开发区光谷大道58号1栋电商办公楼2楼426室	13476253812	430070
75	深圳市新兰德证券投资咨询有限公司武汉分公司	武汉东湖新技术开发区民族大道38号龙安·港汇城栋A单元22楼07室	075582075590	430070
76	武汉中证通投资咨询有限公司	武汉东湖新技术开发区软件园东路1号软件产业4.1期B2座7楼O1室	027-87105021	430070
基金公司（5家）				
77	大成基金管理有限公司武汉分公司	武汉市江汉区新华路218号浦发银行大厦15楼	027-85267015	430020
78	鹏华基金管理有限公司武汉分公司	武汉市江汉区建设大道568号新世界国贸大厦4312室	027-85557881	430020
79	武汉市伯嘉基金销售有限公司	武汉市江汉区武汉中央商务区泛海国际SOHO城（一期）7栋23楼1室、4室	027-87006009	430020
80	兴业基金管理有限公司武汉分公司	武汉市武昌区中北路108号兴业银行大厦1单元10楼1室	027-68870266	430070
81	长信基金管理有限责任公司武汉分公司	武汉市江汉区新华路特8号	027-81886898	430020

注：本表由湖北证监局提供。

湖北省保险业机构名录（77家）

序号	名称	地址	负责人	电话	邮编
总公司（3家）					
1	长江财产保险股份有限公司	武汉市武昌徐东大街113号国电大厦8-11楼	李亚华	027-83766666	430066
2	合众人寿保险股份有限公司	武汉市江汉区沿江一号MALL写字楼B座11楼、12楼	戴皓	027-85481688	430015
3	泰康在线财产保险股份有限公司	武汉市江岸区建设大道738号浙商国际大厦36楼	王道南	010-61048069	430019
财产保险省级分公司（32家）					
4	中国人民财产保险股份有限公司湖北省分公司	武汉市江汉区建设大道426号	贺杰锋	027-83648681	430030
5	中国太平洋财产保险股份有限公司湖北分公司	武汉市江汉区建设大道847号瑞通广场B座27楼	郁宝玉	027-85487562	430021
6	中国平安财产保险股份有限公司湖北分公司	武汉市江汉区建设大道518号招银大厦27楼	张小春	027-85744001	430022
7	天安财产保险股份有限公司湖北省分公司	武汉市江汉区云彩路198号泛海城市广场一期写字楼20楼06-12室	邹东亚	027-85511955	430020
8	太平财产保险有限公司湖北分公司	武汉市江岸区建设大道718号浙商国际大厦17楼	潘建湘	027-82448072	430010
9	中国大地财产保险股份有限公司湖北分公司	武汉市江汉区新华路468号CFD时代财富中心21楼	亓君	027-59328746	430020
10	永安财产保险股份有限公司湖北分公司	武汉市江岸区沿江大道208号	朱致伟	027-59527888	430010
11	华安财产保险股份有限公司湖北分公司	武汉市江汉区唐家墩路32号国资大厦A座9楼、10楼	龚志平	027-65778062	430024
12	中华联合财产保险股份有限公司湖北分公司	武汉市硚口区汉水桥街解放大道278号华汉广场3号楼23-25楼	夏昌军	027-82767026	430030
13	永诚财产保险股份有限公司湖北分公司	武汉市江汉区沿河大道1号A座8楼	李腊丁	027-68850303	430014
14	华泰财产保险有限公司湖北省分公司	武汉市江汉区云彩路198号泛海城市广场一期写字楼15楼07-09室	冯巍	027-68822263	430020

序号	名称	地址	负责人	电话	邮编
15	安邦财产保险股份有限公司湖北分公司	武汉市江汉区建设大道 847 号瑞通广场 B 座 20 楼	周小平	027 – 59503623	430021
16	都邦财产保险股份有限公司湖北分公司	武汉市江汉区王家墩中央商务区泛海国际 SOHO 城第一栋 24 楼 5 – 8 室	高继先	027 – 85556069	430022
17	安盛天平财产保险股份有限公司湖北分公司	武汉市武昌区民主路 786 号华银大厦 15 楼	陈卫珍	027 – 87715360	430071
18	阳光财产保险股份有限公司湖北省分公司	武汉市江汉区沿江大道 69 号长航集团大厦 4 楼	孙小龙	027 – 85653230	430021
19	中国出口信用保险公司武汉营业管理部	武汉市江岸区江汉北路 8 号金茂大楼 20 楼	刘正茂	027 – 87265332	430010
20	渤海财产保险股份有限公司湖北分公司	武汉市武昌区中北路 66 号金穗大厦 B 座 7 楼	刘军荣	027 – 87715678	430071
21	亚太财产保险有限公司湖北分公司	武汉市武昌区和平大道 1004 号杨园教育科技创业园 2 号楼 3 – 5 楼	邓秋鸣	027 – 59833291	430060
22	英大泰和财产保险股份有限公司湖北分公司	武汉市武昌徐东大街 133 号华中电力金融大厦 12 – 13 楼	唐凤平	027 – 59801594	430063
23	长安责任保险股份有限公司湖北省分公司	武汉市硚口区硚口路 160 号武汉城市广场 24 楼	田玖红	027 – 59808706	430030
24	中银保险有限公司湖北分公司	武汉市江汉区建设大道 677 号中银广电大厦 3 楼	汪红玲	027 – 85569769	430015
25	中国人寿财产保险股份有限公司湖北省分公司	武汉市武昌区徐东大街 120 号福星惠誉国际城三期 K3 办公楼30 – 31 楼	夏 良	027 – 87690973	430062
26	紫金财产保险股份有限公司湖北分公司	武汉市洪山区欢乐大道 75 号骏业财富中心 A 座 12 楼	陈 皓	027 – 88869112	430070
27	信达财产保险股份有限公司湖北分公司	武汉市洪山区雄楚大道 268 号湖北出版文化城 C 座 8 楼	李汉斌	027 – 87575999	430070
28	鼎和财产保险股份有限公司湖北分公司	武汉市武昌区公正路 216 号平安国际金融大厦 17 楼	庄有才	027 – 88518788	430062
29	浙商财产保险股份有限公司湖北分公司	武汉市江汉区新华西路万达广场 A 区 A2 栋 23 楼	刘立刚	027 – 85885686	430020

序号	名称	地址	负责人	电话	邮编
30	长江财产保险股份有限公司湖北分公司	武汉市武昌徐东大街 45 号中铁科技大厦 11 – 12 楼	王晓林	18571630057	430066
31	国泰财产保险有限责任公司湖北分公司	武汉市江汉区沿江大道 69 号长航大厦 13 楼 1304 – 1307 室	王昌洪	027 – 83537945	430014
32	国元农业保险股份有限公司湖北分公司	武汉市洪山区徐东大街 137 号湖北能源大厦 27 楼	张福银	027 – 88853812	430060
33	富德财产保险股份有限公司湖北分公司	武汉市洪山区徐东大街 137 号湖北能源大厦 18 楼	刘 耀	027 – 88709488	430060
34	史带财产保险股份有限公司湖北分公司	武汉市武昌区中北路 9 号长城汇写字楼 T2 座 29 楼 R1 室	陈建雄	027 – 59515906	430071
35	锦泰财产保险股份有限公司湖北分公司	武汉市洪山区欢乐大道 75 号骏业财富中心 A 栋 19 楼 3 – 10 室	张 徐	18683258599	430070
人身保险省级分公司（42 家）					
36	中国人寿保险股份有限公司湖北省分公司	武汉市武昌区丁字桥路 37 号	陈盛银	027 – 68871366	430070
37	中国太平洋人寿保险股份有限公司湖北分公司	武汉市江汉区建设大道 847 号	阳新云	027 – 59209590	430015
38	中国平安人寿保险股份有限公司湖北分公司	武汉市江岸区中山大道 1628 号武汉天地企业中心 5 号大厦 16 楼 1603 – 1608 室、17 – 18 楼	朱渝杭	027 – 85743009	430010
39	泰康人寿保险有限责任公司湖北分公司	武汉市武昌中南路 99 号武汉保利文化广场 23 楼	贾 斌	027 – 50758555	430071
40	新华人寿保险股份有限公司湖北分公司	武汉市武昌区中北路 86 号汉街总部国际 F 座 36 – 40 楼	窦 峰	027 – 59609347	430071
41	太平人寿保险有限公司湖北分公司	武汉市江岸区建设大道 718 号浙商国际大厦 13 楼、14 楼、18 楼、19 楼	张永滟	027 – 59317555	430015
42	富德生命人寿保险股份有限公司湖北分公司	武汉市武昌区武珞路 456 号新时代商务中心 25 – 27 楼	张前斌	027 – 87260188	430071
43	合众人寿保险股份有限公司湖北分公司	武汉市江汉区云彩路 198 号泛海城市广场 19 楼	吴立欣	027 – 85451698	430020
44	中信保诚人寿保险有限公司湖北省分公司	武汉市江汉区淮海路 299 号泛海国际 SOHO 城 7 号楼 25 楼 3 – 4 室	杨 凯	027 – 68850580	430023

序号	名称	地址	负责人	电话	邮编
45	长城人寿保险股份有限公司湖北分公司	武汉市江汉区唐家墩路 7 号、9 号、11 号武汉菱角湖万达广场 A 栋 A2 单元 25 楼	顾以良	027 - 85799788	430015
46	平安养老保险股份有限公司湖北分公司	武汉市江岸区建设大道 718 号浙商国际大厦 8 楼 5 - 6 室、9 楼 1 - 8 室	刘 炜	027 - 85743997	430010
47	中国人民人寿保险股份有限公司湖北省分公司	武汉市武昌区中北路 166 号普提金商务中心 A 座 1 楼、17 楼、19 楼、20 楼	刘 杰	027 - 87267759	430062
48	农银人寿保险股份有限公司湖北分公司	武汉市江汉区唐家墩路 32 号国资大厦 A 座 14 楼	孟 巍	027 - 82737666	430024
49	北大方正人寿保险有限公司湖北分公司	武汉市武昌区武珞路 456 号新时代商务中心主楼 21 楼	杨丽华	027 - 85448558	430064
50	阳光人寿保险股份有限公司湖北分公司	武汉市武昌区中北路 81 号湖北银行大厦写字楼 B 座 3 - 5 楼	胡柏保	027 - 87158283	430070
51	中国人民健康保险股份有限公司湖北分公司	武汉市江汉区万松园路 43 号武汉圣淘沙酒店公寓 3 - 4 楼	张文武	027 - 82703509	430020
52	招商信诺人寿保险有限公司湖北分公司	武汉市江岸区京汉大道 1398 号企业天地 2 号 8 楼 4 - 7 室	祁丽莎	027 - 68838708	430010
53	民生人寿保险股份有限公司湖北分公司	武汉市江汉区云彩路 198 号泛海城市广场一期写字楼 14 楼	孙 剑	027 - 59888555	430023
54	中英人寿保险有限公司湖北分公司	武汉市硚口区解放大道 278 号华汉广场 3 号楼 9 - 10 楼	李健成	027 - 59220088	430030
55	百年人寿保险股份有限公司湖北分公司	武汉市江汉区泛海国际 SOHO 城 7 号楼 27 楼	彭小华	027 - 85551100	430022
56	幸福人寿保险股份有限公司湖北分公司	武汉市江岸区建设大道 648 号（台北路口）雷王金融中心 18 - 21 楼	赵光春	027 - 65778668	430015
57	同方全球人寿保险有限公司湖北分公司	武汉市武昌区中北路 9 号长城汇 T2 号楼 19 楼	廖 亮	027 - 85551957	430060
58	英大泰和人寿保险股份有限公司湖北分公司	武汉市武昌徐东大街 117 号华中电力金融大厦 11 楼	朱 锋	027 - 88565153	430063

序号	名称	地址	负责人	电话	邮编
59	国华人寿保险股份有限公司湖北分公司	武汉东湖新技术开发区光谷大道77号光谷金融港二期B15栋9楼01室	卢　俊	027－85566661	430022
60	中美联泰大都会人寿保险有限公司湖北分公司	武汉市武昌区临江大道96号武汉万达中心写字楼24楼	徐振波	027－59102733	430060
61	安邦人寿保险股份有限公司湖北分公司	武汉市江岸区苗栗路5号5楼	岳韶华	027－59429800	430015
62	和谐健康保险股份有限公司湖北分公司	武汉市江汉区沿江大道1号沿江一号写字楼A座6楼605－2室	吴秀英	027－85258320	430014
63	中宏人寿保险有限公司湖北分公司	武汉市武昌区中北路233号世纪彩虹城E区世纪大厦8楼1－6室	张爱萍	027－88938766	430077
64	信泰人寿保险股份有限公司湖北分公司	武汉市武昌区中北路126号德成中心大厦裙楼5－6楼	余洪山	027－59365700	430070
65	华泰人寿保险股份有限公司湖北分公司	武汉市江汉区大兴路龙王庙商贸广场B区2区7楼2－1室	张斌涛	027－59236117	430020
66	泰康养老保险股份有限公司湖北分公司	武汉市武昌中南路99号武汉保利文化广场23楼、19楼1902－A/B室	易汉生	027－87115666	430071
67	交银康联人寿保险有限公司湖北省分公司	武汉市武昌区中北路101号海山金谷天城1号楼17楼	陈日新	13100682122	430070
68	恒大人寿保险有限公司湖北分公司	武汉市江汉区常青路47号4－8楼	范海波	027－59829399	430015
69	瑞泰人寿保险有限公司湖北分公司	武汉市洪山区徐东路113号国电大厦24楼	黄又强	13601155780	430067
70	建信人寿保险股份有限公司湖北分公司	武汉市硚口区硚口路160号武汉城市广场20－21楼	刘学勤	13908666666	430030
71	工银安盛人寿保险有限公司湖北分公司	武汉市武昌区中北路31号第10楼	廖宗宙	027－59597888	430071
72	中邮人寿保险股份有限公司湖北分公司	武汉市江汉区江汉经济开发区江旺路22号湖北邮政专业生产指挥中心大楼17－18楼	王雪清	027－83567812	430023

续表

序号	名称	地址	负责人	电话	邮编
73	太平养老保险股份有限公司湖北分公司	武汉市江岸区建设大道718号（建设大道与澳门路交会处）浙商国际大厦15楼	罗鸣理	18995589998	430010
74	中意人寿保险有限公司湖北省分公司	武汉市江汉区建设大道广发银行大厦31楼	卢 飞	027 – 59258888	430022
75	光大永明人寿保险有限公司湖北分公司	武汉市江岸区沿江大道五福路2号	张伟华	027 – 51222187	430015
76	前海人寿保险股份有限公司湖北分公司	武汉市武昌中南路99号保利文化广场49楼	刘 琼	027 – 87115618	430060
77	吉祥人寿保险股份有限公司湖北分公司	武汉市洪山区珞喻路10号群光中心29楼	李 俊	027 – 59272201	430070

注：本表由湖北保监局提供。

湖北省各类交易场所名录（23家）

序号	名称	地址	负责人	电话	邮编
1	武汉光谷联合产权交易所	武汉东湖新技术开发区光谷资本大厦5楼	陈志祥	027 – 67885699	430074
2	武汉股权托管交易中心	武汉东湖新技术开发区光谷资本大厦5楼	龚 波	027 – 87575666	430074
3	武汉金融资产交易所	武汉市江汉区建设大道737号广发银行大厦裙楼	冯鹏熙	027 – 67885520	430022
4	武汉农村综合产权交易所	武汉市江岸区金桥大道117号武汉市民之家3楼	孙晓燕	027 – 65770326	430012
5	武汉农畜产品交易所	武汉东湖新技术开发区光谷资本大厦5楼	杨 帆	027 – 87575608	430074
6	湖北华中文化产权交易所	武汉市武昌区中山路374号湖北美术学院内县华林艺术区1号	程家忠	027 – 88712330	430060
7	湖北环境资源交易中心	武汉市武昌区中北路31号知音广场17楼	陈志祥	027 – 67885699	430061
8	湖北碳排放权交易中心	武汉市武昌区中北路31号知音广场17楼	刘汉武	027 – 86657650	430061
9	武汉知识产权交易所	武汉东湖新技术开发区光谷资本大厦5楼	刘汉武	027 – 86657650	430074

续表

序号	名称	地址	负责人	电话	邮编
10	武汉城市矿产交易所	武汉市青山区工人村路 99 号 2 号楼	孟宪良	027－86682105	430080
11	武汉航运交易所	武汉市江岸区金桥大道 117 号武汉市民之家 3 楼 F 区	李必武	027－65771553	430012
12	湖北华中矿产品交易中心	黄石市大冶市开发区长乐大道北侧 14 号	唐宇良	0714－65024109	435100
13	湖北华中棉纺交易中心	天门市小板镇天仙大道特 1 号	田旭东	0728－5265666	431731
14	武汉华中石油化工交易中心	武汉东湖新技术开发区光谷三路 777 号	师秋明	13903713673	430074
15	华中国家版权交易中心	武汉市武昌区公正路 9 号省广播电视台监测大楼	余 涛	027－87329679	430070
16	武汉陆羽国际茶业交易中心	武汉东湖新技术开发区光谷资本大厦 2 楼	严建红	027－87672627	430074
17	民商大宗商品交易中心有限公司	武汉东湖新技术开发区光谷三路 777 号 A 办公楼 17A 楼	吴惠灵	13302309998	430074
18	武汉国际矿业权交易中心	武汉市江岸区香港路 183 号	杨启蒙	027－85800081	430015
19	武汉华中药品交易中心	武汉市洪山区关山大道特一号光谷软件园展示中心 D 座 3 楼	陈若骐	021－20536666－8919	430073
20	武汉长江大数据交易中心	武汉东湖新技术开发区高新大道 999 号未来科技城 F1 栋 5 楼	李 晖	027－65522115	430206
21	武汉票据交易中心	武汉东湖新技术开发区光谷资本大厦 1 楼	方 敏	027－87614025	430074
22	恩施硒资源国际交易中心	恩施州传媒大厦附 1 楼	施逊涛	13871136927	445000
23	湖北（蕲春）李时珍中药材交易中心	黄冈市蕲春县湖北李时珍医药工业园区	张迎峰	13811319535	435300

注：①湖北省经批准设立的各类交易场所 26 家，其中，1 家未完成工商登记注册，2 家停业整顿。3 家场所的名录信息未予录入。

②本表由湖北省政府金融办提供。